讲述保险商业逻辑

NEW ERA OF
INSURANCE

保险新时代

『慧保天下』精选集

2021

慧保天下 ◎ 编

大潮汹涌

革故鼎新

迎接

保险新时代

中国金融出版社

责任编辑：张清民
责任校对：潘　洁
责任印制：程　颖

图书在版编目（CIP）数据

保险新时代.2021/慧保天下编.—北京：中国金融出版社，2022.1
ISBN 978-7-5220-1489-0

Ⅰ.①保…　Ⅱ.①慧…　Ⅲ.①保险业—中国—文集　Ⅳ.①F842-53

中国版本图书馆CIP数据核字（2022）第009070号

保险新时代 2021
BAOXIAN XINSHIDAI 2021

出版
发行

社址　北京市丰台区益泽路2号
市场开发部　　（010）66024766，63805472，63439533（传真）
网 上 书 店　www.cfph.cn
　　　　　　　（010）66024766，63372837（传真）
读者服务部　（010）66070833，62568380
邮编　100071
经销　新华书店
印刷　河北松源印刷有限公司
尺寸　210毫米×285毫米
印张　24.75
字数　496千
版次　2022年1月第1版
印次　2022年1月第1次印刷
定价　128.00元
ISBN 978-7-5220-1489-0
如出现印装错误本社负责调换　联系电话（010）63263947

以确定性的奋斗

去应对不确定性的明天

谨以此书献给

我们共同的保险2021

NEW ERA OF
INSURANCE

保险新时代

『慧保天下』精选集

2021

序 言
PREFACE

2020—2021年的世界经历了百年未有之大变局，新冠肺炎疫情重塑了全球经济社会的运行模式，为世界带来了各种不确定性。如果说2020年是新冠肺炎疫情突如其来，反应过激，那么2021年则是持续发酵，由表及里。在全球经济如此高度关联的今天，任何一个国家、一个行业、一家公司都不可能置身事外。

得益于有效的疫情防控策略，中国成为世界上少有的风平浪静之地。但我国经济本身处在由高速度向高质量转轨的过程中，挑战着各行业的发展空间，考验着各公司的发展战略。具体到保险业，2021年显然过得不轻松，年初的"开门红"受阻，保费收入连续几个月负增长，代理人数量迅速脱落，车险彻底进入红海比拼，监管导向持续趋严，一个个不期而至的变化，让整个行业应对起来顾此失彼。毕竟过去40余年的超高速增长已经有了经营惯性和心理依赖，对于当前复杂严峻的形势必然认识不够、应对不足。

保险业在急剧变化，寻找出路，『慧保天下』则是理性报道，积极发声，不单是记录变化，还试图为行业的健康发展贡献一份心力，起到独立媒体观察者的独特作用。『慧保天下』始终用

专业眼光洞悉市场动向和未来趋势,始终力图准确阐述监管政策的重点和理念逻辑,助推市场和监管达成共识,同频共振。

年末回顾,『慧保天下』用300多篇文章记录了保险业的2021年,内容更加多元,视角更多层次,忠实地把行业的大事、要事记录下来,旗帜鲜明地把富有力量的观点和智慧留存下来。伴随着保险业一路走来,『慧保天下』也在自我进化,不强行打造人设,也不刻意讨好哪方,说市场就要实事求是,说观点就要切中要害,说信心就毫无保留地为行业点赞。有喜也有忧,有盼也有愁,本身就是行业和生活的一个本来面目。

又一个岁末年初,『慧保天下』精选集如期而至。通过精选一年的好文章,既是一家言,但说的是百家事,帮助大家沉静读书,洞悉当下,回归内心,更好地出发。2021年的精选集,按照不同主题板块,分为8个部分,分别为财产险、人身险、大销售、大健康、保险资管、公司志、大事件小趋势、大家谈。通过高度凝练的文章,更好地直击2021年保险市场的跌宕起伏和艰苦心力。

财险领域,内卷已经实质形成,对大多数公司而言,车险已是进退两难,与单家公司经营策略能力相比,似乎是所在地区的监管改革水平更为重要。寿险领域,更多的是革故鼎新,个人代理人增长乏力,银保再回主角,高费用、低赔付率的意外险改革,普惠保险与养老社区的升温与发展逻辑,寿险业换挡增速的趋势更加明显。

大销售的主基调就是改革,"双录"、自保件、营销层级的政策越发从严,将会带来一个全新的规范化的销售渠道。保险资管处在大改革、大放权的节奏中,让市场的归于市场,释放更多活力。大健康领域则是各家保险公司重兵布局,百万医疗险和重疾险上新成为年度的主角,惠民保也更加百花齐放,可以视为商业保险探索介入社会管理的另一条通道,属于当前可期待的未来。

国家经济金融政策的变化也在影响着保险业,伴随着限制资本无序扩张的政策出台,互联网

序　言

保险的热潮逐步退去，平台流量的业务逻辑已经受到严格限制，通过资本市场"押注"高估值这条路也越发得窄。行业有踟蹰，也有进击，头部企业更多是在厉兵秣马，在新发展格局下，向数字化要产能，向长寿时代求价值，成为行业里提及率较高的两个热点。

实践是行业立足的根本，但观点的碰撞也不可少，本书也特别精选了部分行业精英的观点言论，更多的是讲方法论和发展逻辑、顶层设计，为从业者提供不一样的观察视角。『慧保天下』坚信，在纷扰彷徨的当下市场环境中，洞察力也是行业的宝贵财富。

《易经·系辞》认为"形而上者谓之道，形而下者谓之器"。『慧保天下』认为，阅读文章、掌握信息本身重要，但更重要的是坚定意志信念。在市场动荡、矛盾多发期，能够坚守本心、专心致志、向上走一步并不容易，需要付出更多才能维持过去哪怕是正常的水准。而如果急功近利，交差了事，只要把标准降低到市场平均之下即可。见天地，见众生，见自己，在不确定性之下，不少人会犹豫是否要付出最大的努力，2021年的保险市场已经出现内卷零和博弈的些许苗头。

一旦需要放松要求来减轻压力，就会在市场竞争中踟蹰不前；一旦觉得消费者容易被坑蒙拐骗，就会在坚守初心上动摇不已。长远来看，一点一滴的退步将会导致一个个不敢面对市场竞争、不敢服务消费者的机构，必然也会损害整个保险业。

保险业的发展掌握在所有保险人手里，道路曲折但前途光明，每个人每前进一步，就多一分把握住机遇的概率。当机会来临，主动点燃内在的能量，就能扭转命运的走向。保险业的命运就是所有保险人命运的最大集合。面对未来的不确定性，唯一确定的就是走好当下每一步路，以确定性的奋斗去应对不确定性的明天。

『慧保天下』愿为保险人鼓与呼，在2022年记载更多的奋进故事。

目录 CONTENTS

CHAPTER 1 财产险·大破局

- 2　保险公司退出局部区域，综改下车险格局加速蝶变
- 5　人保、太保、大地、阳光换将故事的背后，财险行业的内卷仍在继续
- 9　财险转型关键时刻：原来是好与坏的问题，现在是生与死的问题
- 12　出租车投保交强险被拒之后
- 15　银保监会树立财险新目标：2023年底，三大指标分别提升10个百分点
- 19　一个典型区域市场的车险综改样本观察：综合成本率低于95%是如何炼成的
- 24　净利润连续5年增超40%，成本率低至92%，只因这家美国财险公司做好了三件事
- 29　新能源汽车专属条款、费率出炉！近80%的保单保费持平或下调，价格低于25万元车损险不涨费
- 33　车险承保亏损成定局，重仓政保业务……财险四大共识｜前瞻2022②

CHAPTER 2 人身险·深转型

- 38　普惠保险首次写进人身险"任务清单"，未来五年产品逻辑将这样演变
- 41　"保险+养老社区"快速升温，监管急调研，第二增长曲线还是另一个红海？
- 45　千亿元意外险迎新篇，高费用率、低赔付率的模式成历史了
- 49　万能险再迎重磅新规：禁开发5年期及以下产品，结算利率不得虚高
- 52　个险换挡，银保重回保险公司战略视野，麦肯锡详解全球视野下的万亿元银保突围路
- 60　上半年保费｜个险新增人力"腰斩"，银保新单规模骤减一成，人身险落后产能加速出清中
- 63　这里的"开门红"，静悄悄
- 66　回溯20年起伏，历经三轮周期，谁塑造了今天的寿险行业
- 83　人身险六问｜前瞻2022①

目录
CONTENTS

CHAPTER 3 大销售·规范与重塑

- 90 全国版保险"双录"来了，900万名代理人大洗牌的开始？
- 94 规范自保件打响全国第一枪，新单保费或再减两成
- 98 颠覆你的个险改革认知："金字塔"不是罪魁祸首，管理利益占比仅为14%，并不高
- 105 个险12难
- 112 监管逻辑推演 | 新规想引导一个怎样的互联网人身险市场
- 117 终于说明白互联网人身险新规了

CHAPTER 4 大健康·失速与蓄力

- 122 对比30多家保险公司的近百款新重疾险产品，告别激烈的价格战，这五大变化正在发生
- 125 事关9000万客户！拆解百万医疗险套路，银保监会严禁保证续保，勒令公开赔付率
- 129 高速发展5年，监管纠偏下的百万医疗险横盘大调整
- 133 惠民保"社保化"提速，是挤占商业保险空间的"鲨鱼"，还是撬动商业保险的"鲢鱼"
- 137 沪惠保两月赔付过亿元，大多数城市首年赔付率不足50%，惠民保距离"最理想健康险"还有多远
- 140 三大"独角兽"年融资近百亿元，多家企业扎堆IPO，这一火爆"赛道"将怎样改写健康险格局
- 144 每家人身险公司都有一个"联合健康"梦？该醒醒了
- 150 世界头号健康险公司是怎样炼成的
- 154 繁荣与衰退，再造重疾险
- 161 两面夹击下的百万医疗险

CHAPTER 5 保险资管·放权与升维

- 168 保险资管公司分类监管来了！重大风险事故一票否决，C类、D类机构或被叫停新业务
- 171 保险业首份投资能力图谱来了！覆盖200多家机构，全面解析能力分布
- 179 首个保险业投资能力信息披露评价指数出炉！130家机构整体得分82.09分，3%获评D类
- 187 保险资管公司管理规定迎大修！境内外股东一视同仁，以资产长期保值增值为目标

2021

NEW ERA OF INSURANCE

保险新时代

『慧保天下』精选集

CHAPTER 6　公司志·进击与精耕

192　"重回C位"的中国人保，其命维新的罗熹方法论

196　历史进程视角下太保寿险的"长航行动"，及其个险银保新策略

202　"分改子"一周年斩获两家机构，友邦张晓宇称坚持做难而正确的事

206　从半年报看平安如何打一场逆风之战

210　精耕数字化，众安全面开放"保险+科技+服务"能力

214　觉醒年代 | 开放平台，一家保险电商开出的时代处方

218　占比90%的居家养老市场怎么破？一揽子数字化健康照护解决方案来了

222　"长寿时代"理念满周年，泰康方案四大实践落地，陈东升再提奋进新三年

226　重新定义养老，陈东升用长寿健康富足塑造百岁人生新图景

CHAPTER 7　大事件·小趋势

232　过亿会员，3年近18万人出险！"相互宝"宣布1个月后关停，10年网络互助曲终人散

236　"流量时代"造就另类保险故事，水滴提交招股书，看到的不应该只有保费

240　泛华金控宣布将退市，董事长汪春林辞职，创始人胡义南继任

242　年度最大猜想 | 友邦大扩张，"混血"的中邮人寿就此逆天改命？

247　顶格处罚！中国人寿通报实名举报调查结果，偶然的舆情事件落幕，必然的保险业转型升级才刚启幕

250　半年市值狂跌近万亿元，这场2021年保险股的溃败与变革逻辑

255　别了，互联网保险"首月1元"

258　非保险子公司管控全面升级，与监管的"穿透不足"焦虑

262　必须知道的"偿二代二期"九大影响

268　近六成保险公司偿付能力下滑，700多亿元增资发债忙排队，中小新公司资本困局怎么破

目录 CONTENTS

274 重磅！监管探讨IFRS17延期的可能性，决定行业未来格局的关键时刻来了？

279 国民养老来了，"工行、农行、中行、建行、交行"齐下场，新势力、"老套路"齐角逐

284 72年养老政策演变全梳理，从"企业社会养老"到"养老靠投资"，保险公司应把握五大趋势

290 纠偏养老险公司！银保监会引导剥离保险资管、个人养老保障业务，半年内须报送转型方案

294 热衷中高端的商业保险，如何迎接普惠养老大时代

299 "十四五"大视野中的保险业，怎么打出一手好牌

303 大视野下的2021年中央经济工作会议解读，保险业及监管政策走向的逻辑线索都在这里

CHAPTER 8 大家谈·真洞察

310 "基金型"还是"保险型"养老金？银保监会罗艳君称德国模式带来这些启示

318 大家保险罗胜：寿险新一轮大转型关口，不悲不惧坚定向前

327 寿险转型首要命题：保费是什么 | 追根溯源说保险

333 会计准则视野下的寿险经营实质：以战略定位平衡把握风险保障与投资业务 | 追根溯源说保险

339 从业30年回溯，徐敬惠称保险业将经历矫正与重塑，任重道艰，未来可期

345 营销队伍升级就像新城开发与旧城改造？保险六大转型难题，太平集团肖星一席话都说清楚了

351 中国人寿詹忠的个险转型逻辑与方法论：亟待从过度营销向本质营销转变

355 阳光人寿王润东：客户分层决定了哪些代理人更适合卖保险

359 银行系保险公司将是怎样的力量，工银安盛吴茜称，打破旧有销售逻辑才有真正的春天

365 直面"峡谷式竞争"后的五大现象，平安健康朱友刚称，健康险长期经营需夯实七大专业能力

371 附录 2021年监管政策梳理

NEW ERA OF
INSURANCE

保险新时代

〖 慧 保 天 下 〗 精 选 集

1

CHAPTER

财产险·大破局

2021年是车险综改后的首个完整经营年份，多重压力下，行业保费收入交付了近乎零增长的答卷；效益方面，交付了全行业承保亏损的答卷。

重压之下，行业性的改革已经开始，车险方面更加重视业务品质，非车险方面加大开拓力度……但在行业资本依然充裕之下，供给过剩导致的竞争升级问题依然在延续。

2022年，车险综改第二年，低基数下，增长压力势必有所缓解，但需求收缩下，竞争压力、效益压力有增无减。

保险公司退出局部区域，综改下车险格局加速蝶变

2021年1月7日

不同寻常的2020年，已经翻篇儿，但却是让人很怀念却不留恋的一年，变革、灰犀牛、黑天鹅等事件都发生在这一年。9月19日是车险人的纪念日，是车险新旧时代的分割线。有人向左，弃车险而去，退出中有留恋；有人向右，守车险阵地，坚守中有无奈。

听闻多家保险公司要退出车险市场

车险综改持续深入，市场阵痛不断，与此同时，"×家财险公司将要退出车险市场"的传言在坊间广为流传，在不同的传言版本中，"×"所代表的数字大小不同，细问之下，也没人说得清究竟是哪几家公司要退出车险市场。

仔细打听之下，『慧保天下』发现确有公司选择退出车险市场，不过不是全部退出，而是有选择性地退出局部市场。

随着车险综改深入，部分地区尤其是城市型地区面临尴尬的竞争局面，经营成本、市场费用居高不下；市场集中度高，发展深度和广度受限，成为一些公司战略调整、局部退出的第一选项。

这些退出动作都是悄无声息进行的，有业内人士一语道破玄机："一些地区经营车险业务的公司，如果显示车险保费收入很低，基本就可以视为退出当地市场了，但对于这种事情，一般保险公司不会进行正式'官宣'的，因为一旦改变主意了，还可以悄无声息地'杀'回来。"

以北京市场为例，2020年1~11月，经营车险业务的共48家主体，车险保费收入228亿元，人保财险、平安产险、太平洋产险和国寿财险四家公司分走200亿元保费收入，集中度约高达88%，人保独得90亿元，留给其余44家主体的保费收入只有28亿元。车险保费收入低于1000万元的有12家主体，其中不乏老公司的面孔，而永诚保险、安盛天平和国任财险在北京市场仅录得百万量级的车险保费收入，应该是其主动调整方向，战略性地放弃了部分市场的结果。

与北京类似，上海市场231亿元的车险业务，前四家分走189亿元，集中度约达82%；深圳市场184亿元的车险，前四家分走155亿元，集中度约达84%。

车险综改进程中，当大型保险公司喊出"中心城市保卫战"的口号时，中小型保险公司还继续在四战之地冲锋？退避三舍是不是自保的最优选项？

看看费改的先行地区陕西省，集中度倒是"美丽"很多，让中小型保险公司找到了一些存在感，前四家公司的保费收入集中度只有67%。但问题在成本方面，综合赔付率为71%，大有一骑绝尘之势；至于综合费用率，报表数为32%，看上去很"美"。

亏损是常态，有的大型保险公司成本率已突破110%，有的中型保险公司接近115%，小型保险公司最高的成本率为147%。做1元保费收入，亏0.5元，划算不？

『慧保天下』发现，亚太财险在陕西只录得100万元车险保费收入，自商车费改后，公司就逐步战略性地退出了陕西车险市场。

有选择地退出局部市场，这是公司的选择，或许也正是未来小型保险公司的必然趋势。

车险地位在下降

车险综改落地后，车险保费收入在以肉眼可见的速度下降：2020年1~9月，车险保费收入6208亿元，同比增速为5.0%；2020年1~11月，车险保费收入7480亿元，同比增速为2.3%。

通过以上这组数据，大家有没有感觉到，车险的败退和挣扎？

2020年我国车险保费收入基本能维持微增长态势，但2021年负增长已经安排妥当。

慢增长之下，车险业务占比从2019年的62.9%下降至2020年前11个月的59.7%。从具体的公司来看，已经有60多家经营车险业务的公司，车险业务占比中枢整体下移。合众财险和华海财险的车险业务占比超过90%，车险业务占比较低的则有十几家之多。

2019年，车险业务占比为70%~90%的公司，都悄悄地把车险业务占比降下来，大概有以下两类：一类是被动下降，总体业务负增长，车险业务负增长幅度更大；另一类是主动调整，总体正增长，非车险业务对车险业务进行有效替代。

国任财险和富德财险两家公司全险种整体增速超过20%，车险业务占比从2019年的七八成降至2020年的六成以内，车险综改对公司的冲击正在逐步下降，非车险业务的缓释作用在2021年和2022年将会显现。

想说退出，不容易

车险综改之后，车险业务变成炉火里的芋头，拿着烫手，不拿还真是感到饥饿。

渠道变革。车险综改之后，费用空间是被压降的，传统依赖费用的打法难以为继，直销渠道快速崛起。2020年前9个月，传统直销、新渠道直销和电网销渠道都是两位数负增长。9月之后，传统直销渠道却近乎翻倍地增长，电网销渠道负增长幅度仅为10%，明显优于其他传统渠道。这既有渠道的回归，也有未来的趋势。

中小型保险公司没流量、没技术、没品牌、没钱，做直销难度系数堪比跳水动作"5156B"

（跳水运动中的高难度动作，即向前翻腾两周半转体三周屈体），只能依赖代理渠道。综改后，代理渠道费用给不给？给了，自己巨亏；不给，没业务……难。

成本管理。综改后，出险频率、赔付率快速上升。赔付成本上涨是立竿见影的，上升周期还会持续，而费用的下降是困难的，市场回归理性不是短时间能解决的；保费规模下降，固定费用分摊更加困难，"六稳六保"之下裁人不合适，对费用率会产生向上的推力。

根据与大中型保险公司的交流，『慧保天下』了解到，保单年赔付率已经突破设定的75%，新单成本率已经破百。对小型保险公司而言，业务选择、定价技术和费用分摊都不占优势。保险公司选择车险业务，控制成本，业务会大幅负增长；不选择车险业务，来者通吃，报表承受不了……难。

新车业务。新车市场快速膨胀的时间窗口已经关闭，未来是阶段性的暴发增长，以及常态化的微增长，掌握在4S店手中的新车资源非常稀缺，其必将优先提供给送修资源丰富的大型保险公司，即使百亿元规模的中型保险公司，在新车市场估计也占不到什么便宜。中小型保险公司竞争的主战场是旧车市场，做存量的维系和转保的争夺。

做点啥呢

既然做车险业务千难万难，退出是不是就海阔天空了？退出车险了，但机构队伍还在。那么做点啥业务呢？

农险业务——哪能是你想做就能做的？需要有机构、有资质。

财险业务——大业务都要招标，小公司连入场券都没有。

健康险业务——做大病业务，是亏的，还不一定能分得到羹；做商业，流量成本扛得住吗？

保证险业务——你做做试试，试试就知道了，需要有一双火眼金睛辨真假，比如金条、保函的真假。

意外险业务——互联网渠道的费用率实在是太高。

左看右看，上看下看，车险业务还是不能放弃，有底气放弃车险业务的公司屈指可数。车险市场的生态，短期内会有公司退出，但一定是有退路、有选择的公司，其他公司大概率依然会在市场中寻找自己的存在和平衡点。

CHAPTER 1 | 财产险·大破局

人保、太保、大地、阳光换将故事的背后，财险行业的内卷仍在继续

2021年3月17日

两会之后，沉寂多日的保险舆论场被几则财险公司换将的传闻重新激活。

一则，出自财险龙头的人保财险，传闻现任集团副总裁于泽将接替谢一群出任人保财险新一任总裁。

二则，出自第二梯队的大地保险，消息称其兄弟公司、同属中再集团旗下的华泰保险经纪董事长于利民将接替陈勇出任大地保险新一任总裁。

三则，3月17日的重磅信息：中国太保公告称，因工作调整，太保产险总经理盛亚峰已向公司董事会递交辞呈。

四则，此前尹铭加盟阳光产险出任总裁的消息。

2021年第一季度尚未过完，财险市场上保费收入排名前七的公司中，4家公司的总裁都发生了变化。这对于财险行业而言，显然是一个不同寻常的新年开局。

对具体公司进行具体分析，每家公司换将的原因都各不相同，有的人是因为到龄退休，有的人是因为某些偶发事件……但置身于财险行业步入下行周期，车险、非车险增长双双承压的行业背景下，看似孤立的每一个事件，又好像成为行业发展大潮中一朵必然的浪花。

一切都早有征兆

2019年2月，人保财险官宣集团副总裁谢一群接替林智勇出任公司新一任总裁，彼时谢一群已年满58岁，这一人事变动也因此从一开始就有了更多的过渡色彩。截至2021年3月，谢一群正式到龄退休，新的总裁人选随之浮出水面，一切都在情理之中。

接替谢一群的是人保集团另一位副总裁于泽，也是一位"老人保"，1994年大学毕业后即加入人保财险天津分公司；2006年12月，离开任职12年之久的人保财险加入太平财险；2015年10月开始以太平财险副总经理的身份主持工作，2016年9月转正；2019年11月，其选择回归人保，在集团公司出任副总裁一职。

2020年，大地保险的总保费收入出现了一定程度的下滑，增速为-1.38%。自陈勇2013年从云

南分公司总经理的职位上赴总公司主持工作,并于2014年正式获批出任总经理以来,这还是大地保险首度出现保费收入的下滑。

在之前的若干年,大地保险的保费增速一直维持在两位数以上,市场份额稳步攀升,从2014年的3.12%上升到2019年底的4.18%,其间甚至一度超越中华联合;净利润除2014年之外,也都保持在10亿元以上,2019年甚至达到了17.06亿元。

但自进入2020年,大地保险开始变得有些不太平,年中踩雷武汉金凰假黄金事件,让同业艳羡的保证保险业务开始变得暗淡,业务收缩之下,保费的负增长也在所难免。

接替陈勇出任大地保险新一任总裁的是于利民,此前的任职是中再集团旗下华泰保险经纪董事长,在更早之前,其曾担任大地保险总经理助理,而陈勇将调任中再集团业务总监一职。

太保产险盛亚峰的辞任,从表面看来,似乎有些出乎意料,其2018年7月出任太保产险总经理一职,在与董事长顾越的搭档下,太保产险始终表现出众,尤其是2020年,其原保险保费增速高达10.96%,在"老三家"中尤其显眼。不过对于熟悉盛亚峰的业内人士而言,这样的辞任却早在意料之内。根据太保集团公告,在盛亚峰辞任后,公司董事长顾越将作为临时负责人代行公司总经理职权。

对不同公司进行具体分析,每家公司换将背后的原因都有所不同,但放在当下的大环境下,却多了一份共同的意味。

人事纷繁,往往是行业步入下行周期的明确信号之一

大中型财险公司上一次大规模换将,还是在2018年。彼时,位居第二梯队的财险公司纷纷更换起了总经理,首先是中华财险任命原副总经理兼新疆分公司总经理梁英辉主持工作;其次是太保产险、阳光产险两家公司的新一任总经理盛亚峰、秦卫星的任职资格几乎同时获批;同时,国寿财险新的总经理人选也在内部进行公示。

当时『慧保天下』曾指出,第二梯队的财险公司不约而同地更换主将,表面看来原因各异,但背后的暗线却是共通的:商车费改走向深化,财险第二梯队长久以来的平静被打破,市场格局正迎来新变化。

同时,『慧保天下』也指出,无论谁上任,面对愈演愈烈的车险市场竞争,以及因为银保监会"三定"所有可能带来的监管人事、理念变化,未来的路都注定是崎岖的。

如今两年时间过去,当时换将的四家公司中,有两家的总经理再度发生变更,『慧保天下』的判断依然适用。

事实上,自2018年开始,财险行业的下行周期已经进入更深层的阶段,而对于一个处于下行周期的行业,人事变换纷繁,始终是一个重要的信号。

财险公司保费收入增速2010—2020年一直处于整体下滑的状态,2017年有所回弹,但从2018

年开始,增速曲线又开始掉头向下。

2020年,车险综改在第三季度全面推开,财险公司整体保费增长颓势更加明显,叠加新冠肺炎疫情的影响,增速直接从过去持续多年的两位数降至一位数,仅剩4.4%。与此同时,财险公司的综合成本率不断攀升,2020年整体达到100.90%,同比上升了0.92个百分点。其中,综合费用率为37.56%,同比下降了0.75个百分点;综合赔付率为63.34%,同比上升了1.67个百分点。综改后车险保费收入出现显著负增长,如图1所示。

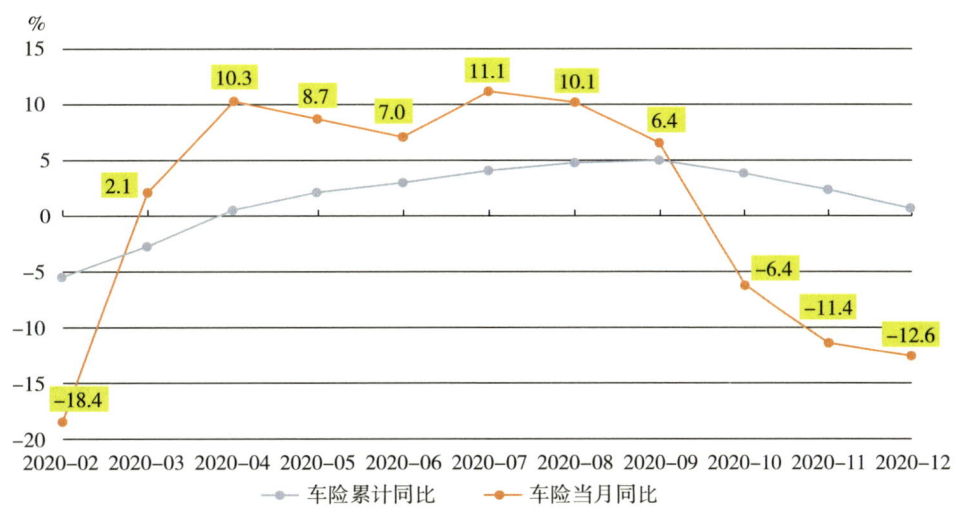

图1 综改后车险保费收入出现显著负增长

穷则思变!业绩低迷和股东焦灼成为保险公司一切重要变化背后难以回避的重要因素之一。

人身险方面如此,平安人寿、太保寿险自2018年个险发展承压,相关高管更迭频繁;财险方面也是如此,可以看到,近期发生人事更迭的几家大中型财险公司中,无论具体原因是什么,除太保产险外,均带有明确的业绩低迷的标签。

业绩差怪职业经理人,职业经理人该怪谁

纷繁的人事背后,望过去,仍是焦灼的市场。

可以看到,在几家公司的人事更迭中,一个很重要的关键词是"保证保险"。

近年来,车险业务竞争激烈,财险公司纷纷发力非车险业务,P2P网贷平台的发展,更是给保证保险的发展创造了契机,保证保险一度成为近年来增速最快的非车险种之一。截至2018年底,其已经成为各类财险业务中,仅次于车险的第二大险种。

但由于我国信用体系尚不完善,保证保险业务实际面临较大的信用风险,叠加个别保险公司对于业务规模的冲动,在保证保险业务快速发

NEW ERA OF INSURANCE
保险新时代
慧保天下 精选集

展的同时也给保险公司埋下了巨大的"雷"。之后，随着社会信用风险的上升，P2P一次次的暴雷事件，保险公司保证保险业务一次次的踩雷事件，让人触目惊心。

保险公司醉心于保证保险，一次又一次的"踩雷"背后，暴露的无疑是对于短期业绩的过分看重。而只要短期行为依然普遍存在，"内卷"之下的暴雷就在所难免，上一次是保证保险，下一次又会是哪个险种？

可以看到，在保证保险快速跌下神坛之后，短期健康险又成长为增速最快的非车险种，诸多财险公司趋之若鹜，费率更低、保额更高、服务更全……继续以往的经营之道。

职业经理人为短期行为埋单似乎无可厚非，但彻底解决这一问题，却必须从完善股东的业绩观、公司的治理机制开始。企业管理方面的最大隐患，就是职业经理人的短期行为，但当董事会也无法坚持企业长远战略，才是一切悲剧的根源。

随着各家财险公司新的领导班子就位，免不了新的一番调整，人事"三定"、新战略、新打法……稍显沉闷、悲观的财险市场，已经阶层固化很久了，第一梯队的平安产险以电销奇功一举超越太保产险已经是2009年的事儿了，第二梯队的座次排名近年略有起伏，但基本面没变。作为观众，我们期待行业看到新的变化，但如果短期行为无法根治的话，一切又都将回到熟悉的叙事逻辑上，业绩成长—人事稳定—业绩波动—人事调整……

CHAPTER 1 | 财产险·大破局

财险转型关键时刻：原来是好与坏的问题，现在是生与死的问题

2021年8月18日

熬过了跌宕起伏的2020年，却迎来更加艰难的2021年，财险难、寿险难、投资难、车险难、非车难，处处都很艰难。

2021年上半年，财险行业在车险综改之下，压力是肉眼可见的。有人说，过去财险公司面临的是好与坏的问题，现在面临的则是生与死的问题。如果说大中型公司面临的是分水岭，那么小型公司面临的则是生死劫。

上半年回溯

业务颓势明显：整体增速不足3%，车险负增长为7%。

财险行业上半年总保费收入近7500亿元，同比增速却只有不到3%。财险行业史上最差的增速还有没有？一直傲娇于GDP两倍以上增速的行业被车险综改瞬间击溃，车险业务增速仅为-7%，尽管非车险业务维持了近16%的高增速，也难以弥补车险损失。

从增量保费来看，行业2021年上半年增量保费仅有200亿元，车险与非车险已经完成了接力棒的交接。你方唱罢我登场，车险负贡献288亿元，全靠非车险死撑，才守住了全险种小幅正增长的底线，非车险贡献增量保费近500亿元。

承保近乎全面亏损：行业综合成本率升至99.6%，承保利润下降了50%。

财险行业业务发展的压力很大，但效益的压力则更大，快速提升效能、压降后端成本和转变发展模式已经成为各公司的口号和追求。行业综合成本率高达99.6%，仅仅实现承保利润26.6亿元，同比大幅下降50%。对此进行抽丝剥茧般的分析，发现内部结构更是惨不忍睹。

从险种结构来看，车险挣扎着保持了99.9%的综合成本率，这个数据背后是满满的求生欲，全行业车险小伙伴奋战半年实现了4.4亿元的承保利润。非车险是行业主要的利润来源，以不到一半的保费份额，贡献了22亿元的承保利润。

大中小型公司继续分化：人保、太平洋、平安"老三家"合计承保利润达127亿元，其余险企公司综合成本率超104%。

从集中度来看，人保、平安、太平洋"老三

家"综合成本率稳在100%以内,合计实现承保利润127亿元,意味着剔除"老三家"之后行业综合成本率超过104%,其他主体合计承保亏损超过100亿元。2020年年中,第二集团的国寿财险和太平财险勉强维持了承保盈利,2021年上半年却全面溃退,第二集团全部陷入承保亏损的境况,更何况其他中小型公司。

小伙伴们做分析的时候,对标一定要找准目标,别让自己特别难受,更别让股东过分乐观,行业均值那是谁都能对标的吗?对标前后左右的邻居才是科学的分析。

车险的困境刚启幕:综合赔付率上升了15个百分点,综合费用率下降了11个百分点。

2021年上半年,车险保费收入近3800亿元,占比为51%,虽然与前几年动辄七成的占比相比,下降明显,但是依然占据行业半壁江山。

从增速来看,车险增速已经降至-7%,与第一季度相比,负增长幅度持续扩大,能阻止车险负增长步伐的唯有2021年的"9·19"了。那是车险"暗夜"的微光闪动,车险人都说再撑一撑,第四季度就好了,第四季度为啥好了?因为基数低了。看广西和陕西,上半年车险增速都是正增长。

效益端的压力更明显,车险的综合成本率已经攀升至99.9%,而综合赔付率为72.3%,同比上升了15个百分点;综合费用率为27.6%,同比下降了11个百分点。

再看环比情况,跟2021年第一季度末比,综合赔付率上升了1.2个百分点,综合费用率上升了0.1个百分点。悟出点道理没?综合赔付率上行未见"天花板",综合费用率下行已触达"地板"。这说明综合成本率稳定运行在上行区间,且行且珍惜。

转型变革是迟早的事儿,车险综改的阶段性过程是痛苦而艰辛的。车险长链条的管理型险种,是数字化转型最好的试验田,要保持对车险的定力,对技术的敬畏,对数据的尊重,对人才的重视。车险始终是居家旅行、干事创业的必备良品,不会消亡,更不会衰败,渡过阶段性的困难后,它会以全新的姿态归来,希望那时的公司已然涅槃重生。

非车险救市难,战略趋同导致市场竞争加剧,健康险增量最多,亏损也最多。

商车费改、车险综改,在车险遇到阶段性困难之时,保险公司"大力发展非车险"的呼声振聋发聩,看似是战略调整,实则是被动之举。

财险行业的供给侧结构性改革的重点是服务实体经济和服务国家战略的,回归保障初心。非车险业务首当其冲,2021年上半年,广义的财险、责任险、农险、健康险都有不错的增长表现,非车险整体保持了16%的相对高速增长。

增量保费方面,健康险贡献250亿元,责任险贡献100亿元,农险贡献80亿元,广义的财险和意外险也都有超过50亿元的贡献。

非车险领域,有很多偏政策型的险种,比如农险、健康险、责任险等,有各级政府补贴支持此类业务发展。但政策型业务的集中度远高于分散型车险业务,人保在农险和健康险两个险种上的占比都在五成左右，但在全行业"大力发展非车险"的趋同战略下，"老大哥"的阵地受到了不小的冲击和威胁。

从效益的角度来看，非车险整体实现了承保盈利，拔得头筹的居然是保证险。

企财险、货运险、家财险、特险等广义的财险和农险都实现了承保盈利。亏损最严重的还是意健险和信用险，尤其是健康险这个增量保费贡献第一名的险种，高赔付导致的承保亏损已是常态。

下半年展望

2021年是保险市场分化之年，是大型公司的分水岭，是小型公司的生死劫。

在"岭"与"劫"之间，要以时间换空间，处理好发展与效益的关系。

发展是第一要务，在永恒的变化中做好加法。

2021年注定是财险业务缓慢增长的一年。简单估算一下，假设车险第三季度负增长幅度略收窄，第四季度维持零增长，即使非车险全年保持15%的高速增长，那么行业全年的增速也很难达到4%，注定财险业务是缓慢增长的一年。

新车销量回暖，2021年1～7月乘用车销量增幅超过20%，新能源车销量已经超越2020年的销量，给凛冬下的车险市场带来一丝暖意。车险的战术大概是"新车拉动增长，服务维系存量"。

效益是生存之本，在严峻的形势中做好减法。

对财险行业而言，综合成本率的走势大概呈V字形，开年比较高，年中走低，下半年持续攀升。上半年综合成本率总体还算让人愉快；下半年，对于扑面而来的台风、水灾和冰冻等自然灾害，怕不怕？如果按照年中99.6%的成本率展望全年，行业承保亏损大势已定。

2021年7月已经让财险行业猝不及防，河南郑州等地的特大暴雨洪水灾害导致行业估损近百亿元，其中车险估损占大头，4.4亿元的车险承保利润怕是要随风而去了。截至8月11日，河南省保险业共接到理赔报案50.14万件，初步估损114.49亿元，已决赔付25.76万件，已决赔款40.14亿元。

行业的盈利方式正在从"信息不对称寻租"向"高效运营创造价值"加速调整。降本增效是行业的共识，套路也差不多——前端做好业务选择、中端提升运营效能、后端压降各类成本、全程以科技赋能。近几年各大保险公司争先恐后地抛出数字化变革战略，也到了该出成果的阶段了，效益就是检验战略有效性的唯一标尺。

最后，迷茫与疑惑并存，近两年行业各公司都在追求的是高质量发展，高端论坛也都是通过数字化转型谋求高质量发展。什么是高质量发展？要转型到哪里？停滞不前似乎不是，承保亏损似乎也不是，从业人员叫苦连天好像更不是。欢迎小伙伴来说说到底什么是高质量发展？上半年这份答卷是高质量发展吗？

出租车投保交强险被拒之后

2021年12月6日

岁末年关，正是保险公司冲刺年度业绩的关键时刻，却传来了不做生意的消息，央媒为市场发声——营运车辆投保难的新闻，主要是让业内同胞闻风丧胆的自卸车和出租车。

投保难和花式拒保问题其实一直都存在，此前就陆续出现过摩托车遭遇拒保、拖拉机遭遇拒保等新闻，2021年年中也出现过多地营业货车和特种车辆投保交强险遭遇拒保的新闻。此时，此事放在媒体的镜子下，尤其是央媒的镜子下，立刻就又引起了行业的高度关注。

接下来的剧情大体应该是这样的：银保监会回应营运车辆投保难问题（已办结）—地方银保监局果断采取措施（办理中）—各保险公司承诺表态不拒保—营业车辆顺利承保（完）。

这种处理方式的逻辑是"重典治乱象"，自上而下、行政重压，大概可以阶段性、表面化的压制问题，但深层次的矛盾和问题并没有得到有效解决。在某个行业艰难时刻，营运车辆承保难甚至拒保的问题还会卷土重来。

拒保对不对？不对

违反交强险条例规定。《机动车交通事故责任强制保险条例》（以下简称《交强险条例》）规定，保险公司不得拒绝或拖延承保。如果拒绝或拖延承保，将由监管机构责令改正，处以罚款；情节严重的，可以限制业务范围、责令停止接受新业务或者吊销经营保险业务许可证。

服务实体经济不到位。出现拒保情况的大多是营运车辆，出租车、大货车、特种车之类，此类车辆事关实体经济，如果无法投保交强险，则无法上路营业，其重要性以及敏感性不容小觑。履行保险保障服务，需要提高政治站位，强化责任担当。

那为啥还拒保

保险公司是企业，企业是指依法设立的以营利为目的、从事商品生产经营和服务活动的独立核算的经济组织。保险公司在监管制度的约束下，都建立了完善的现代企业治理机制，向上对股东付出的资本负责，国有企业需要对国有资产的保值增值负责。因此，趋利性是保险公司的属性之一，正常、科学且合理。

趋利性也就意味着"活下去"是它的首要目的，营运货车的效益情况不是一般的差，受交强险限额翻倍、城乡人伤标准统一、商业险基准费率及系数上限等因素的综合影响，单看营运车辆的赔付率，比如搅拌车和出租车甚至已经突破了150%，贴钱承保是实际情况。拒保是保险公司无奈的选择。从另一个角度看，是一种风险识别能力的体现，也是一种对股东负责的态度。

拒保的事件越来越多，记者所联系的多家公司都有管控措施，为啥？行业的日子艰难了。车险综改前，营运车辆交强险赔付率高，但用商业险勉强可以兜得住；车险综改后，交强险限额提高，赔付率更上一层楼，部分业务商业险1.35的系数，确实难以兜住。

更别说一些客户利用机制的漏洞，作出一波又一波的操作。

比如，有的客户交强险和商业险分开出单，一边投诉交强险不给承保，一边享受着单保商业险的低费率。

又比如，有的客户为了保证交强险出单，于是商业险、交强险一起投保，然后退保商业险，去其他公司再投个单保商业险的单子。

所以，如果拒保交强险，属于违反条例；如果要求交强险和商业险一起保，属于捆绑销售；如果硬着头皮一起保了交强险和商业险，确实影响管理能力……到底该咋干？咋这么难？

2021年，车险综改推进后的第一个完整会计年度，面对2020年综改前的高基数，各家公司和股东对发展的要求是相对理性的，大多宽容负增长，但是对效益的要求空前地高，所以业务可以有选择，但是效益必须有保证。在这个大背景下，各家主体提高了业务选择的要求，对于利润负贡献的业务，普遍采取严控态度。

根本性的解决之道：深化车险结构性改革

全国汽车保有量约3亿台，车险经营的合理、科学和顺畅，关乎个人、家庭和社会。车险综改已经实现了"降价、增保、提质"的阶段性目标，继续深化结构性改革很有必要。

交强险方面，建立基准费率的常态调整机制。

猪肉价格都起起落落几番了，交强险的价格就只能直线往下？

实际上，《交强险条例》第七条规定，"根据保险公司机动车交通事故责任强制保险业务的总体盈利或者亏损情况，可以要求或者允许保险公司相应调整保险费率。"交强险在经历了十年承保亏损后，在2017年打平，2018年和2019年微利，预计2021年又将遁入亏损周期。

交强险的经营必须秉持"不盈不亏"的原则不变，但是内部车型之间、地域之间通过费率相互补贴的问题需要调整，让风险和价格更好地匹配，也可以解决交强险和商业险"混业经营"带来的一系列问题。

商业险方面，调整或放开部分营运车辆自主系数的上限。

对于出租车、搅拌车、冷藏车、自卸车等营运车辆，都是让保险公司头痛的业务，1.35的系数真的太难了，整体赔付率依然很高，承保亏损

依然很严重。建议行业根据亏损情况，周期性地调整或者彻底放开部分车型的自主系数上限，如果完全自主是各方的彼岸，那就让阵痛期短一点吧。

阶段性的缓解方案：建立剩余市场处理机制

需要明确什么条件的保单可以进入剩余市场的大池子，从现在的情况看，这个池子着实不太小。而且要建立剩余市场改进机制，通过车载设备，逐步降低赔付成本，让剩余市场业务回归正常市场。

方案一，建立剩余市场分摊机制。按照市场份额，分摊剩余市场业务。这个方案，会使大公司不能依靠技术数据风控优势，老挑优质业务、剔除劣质业务了，该扛的责任需要扛起来。

方案二，成立剩余市场经营公司。这家政策性保险公司，不以营利为目的，主要负责以合理的价格承接剩余市场业务。通过车载设备等科技赋能工具，运用大数据、车联网等手段，逐步改善营业类车辆的风险状况。

另外，保险保障基金的风险处置关口是不是可以进一步前移？以防止公司被剩余市场拖垮。

对于保险业而言，现在正承受着巨大的转型阵痛：车险综改步步推进，财险公司集体懵圈了；个代渠道持续低迷，寿险公司集体懵圈了；非标市场风声鹤唳，投资预期下降了；后续IFRS17一来，行业会怎么样……行业到底要去哪里？业内人迷茫焦虑！

监管在保护消费者权益的同时，替行业发声，在产业链中谋求公平竞争的地位，为行业营造良好的发展氛围。

保险公司提出合理化意见和政策要求必然重要，更重要的是练好内功，提升数字化水平，降低运营成本。

消费者认识到保险是风险管理的手段，一定要赚回去的心态可不能有。

……

市场各方主体都能履职尽责，事不拖、话不多、人不作，行业一定会好，而只有行业好了，才有底气和能力给社会提供更优质的保险服务，这才是良性循环。

CHAPTER **1** | 财产险·大破局

银保监会树立财险新目标：2023年底，三大指标分别提升10个百分点

2021年9月10日

继2020年5月发布《关于推进财产保险业务线上化发展的指导意见》，提出到2022年，车险、农险等业务领域线上化率达到80%以上；2020年8月发布《推动财产保险业高质量发展三年行动方案（2020—2022年）》之后，银保监会财险部在推动财险行业高质量发展方面又有了新思路。

近日，银保监会向各财险公司以及相关单位下发《中国银保监会办公厅关于推动财产保险专业化、精细化和集约化发展的指导意见》（以下简称《指导意见》），给财险行业发展树立了新的目标，即到2023年实现三大指标分别提升10个百分点，且对实现专业化、精细化和集约化给出了新的发展规划，以及相应的实施路径，这其中有不少概念引起业界人士高度关注。

例如，推动行业向风险减量管理服务模式转型；引导中小型公司摒弃贪大求全的经营理念，缩小管理半径，合并裁撤低产能分支机构；建立行业黑灰名单制度，推动承保、理赔和反欺诈等风险数据信息开放；等等。

更引起关注的还有，探索建立保险产品创新保护机制，针对开发财险增量市场且有一定发展潜力的创新产品，设定不低于一年的产品创新保护期。

可以说，《指导意见》为行业未来3年的高质量发展描绘了一幅路线图，每一条都值得深思。但同时，新的目标也将给行业发展带来新的压力，能否实现，取决于市场主体与监管层面的双重努力。

以下就是《指导意见》的核心内容。

明确三大指标：2023年底综合费用率再降10个百分点；非车险占比提升10个百分点；承保盈利公司覆盖面再提升10个百分点

行业经营成本明显下降，综合费用率较2020年底降低10个百分点以上；

市场业务结构明显优化，非车险业务比重较2020年底提升10个百分点以上；

行业经营效益明显改善，承保盈利公司覆盖面较2020年底提升10个百分点以上。

《指导意见》针对专业化、精细化和集约化发展设定了非常具体的任务目标，具体而言，

就是要在2023年底，完成上述"3个10%"任务目标。这给财险行业带来了以下新的挑战：

2020年底，财险行业综合费用率约为37.56%，意味着2023年底，财险公司综合费用率至少要降到27.56%以下。

2020年，财险公司整体的非车险业务占比为30.88%，按照《指导意见》，到2023年，这一数据应达到40.88%及以上。

寻找新增量市场，鼓励聚焦新发展格局，挖掘新技术、新经济和新业态带来的保险需求

鼓励保险公司聚焦新发展格局下的经济社会发展演进，挖掘新技术、新经济和新业态带来的保险需求，围绕乡村振兴、智慧交通、健康养老、绿色环保、科技创新、网络安全和社会治理等事关国计民生的重点领域，找准痛点、难点，开展产品创新，为经济发展和社会民生提供专业化、差异化、定制化保险产品。

车险行业竞争激烈，财险公司纷纷加大非车险业务投入的力度，非车险领域虽然在快速发展，但也迅速变身为红海市场。在激烈的市场竞争中，财险公司如何寻找新的业务增量，《指导意见》给出了答案：聚焦新发展格局，从国计民生的重点领域找准痛点、难点，开展产品创新。具体而言，就是围绕乡村振兴、智慧交通、健康养老、绿色环保、科技创新、网络安全和社会治理等方面开展业务。

这些国家战略决定了未来我国经济社会发展的重点领域，这也确实是财险公司的用武之地，但现在的关键或在于财险公司是否拥有足够的专业能力来承接这些业务？

推动行业由转移分散为主的风险等量管理模式向风险减量管理服务模式转型

支持保险公司立足保险保障本源，创新拓展"保险＋科技＋服务"的模式内涵与实现形式，链接社会化服务资源，探索服务型保险产品，有效提升增值服务的广度和深度。鼓励保险公司积极运用物联网、人工智能等先进技术，增强风险识别、监测和预警等风险管理专业能力，主动提供防灾减损服务，从源头降低风险损失，推动行业由转移分散为主的风险等量管理模式向风险减量管理服务模式转型。

在产品高度同质化下，附加服务成为保险公司凸显竞争优势，实现差异化经营的最主要方式，对于这一行业的发展趋势，《指导意见》提出要"升级保险服务"，鼓励保险公司增强风险识别、监测和预警等风险管理专业能力，变"转移风险"为"风险减量"，变"赔付"为"预防"。

毫无疑问，这确实是保险公司可拓展的重要方向，但这种模式也对保险公司的专业能力提出了更高的要求，怎样才能实现，是需要重点讨论的话题。

引导中小公司明确自身定位，摒弃过于依赖车险业务、贪大求全的经营理念

要培育健全多层次财产保险市场体系，引导中小型公司明确自身定位和专业优势，摒弃过于依赖车险业务和过度铺设机构的贪大求全的经营理念，精准选择优势产品、目标市场和与业务方向，坚持专业化、差异化发展道路，在细分市场深耕细作，在专业领域积微成著。

财险市场长期呈寡头垄断格局，人保、太平洋、平安三家保险公司牢牢占据行业前三位，且由于规模庞大，始终保持了不错的经营效益。反观诸多中小型公司，在激烈的竞争中明显处于劣势地位。尽管车险综改在政策上对中小型公司进行了一定的倾斜，但对于大多数的中小型公司而言，其经营难度依然远远大于大型公司。

对此，市场上一直存在引导中小型公司差异化发展的声音。此次，在《指导意见》中，这一点也得到了淋漓尽致的体现。

需要注意的是，中小型公司与大型公司在经营模式上趋同，既有自身经营理念的主观原因，也有市场环境的客观因素。现行监管制度对中小型公司与对大型公司的要求基本一致，导致中小型公司无法显著降低成本，更是其中最重要的因素之一。因此，要想引导中小型公司差异化经营，最根本的还是要实施差异化的监管。

完善集约化运营体系，鼓励中小公司缩小管理半径，合并裁撤低产能分支机构

推进集约化销售组织管理。科学划分和有效整合销售渠道，系统性改革营销组织管理体系、销售费用管理体系和薪酬绩效激励体系，强化集约管理和合规经营，通过渠道细分和销售运作模式改善，降低销售成本、提升经营质效。鼓励中小型公司强化销售渠道垂直管理，缩小管理半径，合并裁撤低产能分支机构，降低运营成本。

针对中小型公司集约化经营、降低运营成本，《指导意见》给出的可能路径是强化渠道垂直管理、缩小管理半径，合并裁撤低产能分支机构。这些无疑都是降低成本的直接方式。对于中小型公司而言，最需要的依然是差异化的监管制度。监管能否在相关方面给予政策支持，值得期待。

提升财产保险行业基础数据质量；探索建立行业基础数据共享机制；推动承保、理赔和反欺诈等风险数据信息开放

持续推动完善行业基础数据标准化工作，明确从业人员、承保理赔和财务管理等数据信息的采集报送交互规则，提升财险行业基础数据质量。完善保险公司经营核算体系，出台关键成本

指标核算标准指引，修订完善防灾减损服务费用列支规则，客观反映保险服务成本。

构建行业数据共享平台，探索建立行业基础数据共享机制，进一步扩展行业纯风险损失率测算工作的险种范围，定期发布财产保险行业基础数据信息。建立行业黑灰名单制度，推动承保、理赔和反欺诈等风险数据信息开放。做好外部数据对接，发挥好中国银保信、上海保交所的平台作用，加强与农业农村、公安、交通、气象、医疗、应急、司法和征信等领域的数据信息合作，推进跨行业、跨地域的数据信息共享，建立健全数据安全管理制度。

财务数据不真实、保险欺诈多发等一直都是财险行业的痛点，《指导意见》在"加强基础建设"有关内容方面对此进行了明确，而且给出了实现路径，有以下几点内容值得重点关注。

一是"修订完善防灾减损服务费用列支规则"，意味着或许在未来，财险就像健康险一样，其用于服务的支出也可以进行单独列支。如此，财险公司防灾减灾的意识将大增。

二是"建立行业黑灰名单制度，推动承保、理赔和反欺诈等风险数据信息开放"，减少保险欺诈，行业数据充分地共享至关重要，在保证数据安全的前提下，积极推动行业数据共享平台的建立，可有效减少"跑冒滴漏"。

三是"发挥好中国银保信、上海保交所的平台作用"，除中国银保信外，上海保交所也已经被视为重要的行业平台。

拟建立保险产品创新保护机制，针对开发财产保险增量市场且有一定发展潜力的创新产品，设定不低于一年的产品创新保护期

构建创新保护机制。鼓励保险公司建立科学合理的创新考核激励机制，激发基层机构和从业人员的创新积极性。探索建立保险产品创新保护机制，针对开发财产保险增量市场且有一定发展潜力的创新产品，设定不低于一年的产品创新保护期，积极维护市场创新主体利益。加强再保险对直保创新发展的支持力度，打造合作共赢的良好生态。

产品同质化一直是我国财险市场的鲜明标签，但凡有新产品出现且受到消费者欢迎，保险公司就会一拥而上，立刻将新的领域化为红海市场，因此，一直有市场人士呼吁设置创新产品保护期，以鼓励业界的创新意识。如今，这一呼吁显然已经得到监管部门的积极响应。

值得注意的是，监管为这些创新产品设置了一定的范围，"针对开发财险增量市场""且有一定发展潜力"，意味着监管此举仍旨在开拓增量市场。

CHAPTER 1 | 财产险·大破局

一个典型区域市场的车险综改样本观察：综合成本率低于95%是如何炼成的

2021年11月4日

探索多年后，2020年9月19日，车险综改重磅落地，迅速成为影响行业发展理念，乃至业务格局的最主要因素之一。

改革仍在路上，未来依然未知，『慧保天下』试图深度剖析一个区域市场中监管的所思、所想、所为。

第一站，『慧保天下』选择了广东。

为什么是广东？市场具有典型性，规模大、复杂度高，改革效益佳

『慧保天下』选择广东作为深度观察车险综改及其市场影响的一个重要样本，这并非偶然。

广东车险市场规模足够大。公开信息显示，作为人口大省、经济强省，广东同时也是全国车险规模最大的省份之一。2020年，广东财险行业全险种保费规模第一，车险保费规模、承保利润均位居全国第一。2020年，广东车险保费收入723亿元（不含深圳），在全国占比将近9%。

正因为其特殊的市场地位，深度探讨中国车险市场，广东显然是一个不容忽视的存在。

广东车险市场足够复杂。发展不均衡，东西部地区差异明显，是中国车险市场的基本特征之一。殊不知，作为经济强省的广东，其内部各区域之间的经济发展也不甚平衡，更像是全国市场的一个缩影，发达、欠发达和不发达三类地区的珠三角、粤东、粤西和粤北山区市场并存且差异巨大。可以说，深度了解广东车险市场，有助于我们更好地理解全国车险市场。

更重要的原因则在于其车险综改成效显著。商业车险单均保费下降了590元，降幅超过19%，但商业三者险保额却从100万元增加到近200万元，近乎翻了一番，商业险的投保率更是超过95%，广东车险保费规模占比约为全国的9%。在车险市场保持稳定的前提下，近一半的公司实现了盈利，很多公司在其系统内位居前列，并且为了应对未来可能的赔款增加，广东每百元未决赔款准备金在原有的基础上实现了近6元的加厚，经营的基础更加夯实，消费者的权益能够得到更好的保障，车险综改在广东应当是稳妥地落地了。

此外，广东车险市场在保护广大车主利益的基础上，通过打假、挤压水分，近期更是协助公安机关揪出了两单涉案几千万元的团伙诈骗案件，广东车险市场的经营基础不仅不会因为改革而被削弱，还会不断得以夯实。

值得注意的是，在车险综改一周年的电视会议上，广东曾作为典型之一被点名表扬。按照以往的经验，越是经济发达的地区，车险业务盈利更难，因为这些地区的市场竞争更加激烈，消费者维权意识强烈，且人工、物价相对更高。事实上，减少东西部地区的车险市场差异，减少车险领域经济欠发达省份"补贴"经济发达省份的不合理现象，本身正是推动车险费率改革的一个重要内在原因。而如今广东做到了，车险综改一周年，其综合成本率不到95%，这在某种程度上证明车险费用仍有一定的下调空间。

直面复杂市场环境，广东银保监局重点抓住"广州"这个龙头，六大方法推动改革平稳运行

事实上，广东车险市场非常复杂，包括20个地市，车险体量大，中介市场发达、活跃，且发达、欠发达、不发达市场并存的特征非常明显，叠加车险综合改革，更是进一步增强了市场的不确定性。

面对错综复杂的市场现状，单一的打法显然并不适用，如何抓住关键矛盾，以点带面，层层推进，成为解决问题的关键。

广东银保监局给出了"A→B→C"的车险监管传导逻辑。其中，"A"是广州，广州的车险业务规模超过广东市场的四分之一，主体多、市场化程度很高，是广东车险市场的龙头，有很强的示范作用和传导作用。

"B"是珠三角地区，广州对珠三角地区的城市具有极强的辐射作用，尤其是珠三角地区的另外两座车险重镇佛山和东莞。

"C"是非珠三角地区，业务占比低，在珠三角地区稳定的前提下，基本能够自行企稳。

所谓"A→B→C"的监管传导逻辑，就是重点抓住"A"即广州这个龙头，其他地方则通过压实属地监管责任来实现，一方面树立了样本，另一方面充分考虑了全省各地不同的市场发展水平，因地制宜，更好地推进工作。

问题来了，如何才能抓住最为关键的"A"，即广州这个龙头？广东银保监局又拿出了第二套公式，即6×2="1"，"6"是指六个做法，"2"是指每个做法的两个着力点，"1"是指稳定一方市场。

方法一，划出"报行合一""数据真实"两条红线。

要求经营车险的市场主体必须严守这两条红线，越界就要不同程度地"挨打"。自2021年以来，广东车险市场开出的罚单超过20张，机构和高管一同处罚，把大公司看住，有力地震慑了市场。

方法二，盯紧重点公司和重点区域。

广东平安产险、人保财险、太平洋产险、

中国人寿财险和中华保险五家公司的车险业务占比约八成，广州、佛山、东莞和惠州四个相互影响大的区域连接市场业务占比也超过六成，这是广东车险市场的"基本盘"。通过规范这些重点公司和重点地区的经营行为，起到规范一方、带动一片的效果。监管对于五家公司的数据指标和市场行为保持高度关注，发现异动第一时间窗口指导，窗口指导无效的立即依法处理乃至直接查处，保持对市场的威慑。

方法三，规范异地车和新车业务。

省内异地车是违规高发领域，如果没有高费用，车主一般都不会到异地投保。异地车对市场的破坏作用非常明显，"传染性"又强，秩序差的市场通过违规争抢异地车业务直接带动并损坏秩序好的市场，是秩序治理的重点。争抢异地车险业务由来已久，也是中介市场的一块"肥肉"，监管起来很不容易。广东银保监局采取"严控增量、稳步减少存量"的做法，明确整改目标，一对一监测跟进，效果很明显。在2020年明显下降的基础上，2021年广东的省内异地车险占比继续下降了近2个百分点，真实性越来越强。

值得称道的是，重拳监管异地车险的做法催生了三项"化学"反应：一是调动了各地分局的积极性，谁家的孩子谁抱走，属地监管有了硬抓手。二是在落实属地监管责任的基础上，实实在在地把财险监管全省"一盘棋"落到了具体事情上。这本是一项难题，因为异地车监管反而得以很好地解决了。三是直接产生了保护消费者权益的好效果，防止异地车业务违规"倒卖"，推动了车险服务本地化，自然而然服务效果更好了。

方法四，发挥纵向和横向联动监管作用。

在加强异地车监管的基础上，广东银保监局在车险综改前，开展全省监管巡讲，向分局宣导、解读车险监管政策、工作方法，综改后定期召开分局车险监管联席会议，针对特定时期的突出问题研究解决方案，主要负责人更是亲自解读车险综改政策，提出监管要求，给市场带来很大的触动，进一步深化了上下纵向联动的效果。

横向联动也在发力，强化与中介、检查的无缝连接的监管效果也在不断显现。比如，近期广东省保险行业协会就与中介协会联合印发了一份在保险公司和中介机构两个领域全面执行车险"报行合一"的通知，双向发力，改变单打独斗的局面，产生了"1+1＞2"的效果。又如，承担财险检查功能的处室，按照银保监会的检查部署，结合财险监管机构处室开出的"市场秩序单"，加大车险市场违规查处的力度，用最少的水扑灭苗头违规的火。据调查，2021年，广东省针对车险市场开展的检查项目超过10个，达到了震慑市场的目的。

方法五，贴身监管与支持依法自律相结合。

每日对各主要公司的车险保费进度数据进行回溯、每周对行业市场的费用变动情况进行回溯、每月对车险的重要指标进行回溯，聚焦数据真实性、综合费用率等关键指标，每周对主要负责人开展窗口指导，进行风险提示。不断推动行

业自治，行业的事情行业做，按照"报行合一"和数据真实依法开展自律，监管减少微观介入，立足于构建良好的行业生态。

方法六，用好回溯监管和信息披露机制。

众所周知，车险市场是一个竞争充分的市场，市场波动也会常态化，这符合市场化的规律，监管的切入点在于促使这一波动在合理的箱体内，运用回溯监管正是为了实现这个目的，并且是一定程度上的治本之策。以广州车险回溯监管为例，按月对各家保险公司的综合费用率、综合成本率、增速、自主定价系数、新车定价系数、异地车承保情况和未决赔款准备金进行回溯评价。评价不好的，要求公司就合规经营情况予以合理说明，由公司提出整改措施，监管部门后续跟进并销号管理。各家公司根据自愿原则，自报向行业披露部分经营数据，能透明的尽量透明，既能更好地推动行业的经营行为收敛于"报行合一"，又能树立服务导向。

后车险综改时代，如何进一步夯实基础、迎接新能源车险挑战、助力政府治理能力提升成为行业新课题

车险综改一周年，车险市场的改变显而易见。

对消费者而言，实惠看得见。截至2021年9月底，全国车均保费较2020年综改前降低了21%，车险综改以来累计为消费者减少支出超过2000亿元。

更重要的是，市场主体正在改革的强力推动下，实现全面转向：经营理念变了，手续费大战逐渐淡出，截至2021年9月底，全国车险综合费用率为27.8%，同比下降13.5个百分点，其中车险手续费率为8.4%，同比下降7.2个百分点，车险业务及管理费用率为19.8%，同比下降7.1个百分点；取而代之的是对于经营效能、服务质量和客户体验的空前重视，新产品、新服务和新技术层出不穷。

车险综改一周年之际，中国银保监会对车险综改进行了全面总结，充分肯定了综改的成果，但也指出对市场费用等恶性竞争问题需要持续关注。目前全国车险市场在不考虑河南水灾的影响下，基本处于盈亏平衡点，中小型公司大面积承保亏损。

对于各地监管部门而言，如何在原有工作的基础上直面这些现实问题成为新的挑战。毕竟，市场变化是常态，监管应顺势而为，在变化中破解难题是一道考验监管的应用题。对此，广东也已经给出了自己的答案。

第一招，需要进一步提高智慧监管的能力。

中国银保监会主席郭树清提出要全力推动监管工作信息化、智能化。据悉，广东银保监局特别重视智慧监管，并且已经作出了卓有成效的探索。数据是生产力，过去一年车险综改这一变量引发了监管的大变化，智慧监管必将大显身手。

据了解，广东银保监局将在车险综改的第二个年度，对车险大数据进一步整合、挖掘，将当前的数据进一步体系化，向智慧监管加快发力。

首先，依托EAST系统，对违反"报行合一"和"数据真实性"两条红线的行为进行精准定位；其次，完善现有数据平台，深入挖掘异地车、新车和重型货车等专项数据，巩固重点领域的监管成效；最后，完善非现场监管报表体系，细化数据颗粒、增加数据维度，建立更多的数据模块，加大数据挖掘的深度，更好地监测全辖车险市场的变化，及时看清数据背后的故事。

第二招，推进新能源汽车保险进行封闭监管。

根据中汽协公布的数据，2021年前三季度新能源汽车销量达到215.7万辆，全年有望超过300万辆。2021年8月，新能源汽车专属条款费率征求意见稿正式对外公布。新能源汽车保险和传统车险既有类似性，又有特殊性，可以预见，作为新能源汽车销量第一的广东，做好新能源汽车保险的监管已是箭在弦上。

据市场主体反映，广东银保监局近期频繁开展新能源车险调研，并组织行业对未来新能源车险的发展和监管建言献策。『慧保天下』获悉，广东银保监局计划对新能源车险实施差异化封闭监管，试图从新能源车险监管的角度找到破解传统车险监管难题的新视角。

第三招，推动车险在助力政府治理体系和治理能力现代化方面深入探索。

为迎接建党100周年，广东保险业举行业之力协助交通管理部门完成辖内超过22万辆重型货车的智能视频监控设备安装工作，未来如何用好、管住才是重中之重。这不仅是车险行业自身降低赔付的需求，更是保险业减少社会风险总量的有益探索。

另外，车险综改中制定的增值服务条款需要进一步激活，车险服务在源头安全上必须要有新作为，车险服务的事前、事中和事后管理需要更好的推进和衔接，车险服务更要在前端发好力。

车险综改仍在进行当中，对于市场而言，改革仍在继续，探索仍未停止。据了解，各地监管部门正在加大监管力度，采取更加积极有效的监管行为稳定后车险综改时代的市场秩序，而『慧保天下』也将持续关注全国车险市场情况的后续变化。

净利润连续5年增超40%，成本率低至92%，只因这家美国财险公司做好了三件事

2021年3月16日

2020年，新冠肺炎疫情迫使全球经济骤然转向，美国保险业也表现出一定的颓势。

近日，美国保险监督官协会（NAIC）发布数据显示，2020年，美国寿险（含年金）保费收入4750亿美元，同比增速下滑2.8%；财险保费收入7151亿美元，同比增速下滑0.4%。

然而，在悲观的市场预期下，也不乏逆势而上者，全美第三大汽车保险公司——Progressive GRP（以下简称前进保险）就是其中之一。

近日，前进保险发布了2020财年业绩。数据显示，公司全年营业收入426.58亿美元，同比增长9.32%；承保保费417.37亿美元，同比增长6.41%，增速领衔全美TOP15财险公司，市场份额进一步扩大；尤其惊艳的是其归母净利润表现，全年达到57.05亿美元，同比增长43.68%，而这已经是其连续第5年实现净利润增速超40%；良好的净利润表现得益于其投资端，更得益于其负债端，2020年其综合成本率仅为92.38%。

92.38%的综合成本率意味着其不仅仅优于美国主要同业，更是优于我国的财险公司，2020年，我国财险公司的综合成本率为100.9%，车险业务综合成本率略低，但也高达99.03%。

车险综改持续，我国财险行业发展持续承压。前进保险虽然不是美国头号财险公司，但其优异的承保端表现，以及这些表现背后的商业模式创新、渠道创新，对于客户的精准分层，对于我国财险公司而言，仍有强烈的借鉴意义。

保费收入增速领衔全美前15家财产险公司，车险承保利润率高达7.32%

在业内，前进保险有着伯克希尔·哈撒韦最大竞争对手的美誉。1996年，巴菲特通过伯克希尔·哈撒韦将盖可保险全部买下并持有至今，虽然盖可保险已经是车险领域利润最高的公司，但前进保险却是全美车险领域里保费收入和利润增速最快的公司。

在2019年召开的巴菲特股东大会上，有人向"股神"提问："是否担心特斯拉进军车险领

CHAPTER 1 财产险·大破局

域？"巴菲特表示，对于车险业务来说，他更担心的最大竞争对手是前进保险，而不是其他任何车险公司。

整体承保保费上涨6.41%，超越主要竞争对手。

具体来看，在承保保费方面，纵观美国2020年保费收入TOP15财险公司，前进保险是唯一一家保费收入同比增速超过5%的公司。2020年，前进保险实现承保保费417.37亿美元，同比增长6.41%，市场份额较2019年同期5.55%上涨0.26个百分点。

美国第一大财险公司州立农业保险（STATE FARM GRP）虽然仍以较大的优势领先同业，但2020年保费收入仅同比微增0.8%，因巴菲特而备受关注的伯克希尔·哈撒韦虽然承保保费位居第二，但2020年保费收入同比下滑0.12%，市场份额较上年收缩0.1个百分点。

综合成本率长期徘徊在93%～97%，成前进保险最大的业绩亮点。

2015—2020年，州立农业保险综合成本率仅在2018年低于100%，而在其他年份综合成本率均超出100%，这意味着在过去几年，State Farm的承保利润处于亏损状态，公司更多依靠投资收益来赚取利润。

而前进保险，2015—2020年，公司综合成本率一直维持在93%～97%，即承保利润一直处于盈利状态。2015—2020年前进保险、州立农业保险综合成本率和承保利润率对比见表1。

表1　2015—2020年前进保险、州立农业保险综合成本率和承保利润率对比

年份	综合成本率（%）		承保利润率（%）	
	前进保险	州立农业保险	前进保险	州立农业保险
2015	95.19	111.34	4.81	-11.34
2016	97.76	118.17	2.24	-18.17
2017	96.00	110.09	4.00	-10.09
2018	93.15	97.05	6.85	-2.95
2019	93.56	101.81	6.44	-1.81
2020	92.38	108.21	7.32	—

数据来源：公司财报。

根据行业交流数据，我国财险公司2020年承保利润为-108.44亿元，承保利润率为-0.90%，而在财险业务承保利润中"挑大梁"的机动车辆保险业务，2020年承保利润为79.57亿元，承保利

润率仅为0.97%。

就承保利润贡献来看，私家车险贡献83%，商业车险贡献15%，房屋险仍承保亏损。

从业务板块来看，前进保险主营私家车险和商业车险、房屋财险，其中私家车险业务主要承保私人乘用车、摩托车和游艇、房车等娱乐性交通工具；商业车险业务面向拥有或经营汽车、卡车的小企业主提供责任、物理损害等车辆相关的保障；房屋险则面向房东、租户等相关主体提供各类房产的安全、维修等保障。

2020年，前进保险车险业务占比达93.21%，综合费用率为92.38%，承保利润率为7.32%，远远高出2019年全美车险3.1%的总承保利润率。具体有以下几个方面。

一是私家车险为第一大业务板块。2020年，前进保险私家车险保费收入为310.26亿美元，同比增速为2.7，占净保费收入的74.33%，占承保利润的83%，占有效保单的83%；承保利润率为7.3%，市占率为12.25%，在全美个人车险市场排名第三。

二是商业车险业务全美排名第一。2020年，前进保险商业车险保费收入为55.71亿美元，占净保费收入的13.35%，在所有业务中增速最快，达到25.84%，占承保利润的15.35%，占有效保单的3%；承保利润率为9.3，市占率为12.34%，在全美商业车险市场排名第一。

三是房屋险仍处于承保亏损状态。2020年，前进保险房屋险保费收入为18.97亿美元，同比增速为22%，占净保费收入的7.77%，占承保利润的-3%，占有效保单的10%；承保利润率为-6.9%，市占率为1.75%，在美国家财险市场排名第十。

据悉，2015年，前进保险以8.9亿美元收购财险公司ARX，随着收购完成，公司开始全面开展家财险业务，并将其上升为三大核心业务之一，公司通过以"汽车＋房屋"的组合保险形式面向分散性个人客户和代理机构强力推广，近年来其业务增长加速，虽然从目前来看，该项业务对保费收入的整体贡献比例依然较低。

连续5年净利润增速超过40%，股价跑赢标普500指数。

2020年，前进保险实现归母净利润为57.05亿美元，同比增长43.68%。而巴菲特旗下的伯克希尔·哈撒韦全年业绩近乎"腰斩"，2020年实现归属股东的净利润为425.21亿美元，同比减少47.8%。

事实上，在过去4年，前进保险的净利润增速均超过50%，2017—2019年净利润增速分别为51.16%、64.01%和51.85%。

强劲的净利润增长势头，除了得益于公司稳定的承保盈利，还来源于稳健的投资。虽然2020年投资收益同比下滑10.12%，至9.37亿美元，但在过去10年，前进保险股价累计涨幅达到357.47%，跑赢标普500指数（+189.69%）。

基于良好的承保业绩和稳健的投资收益，前进保险公司的股本回报率也远高于美国财险行业的整体水平。2020年，在全球市值前10的财险公司中，前进保险仍然有最高的ROE和最高的PB。

CHAPTER 1 财产险·大破局

近10年，公司平均ROE为18.7%，最近5年平均ROE为19.2%，目前公司市值为544.98亿美元。

坚持商业模式创新与渠道创新并驾齐驱，深耕存量客户，聚焦客户全生命周期

据悉，前进保险创办于1937年，1987年在纽交所上市，总部坐落于美国俄亥俄州，目前在全美有400多个办事处，拥有4万多名员工。除车险外，前进保险已经成功地将保险业务覆盖到房屋、物业和健康险等领域。

透过2020年财报，我们发现前进保险成功背后最根本的因素，是在该市场中通过独一无二的定价能力逐步确立了自己的核心竞争力，从而确保公司未来多年业务持续增长。

以UBI（Usage Based Insurance）商业模式为突破点，锻造精准定价能力。

1999年，前进保险开始布局UBI车险，通过采集用户特有的驾驶数据来对用户的风险特征进行更精准的刻画，从而进行个性化定价。

2009年，前进保险率先在美国推行UBI车险。这是一种基于驾驶行为数据的差异化车险产品，它通过装在车辆上的OBD盒子收集车辆状态数据和驾驶行为数据，帮助驾驶者改掉不良的驾驶习惯，从而降低车险保费。

经过早期多年摸索，前进保险在该领域具备了一定的先发优势。2014年，项目保费收入超过26亿美元，保单数量突破250万件，对私家车险业务渗透率达15.5%。

2015年，美国监管部门颁布法规，要求所有卡车运输公司在2017年12月前安装电子监测设备，这为UBI在商业用车领域扫除了障碍。

2017年，前进保险推出了商业车险领域的"Snapshot"——Smart Haul，用来收集货车司机的驾驶相关信息，只要司机安装了这一设施便可以立刻获得3%的保费折扣。如果车主的驾驶习惯良好，在评估期过后还可获得额外的折扣。

2018年，美国前进保险推出"Smart Haul"智能产品，为商用卡车司机提供UBI保险，该保险计划能为符合安全驾驶标准的商车司机平均节省1384美元的保费，这吸引了大量的卡车司机。

正是凭借庞大的数据积累，前进保险得以根据被保险人的生活方式、驾驶习惯和个人特征等信息进行更加精确的定价。与竞争对手相比，前进保险的被保险人风险特征分组更细，保险产品价格的范围也更大。

探索直销渠道，打造车险独立品牌，2020年广告支出近22亿美元。

在渠道上，直销成为前进保险私家车险最重要的保费收入来源。2018年，其私家车险直销渠道保费收入135.95亿美元，首次超过代理人渠道保费收入135.62亿美元。

据悉，1994年，前进保险开始探索直销模式，在车险行业率先推出电话询价、比价和购买服务，其中的比价服务一直是前进保险的特色。当时，保险公司之间竞争虽然激烈，但是保费透明度并不高，用户在向前进保险询价的同时便可以得知State Farm、Allstate和Prudential等竞

争对手的报价，从而降低客户进行比较的成本。

与代理渠道不同，直销更加依赖于公司品牌的打造。在1993年以前，前进保险以经营非标准业务为主，而当时的非标准业务保险公司依赖独立代理人进行销售，并不需要打造自己的公司品牌，在进行业务转型的过程中，前进保险将打造品牌视为关键战略之一。

1993年，前进保险将代理、金融服务等其他业务正式与车险业务进行分离，将车险品牌独立出来，贴上Progressive品牌。1998年，前进保险展开了全国范围广泛的电视、广播广告宣传。

2018年，基于提升直销渠道客户黏性的考虑，Progressive加大对直销渠道的广告投放，全年共投放广告费用14.22亿美元，占当年保费收入的4.36%，同时带来25%的新增业务。2020年，公司继续加大广告投放力度，全年投放支出高达21.75亿美元。

在发展直销渠道时，前进保险还妥善解决了代理人与直销的利益冲突：一是采用独立代理人模式，二是针对代理人和直销两个渠道采用差异化产品策略。

向存量要效益：强化客户分层，提高用户黏性。

前进保险的竞争力不仅体现在定价和渠道能力上，同时也体现在客户忠诚度的培养上。

前进保险公司通过数据研究发现，客户如果持有单一公司的多个保险产品会有更低的赔付比例以及更高的忠诚度。在对客户进行细分的基础上，前进保险针对这类客户设计了相应的获客策略——公司并不急于快速抢占市场，也没有把竞争对手的优质客户作为主要的获客来源，因为通常这样进行获客的费用会更高。

在获客之后，前进保险公司会对客户生命周期进行管理，发现潜力客户，尤其是年轻客户，并对其进行深耕。随着潜力客户年龄的增长，这些客户的需求会逐渐从单一的车险扩充到其他类型的保险产品，为前进保险贡献保费增量。截至2020年底，前进保险公司在全美的投保客户数量已经超过1800万人。

CHAPTER **1** | 财产险·大破局

新能源汽车专属条款、费率出炉！近80%的保单保费持平或下调，价格低于25万元车损险不涨费

2021年12月14日

2021年12月14日，保险行业协会官网发布了《新能源汽车商业保险专属条款（试行）》（以下简称《示范条款》）、《新能源汽车驾乘人员意外伤害保险示范条款（试行）》；几乎同一时间，中国精算师协会也发布了《新能源汽车商业保险基准纯风险保费表（试行）》（以下简称《基准保费表》）。

新能源车定制化《示范条款》《基准保费表》全面出炉，从此，中国的新能源汽车有了更为贴合用车实际的风险保障。

当前，虽然我国已经成为新能源汽车发展最快的市场，但从整体来看，新能源汽车存量尚未突破千万辆大关，相对于传统燃油车将近3亿辆的存量，市场占比相当有限。这也就意味着《示范条款》《基准保费表》的出炉实际上并不会对车险市场产生显著影响。

但《示范条款》《基准保费表》依然重要，依然值得高度关注，用一句话足以说明：这不仅是全国首个新能源汽车《示范条款》《基准保费表》，同时也是全球首个。

新能源汽车是被寄予厚望的行业，因为其不仅能推动汽车从单纯的交通工具向移动智能终端、储能单元和数字空间转变，还能促进能源消费结构优化、交通体系和城市运行智能化水平提升，对建设清洁美丽世界、构建人类命运共同体具有重要意义。

所以近年来，世界主要汽车大国均纷纷加强在新能源汽车产业发展方面的投入，中国更是已经成为世界汽车产业发展转型的重要力量之一。

首个新能源汽车保险示范条款和保费表的出炉，既是保险业支持国家新能源汽车产业发展的主要方式之一，更是保险业服务国家"碳达峰、碳中和"战略目标的重要手段之一。

根据《示范条款》《基准保费表》以及相关说明，新能源汽车在条款切换后，投保车损险和三者险的保费整体略低于综改后的保费，其中，79.3%存量保单保费持平或有所下降；20.7%保单保费则会出现一定程度的上浮；而25万元以下车价的新能源汽车投保车损险，保费一律不会上涨。

《示范条款》包含诸多创新：紧贴新能源汽车使用实际，保电池，保"三电"、保燃烧，甚至可保电网、充电桩

作为全球首个新能源车险示范条款，其作出了大量的创新，最重要的一点就是紧扣新能源汽车使用实际。根据中国保险行业协会的说明，为了开发示范条款，在一年多的时间里，相关工作组走访了我国主要新能源汽车制造厂、动力电池生产商、国家级科研院所和数据监控平台等数十家机构，召开不同形式的座谈会议20余场，邀请社会各方面代表近百人次，最终在广泛调研、反复论证的基础上，起草完成《示范条款》。

《示范条款》与2021年8月发布的《中国保险行业协会新能源汽车商业保险专属条款（2021版征求意见稿）》《中国保险行业协会新能源汽车驾乘人员意外伤害保险示范条款（2021版行业征求意见稿）》相比，进行了一定的调整，但整体方向未变，因此本文仅就其中一些重点内容进行解读。

摩托车、拖拉机、特种车不在承保范围。

根据《示范条款》第二条，本保险合同中的被保险新能源汽车是指在中华人民共和国境内（不含港、澳、台地区）行驶，采用新型动力系统，完全或主要依靠新型能源驱动，上道路行驶的供人员乘用或者用于运送物品以及进行专项作业的轮式车辆、履带式车辆和其他运载工具，但不包括摩托车、拖拉机、特种车。

附加险相较于该征求意见稿减少两项，附加驾驶软件损失补偿险、附加火灾事故限额翻倍险被抹去。

《示范条款》由3大主险与13项附加险构成。

其中，主险包括新能源汽车损失保险、新能源汽车第三者责任保险、新能源汽车车上人员责任保险共三个独立的险种，投保人可以选择投保全部险种，也可以选择投保其中部分险种。保险人依照保险合同的约定，按照承保险种分别承担保险责任。

附加险包括13项，传统汽车的附加险，新能源汽车只要满足条件都可以投保，包括附加绝对免赔率特约条款、附加车轮单独损失险、附加车身划痕损失险、附加医保外医疗费用责任险等。

除此之外，《示范条款》还根据新能源汽车特点"量身定制"了4项附加险，包括附加外部电网故障损失险、附加自用充电桩损失保险、附加自用充电桩责任保险、附加新能源汽车增值服务特约条款等。

值得关注的是，相较于8月发布的该征求意见稿，新能源汽车特有的两项附加险消失，包括附加智能辅助驾驶软件损失补偿险，以及附加火灾事故限额翻倍险，这或与该两项风险将大大提高赔付概率有关。

保电池，保"三电"，保起火燃烧。

过去新能源汽车只能按照燃油车进行投保，为规避风险，保险公司往往会将电池排除在外，而根据《示范条款》，保电池是必需的，甚至连"三电"起火燃烧也在必保范围内。

可保辅助设备，"充电桩""外部电网"等导致的风险损失均可通过附加险解决。

在为新能源汽车最核心的"三电"系统提供保障的同时，根据《示范条款》，消费者还可以通过投保附加险，为充电桩等辅助设备自身损失以及设备本身可能引起的财产损失及人身伤害提供保障，集中解决新技术应用中的辅助设施产生的风险。这是车险首次承保车外固定辅助设备，是车险领域内的一次创新和探索。

此外，《示范条款》既考虑了当前的主流技术路线，又对新能源汽车产业的新业态留有创新空间，"附加新能源汽车增值服务特约条款"明显鼓励发展相关服务业态。

25万元以下车价新能源汽车投保车损险不涨费

根据此前中国精算师协会发布的《关于新能源汽车商业保险专属产品基准纯风险保费表测算调整说明》，25万元以下车价新能源汽车不涨费投保车损险，并收窄费率涨降幅限制阈值。

据悉，因为新能源汽车普遍价格比较高，25万元以下车价新能源汽车实际对应的是价格在10万元以下的燃油车，由于这类车主是对价格往往比较敏感的群体，考虑到新旧费率的顺利切换，25万元以下车价新能源汽车投保专属条款下的车损险将不涨费。

新能源汽车基准保费相较于综改后保费整体略微下调0.8%；80%保单保费持平或下调

新能源汽车风险高是行业共识，但根据基准保费表，最终给出的新能源汽车基准保费相较于综改后的保费却略有下调。

同样是依据中国精算师协会发布的《关于新能源汽车商业保险专属产品基准纯风险保费表测算调整说明》，相对现行综改基准保费，三者险和车损险整体下降0.8%，相较于上轮测算结果均有提升（上轮结果相对现行综改，三者险和车损险整体下降6.2%）。整体涨费保单占比由原方案的18.3%上升为20.7%，上升了2.4个百分点。

这也意味着，现有存量新能源汽车保单中，将有20.7%面临涨费；而将近80%的新能源汽车在使用专属条款投保车损险和三者险后，同等条件下，保费持平或下降。

具体而言，车损险，相对现行综改基准保费，下降1.2%，相比上轮降幅收窄5.0个百分点；车损保单60.2%降费，21%不变，18.8%上涨。

三者险，基费调整不进行区域差异。相对现行综改基准保费，三者险下降0.1%，相比上轮降幅收窄6.1个百分点；三者险保单25%降费，62%不变，13%上涨。

目前《基准保费表》只是试行，伴随着数据积累，或将快速迭代升级

虽然中国已经成为世界上最大的新能源车市

场,但截至前三个季度末,全国新能源汽车保有量也不过678万辆,细分到每一个类型,则存量更少,有的甚至根本不足以支撑费率测算,对电网保障定价、充电桩保障定价甚至只能参考一些责任险。

所以,《新能源汽车商业保险基准纯风险保费表(试行)》中"试行"二字非常关键,表明这仍然是一个阶段性质的保费表,未来随着新能源汽车存量市场的扩大,经验数据的积累,对于各种风险的测算将更加详尽,《基准保费表》也将更加完善。

附加费用率降至15%,进一步挤压中介的生存空间

本轮车险综改最大的改变之一就是大幅挤压了保险公司的商业车险附加费用率空间,《关于实施车险综合改革的指导意见》明确,引导行业将商车险产品设定附加费用率的上限由35%下调为25%,预期赔付率由65%提高到75%,同时适时支持财险公司报批报备附加费用率上限低于25%的网销、电销等渠道的商车险产品。

新能源汽车则"更狠",进一步将附加费用率上限下调至15%,通过严格控制附加费用率的方式,倒逼保险公司降低成本,一方面有利于消费者享受相对更低的基准保费,另一方面也将进一步压缩新能源车险市场中介的生存空间。

有业内人士坦言,15%的附加费用率上限,意味着保险公司自己必须严格控制成本,根本没有"余粮"给中介机构。

倒逼新能源车险市场模式变革,总对总战略合作或盛行,大公司更占优势

伴随着新能源汽车市场不断发展壮大,《示范条款》《基准保费表》的影响力也将越来越大,甚至倒逼车险市场模式变革。例如,为节约成本,直接与新能源汽车厂商达成深度合作或成为一些保险公司的重要选项。

可以看到的是,近些年来,一些汽车厂商早已通过收购保险公司、保险中介股权的方式在保险业进行深度布局。例如,吉利参股合众财险,小鹏汽车成立广州小鹏汽车保险代理有限公司,长城收购老友保险经纪有限公司等。

与此同时,保险业也正主动出击,与新能源汽车产业链企业达成深度合作。值得注意的是,2021年10月,中国人保财险宣布与动力电池龙头宁德时代签署战略合作框架协议,根据协议,双方此次合作将重点聚焦新能源汽车后市场领域,打造高效协同竞争优势。

综合种种因素,未来的新能源车险市场大概率依然是传统龙头保险公司的天下:首先,15%的附加费用率上限,将更有利于大公司,因为大公司往往具有更明显的成本优势;其次,大公司广泛的网点布局、超高的品牌知名度以及更强的线下服务能力,将更能赢得新能源汽车厂商的青睐。

CHAPTER **1** | 财产险·大破局

车险承保亏损成定局，重仓政保业务……财险四大共识｜前瞻2022②

2021年12月22日

即将过去的2021年，财险行业异常艰辛，发展方面，交付了近乎零增长的答卷；效益方面，交付了全行业承保亏损的答卷。一些头部公司的承保利润居然还拼不过那个谁的偷税罚金。

一年一度的中央经济工作会议是经济发展和政策走向的重要风向标，指出经济发展面临需求收缩、供给冲击、预期转弱三重压力，这三重压力也完全适用于财险行业。

需求收缩，居民对未来收入的不稳定性担忧增加，防御性储蓄上升，对非刚性需求的保险支出可能会压缩。

供给冲击，财险行业只零星传出个别公司退出局部车险经营的传言，整体资本尚有盈余，供给能力较为充分，竞争升级与承保亏损并存。

预期维持偏弱，只有车险高基数因素挥散带来的发展方面的曙光，效益方面压力有增无减。

三重压力如三座大山，而面向2022年，财险行业已经形成四大共识。

共识一，车险恢复性增长，非车险角力升级

2021年，行业车险业务的占比会降至55%，这有车险综改后的被动选择，也有非车险快速发展的主动为之。财险行业2020年13500亿元的业务，掰开来看，8200亿元的车险，5300亿元的非车险。车险负增长1个百分点，需要非车险1.5个百分点的增速来回填。2021年车险预计负增长5个百分点，近400亿元的负增量，依靠非车险10%的增长来补足，全险种才得以实现微增长。

根据中汽协的预测，2022年新车销量将达到2750万辆，同比增长5.4%。其中，乘用车销量2300万辆，同比增长8%；商用车销量450万辆，同比下降6%；新能源汽车销量将达到500万辆，同比增长47%。

车险发展回暖、承保继续亏损。甩掉了车险综改高基数的影响,从2021年后两个月的发展情况看,"老三家"都实现了两位数的强劲反弹,但其他主体依旧呈现出疲态;叠加新能源车销量迅猛增加,乘用车稳增长的预期,车险发展回暖态势明确。

从效益的角度而言,车险承保亏损是确定的。2021年尚存一些综改前的保单,支撑财务结果,而2022年是综改新纪元,新单成本将完全体现在财务结果中。

新能源汽车的崛起是绿色产业、"双碳"战略落地的重要举措,势不可挡,为新能源车提供保险保障是保险业的责任所在;但新能源汽车面临定价不足、费用偏低和赔付成本难以把控等因素,让公司进退维谷,成本更是雪上加霜。

东方不亮西方亮,这80多家财险公司总要谋个生路,车险夜太黑、路太窄,只好挤上非车险的窄桥,其实,非车险成本压力更大,忽略保证险的突出表现,2021年非车险大险种全线亏损,亏损额度快赶上车险的两倍了。

保险公司的动作大致是,用车险稳住大盘子,忍受投资收益率可以覆盖的承保亏损,毕竟绝大多数公司的车险业务占比超过六成;花大力气参与非车险市场的角力,在亏损阵痛中逐步培育业务和实力。

共识二,服务国家战略,政保类业务格局再划分

局部新冠肺炎疫情的反复不确定,经济下行压力骤增,根据各大权威机构预判,2022年我国GDP增速将回落至5%上下,财险行业的发展大体看GDP增速吃饭,需要挖掘新的增长点。

乡村振兴、健康中国、绿色环保、科技创新、现代治理体系、"一带一路"、共同富裕……国家陆续出台了很多重大战略部署,其中蕴含财险行业发展的重大机遇和新增长点。头部公司已纷纷把"服务国家战略"作为来年的重大举措,有格局、有担当,也有远见。

责任险近年来都维持了较高的增速,偶尔也保有一丝利润,首台套、保函等业务发展迅猛,已有颠覆传统财险之势,随着法律环境的逐步健全,预计责任险的高增长将会延续,各类强制责任险和董责险可能成为一个新的热点。

传统的财险一直不温不火,在国家战略的推动下,存在一些结构性的机会,分布在特色产业链中,比如科技产业链、绿色环保产业链和"一带一路"等方面,但财险的费率持续走低,尚未见拐点,加之近年来极端自然灾害频发,效益方面堪忧。

意外险在2022年的变数来自《意外伤害保险业务监管办法》,雷霆之锤直击赔付率低、费用率高、销售不规范的意外险业务,毕竟费用率高于赔付率的现象是不符合人民群众对美好生活向往的,这部分产品将会退出市场,预计意外险市场将经历一轮洗盘。

政保类业务的代表是农险和健康险,两个险种都保持了20%的高增长,这也是行业高度关注政保业务的原因。乡村振兴战略支持农险发展,也拓展了农村的金融服务空间,下沉农村市场是

保险公司的打法之一；健康中国战略擘画了康养蓝图，在目前"三支柱"低覆盖的现状下，健康险极具想象空间。

从效益角度来看，农险和健康险2021年都将是承保亏损的状况，亏损额度几乎与车险等同，2022年预计也将延续亏损。如果怀着一颗效益至上的心来做政保类业务，那大可退下了。这是服务地方实体经济发展和社会治理的敲门砖，先站上舞台、再唱好自己的戏，可能是大家的初心。需要关注的是，在整体效益不佳的情况下，地方性保险公司将会在政保业务角力中充分发挥"地利"优势，力争分得更多的业务版图。

共识三，组织架构调整，驱动从险种管理向矩阵管理转换

组织架构调整是个老话题，随着行业从增量时代迈入存量时代，竞争的升级迫使组织调整需要产生从量变到质变的效应。人保出乎意料地选了最难啃的骨头——组织人事变革，是对"个团分设、强健渠道"的全面肯定，意味着以险种为维度的管理模式徐徐而退。

2022年的看点也在于传统的险种管理维度向"X+N"的演进，对既有资源X的深度挖掘，在X上进行附加和拓展，获取更大价值。大部分公司把X定为车险，以此为出发点，拓展个人非车险业务，包括健康险、意外险、家财险等。

这个模式可以打通原本险种间的隔阂，避免出现条线部门因为成本问题产生的意见分歧，是一种面向客户的经营组织形式。这种模式需要以

下两个前提：一方面，组织架构调整到位，事业群设置得当，小群组权责利对等；另一方面，要算得明白，具备在各个维度进行核算的系统支持力，支持后续的量化考核。

共识四，构建保险生态圈，打造竞争护城河

生态圈是这两年保险业的热词，财险公司、寿险公司都强调生态的搭建，很多公司都打出了"打造生态圈、构建护城河"的口号。定睛一看，财险公司的三个圈子几乎是标配"汽车、农村、健康"，且建设路径也几乎是一致的，汽车生态圈向平安好车主看齐，健康生态圈向成熟寿险公司看齐，农业生态圈以普惠金融为突破口。

完美的生态圈故事的确很诱人，通过生态圈引流、获客、稳客，提升客户体验，但生态圈的构建不是一朝一夕之事，更不是领导拍拍脑袋就上马的工程，得先盘算盘算自己已有的资源，从你的点到圈需要多少资金投入、投入的周期和产出，更重要的是有没有一颗坚定的心走到最后。

恍惚间想起了电销，那如火如荼的年代，大家跟着平安的节奏，"建中心、上座席、买名单"，几年而已，大家又忙着"撤中心、裁座席、转线上"。财险行业始终都像一场忙忙碌碌、轰轰烈烈的大集，光影之间就人去楼空，留下一地鸡毛，我们的长期主义在哪里？

行业共识的达成也有可怕的一面，超额利润都是留给第一个吃螃蟹的人，一旦行业共识形

成,则更容易产生"共振踩踏"。诚然,共识是认知层面的,从认知到实操,各家公司节奏完全不同,也不排除有些公司一直停留在认知阶段,所以"共振踩踏"风险可控。

行业转型的目标很明确,专业化、精细化、集约化,再往朴素里说,就是选择风险适当的客户,以优质的服务留住客户。所以,看一家公司的对精算定价组织的重视程度、对系统敏捷性的改造程度,基本也就能判断这家公司大致能走到什么层次了,对那些花里胡哨的口号策略大可一笑而过。

2022年,财险行业再出发。

愿一直在寒冬里的财险行业,2022年,阳春布德泽,万物生光辉。

NEW ERA OF
INSURANCE

保险新时代

慧保天下 精选集

2

CHAPTER

人身险·深转型

转型，依然是2021年人身险市场最重要的词汇。

一系列旨在规范市场的人身险监管新规相继下发，牵动市场敏感神经。

一系列的共识也迅速在摸索中达成，客户分层、聚焦中心城市、聚焦高端客户，重塑高产能代理人队伍，发力"保险+服务"……

寿险行业迎来30年未有之大变局，从"高速度"向"高质量"，绝不仅仅是失速那么简单。

普惠保险首次写进人身险"任务清单",未来五年产品逻辑将这样演变

2021年4月7日

2021年是"十四五"开局之年,未来社会经济发展对于保险的需求只会越来越大,但目前行业的发展模式和水平确实与服务内容的要求、受众的覆盖需要等存在较大的差距。

"十四五"时期,保险业具体该怎么办?2021年4月7日,《中国银保监会办公厅关于征求〈关于进一步丰富人身保险产品供给的指导意见(征求意见稿)〉意见的函》(以下简称《指征求意见稿》)下发至各人身险公司,率先对未来5年人身保险产品的发展方向进行了明确。

"十四五"时期,人身险产品需要什么样的价值观?一言以蔽之,"以人民为中心"。"人民究竟需要什么"将是一切行动的根源,不同年龄的人、不同收入水平的人、不同地域的人……都各自需要什么样的保险?这是监管的倡导,也是市场现实的需要——竞争加剧,以客户为中心不能是一句空话。

"十四五"时期,人身险产品应该做怎样的定位?从风险保障的视角看,商业保险要在社会保险的基础上寻找发展空间,《征求意见稿》给出了具体答案,除了普惠保险、养老年金保险产品、长期健康保障、医保目录外合理医疗费用,还包括助力区域发展战略实施,提高老年人、儿童保障水平,加大特定人群保障力度等内容。

将视野进一步扩大,人身险产品则应该定位于"服务民生保障和经济社会建设",整体目标就是:到2025年,构建形成以人民为中心,结构合理、功能完备、保障全面和竞争有序的人身保险产品供给体系。大力推进人身保险深入服务社会生产生活各领域,个性化、差异化和定制化产品开发能力明显增强,实现需求有对接、产品有市场和服务有保障,人民群众满意度明显提升。

以下是《征求意见稿》中的主要内容。

从"脱贫攻坚"到"乡村振兴",保险业必须重视"下沉市场"

《征求意见稿》第二条第四款明确规定,推进普惠保险快速发展。

长期以来,保险业面临的一个悖论是:低收入的人抗风险能力差,但因为收入低,并非保险公司的主力客群;高收入人群抗风险能力强,消费能力也强,因而成为保险公司最受青睐的客群——商业保险也因此有了"嫌贫爱富""撇奶油"的嫌疑。

"脱贫攻坚"之后的重点是"乡村振兴",对于保险业而言,服务"乡村振兴"绕不过去的一个问题就是,那些乡村中收入低、抗风险能力弱的人的风险保障怎么解决。从保险公司的积极视角出发,这其实就是要回答如何占领"下沉市场"的问题。

普惠保险不可或缺,保险业其实也已经做了很多尝试,无论是经办新农合、大病医保,还是曾经小范围试点的小额保险,近年火热的百万医疗险、惠民保等产品在"普惠保险"的范畴,但能否形成可持续的商业模式,在"普惠"与"利润"之间取得平衡仍需探索。

第三支柱顶层设计出炉在即,保险业应该思考如何在服务养老保险体系建设中站稳脚跟

《征求意见稿》第二条第五款明确规定,服务养老保险体系建设。

在老龄化的大趋势下,养老金市场注定潜力巨大,但商业保险公司将在其中取得何种市场地位?

曾经,商业养老保险被视为第三支柱的主要构成之一,但如今,第三支柱的顶层设计思路已然发生了变化。

根据新华社的报道,我国第三支柱应包括两部分,其中有国家税收等政策支持的个人养老金和市场化的个人商业养老金融业务。

关于个人养老金制度,总的考虑是以账户制为基础、个人自愿参加和国家财政从税收上给予支持、资金市场化投资运营。

符合规定的银行理财、商业养老保险和基金等金融产品都可以成为第三支柱养老保险的产品。

有了税收政策支持的个人养老金,其销售成本将远远低于传统的商业年金、养老保险,保险公司怎么办?

同时,显然在新的制度框架下,考验更多的将是参与方的投资能力,银行、保险、基金乃至信托等行业主体,都将同台竞技,保险机构准备好了吗?

寻找商业健康险增量空间,长期健康保障、医保目录外合理医疗费用等值得"下注"

《征求意见稿》第二条第六款明确规定,满足人民健康保障需求。

健康险作为近年来增长最快的险种,其重要意义毋庸赘言,但上述表述中,以下几个关键词及其反映的监管思路值得高度关注:

长期健康保障。银保监会原副主席黄洪曾不止一次表示,"现在市场上商业健康保险产品大多是短期产品,今后必须加快发展长期商业健康保险产品,"原因很简单,人年龄越大对健康保障的需求越高,这是短期健康险无法解决的。

医保目录外合理医疗费用。在基本医保广覆

盖,且保障水平不断提升的情况下,医保目录外合理医疗费用才是商业健康险应该重点解决的问题,只报销医保目录内医疗费用的自费部分,其能为消费者解决的问题终究有限,解决问题的能力有限,其存在的价值就有限。

提高重大疾病保险保障水平。重疾险经过多年发展,已经完成了"从0到1"的步骤,大量客户已经拥有重疾险保障,但保障水平不足,新的市场增量需要通过提高保障水平来实现。

此外,文件还提及"长期护理保险"与"商业长期护理保险","健康保险产品和健康管理服务融合发展",解决这些民生痛点,不仅是监管的期许,也是市场的期许。

区域市场大不同,商业保险公司差异化、定制化产品开发能力仍有待进一步提升

《征求意见稿》第二条第七款明确规定,助力区域发展战略实施。

中国幅员辽阔,不同区域市场经济发展水平、气候条件和居民生活习惯等差异也比较大,再叠加国家实施的多个区域发展战略,各地对于保险的需求也因此有所不同。

保险业服务国家区域发展战略,就是要深度研究各区域的风险特征,因地制宜,真正地融入当地的经济社会发展,满足当地居民的实际所需,这对保险公司的精细化定价能力、差异化服务能力提出了更高的要求。

一些企业已经开始行动,比如针对粤港澳大湾区居民推出相应的健康险产品;依托海南自贸港政策优势,推出链接全球先进医药资源的医疗险等。

想买的保险买不到、买不起的问题依然突出,老年人、儿童和特定人群的风险保障是留给商业保险的难题,也是发展空间

《征求意见稿》第二条第八款明确规定,提高老年人、儿童保障水平。

《征求意见稿》第二条第九款明确规定,加大特定人群保障力度。积极发挥商业保险补充作用,与基本保障制度加强衔接,充分考虑新产业新业态从业人员和各种灵活就业人员工作特点,加快开发合适的补充养老保险产品和各类意外伤害保险产品。

无论是老年人、儿童,还是某些特定人群(比如外卖骑手、快递小哥等),在保险保障方面经常面对的一个困境是保险产品发展滞后,想买的保险买不到或者买不起。这与低收入人群面对的风险保障困境类似。

这些反映的都是保险供给侧所存在的突出问题,也是接下来需要重点解决的问题,如果总是停留在将保险卖给实际不太需要保险的人,保险就难以真正地回归保障本源,其存在的价值也会因此大打折扣。

"保险+养老社区"快速升温,监管急调研,第二增长曲线还是另一个红海?

2021年8月20日

从泰康2009年获得业内首个养老社区投资试点资格,到合众人寿的探索,很长一段时间内,在盈利模式不明的情况下,"保险+养老社区"模式的跟进者寥寥无几。然而近些年,随着行业竞争压力加大,各保险公司开始竞相加大"保险+养老社区"的投入力度。

首先是头部保险公司以重资产,或轻重资产相结合的方式跟进,然后是中小型保险公司以轻资产、链接第三方专业机构资源的方式布局,并逐渐将概念从"保险+养老社区"延伸至"保险+城区养老""保险+旅居养老""保险+社区养老"乃至"保险+居家养老"等领域。

2021年,行业重压之下,"保险+养老社区"等几乎成为大部分人身险公司的标配。

当"第一曲线"增长不振,所有的保险公司都希望借助养老医疗等场景服务提升产品差异化竞争优势,构建所谓的"第二曲线"。但当所有的保险公司竞相涌入,模式创新红利将迅速被摊薄。更重要的是,尽管在"保险+养老社区"模式下,不同业务间进行了区隔,但该模式本身仍然蕴含一定的风险。2021年初,一波预付费型养老机构暴雷的消息引发社会高度关注。

这种风险显然已经引起监管的高度关注。近日,银保监会面向所有人身险公司下发调研函,人身险部联手资金部就"保险+养老社区"模式开展调研。

银保监会摸底"保险+养老社区","模式+业务+运营+资金"全覆盖

根据银保监会下发的调研函,此项调研由人身险部和资金部联合开展,面向的是所有的人身险公司,而调研的主要内容,除负债端、服务端的情况外,还涵盖资产端的情况,可谓非常详尽。

而目的就是,随着我国人口老龄化进程加快和多层次养老服务需求增加,人身险公司陆续开展了以"保险+养老社区"为基本运作模式的业务,为进一步摸清相关业务底数,规范业务经营,做到持续健康发展。

根据文件的内容，此次调研主要包括以下几个方面：

一是公司开展"保险+养老社区"模式业务的基本情况，包括开展业务的背景、战略定位和发展规划、主要运作模式、相关业务流程等。

二是相关保险业务的开展情况，包括保险产品与养老社区服务的对接情况，相关的产品形态、对接条件、销售情况及规模预测、承诺服务的人员数量等；销售渠道、人员、营销模式等方面的标准要求；业务开展过程中发现的问题及应对举措；公司对养老社区服务承诺兑现风险的研判等。

三是养老社区的投资运营情况，包括投资主体和管理模式，投资金额、资金来源，对社区可持续性经营的测算；社区床位供给情况、费用收支测算，社区服务的专业化、标准化建设情况，社区对接医养服务情况等。

四是对"保险+养老社区"模式业务健康规范发展、防控风险方面的意见建议。

尽数"保险+养老社区"六大问题，究竟是第二增长曲线，还是另一个大雷

自泰康2009年正式获批试点资格开始计算，到如今"保险+养老社区"已经在我国走过了十几年的时间，涉足该业务的保险公司也快速增加。从表面看来，这种业务模式下有望给保险公司带来"第二增长曲线"，但其中风险不容忽视，一旦经营不慎，也有可能成为压垮保险公司的一个"大雷"。

整体来看，保险公司经营的"保险+养老社区"仍面临以下几个问题：

贵。

"保险+养老社区"类产品，从一开始锁定的就是高端客户养老需求，这也注定了其定价之高，动辄百万元起的门槛显然不是一般消费者所能承受的。

如今随着中小型公司的进场，一些公司打出了"旅居养老"的概念，门槛也大幅降低，有的只需要投保30万元的产品即可享受相关权益。但旅居养老与正规养老社区的养老概念完全不同，所面向的人群也不尽相同。旅居养老主要面向的是刚刚退休、生活尚能全部自理的老人，其门槛虽然低，但享受的服务内容以及水准，与正规养老社区，尤其是医养社区，自然也不可同日而语。

"保险挂钩的养老社区"高企的价格决定了其不适合更广大的消费者，按照所谓的"9073"模式，即"90%的老人居家养老、7%的老人社区养老、3%的老人机构养老"的规律来看，大部分消费者还需要通过收费更低廉的社区养老以及居家养老来解决养老服务的问题。

目前也有保险公司开始在社区养老以及居家养老方面进行探索，但这也注定是个艰难的过程。

床位数量仍然远远不够。

近年来，"保险+养老社区"的方式快速发展，但与庞大的养老需求相比，仍是杯水车薪，

远远无法满足消费者的需求。

根据国家统计局、民政部发布的数据，截至2020年底，全国有养老机构有3.8万个，同比增长10.4%，比2015年底增长了37.2%；各类机构和社区养老床位823.8万张，同比增长7.3%，比2015年底增长了22.5%，其中机构养老床位为483万张。

根据七普数据，2020年，60岁及以上人口超2.6亿人，即便只有3%的60岁及以上老人最终会选择入住养老机构，静态需求仍将达到783万张，远高于目前的水平。而这还是最简单的静态计算，如果考虑到老龄化速度的提升，实际缺口会更大。

竞争激烈，同质化趋势显现。

保险公司采用"保险+养老社区"的组合模式，试图在保险产品高度同质化的当下，以差异化的养老服务资源促进保险产品的销售，这一思路自然是不错的，但当大量的保险公司投身其中，都采用这种方式来促进发展业务时，所谓的"差异化策略"也将大打折扣，模式创新红利被快速摊薄，市场竞争也将快速地从差异化竞争转向同质化竞争。

专业人才稀缺。

发展"保险+养老社区"模式，不同保险公司采用的模式不同，有的采用重资产的模式，即自己建立养老社区，自行运营或请第三方代为运营；有的采用轻资产的模式，代为运营养老社区，或者直接挂钩的是第三方提供的养老服务资源；有的公司采用轻重资产结合的方式，一方面有部分养老社区为自建，另一方面也积极与第三方开展合作。

但无论采用哪种方式，一个不容忽视的因素是，养老社区的运营是一项专业化的工作，即便是在发展多年的欧美等地区，想要通过运营盈利也并不容易。对于我国市场而言，当下一个很重要的问题是缺乏专业人才。有数据显示，2019年我国康养医院专业服务人员总计40600人，其中执业医师12657人，注册护士23403人。养老服务人才培养存在两方面的难度，一是相关专业的师资、标准和模式都显不足，二是志愿从事养老服务工作的生源不足。

预付费养老机构大量暴雷敲警钟。

2021年初，一波预付费型养老机构暴雷的消息引发社会高度关注，个别血本无归的老人，无奈之下甚至选择了轻生。

据媒体分析，预付费型养老机构之所以会暴雷，主要就是因为缺乏足够的风险管控，预收费之后用于业务扩张以及福利发放，结果入不敷出，再加上"挤兑"，最终导致暴雷。个别机构严重透支，只有几百张床位，却收取了数千名老人的钱。

综观这些暴雷的预付费型养老机构，为招揽客户，不断美化养老产品，给出优惠价格，甚至提供周期性的分红，这与分红型的保险产品某种程度上已经有了某种重合。

一种情况是，目前大多数保险机构为规避风险，保险产品与养老服务实际上只是进行简单挂

钩,老人通过投保挂钩产品获得入住的权益,入住之后还需另行交费,在很大程度上进行了风险的隔绝。但不容忽视的一个情况是,当养老服务费用膨胀率远超年金险收益时,老人如果无法继续支付相关的服务费用,该如何解决这一问题?

另一种情况是,很多保险公司卖产品的速度远远大于建设床位的速度,一旦出现供不应求,无法及时兑现承诺怎么办?

这些风险都不容忽视,一旦不慎,就有可能引发暴雷。

长期护理险、失能险等险种发展迟缓,养老筹资选择余地有限。

养老是一个服务的问题,但归根结底还是资金的问题,解决养老问题首先还是要解决筹资的问题,其次才是服务解决方案的问题。

目前多数养老社区挂钩的产品是年金产品,保险公司试图以这种方式来解决筹资的问题,等老人将来入住后,再另行支付相关的费用。但入住养老社区的人毕竟是少数,大部分的人还是会选择社会养老或者居家养老,这部分老人筹资的问题该如何解决?

可以看到,与养老密切相关的长期护理险以及失能险长期以来发展缓慢,这其中有市场尚待培育的问题,也有保险公司自身动力不足的原因。无论是长期护理险还是失能险,都考验保险公司的长期风险管理能力。

CHAPTER **2** | 人身险·深转型

千亿元意外险迎新篇，高费用率、低赔付率的模式成历史了

2021年10月13日

2021年10月《意外伤害保险业务监管办法》（以下简称《监管办法》）正式下发。相较于《征求意见稿》，最终的《监管办法》作出了较多的修改，但整体方向未变，即"聚焦赔付率低、费率浮动范围大、佣金畸高、销售行为不规范等突出问题，深挖问题根源，从制度上有针对性地治理"。

人身险三大类产品中，相较于寿险、健康险，意外险一向属于"保费规模较小"的险种，但其实在2018年，其保费收入就已经突破了千亿元大关。2020年，因新冠肺炎疫情影响出行，意外险保费收入略降，但也仍录入1174亿元原保险保费，同年，其理赔金额也达到316亿元。

意外险费率低，杠杆高，是人们补足人身保障不可或缺的产品类型，对于保险公司来说，由于其风险较易控制，利润水平也往往不错。但也正是因为这些特征，长期以来，意外险市场也经常为各种乱象所困扰。例如，意外险与贷款捆绑实际增加中小微企业负担，某些旅游类互联网平台倚仗渠道优势对航意险等收取畸高的手续费，以及财务业务数据不真实，甚至利用意外险为某些人输送利益等。而这些乱象无疑正是监管出台各项制度对意外险市场进行规范的根本原因所在。

以下即为《监管办法》的主要内容。

删除赔付率连续两年低于30%须停售的条款，但3年超500万元保费收入且再保后赔付率低于50%仍需重新报备

相较于《征求意见稿》，《监管办法》最大的变化之一就是放宽了对赔付率的部分限制。

在《征求意见稿》中，为了抑制部分意外险手续费率畸高，绝大部分保费收入流向第三方平台的情况，有意建立价格调整机制，对意外险每年的赔付率提出以下要求：保险公司应根据产品的赔付率进行定价调整，长期意外险产品以及年度累计规模保费收入低于100万元或年度累计销售件数少于5000件的短期意外险产品除外。对过去三年平均赔付率低于50%的短期意外险产品，保险公司应及时调整定价以确保下一年度赔付率不低于50%。对于连续两年保费收入超过200万

元且赔付率低于30%的产品，保险公司应停售该产品。

但在《监管办法》中，这一规定已经被取消，但对于赔付率、费用率等的管控并没有放松，要求定期对综合赔付率、费用率等指标进行回溯，且明确"原保险保费收入连续3年超过500万元的保险期限一年及以下的意外险产品，如过往3年再保后综合赔付率的平均值低于50%"，需要及时调整费率并重新审批备案。

对于意外险赔付率、费用率的严格管控，在业内一直有很多不同的声音，认为不应该严格管控者主要是认为意外险相较于其他类型人身险有着独特的特点，不能一概而论。

一方面，意外风险发生的概率小、波动性大，与个人生物特征（年龄、性别等）的关联性不及健康险和寿险显著，巨灾风险高于健康险和寿险。

另一方面，意外事故的损失分布有明显的长尾特征，利用传统寿险和健康险常用的对称性分布预测意外事故损失存在局限性。例如，外来的、突发的事件也会对相当数量的群体造成损害，出现"多年不出险，出险即大灾"的事故，比如厂房爆炸事故、体育赛事群体事故和学生集体中毒事故等。

基于上述风险特征，一些专业人士认为平移以往用于管理长险产品定价的举措至意外险，是不合理、不适用的，定价管理的颗粒度宜粗不宜细。

严控附加费用率，明确上限为35%，且最多允许上浮10%

手续费率畸高是近年来意外险销售过程中一项重要的市场乱象，尤其是在一些网站，由于竞争激烈，保险公司基本没有议价能力，90%以上的保费收入实际上都最终为平台所有，保险公司大多数时候只能"赚吆喝"，这种情况成为《监管办法》治理的一项重点内容，其对不同业务类型的意外险附加费用率都作出了详细规定。

《监管办法》第四条第三款规定，各保单年度的预定附加费用率由保险公司自主设定，但平均附加费用率不得超过表1规定的上限。平均附加费用率是指保单各期预定附加费用精算现值之和占保单毛保费精算现值之和的比例。

表1 保单年度平均附加费用率上限

单位：%

业务类型	保险期限一年及以下的意外险	保险期限一年以上的意外险	
		期交	趸交
个人	35	35	18
团体	25	15	8

此外，考虑实际市场竞争需要，《监管办法》还给保险公司留有10%的费用率上浮空间，但一旦上浮超过10%，就将面临严格监管。

《监管办法》第八条规定，保险公司将意外险产品报送备案的，提交的申请材料除保险条款、保险费率表、精算报告外，还应另外提供佣金费用支付相关材料，说明该产品预计向保险代理人、保险经纪人支付的年度佣金费用率上限，佣金费用率上限应根据产品实际情况科学合理确定。

产品任一渠道的年度佣金费用率超出上表规定的平均附加费用率上限10个百分点以上的，应提供总经理签署的书面说明材料，材料应当包含佣金费用水平的合理性分析、业务经营依法合规的承诺、公平竞争的声明等。

其中，佣金费用应据实列支，不得通过信息技术支持和服务类费用、账外激励费用等方式变相突破佣金费用率上限。

强化航空意外险责任准备金计提，要求按自留毛保费收入的5%计提特别准备金，并逐年滚存

航空意外险作为一种特殊的险种，更接近巨灾保险，一旦发生风险事故，保险公司多年的收入就将赔付一空，也正因为如此，这种险种尤其需要强化准备金的计提，以敦促保险公司进行积累。

针对航空意外险责任准备金的计提，《监管办法》作出以下详细规定。

《监管办法》第六条规定，保险公司应根据《普通型人身保险精算规定》要求计提业务相关报告责任准备金。航空意外险应额外按自留毛保费收入的5%计提特别准备金，并逐年滚存。

对保险期限为24小时以内（含24小时）的航空意外险，业务相关报告责任准备金不得低于按如下方法计算所得数值：保单责任准备金=过去滚动12个月航空意外险自留毛保费×2/365。

严格明确九不准，禁捆绑、禁强买强卖、禁无资质销售、禁误导、禁利益输送……

在管赔付率、费用率，反不当获利的同时，《监管办法》还直接列出了十项负面清单，很多与意外险密切相关的"乱象"被纳入其中，包括捆绑销售、强买强卖、商业贿赂、随意扩展承保范围、销售误导和提前60天预收保费等。

其中，最值得关注的无疑是捆绑销售，一些中小微企业或个人在申请贷款时经常被银行要求投保高价意外险，是典型的意外险"捆绑销售"，变相提高了贷款利率，事实上加大了中小微企业和个人的负担。对于这种情况，银保监会曾对多家银行、保险公司进行过处罚。

分步走推进意外险信息披露，2023年起应于每年4月30日在官网披露经营情况，2024年扩至全部意外险

与短期健康险相同，《监管办法》也要求保险公司公开披露意外险的相关数据。

具体而言，自2023年起，保险公司应于每年4月30日前在其官方网站信息披露专栏对上一年度的个人意外险业务经营情况进行公开披露；自2024年起，在前期个人意外险经营情况信息披露的基础上，全面实施意外险信息披露。

《监管办法》第二十二条规定，自2023年起，保险公司应于每年4月30日前在其官方网站信息披露专栏对上一年度个人意外险业务经营情

况进行公开披露。

《监管办法》第二十三条规定,自2024年起,在前期个人意外险经营情况信息披露的基础上,全面实施意外险信息披露。

中介与保险公司一视同仁,同类业务保持统一的裁量标准

一直以来,利用中介业务流程的复杂性进行数据造假、利益寻租等,在实际操作中屡见不鲜,对此,《监管办法》也进行了明确规定,中介不是法外之地,保险公司与中介将一视同仁。

保险公司委托保险中介机构开展意外险业务违反本办法有关规定的,对保险公司和保险中介机构同查同处,同类业务保持统一的裁量标准。

万能险再迎重磅新规：禁开发5年期及以下产品，结算利率不得虚高

2021年10月19日

曾经引发万众瞩目的万能险或许将迎来新的发展阶段。2021年10月19日，银保监会人身险部向各人身险公司下发了《关于就〈万能型人身保险管理办法（征求意见稿）〉征求意见的通知》（以下简称《办法》），对近年来有关万能险的相关规定进行汇总，并就市场重点问题进行重点规范。

这是人身险部继2020年完善健康险监管制度、2021年完善意外险监管制度之后的再度出手，只不过这一次指向的是另外一个险种——万能险。

具体来看，《办法》中以下几个方面的内容尤其值得关注。

近年来万能险监管规定的一次系统性梳理和与查漏补缺，万能险发展或进入新阶段

2012年，保险资金运用范围拓宽，万能险开始进入新一轮的大发展，其理财功能被空前强化，保障功能则被空前淡化，出现了某种程度的"异化"。

在2015年的"宝万之争"中，社会对万能险的关注度达到了顶峰。

时至今日，万能险仍然是一类非常重要的险种，但关于其的监管规定散落于诸多文件中，难成体系，而此次《办法》的出台无疑填补了这一漏洞。

对于经历了起起落落的万能险来说，未来，在《办法》与《万能保险精算规定》的影响下，或将进入全新的发展阶段。

严禁开发保险期限低于5年的万能险产品

"短钱长投"是曾经的万能险乱象的关键所在，也正因为如此，几乎后续所有的万能险监管制度中，规范"保险期限"都是重要手段。

经过几年转型，目前市场上万能险的业务结构已经发生了巨大的变化，但仍存在一些保险期限短于5年的产品。而此次，监管通过《办法》对此予以明确，"万能险的保险期限不得低于

五年"。

这意味着目前市面上存在的保险期限短于5年的万能险产品将相继退出市场,而未来新的万能险产品将全部改为5年及以上。

鼓励开发长期万能型产品,同时也更强调"保障"功能

在限制保险期限5年以下的万能险产品发展的同时,《办法》也明确提出鼓励保险公司开发保险期限20年及以上的万能险,结合附加重大疾病保险、附加意外伤害保险等,进一步提高风险保障水平,拟进一步强化万能险的风险保障功能、长期储蓄功能。

严格规范结算利率,严禁通过调整账户资产、调高账户资产价值等方式虚增账户投资收益

在市场上,结算利率是衡量万能险市场竞争力的关键指标,一些市场主体为了吸引客户,经常会将万能险的结算利率调高。但万能险的结算利率是与产品的实际经营效益紧密挂钩的,一旦脱离实际,就将制造新的风险点。

在《办法》中,对于万能险的结算利率问题也进行了规范,明确规定"不得通过调整账户资产、调高账户资产价值等方式虚增账户投资收益""当月实际结算利率应当不高于最低保证利率与当月财务投资收益率的较大者"。

《办法》第二十条规定,保险公司应当用万能单独账户资产的真实投资收益进行保单利益结算,不得通过调整账户资产、调高账户资产价值等方式虚增账户投资收益。

《办法》第二十一条规定,保险公司应当主要根据万能单独账户资产的实际投资状况并结合对未来投资收益率的预期等因素,合理审慎地确定万能险结算利率,并定期评估结算利率水平对公司资产负债匹配状况的影响,根据评估情况动态调整结算利率。

《办法》第二十三条规定,万能单独账户按月结算。当万能单独账户同时满足以下条件时,当月实际结算利率应当不高于最低保证利率与当月财务投资收益率的较大者。(一)月度财务投资收益率连续三个月小于实际结算利率;(二)年内累计财务投资收益率连续三个月小于实际结算利率;(三)特别储备余额不能弥补投资收益率与实际结算利率的年内累计差额。

其中,财务投资收益率=(投资收益+公允价值变动损益+其他收益−资产减值损失)/资金运用平均余额×100%。

不是所有人都能销售万能险!销售人员必须具有1年以上保险销售经验,且通过专门测试

万能险销售端的误导情形也比较多发,比如在"开门红"期间,人身险公司以万能账户的高结算利率吸引客户投保,但实际上,其所宣传的结算利率只代表当下的结算利率,当客户产品满期获得给付,准备投入万能账户时,结算利率或

许早已经发生变化。

在《办法》中,针对万能险高发的销售误导问题也作出了详细的规定。

首先是对销售人员的资质、培训作出规定,明确"接受过必要的专项培训,并通过专项测试"的销售人员才能销售万能险。

其次,对于销售过程中的一些禁止性行为也一一罗列,包括"不得给予或承诺给予保险合同约定以外的其他利益",以及使用"利息""预期收益"等词语宣传产品。

严格万能险资金运用监管,未上市权益类资产、不动产类资产和其他金融资产的投资余额不得超过账户价值的50%

万能险的"资金运用"问题一直备受关注,此次,《办法》对此也作出了详细的规定,要求保险公司运用万能险资金投资,应当严格控制高风险(类)资产投资比例、行业和单一品种以及单一交易对手投资比例等,密切监控相关风险敞口,确保其在自身风险承受能力和资本覆盖能力之内。

《办法》第三十一条规定,保险公司应当合理确定万能单独账户所投资资产的期限,加强万能单独账户流动性管理。万能单独账户流动性管理应符合以下要求:(一)流动性资产的投资余额不得低于账户价值的5%;(二)未上市权益类资产、不动产类资产和其他金融资产的投资余额不得超过账户价值的50%,其中单一项目的投资余额不得超过账户价值的10%。

流动性资产、未上市权益类资产、不动产类资产和其他金融资产的分类和定义遵照银保监会资金运用相关监管规定。

进一步强化信息披露要求,保费规模、业务占比、账户与产品基本情况等均需报告

强化信息披露要求也是近年来监管的一项重要手段,对于万能险也是如此。按照《办法》的规定,保险公司应当按照银保监会的要求,向银保监会及其派出机构提交万能险经营情况年度报告,于次年3月1日前与年度产品总结报告一同报送,报告的内容涵盖保费规模、业务占比、账户和产品等基本情况。

同时,《办法》也规定,银保监会及其派出机构应当结合非现场监管和万能险经营情况年度报告,定期对万能险业务活动进行评估。对评估发现有重大缺陷和问题的保险公司,银保监会及其派出机构可以要求其制定整改方案,限期整改。

个险换挡，银保重回保险公司战略视野，麦肯锡详解全球视野下的万亿元银保突围路

◎麦肯锡 | 2021年7月15日

注：1.本文主要内容摘编自全球管理咨询公司麦肯锡2021年7月15日发布的保险行业报告，原标题为《破解迷思，探索高质量银保发展新模式》，作者为麦肯锡全球董事合伙人吴晓薇、麦肯锡全球董事合伙人毕强、麦肯锡全球副董事合伙人潘浩等，均来自麦肯锡保险咨询业务。

为什么依然高度看好银保渠道？客户在变、银行在变、保险公司在变

在银保渠道发展出现颓势的当下，麦肯锡缘何依然高度看好我国银保业务发展？在《破解迷思，探索高质量银保发展新模式》（以下简称《报告》）中，麦肯锡给出了答案，其认为，近年来中国银保市场快速变革得益于客户财富需求与交易行为变化、银行业务战略方向变化和保险公司银保业务发展定位变化。在新环境、新形势下，这"三变"仍将给银保市场带来战略性发展机遇。

客户在变：保障与投资需求上升，数字化渠道接受度提升。

麦肯锡研究认为，未来5年中国个人金融资产整体将保持10%左右的增速，其中富裕、高净值和超高净值客群增长将更快（约为13%）。

随着个人财富快速积累，尤其是一部分中高净值客群逐渐步入筹备养老和财富传承阶段，他们的财富规划需求将大幅提升保险产品配置需求。在个人财富产品配置方面，麦肯锡预计，保险产品在未来将保持12%的年化增速，仅次于基金与股票。银行客户的保险产品需求也将顺应潮流，从传统储蓄替代，转为全方位投资保障的综合解决方案。而在品牌形象、服务体验、产品结构和专业团队等领域具备竞争优势的保险公司，将有机会与银行通力合作，充分享受银保业务高质量增长红利。

客户行为方面，针对麦肯锡保险消费者调研，近80%的客户考虑5年内购入健康险或寿险产品；其中，近半数客户有意愿将购买渠道从线下转到线上。在疫情催化下，客户数字化接受程度持续提升，银保客户"离柜"趋势越发显著，借助手机银行、网上银行和远程银行等数字化渠道

CHAPTER 2 人身险·深转型

提供银保业务将成为"银""保"双方共同应对的重要议题。

银行在变：零售业务转型成为行业共识，三大转变助力银保发展。

过去10年，中国银行业市场格局正在悄然发生变化，区域性银行市场份额稳步提升。数据显示，过去5年城商行整体增长迅速，资产规模年增速为13%（全行业10%）。尽管城商行的零售业务转型起步较晚，但凭借其在网点下沉、本地关系方面的优势，领先城商行近年来零售业务增速和占比显著提升，部分头部城商行已经堪比股份制银行的规模。

与此同时，领先股份制银行纷纷引领"零售转型""数字化转型"，深耕一二线核心城市的中高净值客群，财富管理业务发展速度和质量均取得明显进步。

国有银行尽管整体增速放缓，但凭借品牌信誉优势和庞大的对公客群基础，仍享有零售客群主办行占比最高的核心优势。在诸多变化中，中国零售银行业务的以下三大变化将给银保业务发展奠定坚实基础。

转变一，大财富管理业务成为未来银行发展的主旋律。过去10年，中国银行业经历了宏观经济放缓、利差持续收窄和资产质量承压等多重挑战，零售业务转型发展成为业界破题的主要方向。零售银行已成为中国银行整体收入池增长的关键动力，根据麦肯锡中国银行业模型分析，中国零售银行总体营业收入已经从2015年的1.6万亿元提升到2019年的2.6万亿元，年复合增长率达11.9%，高于行业整体8.9%的增幅。在"十四五"期间，大财富管理业务成为驱动银行深化转型、零售业务升级的主旋律，银保业务中长期将迎来历史性发展机遇。

转变二，加速从"产品销售"向"客群经营"转型。理财净值化、优质资产荒等外因加剧各银行产品同质化，仅靠单一品类拳头产品拓展和经营客户难以为继。我国领先零售银行纷纷践行从"产品销售"向"客群经营"转型，基于战略分层和战术分群打造差异化价值主张和解决方案，以满足零售客群多元化、一站式财富管理需求。而保险产品价值主张可以帮助银行贯穿客户生命周期的各主要阶段，凭借较长的保单有效期推动银行与客户建立长期忠诚关系。因此，大力发展银保业务有助于银行增加客户黏性，提升客户经营深度和客均价值贡献。

转变三，数字化助力银行打造全渠道覆盖模式、升级客户体验。中国客户数字化交互接受程度引领全球，疫情也进一步强化了全渠道无缝体验的重要性。领先零售银行已经开始关注成熟金融技术的应用，打通"线上、远程和线下"渠道，为客户提供一体化、无缝化客户体验，并针对银行战略客群开发差异化交互体验。此外，全能型远程银行逐步成为重要渠道，"随时、随地"为客户提供优质服务，打造人性化、数字化交互体验。保险公司在银保合作过程中，需要在产品、团队、系统和流程等领域，全面支持银行升级全渠道覆盖模式。

保险新时代

慧保天下 精选集

保险公司在变：监管正本清源，代理人渠道换挡升级，银保业务重回保险公司战略视野。

监管全面推动保险业回归保障本源，各大保险公司加大力度转型。2013—2016年，大资管行业"监管套利、多层嵌套、隐性刚兑"等现象频发，我国保险公司保费收入一大部分来自"短期限、低价值、假保障"的"投资型保险"，该类保险产品市场份额三年间扩张了约50%。"劣币驱逐良币"效应导致个别激进的保险公司带动银保渠道向畸形发展，以高收益、高费用换取银行渠道的资源。

2017年银保监会释放强监管信号，出台了一系列以"破刚兑、控分级、降杠杆、提门槛、禁资金池、除嵌套、去通道"为核心的资管新规，旨在遏制保险业投资型产品的无序增长势头，推动发展保障型产品。与此同时，银保监会通过规范经代网销渠道发展秩序，引导保险业回归"保障"本源。

监管环境正本清源，这为银保业务转向高质量发展奠定了坚实的基础。"银""保"双方逐渐聚焦到银保核心能力建设和产品结构优化层面。在竞争环境改善的同时，有助于保险公司提高银保业务运营效率和加强费用控制，为规模和价值双增长铺平道路。

代理人渠道换挡升级，银保业务重回保险公司战略视野。长期以来，代理人渠道是各大保险公司创利的核心渠道，银保渠道则被定性为快速做大规模的辅助角色，在公司内部通常"叫好不叫座"。过去几年，保险代理人渠道的总保费占比从50%上升至60%左右，反观银保渠道总保费占比从40%下滑至30%。主要由于银保渠道在2017年受到监管政策短期冲击较大，规模型保险产品销量大幅下降。

然而在2020年，受新冠肺炎疫情的影响，传统线下代理人展业严重受阻。而银保渠道凭借自身的客户基础及银行账户优势，全年实现保费收入稳健增长，同比增速达12.61%，远高于代理人渠道的4.27%，银保渠道业务占比也自2017年以来首次回升。

分析我国保险代理人结构发现，大众营销人员超过90%，保险专业顾问仅约占6%，整体专业水平相对较低。2020年受到新冠肺炎疫情的意外冲击，外加增员招聘难度增加、代理人团队流失率高等原因，"以增员带动增长"的传统代理人模式进入阶段性调整期。

此外，监管逐步加强对保险代理人渠道的治理，比如中国银保监会办公厅《关于深入开展人身保险市场乱象治理专项工作的通知》《关于提供佣金制度有关材料的函》等文件，代理人渠道将持续面临转型压力，换挡升级迫在眉睫。在代理人渠道转型之际，各大保险公司纷纷一改过去对银保业务摇摆不定的态度，纷纷明确将银保业务作为未来增长的"新引擎"，积极探索银保渠道发展新模式。

同时，与个险业务不景气形成对照的是，2017年后，得益于母行零售业务快速发展，银行系保险公司保费收入年化增长率远超行业平均水平，部分"老七家"保险公司在2018年后重拾银保渠道，一些领先保险机构均在2019年实现银保渠道保费规模同比大幅增长。

综上所述，客户、银行及保险公司"三变"形成三大驱动力，为银保业务打开新局面。麦肯锡认为，高瞻远瞩的我国保险公司需要将"打造高质量银保发展模式"提升到全公司战略高度，准确理解银保市场战略性发展机遇。在新环境、新形势下，围绕"三变"，尽早为银保业务高质量发展"谋篇布局"，助力保险公司在下一个5~10年规模与价值双增长。

四大迷思依然困扰银保渠道，低价值、难协同、难销售复杂的产品和难建立长期稳定的合作关系等

尽管银保业务未来发展潜力巨大，但不可否认的是，对于银保业务，业界始终存在诸多迷思。对于这一现象，麦肯锡在《报告》中也进行了总结，指出，价值贡献有限、银行与保险公司难以在客户经营上有效协同、难以销售复杂型的高价值保险产品、保险公司难以与银行建立起基于互信的长期稳定合作关系等依然困扰着行业。

迷思一，银保渠道规模贡献效果显著，但价值贡献有限。

部分保险业同仁一直对银保渠道存在固有认知，认为其仅能贡献规模，无法贡献价值，将代理人渠道定位于主要价值贡献渠道。尤其在过去10年，各类保险公司为追求规模快速扩张，纷纷在银保渠道采用资产驱动模式，导致银保渠道的新业务价值率持续在低位徘徊。麦肯锡认为部分保险公司对银保渠道定位错位，导致管理方式和发展模式"重规模、轻价值"，鲜有保险公司旗帜鲜明地践行"价值创造型"银保发展模式。

迷思二，银行与保险公司难以在客户经营上有效协同。

过去10年，大多数商业银行零售业务定位并不清晰，且基于战略分层和战术分群的客群经营多停留在理念上，并未付诸行动，加之银行过度关注当期中收的合作理念，导致保险公司难以从中长期合作的视角投入战略资源，为合作银行打造定制化保险产品和解决方案、构建专业化营销支持团队。同时，由于监管合规等因素，"银""保"双方难以实现客户信息和系统数据的全面互通，这也为客户经营策略协同带来挑战。

迷思三，银行营销团队专业能力差强人意，难以销售复杂型高价值保险产品。

除少数领先零售银行外，大多数商业银行的财富管理营销团队尚未实现专业管理和专职配置，且总分模式下导致垂直化管理效率较低，难以推动全国性经营机构打造专业化营销服务能力。同时，银行渠道更关注短期中收的贡献，对相对容易销售的趸交类和"低价值"期交类产品营销推荐力度更大，而对高价值复杂产品的销售能力投入不足，也导致目前银保渠道主流产品新业务价值率偏低。

迷思四，保险公司难以和银行建立起基于互信的长期稳定的合作关系。

不同于全球成熟银保市场，我国银行和保

险公司普遍采取"多对多"的合作模式，鲜有银保建立起中长期战略合作关系，双方战略协议常流于形式，对双方的权利和义务表述不清且缺乏执行约束力。即使具有控股关系的"银""保"双方也未能充分挖掘深度融合后的银保合作潜在价值。

同时，历史上个别保险公司利用银保客户数据开展后续直营，与合作银行产生局部竞争，导致双方难以建立起基于互信的长期稳定的合作关系。

放眼国外成熟市场，欧洲"银保一体化"的合作模式充分表明，银保业务可以实现基于双赢的价值创造。在欧洲主要市场中，银保渠道保费贡献稳定在四成左右，部分国家银保渠道占比高达60%~80%，且仍保持较高增速。此外，银保新业务价值利润率可以维持在20%~40%的较高水平。我国多家前瞻性的保险公司纷纷主动转型银保业务，新业务价值率稳步突破20%的关口，并持续优化。考虑到中国银保渗透率远低于国外的成熟市场，这些领先的我国保险公司有望在未来竞争中脱颖而出。

向国际银保业务成功案例要经验，麦肯锡制定"八大关键战略举措"

针对当下中国银保渠道发展中普遍存在的四大迷思，同时结合国际银保高质量发展的成功案例，麦肯锡在《报告》中也提出了相应的解决之道，提出以下"八大关键战略举措"。

战略举措一，与合作银行共同制定客户经营策略。

保险公司应该基于合作银行的经营策略和客群特征，对其进行分类管理，充分理解各银行渠道的客群经营重点，提供定制化客户经营解决方案。

近年来，我国领先银行积极践行以客户为中心的经营理念，将战略分层和战术分群相结合，形成特色鲜明的客户价值主张，比如针对企业家、家中女掌柜、二代接班人、企业董监高、文体明星和老年人等特色客群突出独特价值。保险公司需要结合合作银行渠道的客群经营策略，打造定制化的保险产品和解决方案，并在营销宣传、销售管理和团队建设等领域形成协同效应。

例如，在监管政策扶持下的普惠金融业务，领先银行积极推进围绕小微企业、企业主家庭和企业员工的综合经营服务模式，保险公司可以在产品创设、营销支持等领域助力银行强化特色价值主张和解决方案。

战略举措二，数据洞见共享，推动大数据精准营销规模化应用。

大数据驱动的客户精准营销已成为银行成熟的经营手段，领先银行逐步构建起以"数据基础（Data）""智能决策（Decision）""敏捷设计（Design）""精准触达（Distribution）"为核心的"4D"数字化营销体系，实现大数据营销用例的规模化应用。

"银""保"双方应在符合监管合规要求的基础上,充分共享客户分析洞见、智能推荐算法,共建银保业务大数据营销闭环管理体系,全面提升银保大数据商机的转化成效,主要包括以下几个方面。

数据基础。充分利用银行端各类数据,包括客户基础数据、产品持有情况、历史业务交易和客户行为倾向等,基于深厚的数据基础构建大数据营销模型。

共建模型。保险公司利用自身数字化营销经验,配合银行围绕银行客户生命周期中的"客户获取""客户提升""客户挽留"等几大阶段,共创并部署大数据营销用例。

协同迭代。"银""保"双方持续监测营销用例的投入产出成效,并共同持续迭代优化模型的准确度,一方面持续提升线索转化率,另一方面逐步优化大数据营销过程中的客户体验。

此外,保险公司可依托共享的数据洞见,沿着保险业务价值链在产品创设、核保理赔和客户服务等领域全面应用大数据,持续优化精算假设、运营流程和资源配置。

战略举措三,联合银行专业团队,以敏捷共创的方式开发银保产品和解决方案。

我国银保渠道的保险产品同质化情况较为普遍。部分保险公司以"复制粘贴"的方式打造银保产品货架,或者将代理人渠道的产品简单重组包装,并未形成具有合作银行客群特色的定制化保险产品货架。这也是多年来银保合作不稳定的根本原因。

在银保战略合作框架下,建议保险公司与银行相关团队组成联合产品开发小组,从新产品定制开发和存量产品敏捷迭代优化两个方面持续深化协作。

战略举措四,以客户为中心联通客户旅程,打造银保业务卓越客户体验。

我国银行业高管充分意识到极致客户体验将成为零售业务发展的关键"护城河",领跑者已经从客户的视角出发有序推进旅程重塑,上线数字化客户体验监测管理工具,实时把脉客户在各项业务中的满意度,并将客户体验上升到全行战略高度。

保险作为银行财富管理业务的重要组成部分,是银行与客户建立长期信任关系的重要金融产品,因此"银""保"双方应从客户的视角出发,全面推进银保业务客户旅程一体化,打造覆盖"售前、售中、售后"全流程的全渠道极致客户体验。以银保渠道投保子流程为例,双方可以在线上、线下等主要银行渠道,在保障规划、利益显示、投保单填写、保费交纳和承保出单关键环节共同优化客户体验。

战略举措五,"线上+远程+线下"全渠道银保营销服务赋能。

随着客户与银行交互方式更加多元化,我国领先银行逐步构建起由"线上+远程+线下"多渠道、立体式的客户覆盖体系。这意味着保险公司为合作银行提供营销服务支持的"主战场",

也从传统模式下高度聚焦物理网点，转向全渠道一体化覆盖。

以寿险产品为例，针对不同渠道偏好的细分客群，银行各渠道在营销引流、客户教育、产品购买和售后服务等关键阶段扮演不同的角色，保险公司必须支持与银行多元化渠道体系"立体式"对接，通过"线上+远程+线下"模式帮助银行提升营销服务效率。

战略举措六，重塑银保一体化的核保等售中流程。

保险公司应围绕合作银行的客群经营策略，重塑银保产品前端核保流程。首先围绕各类银保渠道设计差异化核保政策与核保规则，与银行客户经营团队共同从风险管控和客户价值维度梳理银保风险政策，优化银保产品前端核保引擎。通过共享银行数据分析洞见及高阶风控模型，优化自核与体检规则，探索"千人千面"的预审批规则，持续提升银行端承保流程顺畅度。

战略举措七，深度整合银保理赔客户服务等售后流程。

银保合作中普遍存在"深度整合银保理赔客户服务等售后流程"的现象，部分银行在机构准入和产品上架环节，甚至没有考虑中长期保险产品售后服务的问题。

银行与保险公司合作不仅要考虑前端销售流程和短期效益，更应当充分考虑中长期客户服务和体验管理。在银保战略合作中，保险公司应积极将售后服务融入银行客服体系，通过标准服务协议（SLA）明确双方在客户服务领域的长期权利和义务，以及面临重大问题的应急方案。

战略举措八，建立银保一体化合作治理体系。

构建双方高层主导的全面治理体系是"银""保"合作长期成功的关键。双方基于共赢、互信等原则，打造常态化的多层级对话机制和协同管理运营模式。具体执行层面，双方应避免流于形式，优先确立高度一致的合作愿景和使命，就合作深度和广度达成高度共识，并制定清晰的行动方案和实施路径，尤其需要在以下四个方面有所突破。

清晰定义合作范围。银保协议应明确产品、渠道和客群等关键问题的合作深度和广度。

共同制定业绩目标。双方在经营策略和业绩目标的制定上达成高度一致，自上而下在各级经营机构进行传导。

"立体式"覆盖模式。保险公司围绕银行各级管理和经营主体，构建"立体式"银保专职团队覆盖模式。

常态化问题解决机制。定期召开双方管理层共同参加的合作检视会议，及时发现问题并共同推动解决。

最后，麦肯锡在《报告》中指出，千里之行始于足下，对于中国保险公司高管而言，领导银保业务成功转型的关键在于执行力和体系化的推动模式。

麦肯锡建议侧重银保渠道的保险公司应旗帜鲜明地将银保业务提升到未来5~10年战略愿景中，制定清晰战略举措和实施规划，明确关键里程碑和核心责任人。组建由高管亲自挂帅的银保业务联合作战室（WarRoom），以麦肯锡经典的"T形推动"模式，体系化落实银保业务"八大关键战略举措"。

"T形推动"模式从以下四个层面推动作战室落地：一是作战指挥部，提供整体指导与决策，明确清晰合理的考核维度和阶段性里程碑目标，确认下一步高阶行动计划；二是建立"一横"PMO办公室，负责推进银保业务转型项目管理，统筹管理八项举措推进进度、组织协调检视会议，并推动解决关键问题；三是细化"八纵"行动方案，落实举措，推进各举措的执行与落地，并结合客户反馈迭代方案；四是在后勤保障层面，提供财务费用等相关资源的支持，建设举措落地的保障体系。

上半年保费｜个险新增人力"腰斩"，银保新单规模骤减一成，人身险落后产能加速出清中

2021年7月27日

2021年上半年过去，一些行业交流数据已经能清晰地揭示在深度转型中，人身险主流渠道个险、银保都经历了什么。

个险渠道的转型阵痛仍在持续，新单标保同比减少一成，与此同时，新增人力相较于2020年同期甚至出现"腰斩"，锐减50%以上，俨然深陷"落后产能出清"中，何时能够见底尚难定论。

个险不振，平安、太保等头部保险公司纷纷重新发力银保渠道，即便如此，银保渠道新单规模还是不可避免地出现了一成左右的下滑。这主要是因为一些保险公司已经"觉醒"，对于银保渠道的定位已经发生根本性变化，从原来的规模贡献渠道转向价值贡献渠道，受此影响，一场史无前例的转型，正在银保渠道悄然上演。

个险出清落后产能：上半年新增人力大幅下滑52%，新单标保同比降11%。

众所周知，个险是人身险公司最重要的销售渠道，也是价值贡献的核心，大型保险公司约90%的新业务价值来自个险，其业务价值总量和价值率均显著优于其他渠道。然而，2021年过半，个险渠道数据却迎来全线崩塌。

一份交流数据显示，2021年1～6月，数十家主流人身险公司个险新增人力相较于2020年同期大幅下滑50%以上，可谓"腰斩"。人力掣肘直接影响新单标保，上半年这些人身险公司的个险新单标保同比下降超10%。

个险新单标保连续4个月负增长，上半年累计降11%。

整体来看，数十家人身险公司2021年1～6月实现个险新单标保近900亿元，同比下降11%。从单月表现来看，1月增速在"开门红"以及重疾险炒停售的影响下，单月保费同比增速冲高到40%，但到2月就已经降至11%，到3月更是直接进入大幅负增长的态势。3～6月，个险新单标保单月保费增速分别为-29%、-37%、-43%、-37%，可谓一路暴跌。

从具体公司来看，近六成保险公司的个险新

单标保均出现负增长，但仍有逾四成保险公司实现正增长。

在这些成功实现个险新单标保正增长的人身险公司中，走专业营销路线，注重中高端客户的公司业绩表现较好，增长态势明显的公司主要以外资公司为主。

个险新增人力"拦腰斩半"，大幅下降50%以上。

2020年是人身险行业大规范、大清虚的一年。上半年，全行业新增人力约为95万人，较2020年同期同比下降超过50%。

数据显示，其实自2020年以来，行业新增人力就处于不断下滑之中，全年整个行业新增人力同比下降13%，其中上半年下降5%，下半年下降21%，而2021年上半年，这一数字更是达到了50%，显示行业的落后产能出清正在加速。然而何时能够见底尚未可知。

从具体公司来看，纳入统计的数十家人身险公司中，个险大户、上市保险公司增员近乎全线溃败，上半年仅有一些基数低的中小型公司实现了新增人力的正增长。

有业内人士分析，其原因无外乎以下几个原因。

从宏观环境来看，一方面居民在经历新冠肺炎疫情后拖延购买消费属性的保障型保险，另一方面不敢"创业"从事保险销售事业。

从行业环境来看，个险渠道代理人面临严格的销售行为监管，大量不合格的代理人选择离开了行业。

在这位业内人士看来，2020—2022年将是人身险行业整体去产能的阶段，在这一阶段，不同公司的表现将出现分化，平庸者可能被淘汰出局，而转型成效明显者将获得更大的市场份额。

银保渠道战略定位重塑：新单规模减一成，期交占比升至三成，从重规模转向重价值

个险不振，银保渠道重回保险公司战略视野，包括国寿、平安和太保等公司均宣告将重新加大银保渠道开拓力度，只是目标、方式与过去相比已经截然不同。

在这种思潮的影响下，2021年上半年，银保渠道一些深层次的变化已经开始，虽然从新单规模保费来看，依然是负增长。

单月新单规模保费连续3个月负增长。

就单月新单规模保费而言，2021年1月"开门红"期间，银保渠道新单规模保费实现了32%的正增长；2月，保费增速更达到174%；但是紧接着的3月，增速就降到了个位数，仅为7%；4月、5月和6月，单月新单规模保费增速更是降至零以下，分别为-23%、-20%和-13%，连续3个月出现负增长。

前6个月合计新单规模保费也开始出现负增长。

虽然从2021年4月开始，银保渠道单月新单规模保费实际上就已经降为负数，但从累计的新

单规模保费来看,前5个月,银保渠道整体仍维持正增长。

这种情况在6月出现彻底改变,交流数据显示,前6个月,银保渠道总的新单规模保费相较于2020年同期已经出现了将近-10%的负增长。这意味着持续的负增长已经开始波及整体的业务表现。

新单期交保费依然维持快速增长。

从总的新单期交保费来看,2021年前6个月,银保渠道实现新单期交保费收入1600亿元以上,同比增速达到两位数,在总新单规模保费中的占比将近30%,而2020年同期,这一比例只有23%左右;2019年同期,这一比例只有18%。

尤其是从2021年各月的表现来看,新单期交保费在总新单规模保费中的占比也在不断提升,1~6月分别为21%、23%、26%、27%、28%、29%。这显示,银保渠道期交业务占比提升明显,业务结构改善显著。

银保加速从重规模转向重价值。

如上文所述,期交业务占比的提高主要得益于保险公司主动收缩银保趸交业务,大力发展期交业务所致,而这其中,国寿、平安和太保等头部机构一马当先。

很显然,随着市场环境的改变,保险公司的发展策略也日趋理性,从过去一度高度依赖中短存续期产品,高度依赖高手续费率推动业务,转而谋求转型,并通过提升队伍能力,提升培训和服务水平来增强市场的竞争力。

除此之外,很多银行也更加理性,开始更倾向于销售中长期的保险产品,因为其意识到,对于银行而言,中短存续期产品会在一定程度上与存款业务产生冲突,但是中长期保险业务则不同,其与现有银行产品形成了差异化的竞争。更关键的是,期交产品销售难度虽然大,但是因为手续费率高,整体上并不会影响银行的中间收入。

当然,这种局面的形成也离不开监管政策的强引导,近年来,一系列旨在推进银保渠道转型的文件出炉,明确了监管的指导方向,这让保险公司最终下定决心开始转型。

据悉,目前在银保渠道,增额终身寿险已经成为绝对主流,因为其与个险渠道产品类似,对资本金消耗小,能对保险公司形成正向的价值贡献,是真正的"价值型业务"。

长期以来,业界对于银保渠道的定位一直是销售简单易懂、高收益的储蓄型产品,对标的往往是银行理财产品,但当银保渠道逐渐走向成熟,销售长期价值型产品更加得心应手,银保渠道的市场定位、发展逻辑也势必将出现彻底转换。

这里的"开门红",静悄悄

2021年10月11日

2021年10月,按照过去两年的惯例,又到了保险公司"开门红"推进的关键阶段。

但2021年与2020年相比,保险公司启动"开门红"所面临的形势已经大为不同。

市场正变得空前理性,'开门红'这一寿险行业粗放发展时代的标志性产物,也已经注定是强弩之末。

2021年业绩承压,寿险公司备战"开门红"普遍延后,产品保障期间倾向进一步缩短

"只要市场有一家公司做"开门红",其他公司就一定会跟进。"

尽管业绩承压,但在2021年底,『慧保天下』看到,2022年"开门红"还是到来了,已经延续十几年的巨大市场惯性,显然不是一朝一夕就可以刹住车的。

不过与往年相比,2021年底的"开门红"备战已经有了以下显著变化:一是出于监管以及舆情的考虑,更低调了;二是相较于2020年,时间节奏上普遍有所延后;三是为刺激消费者的购买欲,产品保障期间有进一步缩短的倾向。

例如,2020年9月下旬,某公司其就率先推出了2021年的"开门红"主力产品,而2021年,其2022年"开门红"的主力产品直到10月国庆节后还未露面。

不过,相较于其他公司,该公司整体节奏安排与2020年相比已经算是相差不大。平安人寿、太保寿险2020年也是10月就已经启动"开门红",但2021年,两家公司的"开门红"产品、计划尚未披露,只有少数分支公司零星开启了"开门红"动员。与此同时,太平、新华等公司,截至目前,其具体的"开门红"方案也尚未正式出炉,仍在研究制定的过程中。

究其原因,受制于2021年不尽如人意的业绩达成情况,当下各公司主要的任务还是完成2021年的任务,暂时无暇备战2022年的"开门红"。

2021年前8个月,寿险业绩冲刺难掩行业疲态。数据显示,6家上市保险公司中,仅中国人寿、新华保险、太平人寿3家公司实现正增长。

除时间上有所延后外,在产品上,进一步缩短保障期间的倾向也已经显现。

每年的"开门红",各保险公司的产品是一大看点,因为在"开门红"之初,为了打出气

势,各保险公司基本都采用"年金+万能账户"的方式,主推理财型产品,给予较高的收益率,同时设定限额,以吸引客户。

2020年、2021年"开门红"期间,为建立竞争优势,产品的保障期限一再缩短,从原来普遍的15年、10年缩短至"交3保7""交3保8"。2021年,这种趋势仍在延续,只是由于前期保障期间已经被缩至10年以下,其进一步缩短的空间已经不大。以某公司的"新产品"为例,其是一款"交3保6"的年金险,几乎已经达到这类产品的保险期间下限。

人力观念大逆转,保险公司摒弃人海战术强调提质增效,"开门红"人力基础不复存在

代理人数量、产能始终是影响保险公司"开门红"表现的关键要素之一。因此,每年的第三季度,保险公司往往都会进行广泛的增员和培训,为"开门红"储备人力,进而通过人海战术来冲一波业绩。但从2021年来看,伴随着持续的增员难,整体人力的不断下降,"开门红"大爆发的人力基础也已经不复存在。

公开资料显示,近年来我国保险代理人数量正在持续下滑,已经从2019年的912万人的高点下降到2020年的843万人,考虑到代理人的进出情况,一年有高达130万名代理人流失。

进入2021年,这一趋势有增无减。对五大A股上市保险公司2021年半年报进行统计,上半年五大上市保险公司寿险代理人规模较2020年底合计减少了81.93万人。其中,中国人寿减少了23.5万人,平安人寿减少了14.6万人,太保寿险减少了10.8万人,新华人寿减少了16.5万人,人保寿险减少了16.53万人。

这背后深层次的原因在于人口红利正逐渐减退,而且数千万人已经从事过保险代理人的工作,增员的潜在市场空间被大幅压缩。直接原因则在于伴随着各种互联网经济的兴盛,快递员、外卖员的收入大涨,而保险代理人的低保障、低收入很难与之匹敌,更遑论吸引力。在多重因素的综合影响下,传统的"人海战术"彻底失效,而面对持续的增员难困境,不少公司已经彻底放弃旧有模式,更新发展思路。

可以看到,2021年,各家头部保险公司更加重视代理人队伍的分层和提质增效,放弃人海战术,转而以质取胜。

保险公司进一步推动保险代理人向职业化、专业化和精英化转型,这意味着人力规模将进一步压缩。某家有着数十万代理人队伍的寿险公司高管表示,已经对人力的进一步压缩做好了心理预期,在压缩水分、去芜存菁之后,预计最终公司将只剩下10万人左右的代理人,而头部公司或许也只有30万人而已。

保险代理人培养观念的转变,人力规模的减少,成为"开门红"逐渐淡化最坚实的理由。

狂欢过后是空虚,高质量转型下,2022年或许就是最后的"开门红"

自平安人寿于20世纪90年代率先打出"开门

CHAPTER 2 | 人身险·深转型

红"的概念之后，"开门红"俨然成为中国寿险行业的一种"信仰"，一种其他国家绝无仅有的"特色"。

对于广大代理人而言，"开门红"也是一年中最重要的时节，因为保险公司在"开门红"阶段往往提供大量的营销支持费用对营销团队进行激励，激励力度往往远超平常的各类竞赛，甚至可达到全年费用预算的一半，这意味着代理人在"开门红"期间只要完成足够的任务量，就可以获得比平时更丰厚的激励。据悉，很多代理人在"开门红"期间都可以获得全年收入的一半以上。

在"开门红"这一特殊业务节点的带动下，我国寿险公司形成了以下独特的业务节奏。

过去，各寿险公司基本都按照相对固定的业务节奏来进行安排。因为"开门红"的存在，寿险行业这样一个本应该以客户需求为中心的行业，却具备了浓重的"推销"色彩，保险公司特意开发新产品，制造业务节点、限时销售等概念，更多的是从保险公司立场出发，从而忽略了客户最真实的保险需求。多年来，即使每家寿险公司都声称自己"以客户为中心"，却依然难改其在消费者心目中"销售驱动"的根深蒂固的印象。

如今，经过20多年的演化，作为我国寿险行业的独有产物，"开门红"正变得越发尴尬起来。

一方面，监管一再降温，2020年监管明确发文《关于加强规范管理促进人身保险公司年度业务平稳发展的通知》，点名道姓地批评某些分公司"'开门红'期间实际销售情况大幅高于报告的业务发展计划"，以及"第一季度收入同比增速超50%，完成全年计划的70%以上"。

另一方面，对于转型中的保险公司而言，"开门红"所带来的经济效益正在快速降低。2020年"开门红"期间，平安人寿、太保寿险曾有意淡化"开门红"，没想到新冠肺炎疫情暴发，业绩一落千丈，主要竞争对手中国人寿、新华人寿却由于提早筹备"开门红"，将疫情带来的负面影响降到了最低。

在保费增速的鲜明对比下，一度有意淡化的市场主体对于"开门红"的欲望再度滋长，于是就有了2020年底的平安人寿、太保寿险效仿中国人寿、新华人寿，于10月就开始筹备"开门红"的做法。

由于准备充足，且2020年同期基数较低，再加上旧定义重疾险定于2021年1月31日停售掀起一波重疾险"炒停售"的热潮，2021年，诸保险公司的"开门红"表现尚可。但这种不俗的表现维持的时间很短，一波"炒停售"之后，预期的市场沉寂如期而至，出乎意料的是，这次沉寂的时间远远超出预期，"全年增速高开低走"一语成谶。

在业绩重压之下，转型在2021年真正成了行业性共识，当大量专业化、职业化和精英化的保险代理人涌现于市场，"开门红"彻底淡出中国寿险行业历史舞台似乎也成为必然的结局。

可以看到，"开门红"大多数时候都只是中资保险公司的经营方式，很多专注于培植精英代理人的外资寿险公司，从来就没有"开门红"的概念。

回溯20年起伏，历经三轮周期，谁塑造了今天的寿险行业

◎ 贝贝巴 | 2021年2月12日

> **编者按**
>
> 从发展周期的角度来看，寿险行业目前在哪里？未来会去向哪里？市场主体又该如何去？这是当下最为迫切的问题。然而回答这些问题，首先需要厘清的是，过去寿险行业经历了什么，呈现出哪些周期性的变化，其本质驱动力是什么……这些正是本文所希望探讨的全部内容。

为什么要研究周期？核心是要把握事物的本质、内在规律

周期往往意味着有规律的波动，而有规律意味着能够反复出现。通过了解周期，就能在一定程度上实现预测，即在下次机遇、挑战及灾难来临前可以提前应对，主动为之，或者能够获利，或者能够避险。这也是周期研究最吸引人的地方。

周期还意味着把握事物本质、内在的联系。偶然一次出现，算不上周期，只是扰动；由必然动力驱动，反复出现的现象才称得上周期。把握周期，意味着把握了物质内在规律，洞悉了发展趋势。即便环境发生了变化、新的因素被引入，但只要规律不变，就能以不变应万变。所谓运筹帷幄，决胜于千里之外，一直是自古以来经济、军事及政治追求的最高境界。

从企业经营的角度看，周期往往和战略紧密相连。战略需要解决的问题大概可以归结为"在哪里，去哪里，怎么去"，而周期研究可以从时间维度上解决在哪里；如果能够预测准确，则还可以解决去哪里的问题。这两个问题解决了，怎么去就变得相对容易了。

寿险行业内部的经营模式，除昙花一现的投资驱动模式外，一直变化不大。但行业外部环境一直在变，且近期变化尤其剧烈，本轮科技革命

CHAPTER 2 人身险·深转型

是背后主要推手。几乎行业里的每一个人都感受到越来越大的变革压力。但是究竟怎么变,似乎到现在也没有一个明确的答案。

但无论外部环境的变化速度和幅度有多大,最终还是要通过改变行业内在机制引发变革,所谓外因通过内因起作用。

因此,笔者力图通过回溯性研究,厘清行业周期变化情况,进一步明确行业发展的内在规律和机制,明晰外部环境压力引起变革的方式,为分析行业未来发展提供依据。

寿险周期研究将按照以下方式展开:首先,分析寿险承保周期的基本情况以及梳理过去20年行业重大事件对行业周期的影响;其次,提出宏观、中观、微观三个层次的分析框架,分析形成周期的主要因素、提出不同主体多目标博弈机制的分析模型;最后,基于上面的框架和模型,对行业的未来发展作出展望和预测。

寿险行业的经营模式比较复杂,回溯中也面临历史情景难以还原,以及很多"拼图"仍然残缺的问题,但如果能引起大家对于行业周期研究的兴趣,本研究的目的也就实现大半。

寿险行业周期整体分析

寿险行业承保端存在明显周期变化,三大周期呈周期逐渐拉长、波动逐渐减弱的特征。

保费一直是寿险行业最重要的指标,既是牵引行业向前发展的动力,也是行业从业者最为敏感和关注的指标。同时,保费数据也是衡量行业发展水平重要的指标之一。加之数据可得性的原因,笔者首先主要聚焦在承保周期的研究上。1998—2019年寿险总保费收入整体情况见图1。

笔者分析了2000年以来寿险行业总保费收入的变化情况。从同比增速的角度看,在过去20年,寿险行业大致完整经历了三轮周期:

2000—2004年,第一轮周期,周期长度约为4年,平均增速约为47%。

2004—2011年,第二轮周期,周期长度约为6年,平均增速约为21%;

2011—2018年,第三轮周期,周期长度约为7年,平均增速约为13%。

目前,寿险行业正处于第四轮周期中,约为本周期的第3年。

图1 1998—2019年寿险总保费收入整体情况
(数据来源:Wind)

保险新时代
NEW ERA OF INSURANCE
慧保天下 精选集

其中需要说明的是，之所以将2004—2011年划定为一个周期，主要考虑为：2005年只是此轮上升周期启动的起点，从幅度和持续时间看不足以认定为单独的周期；而2009年增速的相对低点主要是2008年高增速（约为50%）作用下的基数效应，同时2010年仍然保持一个较高增速，因此将2008—2010年认定为同一周期的波峰区段。

整体来看，寿险行业在过去20年保持了一种高增长的状态，虽然最近一轮周期（2012—2018年）中平均增速降到13%，但整体增长速度仍然是高于整体经济增速的（过去20年GDP平均增速约为9%）。

另一个比较有意思的现象是，行业增速名义上的负增长只在2011年和2018年出现过；同时，从过去三轮周期看，进入周期底部的时间不超过3年。

纵观这些周期，整体呈现出行业周期逐渐拉长、波动逐渐减弱的特征。

首先，从行业生命周期的一般规律看，任何行业从起步阶段开始，往往要经过一段快速发展，并不断波动的阶段。随后行业波动会逐渐减弱，周期会被逐渐烫平，因此"周期拉长、波动减弱"是行业逐渐向成熟阶段靠近的必然表现。

其次，保险业作为国民经济、金融体系的一部分，与整体经济金融发展一定程度上是相关的。近年来中国经济增速放缓是不争的事实。因此，寿险行业增速随之放缓也是必然的。

最后，从监管机构的角度看，促进行业良性发展，避免行业大起大落始终是监管机构乐于看到的。

寿险行业每次从低谷走出，依靠的都是行业创新、改革以及监管机构的逆周期政策支持。

上文从增速的角度对寿险的承保周期做了简单的描述，下面结合行业不同发展阶段的重要事件，对过去的三轮周期做一下简单分析。

第一轮周期（2000—2004年），在2000年之前，从1996年开始的快速降息，导致整个寿险行业出现了利差损问题，监管机构以紧急通知的形式，将行业费率锁定为2.5%，行业整体进入了萧条阶段。

随后，行业创新性地引入了投连险、分红险和万能险等新险种，使行业开始复苏，并在2002年前后进入第一轮周期的顶部，随着政策对于投资型产品的限制，行业进入下行区间，并在2004—2005年又一次进入低点，但行业整体增速仍然为正数。

第二轮周期（2004—2011年），在2006—2007年，伴随着银保渠道的快速扩展以及2008年国际金融危机导致的股市、楼市资金的出逃，行业又进入了下一轮的高潮。此轮高速增长大约持续了3年。随着90号文对于银保的限制，行业在2011年前后进入低谷。

第三轮周期（2011—2018年，自2013年开始，第三轮周期进入快速增长区间，而且本轮周期显著地呈现出"缓升陡降"的不对称波形，即行业增长阶段的时间显著长于行业增速下降的时间。

主要原因在于，本轮周期的增长阶段，出现了几个有利于增长的驱动因素，事实上对行业产生了"接力式"推动作用。这些因素主要包括：2014年前后投资驱动型模式的寿险公司的暴发、寿险费率改革的"三步走"、2015年取消代理人资格考试、2015年股灾以及2016年熔断导致的股市资金出逃等，这些因素推动行业进入了一个增长的"长波"，并在2016年前后达到顶点。

随着134号文以及整体宏观经济去杠杆，行业在2018年又一次转入了低潮。

从上面的分析可以看出，每次行业从低谷走出，从根本上依靠的是行业创新、改革以及监管机构的逆周期政策支持。

例如，推动行业从2000年前后的低谷走出，依靠的是产品创新（大规模引入投连险、分红险、万能险等新险种），同时新险种的引入也得到了监管机构的放行。

推动行业从2005年低谷走出，依靠的是渠道创新（银保等渠道的扩张）。

推动行业从2012年低谷走出，依靠的主要是模式创新（虽然投资驱动模式存在各种问题，但是不能改变其具有的创新属性）、改革（寿险费率改革"三步走"）以及相关监管政策支持（取消代理人资格考试等）。

分析行业从高潮进入低谷的主要原因，表面上看是监管政策的影响（比如90号文、134号文等），这一方面体现了监管的逆周期调节，说明寿险仍然是一个受政策影响非常大的行业；另一方面，监管政策的限制更多的是"刺破风险泡沫"而非简单的行政干预。

三轮周期中，影响监管的本质因素，都是行业积累的风险。

例如，第一轮周期中投资型产品大量销售，相比保障型产品必然降低行业的NBEV（同时也带来很多行业乱象）；

第二轮周期中，银保渠道竞争导致手续费居高不下，严重侵蚀行业的盈利能力；

第三轮周期中，行业普遍出现的"长险短做"同样在长期埋下了投资端与承保端期限错配风险。在2016年，整个行业主要寿险公司的短期、低价值产品比例超过了长期、高价值产品的占比，而134号文发布后，行业长期、高价值产品比例迅速又一次占据主导，可以说监管发力时机选择得非常精准，干预效果立竿见影。

长期趋势性因素与短期周期性因素叠加，客户、保险公司以及监管的多目标博弈等因素是寿险行业周期产生的根本原因。

首先，是长期趋势性因素与短期周期性因素的叠加。

影响周期的因素往往可以分为两类，即趋势性因素与周期性因素。一般来说，宏观因素更可能为长期趋势性因素，比如经济、人口、社会和科技等；而行业性因素、企业短期微观行为产生的短期周期性影响更大。

寿险行业作为中国经济社会发展的组成部分，必然也受到整体趋势性的影响，比如寿险行业过去20年的高速发展必然要受到中国经济整体的快速发展、不断提升市场化进程等因素的影响。

从中观因素看，行业（包含监管）和企业行为更多产生了周期性的影响，比如监管机构的逆

周期监管等。

趋势性因素与周期性因素的叠加,最终使得行业在宏观上表现出周期性。

其次,是客户、保险公司和监管机构等多主体的多目标博弈。

寿险行业的主要参与者包括客户、保险公司(含中介机构以及相关渠道)和监管机构,形成多主体的博弈。

同时,参与主体又往往存在多目标,比如监管机构既要促进行业发展(逆周期政策支持),又要守住不发生系统性风险的底线(严控行业风险)。因此,寿险行业的周期性也是多主体、多目标博弈累加的结果。

最后,是其他行业的外溢效应影响。

在过去20年中国的M_2总体维持在高位、货币流通更加自由化的背景下,寿险行业的避险属性,使其难免受到股市、地产资金流动的影响。同时,由于寿险行业与股市、地产、银行相比体量仍然偏小,以上行业短时间内剧烈的变化(比如股灾、楼市波动等),可能短期对寿险行业产生巨大的冲击。这也在一定程度上证明,在过去20年,寿险的投资(储蓄)属性对于行业周期起了非常重要的影响。

寿险周期既是长期趋势性因素和周期性因素的叠加,也是多主体多目标博弈叠加的结果,同时也受到其他相关行业的影响。主要的影响因素涉及经济、人口、社会等宏观因素;监管、制度等行业因素;保险公司、被保险人等主体的微观行为等因素。

宏观看经济:经济、人口、社会,三大因素影响寿险行业发展周期

经济因素:经济发展方式和阶段在长期趋势性地影响寿险。

从长周期的视角看,中国几乎每一个行业的变化都与改革开放以来巨大的经济成功密不可分。从绝对值看,经济指标几乎可以解释一切长周期的增长。寿险的发展也不例外,选取最常使用的GDP指标看,经济显然与寿险发展有着相关关系,并且解释力很强。

在过去的20年里,中国经济虽然在绝对值上呈现不断增长的趋势,但在相对值上显然是有波动的,那么经济因素对于寿险行业来说同时也是周期性因素吗?

从我国GDP增速与寿险增速的关系看,似乎缺乏显著的对应关系,而从境外成熟国家(日本、美国等)的寿险市场情况看,往往寿险保费增速与GDP增速保持比较好的对应关系。笔者认为出现这种现象的原因有以下几个:

一是中国经济发展和寿险行业的发展都没有进入成熟阶段,所以没有出现两者增速之间明显的关联性。

二是寿险行业的避险属性,导致往往与经济周期不同步的现象,而且由于寿险行业本质上销售的是一个非必需品,在整个经济体系中的传导往往是间接的,因此这种不同步受到很多因素影响,难以形成规律性的关联。

三是从体量看,寿险行业2019年原保费总收

入约为3万亿元，总资产为15万亿元，而我国金融业2019年总资产为318.69万亿元，同期全国总资产和GDP分别为1302万亿元和99.09万亿元。寿险行业对于我国经济和整个金融业来说，仍然占比很低，目前还不至于出现经济波动大幅度影响寿险的情况。

因此，笔者认为过去20年经济因素对于寿险周期的影响是以长期趋势性为主。主要有以下几个方面。

第一，关于"S曲线理论"。

谈到宏观经济因素，有一个一直被寿险行业广泛提及的"S曲线理论"，即一国人均GDP达到1万美元时，寿险深度会进入加速阶段，寿险何时能够"起飞"一直是行业内的热点问题之一。

笔者认为，寿险行业"起飞"也好，"S曲线"也好，本质取决于中国经济发展阶段和发展方式，是中国经济增长是否能够可持续发展的问题。

2016年中国人均GDP达到8000美元时，经济界关于中国下一步是否存在刘易斯拐点和能否跨越中等收入陷阱的问题曾经讨论得非常热烈。本文的重点不在于中国经济发展的讨论，但笔者对于中国经济发展是充满信心的。

我们认为，影响寿险发展长期趋势性因素是中国经济可持续发展的方式，而非简单的人均GDP数字。毕竟1980年、2000年、2020年的人均GDP1万美元含义还是有差别的。更为重要的是，无论是欧美先发国家还是日本、亚洲"四小龙"等国家和地区，在经济起飞的时候，乃至现在，也没有一个国家的人口达到过5亿人。而中国的情况是要同时带动大约3个5亿人口国家起飞，这都是历史上从来没有过的。

因此笔者认为，与其关注一个简单的经济数据，不如把观察的重点放在对中国经济发展的方式、阶段的考察上，更能体现经济对于寿险行业的影响。这也是为什么我们认为宏观经济因素更多的是长期趋势性的影响，而非短期周期性影响。

第二，关于收入问题。

过去20年，寿险的"非必需品、属于少数人"逻辑，决定了收入因素也仅能趋势性地影响寿险。

收入水平的提升是伴随着经济发展的一个必然结果。收入水平直接影响消费者的购买能力。因此，收入水平理论上对于寿险销售的影响应该是比较明显和直接的。

但分析寿险销售与人均可支配收入的关系，会发现收入水平对于寿险发展的影响仍然是趋势性的，而非周期性的。

出现这种现象的本质，根本上看是因为寿险在过去20年"非必需品、属于少数人"的逻辑。相对于必需品或者刚需品，寿险价格的敏感程度相对较高，因此一直处于"属于少数人"的状态。因此，难以用社会平均收入水平建立与寿险增速之间的联系。

同时，影响人均收入水平对寿险发展作用的另一个可能因素是贫富差距的问题。不断拉大的贫富差距使人均收入数据"失真"，难以正确反映社会中实际收入状况，进而无法真实地判断消费者对于寿险购买的能力。

NEW ERA OF INSURANCE
保险新时代
慧保天下 精选集

人口因素：总量数据难以表征寿险增长，养老体系变革将长期影响寿险。

人口因素或者经常被提到的人口红利，也是解释改革开放以来各行各业发展的重要支撑性因素。而寿险行业又是一个针对人的生老病死进行销售的行业，理应与人口因素关系更为紧密。但人口"供给周期"较长、"供给弹性"较小，因此也只可能是长期趋势性地影响寿险行业的发展。

目前，中国人口的趋势是总量增速放缓，结构老龄化严重。两者对于寿险销售的影响相反，总量放缓对于寿险行业增长的影响为负；而老龄化导致的养老、抚养压力理论上会促进个人保险销售。考虑到中国庞大的人口基数，目前总量放缓显然没有老龄化影响显著，因此，目前看，人口因素整体还是有利于寿险发展的。

表征人口对于寿险销售影响最常被使用的两个指标是赡养比（65周岁以上人口比例）和抚养比（14周岁以下人口比例），即一老一小。理论上这两个指标应该能够比较好地表征寿险需求，但同样由于贫富差距、城乡差距等问题，导致数据"失真"，因为完全可能存在较大抚养和（或）赡养压力的家庭，由于收入水平较低或保险观念较低，根本无力，也不愿进行个人寿险的购买。

在人口与寿险关系领域的另一个热点话题是养老对寿险的影响。根据公安部公布的2020年新生儿户籍登记数量仅为1003.5万人，同比下降幅度达14.89%。从新中国成立以来的历史数据看，我国大致经历了3次人口出生的高峰：

第一次是1951—1958年，在结束长期的战乱和社会动荡后，每年净增长人口1500多万人；

第二次是1963—1976年，同样是三年自然灾害后以及社会的主流舆论导向的鼓励作用下，大约每年净增加约1700万人口；

第三次是1985—1991年，每年新增人口约1600万人。

1990年后，除放开二胎政策的推动下，有过短期小幅度增长外（这也证明了提升人口的关键可能不能仅依靠生育政策的调整，而是要依靠综合的提升抚养、教育、就业、居住等条件），出生人口基本趋势是不断降低的。

从寿险销售的角度看，如果按照主力的消费人群集中在30~55周岁群体测算，那么目前支撑寿险销售刚好对应第二次和第三次人口高峰人群（1965—1990年）。随着人口总量增速的放缓，对于寿险销售的基数必然存在负面影响。但过去20年寿险"非必需品、属于少数人"的逻辑，决定了寿险不仅受到人口基数影响，还受到寿险群体比例的影响。未来，如何提升寿险人群的比例，可能也是影响寿险"起飞"的关键因素之一。

较低的出生率以及长寿化带来了快速的人口老龄化。根据联合国人口署预测，2025年中国65岁及以上人口占总人口比例达14.03%，将进入深度老龄化社会。这也意味着中国65岁及以上人口占比从7%（老龄化）上升至14%（深度老龄化）仅用24年，而这一过程美国用了71年、日本用了24年，中国的老龄化速度是前所未有的。

老龄化的一个直接结果就是养老压力的

CHAPTER 2　人身险·深转型

问题。根据中国社科院《中国养老金精算报告2019—2050》的研究发现，按照现状的静态分析，2035年我国养老金有耗尽的危险。虽然这只是一家之言，但养老压力确实是存在的。养老对于寿险的影响，在这里不做过多的展开，但是我们初步的结论是过度倚重第一支柱、养老金替代率较高、税收优惠政策不足等是影响寿险为养老作出进一步贡献的外部原因。从寿险自身看，如何改变"非必需品、属于少数人"的行业逻辑，是寿险深度参与养老体系，为寿险赢得进一步发展空间的关键之一。

社会因素："属于少数人"的逻辑决定看分层而非整体。

经常被提到影响寿险需求的社会因素有保险文化、社会保障、法律制度及城乡差距等。此类因素影响相对都比较间接，加之社会因素往往是在历史长期中形成的，因此也只能是趋势性因素。以上因素的影响均有实证研究的支持，但结果不一，争论较大。

究其原因，此类因素影响间接且较弱，在现有研究方法中，往往与GDP、收入、人口等"强"因素一起回归，甚至导致研究结果中，相关变量的"符号"与常识相悖的现象。

结合上面"非必需品、属于少数人"的逻辑分析，我们认为对于寿险销售影响较大的是社会分层问题。

改革开放以来，中国经济在30年里走过了发达国家百年以上的路程，社会分层也在短时间内同样加速和分化。

社会分层不是简单地按收入将人群进行分类，而是"社会成员、社会群体因社会资源的占有不同而产生的层化或者差异现象"[1]。收入仅仅是社会资源的一部分。

社会分层之所以对于寿险发展影响较大，是因为目前寿险销售明显针对某几个阶层的群体，比如极低收入、边远山区群体的寿险销售比较困难。

同样，从目前统计数据看，"体制内"工作的名义工资收入并不高，但根据我们的前期调查，"工作稳定"是寿险销售对象很重要的客户群体特征。中小学教师、公务员的名义工资收入普遍并不高，但仍然是寿险购买的重要群体，"体制内"群体占有的非收入性社会资源是支撑他们购买寿险的原因之一。

城镇化率也是目前研究社会因素对于寿险发展的重要变量之一。城镇化背后反映的是我国城乡二元体制，实际暗含的假设也是将社会分为两个大阶层，即城镇阶层和非城镇阶层。城镇化率对于寿险发展的影响实际就是默认非城镇阶层目前并不是个人寿险购买的对象。

以上这些都凸显了社会分层的重要性，准确地分析社会阶层状况，与寿险购买群体进行匹配，这对于研究寿险中长期研究具有重要的意义。

此外，一个很基础的问题是，寿险产品的客户到底是来自哪几个阶层？这些阶层未来的变化趋势是什么？这直接决定了未来寿险发展的空间

---

[1] 李强.当代中国社会分层[M].上海：生活·读书·新知三联书店，2019.

和方向，这比单纯的考察寿险深度或者密度有意义得多。

从目前社会分层研究的一种观点看，中国社会已经从金字塔形的社会进入"倒丁字形"社会。"倒丁字形"意味着传统的中产阶层被重塑。从以往经验看，中产阶级一直是寿险购买的主力。如果这部分群体发生剧烈变化，甚至出现大量"阶层滑落"，那么对现有寿险的发展会产生巨大的影响。

同时，2020年的"十四五"规划纲要中明确要建成世界最大的社会保障体系，加大中产阶级群体的数量，这些都会利好寿险，让我们拭目以待。

但目前比较遗憾的是，社会分层研究本身的发展有其自身规律，社会调查数据往往比较滞后，很多理论问题尚没有研究清楚。因此，从短期看，社会因素值得关注，但难以作为本文分析框架中的核心指标用于预测。

同理，由于人口"供给周期"较长、"供给弹性"较小，统计难度大，同样受社会分层影响较大，也难以作为本文分析框架中的核心指标。

考虑到经济发展对于行业发展基础的贡献性，并考虑到现实的数据问题，我们提出"宏观看经济"。

中观看利差：制度红利和监管周期

趋势性因素：制度红利，只要金融抑制存在，寿险行业制度红利就存在；随着利率市场化改革的深入，利差空间会被不断压缩。

东亚模式是西方主流经济学家对于日本、亚洲"四小龙"、中国等国家和地区经济快速发展，以及在某些产业实现赶超作出的理论解释。

东亚模式涉及一国发展的很多方面和相关政策解释，目前仍然存在一些争议。但我们经过分析，认为东亚模式中的金融抑制理论能够比较好地解释寿险周期。

金融抑制是西方主流经济学家针对东亚模式中金融部门政策进行的总结。金融抑制简单地说就是政府通过人为控制（通常是通过发放牌照垄断经营）存款利率，使金融部门以较低的利率获得资金。代价是金融部门必须按照政府的经济和产业政策，投资到政府扶植的弱小行业或者部门中，从而使得原本缺乏竞争力，在市场化环境中难以生存的某些行业得以发展，从而实现后发产业的赶超。

比较明显的例子是半导体行业，日本、韩过、中国的半导体行业发展无不采用这种模式。目前，中美贸易战中的焦点是芯片之争，中国仍然采用的是此种模式，简单地说即通过国有金融机构向后发产业提供低利率资金，配合人才和技术（此部分还涉及东亚模式中的雁行模式、产业创新等内容，此处不具体展开），实现芯片产业短时间内的赶超。

金融抑制的积极结果是实现后发产业以及后发国家的赶超，但同时也由于人为扭曲了金融资源的配置，导致金融部门，尤其是国有金融部门效率低下。

在中国一个特殊的问题就是，金融部门向国有企业和部门分配了大量低利率资源，这是被西方主流经济学家所诟病最多的地方，这也是针对中国是否是市场经济争议很多的地方。

虽然存在争议,但我们认为金融抑制还是比较好地解释了中国过去金融业发展的一个侧面。广泛存在的金融抑制,使得金融业能够持续获得超出社会平均水平的收益,反映在现实生活中就是金融业工资水平远远超过社会平均工资。

金融抑制在一国经济起飞的初期,确实起到了积极的作用,但随着整体经济效率的提升,金融业效率低下的问题就成为阻碍发展的因素。

在现实生活中,最明显的表现就是,金融资源寻租现象,即谁有关系拿到"便宜的钱",在资本市场即便只能获取平均收益,或者干脆转嫁给"下家",就能获得暴利,相关腐败也层出不穷。

同时,资金在金融系统不停空转,金融机构获利不断,但实体经济融资成本不断高涨,资源错配极为严重,效率低下问题显著。

因此,针对金融业的改革也在持续推进中,核心就是利率市场化改革;在开放条件下,又增加了汇率的市场化。"两率"市场化改革,几乎可以解释近年来所有中央政府金融改革的动作。

寿险行业作为金融业的一部分,不可避免地呈现出垄断和管制的特点,具体表现就是持牌经营。管制和垄断的结果就是寿险行业也能够以较低的资金成本(虽然没有银行低)拿到资金,只要在资本市场取得平均收益,甚至略低于平均收益,仍然能够获得可观的利润。从这个角度看,寿险行业是存在制度层面的红利的,只要金融抑制存在,利率没有完全市场化,这种制度红利就在。事实上,寿险行业过去20年的发展,也是制度红利不断释放的过程。

寿险行业一个核心的定价指标是预定费率,预定费率可以简单理解为折算后保险公司承诺给客户的收益率,对于保险公司来说,相当于存款利率。利率市场化投射到保险业就是费率市场化。这一进程大致分为以下三个阶段:

第一个阶段,1996年前,此阶段寿险行业费率相对市场化,保险公司自主定价能力和空间较高,具有一定的自由浮动权利。负面影响是,保险公司在销售的刺激下,不断提高预定费率,为第二阶段的高价保单危机埋下了伏笔。

第二个阶段,中国寿险行业在2000年前经历的"灭顶之灾",即从1996—1999年,我国利率快速下行,导致寿险行业前期出售的高费率保单,在利率快速下行阶段,无法提供承诺回报,带来巨额亏损。监管部门不得不以紧急通知的形式,最终将费率锁定在2.5%,保持了相当长的一段时间,直到寿险分险种费率市场化改革。

第三个阶段,自2013年至今,寿险根据"放开前端,管住后端"的思想,按照普通寿、万能、分红的次序,逐步进行费率市场化,也为第三轮周期的增长"长波"做了贡献。

从理论上看,如果利率市场化能够理想化实现,那么保险公司的利差收益将消失;在完全市场竞争条件下,费差收益也会趋近于零,寿险公司将回归平均行业,赚取社会一般水平收益。

基于以上分析,事实上以保费形式流入的资金,本质上就是金融抑制人为扭曲利率后,资金追逐收益,进入具有利差部门的结果。因此,只要印钞机开动放"水",流入寿险行业的保费就有保障。

同理，由于其他部门行业能够给资本提供更高的回报，那么"水"就会选择流入这个行业，从而减少流入保险业的部分。

目前的M_2数据难以拆分出流入保险业的部分，因此表征上没有显示出与保险业周期性的对应关系。但我们从反面发现了一些支持性的证据。

由于我国普通居民投资渠道相对比较有限，基本集中在房地产、股市、银行理财和存款等渠道中，而私募、信托等由于对投资者资格与最低投资额度的限制，事实上将大多数普通投资者排除在外。我们分析了寿险与房地产、股市、银行理财等投资渠道的比例，发现寿险与以上渠道形成显著的反向变动关系，即这些行业高涨时，寿险行业会陷入低潮。这也从反面支持了前面分析的逻辑。

基于以上分析，我们认为中期影响行业的主要趋势性因素就是制度红利的释放。在未来，随着利率市场化改革的不断深入，以及全球范围内低利率趋势的出现，金融业的利差空间会被不断压缩。

参考境外的经验，欧洲、日本均进入了低利率甚至负利率时代，其中以日本最为明显，持续时间也最久。低利率给日本寿险行业带来了较大的压力，事实上出现了一批寿险公司的破产，其中不乏大型公司。因此，预定费率调整并不是遥不可及的事。因此，我们认为，保险费率与基础利率之间的利差，是中观层面值得关注的重点。

同时，制度利差，在过去20年决定了行业参与者的很多微观行为，也决定了行业"产品供给为核心"而非"用户需求为核心"的发展逻辑。此部分会在微观部分进行具体分析。

监管周期性因素：逆周期调节特征明显，顺周期调节昙花一现。

前述的费率制度红利，本身也是监管的重要内容，但由于其重要性和动力的本源性，因此单独拿出来展开具体说明。本部分更多聚焦监管的趋势的回顾和分析。

回顾寿险行业监管历史，能够比较明显地看出逆周期调节的特征，即行业高涨时，监管部门通过出台文件等手段压制行业过热，尤其是带来的风险以及行业乱象。比较明显的例子是134号文限制"长险短做"；而在行业低潮时，释放政策利好，提升行业景气度，比较明显的例子是2000年前后，监管机构推动投连险、万能险等新险种销售，助推行业走出高价保单的阴影。

观察过去20年的总保费收入数据，一个比较有意思的现象是，寿险行业真正意义上的负增长时段最长也就约为3年，这其中除有强大保险需求的支撑外，监管的推动也是功不可没的。

寿险行业在上一轮的上涨周期中（2012—2016年）曾经出现过短暂的顺周期调节的特征，其背后实质是监管逻辑的变化，即"做大做强"保险业成为主流观点。但随着"野蛮人"的指控和监管领导层的更替，寿险又重新回到"保险姓保"的主题，回归逆周期调节。

顺周期调节之所以受到抵制，仍然可以从金融抑制的角度进行解释。我国金融业经过多年的改革，利率市场化取得了初步进展，金融抑制有所削弱，通过不同渠道内部的资金基本实现了"均衡"利率，即不同类型的金融机构各司其职，分享不同的利差空间。

在"做大做强"的背景下出现的投资端驱动模式，使得保险公司能够以较低利率（当时万能险费率为6%~7%）的资金到股市举牌，而当时民营企业杠杆收购的利率保守估计也超过15%以上，中间的差额实际被保险资金白白赚取了，事实上破坏了"均衡"利率。

当然，从保险业务本身看，举牌产生的长贷短投，导致期限错配风险上升，也是投资端驱动模式被限制的原因之一。

总的来看，目前监管的周期性因素基本呈现出逆周期的特征。

监管趋势性因素一，不发生系统性风险为底线。

除周期性因素外，在中观的监管方面，也存在趋势性的因素。2000年前的高价保单差一点将中国寿险行业带入"灭顶之灾"，部分国有寿险公司必须通过剥离不良保单业务，才能持续存续。因此，不发生系统性风险是监管部门的红线之一。

由于低利率的风险始终存在，如果出现利率快速下行，监管部门手中一直可以打的一张牌就是降低预定费率，避免行业进入"灭顶之灾"。降低预定费率，意味着寿险产品的回报下降，会导致行业进入衰退。虽然是两害取其轻，但面对国有资产流失与一个占比仍然不算很大的行业进入低潮，选择的结果就不言而喻了。

近期，监管机构对部分保险公司推出高费率的产品进行干预（2020年12家人身险公司因为万能险结算利率高于账户财务收益率被约谈）也证明了利差损风险来临时，监管部门会毫不犹豫地降低费率。如果预定费率再次被锁定在低位较长的时间，行业必然会进入暗淡时刻。

监管趋势性因素二，大资管和大监管时代。

近年来寿险监管机构的一个"大事"就是保监会与银监会合并。合并背后的逻辑就是大资管时代的到来。大资管也是金融抑制被不断减弱的产物，在避免金融市场大起大落的前提下，经过多年的金融体制改革，金融市场的"平均利率"基本实现了相对均衡，均衡的前提一定是市场化，用市场的力量消除削弱套利空间。

未来，大概率会保持这种均衡态势，并根据国内外的形势，尤其是汇率市场化、人民币国际化的进程作出必要的调整。利率和汇率是具有紧密影响的。而保持这种均衡态势的一个前提就是"步调一致"，即不能存在一个"低成本获取资金，在资本市场变现"的套利空间。因此，大资管和大监管就成为必然的选择了。

大监管对于寿险行业是否有利，并不确定。"保险姓保"的定位在某种程度上意味着，监管部门对于保险的定位就是提供保障服务，这是其他金融部门无法提供的，这才是保险业存在的意义。回归保障，意味着过去保费收入中投资型的资金受到限制。投资型资金在保费收入中的比例，大家都心知肚明，那么行业是否还能保持15%~20%的增速？

此外，保险与银行相比，体量目前相差太大，银行中的理财业务实际上又与寿险中的投资型产品是直接竞争关系，是否还能保证"行业进入低潮不超过3年"需要观察，毕竟合并监管后还没有走完一个完整的周期。

微观看投资：不同参与主体的多目标博弈与产品同质化

从微观层面看，寿险周期是不同参与主体的多目标博弈的结果。

在广义的寿险行业中，参与的微观主体主要包括保险公司（此处为广义概念，包括传统、互联网、中介等主体）、被保险人（消费者）以及监管机构。不同主体的目标有所不同，既有相关之处，又有相互制衡之处。

一是保险公司。

保险公司作为一个经济活动主体，在市场化的机制下，天然的使命就是盈利，即创造利润。同时，由于寿险行业的"马太效应""长尾效应"等原因，使得规模成为保险公司盈利的重要因素，因此规模也始终是保险工作追求的目标之一。

简单来看，保险公司的主要诉求是规模和利润。而保险公司实现规模最主要的手段是扩大保费收入，追求利润主要的手段是在资本市场获取更高的收益。

从传统的利源分析来看，寿险公司主要利源是"三差益"，即死差、费差、利差三者的损益情况。从实际上我国大多数公司，乃至世界大多数保险公司的情况看，承保端的利润是负的，而费差益主要来自管理水平的提升，理论上的均衡态势达到后，应该会逐渐接近极限零。

所以我们认为，至少过去20年的回溯中，主要贡献利润的是投资收益与费率的差异。但是未来，随着"保险姓保"，这种格局是否会改变，还不清楚，考虑到本研究主要是基于回溯，因此我们暂时还采用这个角度进行分析。

简单来说，保险公司主要的诉求就是既要尽量扩大保费收入，也要通过提高投资端的收益率，获得尽可能高的投资与费率的差异收益。

二是被保险人。

寿险产品的特点，简单地可以分为投资属性与保障属性，前者主要是指通过购买寿险产品，实现资金的保值增值；后者主要是指通过购买寿险产品，应对疾病、生死等情况出现时有所保障。

由于诉求不同，不同的被保险人购买寿险产品时，会寻求不同的产品，对于投资需求高的消费者，投连险、万能险、年金险等产品更符合需求；而重疾险、医疗险、意外险等更适合保障需求。

从过去20年的概况看，大多数保险产品兼具了投资与保障双重属性，消费者购买时也往往表现出对于两种属性同时提出需求。

影响消费者购买的因素中，除产品功能外，另一个重要因素是价格，对应保险产品来说就是费率。

简单来说，被保险人的诉求是既要资金能增值，出事有保障，也要求价格不能太贵。

CHAPTER 2 人身险·深转型

三是监管主体。

中国经济转轨中,往往伴随着制度建立的过程,有时候甚至制度建立滞后于行业实践,很多监管制度和政策都是在实践中逐渐摸索的,所谓"摸着石头过河"。由于中国经济转轨中,很多行业出现了从0到1的现象,所以监管主体很重要的一个责任就是促进行业良性发展。

保险业从1958年停业,到1979年复业,实际上经历了一个无到有的过程。行业规模也实现了几何级的快速增长,在行业几次低谷期,监管主体也以各种方式促进行业走出低谷,在行业过热时,监管会出手压制,这也是出现逆周期监管的根本原因,即促进行业良性发展。

此外,2000年前的高价保单问题,将寿险行业拖入了危机,某些公司甚至要通过剥离高价保单才能继续存续。高价保单问题的实质,是保险公司的收益难以覆盖承诺的利率(即费率),在利率快速下行时会出现系统性风险。如以前所述,低利率的乌云一直都在,负利率在日本的持续已经为寿险行业敲响过警钟。因此不发生系统性风险是监管的底线。

简单地说,监管主体的主要诉求是既要促进行业良性发展,又要守住不发生系统性风险的底线。

从三对"既要也要"多目标博弈看"三率"模型。

三类主要参与主体的多目标博弈及结果可以从下面的"三率"进行分析。我们认为影响寿险行业发展的主要是无风险利率、费率和投资收益率,三类微观主体的博弈可以用"三率"进行解释,同时博弈的结果也是寿险行业费率市场发现的实现过程。

从保险公司的角度看,影响收入项的主要因素是投资收益率与基础利率(无风险利率)之间的利差,满足规模诉求。投资收益率与费率之间的利差对应的是利润,满足利润诉求。而费率与基础利率之间的差相当于保险公司的相对成本。通过控制三者关系(基础利率绝对值控制不了),实现既要规模也要利润。

从被保险人看,费率相当于保险公司承诺给消费者的"保障+投资收益",基础利率在某种程度上代表了消费者收益的机会成本。通常费率是要高于基础利率的,背后的含义是如果将购买寿险作为投资手段,而寿险回报率不如长期国债,那么消费者不如去买国债。费率与基础利率的差决定了消费者相对于买国债来说,购买寿险产品的超额收益。而此部分差又是保险公司的成本,成本决定价格。这就决定了费率既要够高,可吸引消费者购买,又要控制成本,保证盈利。

对于投资收益率来说,投连险、分红险产品的收益与此有关。历史上投连险和分红险曾经占据过市场很大的份额,背后的逻辑是不仅享受费率与基础利率之间的超额收益,而且分享了保险公司自身的部分利润,因此曾经一度非常受到追捧。但由于监管的原因,目前此两种产品的比例变得很低,为什么要监管此两种产品,下面在监管角度具体解释。

总之,消费者通过自身的购买选择权利,影

NEW ERA OF INSURANCE
保险新时代
慧保天下 精选集

响费率的市场价格发现，实现既要有收益（"保障+投资"），又不能太贵。

从监管主体的角度看，监管的核心也可以理解为三个率之间的关系。在正常的行业环境中，三者之间应该保持足够的空间。费率不宜过高，因为费率过高会影响行业利润情况，投资收益率不宜过低，太低的投资收益率会影响保费收入，这两者的关系决定了影响行业良性发展的主要因素。

同时，三者关系也决定了系统性风险可能发生的几种情况。分红与投连的监管背后因素实际是"较高的费率+分享投资收益率"，导致保险公司的利润被压缩，同时会增加保险公司投资的激进程度，增加风险，这样等于将消费者与保险公司绑在一个战车上，如果投资收益不能足以覆盖费率，那么不仅保险公司要亏损，被投保人也要受损失。

寿险资金由于是长线资金，所以天然地能够形成资金池，各种短贷长投对加剧期限错配风险，形成系统性风险，因此要监管。

而费率与基础利率之间的关系可以解释高价保单的监管。1996年快速降息，相当于调低了基础利率，而费率相当于不变，因此相当于大大增加了保险公司的成本，同时，资本市场的投资收益也会因基础利率短时间下行而快速下行，这就出现了费率远高于基础利率，甚至高于投资收益率的情况，这样就造成了保险公司的巨额亏损。所以监管机构的紧急应急方案是，将费率锁定在2.5%，事实上就是将费率锁定在投资收益率和基础利率之间。费率的降低，导致寿险产品能够为消费者提供的超额收益降低。

因此，监管机构会通过控制三者之间的关系实现既要促进行业良性发展，又要守住不发生系统性风险的底线。

从保险公司的角度看，实现既要规模，也要利润，可以通过承保和投资端的操作具体落实。而从成长期看，真正影响利润的还是投资端的操作。投资端决定了利润的上限。更为重要的是，投资端的收益能够为企业调整"三率"策略提供空间。寿险是一个长期行业，这意味着具有较大的腾挪空间。

从保险公司角度看，完全可能通过短期调整费率、投资收益率（基础利率影响不了），实现策略选择。影响利润、操作空间大小的都是投资收益率。因此，我们认为，微观看投资。

过去20年寿险行业还是靠投资赚钱。

寿险靠什么赚钱这个问题，不仅是企业界的问题，同时也是理论界争论的一个焦点。从历史上看基本分成了"山派""海派"两个流派。

"山派"中的山，指的是阿尔卑斯山。此派主要流行的是在阿尔卑斯山附近的德国、瑞士等国家，此派主张寿险利润应该从承保端实现，即通过提供优质的保障服务，精益管理，赚取利润，即通过死差和费差赚取利润。

"海派"中的海，指的是地中海，该派原来流行的国家集中在地中海沿岸，比如意大利等，后期扩展到英美国家。此派认为，寿险利润的来源应该是投资收益，应该千方百计地扩大保费收入，然后通过投资活动获益即可，即便承保端有些亏损也问题不大，即通过利差获取利润。

从国外公司的实践看，除个别国家保险业（德国，也是典型的山派国家；日本，后来低利率时代来临也亏得一塌糊涂）的承保利润勉强为正外，大多数国家的承保利润率都是负的，依靠投资收益率"背"回来，实现总高利润的正增长。

从中国的寿险实践看，同样支持"海派"的结论。从主要的头部保险公司的数据看，基本呈现出承保利润为负，投资收益率为正的特征。过去20年，寿险行业坐上了中国资本市场的快车，一直保持着高增速。

我们强调微观看投资，并不是说销售端的努力和措施不重要，而是投资端更重要。无论是从上文的微观多主体多目标博弈机制分析，还是从国内外寿险公司盈利的分析看，微观层面影响保险公司操作的根本还是投资，更为重要的是寿险行业的另一个逻辑，即"供给为中心，产品高度同质化"。我们认为，出现这种现象的根本，还是行业利差的存在，寿险公司只要控制好"三率"之间的关系，基本可以躺赢，这也是为什么保险牌照"一牌难求"的原因。这也决定了保险公司的产品高度同质化、行业公司缺乏明确的分层。

同时，投资收益率也能够决定保险公司产品定价的空间，因此我们认为至少过去20年，微观领域投资更为重要。

未来展望：目前寿险行业处于第四轮周期的低谷，按"宏观看经济，中观看利差，微观看投资"分析，接近反弹

从几轮周期的情况分析看，目前寿险行业属于第四轮周期的低谷，从以往"周期底部不超过3年"的情况看，行业应该会接近反弹了。

我们从"宏观看经济，中观看利差，微观看投资"的框架进行具体分析。

宏观看经济：未来寿险行业的长期走势根本上取决于中国经济的发展方式和阶段，目前来看基本是友好的。

从根本上看，中国经济发展的方式转换（传统地产等旧动能驱动转换为科技新动能等驱动，出口导向经济向双循环转换等），以及由此带来的经济发展阶段的变化，会影响寿险是否"起飞"。

从目前整体看，中国在整个世界的经济增速仍然算高增速，疫情的影响已经越来越小，从目前的情况来看，整体经济形势是有利于寿险发展的。

未来，如果能够引爆以科技创新为引导的新工业革命，那么至少将带来20年经济高速发展，寿险行业也将"起飞"。

中观看利差：短期来看，寿险行业的利差空间尚可；中期来看，利差空间会被逐渐压缩，目前影响行业的两个逻辑可能随之发生变化。

行业利差根本上是由经济状态以及金融业

市场化决定的。经济状态健康，则能够支撑足够的利差空间。有些国家的低利率，本质上是缺乏可持续的经济发展动力以及与老龄化形成恶性循环导致的。目前，虽然中国老龄化趋势明显，但人口基数尚在，经济发展的基本动力还在，因此从整体来看，利差空间仍然有利于寿险行业发展。

而金融业市场化本质是压缩利差的过程，从中期来看，行业利差面临被压缩的可能。行业会面临利润空间被压缩的情况，兼并、分层不可避免。

随着行业利差的压缩，行业过去20年的两个逻辑也会发生变化，即"非必需品、属于少数人"以及"供给为核心、高度同质化"的逻辑会随着利润空间被压缩，无法继续"躺赢"而作出的必要改变。

微观看投资：养老、健康，以及境外等领域成为投资可能的方向。

基于过去20年的观察，我们认为微观层面决定性因素是投资。企业的投资收益率直接决定了其在产品策略、定价上的空间，进而影响产品形态和供给。从某些国家的经验、我国巨大的养老压力等看，未来我国在养老、健康等领域的投资机会能够带来一波稳定和长期的回报，并能发挥保险资金长期稳定的优势，实现养老、健康等服务的社会化供给。同时，国外仍然存在高增长机会，但国际关系、政治导致的相关投资的风险值得关注。

行业两个逻辑变化后的微观：客户需求为核心的差异化。

本文基于过去20年回溯研究，提出了"微观看投资"的框架，但如果行业利差空间被不断压缩，"非必需品、属于少数人"以及"供给为核心、高度同质化"的逻辑将会发生变化。未来寿险可能不仅仅属于少数人，而是变成"普惠+少数人高端需求"以及"客户需求为中心"的模式。这会在根本上改变这个行业，迫使行业的从业者扩大客户群体（多数人，包含老人、病人等非标体，近期的惠民保本质上就是将客户群体有条件地扩大到老人、病人群体），产品更加以客户为中心，一个产品打天下的模式会发生变化。

从行业的角度看，客户群体的扩大化、客户需求的差异化导致行业的分层、分化。未来会出现更多小型聚焦于某一领域或者人群的保险公司，寿险产品可能面临"解耦"的可能，互联网保险将迎来更多的机会。

CHAPTER **2** | 人身险·深转型

人身险六问｜前瞻2022①

2021年12月13日

中央经济工作会议2021年12月8日至10日在北京举行，根据新华社报道，会议释放了一系列鲜明的信号，其中最核心的莫过于一个"稳"字："明年经济工作要稳字当头、稳中求进，各地区各部门要担负起稳定宏观经济的责任，各方面要积极推出有利于经济稳定的政策，政策发力适当靠前。"

虽然其中自始至终并没有提及"商业保险"的概念，但一个"稳"字，已经足以说明2022年的一些大趋势。

2022年，"稳"字当头下，监管政策又将如何影响行业发展？

2021年底，围绕2021年总结与2022年展望，大量券商发布研报，有乐观，也有悲观，哪一种才更符合你的预期？

争辩"开门红"：下降OR增长

从目前来看，人们对于"开门红"的态度呈现出两极分化的态势：

悲观者认为，2022年"开门红"新单保费收入下降的概率很大，在全年保费收入中的占比也将进一步降低。而原因主要包括以下几个：经济下行压力仍然存在；新冠肺炎疫情局部频发，增加展业难度；"开门红"启动普遍晚于2021年；监管部门不断给"开门红"降温；互联网人身险新规的出炉不仅影响网销，更大的影响还在于银保渠道……

但有券商却对此提出不同意见，招商证券在研报中就表示，市场认知会有一定的惯性：由于2021年3月以来各公司新单保费收入大幅低于预期，随着时间推移迟迟未见新单的改善，使得市场信心被不断消磨（股价与持仓也因此受挫），市场自然会倾向于认为在没有看到明显的强催化（或者会更加忽视行业的变化）下，业绩的转好可能性较低。

招商证券认为，"开门红"以销售储蓄类险种为主……该类险种的外部需求情况则决定了销售的好坏。

在其看来，2021年的年金险和终身寿险等储蓄类的险种销售环境将好于2020年，有利于"开门红"产品尤其是大额保单的销售。主要原因概述如下：

一是面对经济和社会的不确定性，居民将更加注重资产的安全性。而年金险的安全性使得该类资产在整个家庭资产配置中占据了一席之地，

与高收益类资产形成有效互补。

二是财富管理大迁徙背景下保险类金融资产也有望分流资金。在过去，我国居民主要的资产配置在房地产以及银行理财、存款中，但随着"房住不炒"的目标指导下……通过房地产进行增值的观念将会得到彻底转变，对于居民来说，资产荒的背景下年金险等保险产品或将分羹房地产投资资金的外溢。

三是各公司已逐步加大了对储蓄类险种的经营力度。重疾险市场持续乏力，从而使得保险公司不断认识到重疾险市场短期的"瓶颈"将持续更长一段时间（尝试过各式各样的产品升级、服务赋能，效果均甚微），而储蓄类产品当前的市场环境在逐步变好，从2021年各公司的新单结构中也可看出，因此各公司正在慢慢将注意力转到储蓄类险种上。

四是保险公司费用投放或有所增加，提升代理人收入，助力队伍转型发展等。

聚焦"个险渠道"：究竟何时见底

过去多年，个人代理人渠道一直是最主要的保费贡献渠道之一。然而随着代理人红利逐渐消退，从2018年开始，头部机构的新业务价值实际上已经开始出现负增长，且一直持续至今，成为行业最大的"症结"所在。

进入2021年，这一趋势变得更加明显，2022年代理人渠道的新单保费收入走势、新业务价值走势，最为牵动人心。

综观各券商研报，悲观情绪仍占主导。兴业证券研报通过对比日本、中国台湾等国家和地区的个人代理人改革，指出，预估我国代理人渠道调整周期可能较长。日本代理人渠道经历长达12年的转型调整周期，而中国台湾代理人渠道在20世纪90年代和2000年进行了两次持续的营销员改革计划，代理人专业化才初步完成，人数也才逐步企稳回升。

也有乐观者，中信建投研报认为，渠道优势领先的上市保险公司代理人渠道明年将触底回升。

其依据是复盘我国代理人渠道的发展历程：上轮周期从2005年开始，2012年结束，2012年结束时代理人数量278万人，位于周期增速的后期与2008—2009年之间。

而本轮人力增速自2013年抬头、2020年人力出现负增长；尤其在2015年政策"放水"后，人力增速提升到新的台阶、保持了3年的2位数增长，因此本轮人力"清虚"的过程（负增长程度）延续至2021年。据财联社披露，行业人力已下滑至770万人左右，大致相当于2016—2017年的人数。对比上一轮周期，大幅下滑的态势预计基本结束。

其预计监管压力将是行业人力向高质量发展的进一步助推，总人力下滑态势将在2021年见底。

此外，其预判上市保险公司持续向下"清虚"的空间不大，媒体披露的监管政策对行业的影响预计将在不同公司有所分化，渠道优势领先的上市保险公司，人力增速将在2021年呈现出触底回升的态势。

CHAPTER 2 | 人身险·深转型

集体看好"银保渠道"：能否重回第一大渠道之位

相较于个险渠道的态度分化，对于银保渠道的态度则较为统一，即持续看好。

个险萎靡不振，银保渠道重回保险公司战略视野，无论是大小型公司均加码银保渠道，并逐步转变了过往的发展理念，从原来的通过银保渠道做大保费规模，转而视之为重要的价值贡献渠道。

与之形成鲜明对照的是，个险渠道的保费贡献度进一步降低，二者的行业地位似乎又一次面临转换。一个疑问因此产生：2022年，银保渠道会否重回行业第一大渠道之位？

业界普遍认为，个险队伍转型仍在持续进行中，保险公司为维持业务平稳，势必会加大银保渠道的投入力度，这是2022年银保渠道保持平稳增长最主要的动力。

中信建投在研报中也指出，在个险渠道改革及业绩承压下，银保渠道的规模效应显著。相比代理人渠道，银保渠道具备天然的客户资源，银保渠道的销售人员为银行自有员工，具备更加稳定的服务机制。其预计2022年在"财富管理""低风险偏好"的市场趋势下，上市保险公司在银保渠道具有股权及深度合作的经验及优势，预计将加速与银保渠道部分网点的深度合作，以提升银保渠道的"服务溢价"，推动上市保险公司新业务价值在银保端实现高速增长。

但业界人士也指出，不利因素仍然存在，最显著的就是所谓互联网人身险新规，实际上，所谓互联网渠道的保费收入大量是通过银保渠道获得的，采用这种方式，实际上越过了银保渠道"1对3"的监管约束。这意味着，互联网人身险新规一旦落地，受影响最大的实际是银保渠道，银行中收将因此受到影响。

后重疾时代的健康险，总的重疾保额空间约为128万亿元

2021年，寿险行业产品端也跌宕起伏，一方面，利用重疾新定义落地，行业结结实实冲了一波"炒停售"，但数月后，行业发现"重疾险卖不动了"；另一方面，由于前期的炒停售，透支了客户资源；更深层次的原因则在于，行业已经完成了"从0到1"的过程，"从1到N"难度大增；更重要的是，"90后"逐渐成为投保主力，其更理性的消费行为，让传统的"人情保单"难以奏效；值得关注的原因是，百万医疗险以及惠民保的大发展给了人们更多的替代方案，保费高企的重疾险相较之下优势越发不明显。

对此，中金证券在研报中指出，随着重疾险新单保费高增长红利期逐渐过去，行业将进入"后重疾时代"，这并非意味着重疾险需求的枯竭，但是未来重疾险需求的释放速度与过往相比将大幅减缓，重疾险产品难以再成为行业增长的单一驱动力。考虑到当前的重疾险覆盖范围以及过往销售的重疾险产品特征，未来老客户加保对于重疾险的保费贡献将有所提升。

相比之下，医疗险潜在客群更为广泛，预计2022年仍能维持两位数以上增速。短期来看，

惠民保的推广可能会对商业医疗险造成一定的冲击；长期来看，惠民保能够提高居民保障意识，并且引导行业优化赔付费用结构。

此外，健康险中的单一功能保障型产品（比如长期护理险等险种）当前覆盖程度仍然较低，预计在重疾销售放缓的背景下，保险公司相较于以往将加大投入开发其他健康险类的产品，单一功能保障型产品将迎来一定的机遇。

兴业证券在研报中也对未来的产品走势作出了预测，认为重疾险仍存在较大的发展空间，面对产品同质化，重疾险定制化或是未来新的方向。

其指出，在对中国精算师协会披露的关于19种重大疾病的平均治疗费用进行测算后，预估重疾治疗的平均治疗费用在29.9万元左右；此外，根据2020年我国城镇居民人均收入水平可估算重疾治疗期间收入损失约为17.5万元。因此，如需覆盖重疾治疗费用和治疗期间的收入损失，人均重疾保额需达到47.4万元。

目前，我国重疾险消费主力人群规模约为2.7亿人，估算我国总的重疾保额空间约为128万亿元；而中国保险行业协会的数据显示，截至2020年年中，过去10年重疾险产品累计为1亿多客户提供超过22万亿元的风险保障保额，表明我国重疾险市场仍有较大的可挖掘空间。

重任在肩的储蓄险：主观、客观双重利好下，如何把握机遇

重疾险一直是寿险行业的主要价值贡献者，重疾险销售承压，实际正是行业新业务价值负增长的最直接原因之一。在重疾险承压的现状下，各券商研报均预计储蓄型产品迎来新机遇，从保险公司的主观角度出发，重疾险发展承压，保险公司有利用储蓄型产品冲刺业务规模的冲动；从客观环境来看，储蓄型产品有其特殊优势，利率下行，这种优势将进一步凸显。

中信证券研报就指出，重疾险大单品、高利润率驱动的逻辑已经不存在，健康管理和养老服务尚需时间，行业未来主要保费增长点是中长期理财业务以及其他养老相关的类储蓄业务。

中信建投证券也明确指出，财富管理大时代，长期储蓄险迎来发展契机。2021年以来，虽然消费态势疲软，但居民可支配收入仍在持续提升。随着资产规模的积累，过往单一的资产配置手段遭遇政策改革的"瓶颈期"；在"房住不炒""房地产去杠杆"的政策导向下，居民对房地产投资、银行理财收益率的预期持续走低，市场迎来财富管理大时代。对于居民来说，同样具备安全保本增收性质的储蓄险迎来发展契机。2021年以来，上市保险公司纷纷加码储蓄型产品及产品组合的推动与销售，带来新单保费、新业务价值增速的结构性回升。在财富管理时代的背景下，具备保障属性的、长久期的储蓄型保险产品具有不可替代性。

此外，中金证券也指出，在利率下行背景下，保险产品保证利率优势将有所显现，长期储蓄型保险对于行业新业务保费收入和价值增长的重要性将显著提升；资管新规要求资产管理业务不得承诺保本保收益，利率下行背景下保险产品

保证利率的优势将有所显现，比如部分公司2021年上半年通过增额终身寿险、终身寿险等产品实现阶段性新业务高景气，预计重疾销售放缓的背景下未来长期储蓄型险种对于行业新业务保费和价值增长的重要性将显著提升。

兴业证券研报侧重点有所不同，其认为相较于其他理财产品，储蓄型保险产品的收益率优势并不突出，不能有效抵御通货膨胀，对客户的吸引力相对不足，丰富产品类型，满足客户不同层次的投资收益需求是未来产品策略的方向。

其指出，20世纪70~90年代，美国寿险市场先后推出个人变额寿险、万能险、指数型万能险、变额年金、指数型年金等一系列较为复杂或带有投资功能的寿险产品。其中，指数型万能险则是在投资型万能险的基础上增加了收益区间，即"保底收益+上限收益"，既可享受投资收益，又可避免保单失效的风险，近年来在美国寿险市场中较受欢迎，市场占比仅次于传统的终身寿险。

2022年新业务价值承压成共识，上市保险公司是否仍将呈两位数负增长

展望2022年寿险行业新单保费收入以及新业务价值的走势，无论是业界还是各券商，整体仍以悲观为主。

招商证券研报指出，供需仍较为疲软，新单或延续负增长。

广发证券研报指出，供给端代理人的下滑和需求端居民防御型储蓄需求，监管的高压出清等因素交织，预计2022年新单难实现正增长，但考虑到代理人队伍的出清有望提高整体的产能，预计新单的降幅将低于代理人的降幅。比如，2021年前三个季度，平安、国寿代理人的同比增速（-32.6%、-38%）远低于价值的增速（-17.8%、-19.6%）。

广发证券预计，从各个季度价值增速来看，2021年1月重疾险炒停导致的价值高基数，预计2022年"开门红"阶段不仅是新单的下降，还面临价值率的下滑。但进入第二季度后，代理人的降幅收敛和价值率下降，预计2022年新业务价值的增速最低点将是在第一季度，价值增速有望逐季收敛，但全年还将维持负增长。

具体到不同的上市公司，其预计仍将普遍出现两位数的负增长，国寿为-10%，平安为-24%，太保为-30.5%，新华为-22%。

开源证券研报较为乐观，其认为2022年各上市保险公司的NBV同比仍将承压，无法修复至新冠肺炎疫情前的水平，但2022年，部分保险公司的NBV将止跌回升，其预计各上市保险公司2021年、2022年的NBV同比分别为：中国平安-15.8%、2.0%；中国太保-17.0%、4.0%。

国泰君安也在研报中对上市险保险公司2022年的NBV进行了预测，指出仍将呈NBV负增长，下滑幅度相较于2021年将显著收窄。

NEW ERA OF
INSURANCE
保险新时代
慧保天下 精选集

3

CHAPTER

大销售·规范与重塑

个险渠道人力、新业务价值均下滑加速；银保渠道重回战略视野；中介渠道迎来一系列变化；互联网人身险格局面临重塑……2021年，从市场主体的角度出发，大销售的主基调就是改革。

全面"双录"、严格规范自保件、营销分层的相关政策相继出炉、越发从严，也将会带来一个全新的、规范化的销售渠道。

2021年，保险销售在规范与重塑中蜕变，这是一次触及灵魂的改革，注定不会那么轻松。

全国版保险"双录"来了，900万名代理人大洗牌的开始？

2021年7月12日

继2020年10月银保监会出台《关于规范互联网保险销售行为可回溯管理的通知》引发行业热议后，近期行业再起波澜，银保监会消保局就《保险销售行为可回溯管理办法（征求意见稿）》（以下简称《征求意见稿》）向业内征求意见，这意味着全国版保险录音录像（以下简称"双录"）就要来了。

与此前只有60岁以上投保人、互联网渠道需要"双录"相比，最新的《征求意见稿》极大地扩大了保险销售"双录"的范围，不仅取消了投保人年龄限制，还明确规定保险机构销售人员在面对面销售相关人身保险产品时，都需要进行"双录"，将网销、电销、新车商业保险和融资性信保业务等都纳入"双录"范畴。

全国版"双录"将至，瞬间成为业界争议的焦点，诚然，严格"双录"可以更进一步保护消费者权益，减少销售误导，但现实困境不容忽视，包括流程的繁复、销售成本的增加、销售体验的下降，以及部分销售人员的难以适应等，都切实摆在眼前。尤其在上半年保费增速严重承压之下，上至保险公司管理层，下至外勤代理人，大家对业绩的担忧有增无减。

严格"双录"之下，势必会有一部分代理人因为难以适应新要求而选择退出。截至2020年底，全国尚有约900万名代理人，约300万名保险中介机构从业人员，1200万名保险销售人员，"大洗牌"即将开始？

保险"双录"的七重近忧：成本增加、难度加大、销售体验变差、不利于普惠型产品销售……

全国版"双录"将至，业界争议、忧虑一片，主要围绕以下七个方面展开。

配置"双录"系统，增加经营成本。

从硬件上来说，保险"双录"要求设置单独的"双录"室，配置录音录像设备、开发"双录"系统。大型保险机构动辄成百上千家分支机构，仅硬件配备就会加大保险公司的经营成本。从软件上来看，系统运维、保险销售人员培训和消费者教育等都要耗费大量资金投入，在一定程度上会加大保险公司的经营成本。

CHAPTER 3 | 大销售·规范与重塑

限定销售"双录"场所，短期带来营销压力。

对于异地投保，《征求意见稿》规定保险公司销售人员可以进行远程同步录音录像，但条件较为严苛。

《征求意见稿》第十五条规定，保险公司销售人员实施远程同步录音录像，应符合以下要求：（一）投保人和被保险人关系限于本人、配偶、子女和父母，销售人员、投保人、被保险人应同框展示。（二）销售人员在本公司执业登记时间须满两年。（三）保险公司对实施远程录音录像的销售人员进行分级分类管理，且不得违反异地展业有关监管规定。（四）在保险公司营业场所实施。

这意味着，很多销售行为都必须到保险机构的"双录"室进行，保险销售人员需要将投保人带领到职场完成销售，这对保险营销带来了前所未有的压力。

事实上，近几年各大保险机构都在开发投保APP或小程序，销售流程原本已经大幅简化，销售人员可以不受时间和空间的影响，在任意地点完成销售，但《征求意见稿》无疑全方位否认了这种做法，短期内营销压力可能骤增。

从行业江苏试点的经验来看，年轻化的团队适应"双录"的周期较短，而出勤率低、年龄偏大的团队则受"双录"的影响较大。

在加大代理人销售难度的同时，也给投保人带来不便。

远程"双录"需要在保险公司营业场所实施，这意味着每销售一张保单，都要求销售人员和投保人、被保险人共同到保险机构职场，这不仅加大了代理人的销售难度，也给客户带来诸多不便。

在实践中，由于语音识别系统过于严苛，经常有客户因为普通话不够标准，录制很久没有通过，客户投保体验大打折扣。如购买多份保单，客户则需要反复忍受冗长乏味的问答流程。

对保险中介明显不公平。

值得注意的是，《征求意见稿》规定保险中介机构暂不实施远程同步录音录像。这意味着，中介机构必须在所有营业部设置"双录"场所、配备设备并指定管理人员，这必定会增加中介机构额外的资金投入。

有业内人士建议，政策应公允对待市场主体，删除"保险中介机构暂不实施远程同步录音录像"的规定，允许保险中介机构实施远程同步录音录像。

抑制经代行业的组合销售。

为客户规划家庭保障方案时，经代渠道的代理人往往把行业内的优势产品组合起来推荐给客户。实施"双录"以后，按照规定，每款产品都要做一次"双录"，进一步加大组合销售的难度。在实际操作中，客户经常会因为嫌麻烦，借故离开。

不利于普惠保障型产品销售。

以百万医疗险为例，一份几百元保费的保

单，代理人到手的佣金并不高。在过去，通过签名分享就可以快速完成投保，而实施"双录"后无疑会增加不少的沟通成本，尤其在大城市，人员活动范围广，出行成本更高，这无疑会降低代理人销售件均保费较低普惠险的积极性。

业内人士认为，强化市场行为监管无可厚非，但是不宜采取所有产品"一刀切"的方式，建议针对简单的普惠型产品简化其投保程序。

对独立个人保险代理人缺乏相应的政策支持。

值得关注的是，2020年，银保监会下发《关于发展独立个人保险代理人有关事项的通知》，允许独立个人保险代理人在社区、商圈和乡镇等地开设门店（工作室），并给予其极大的自主经营权，但是此次《征求意见稿》却没有相应的配套支持。如果要求独立个人保险代理人也到保险机构职场"双录"，那允许独立代理人开设门店的意义就将大打折扣。

推进保险"双录"五重远虑：越是行业下行期，越要整治销售误导

尽管"双录"会带来种种不便，也确实在业界引发广泛争议，但从长期来看，监管推出这种降低效率、增加成本和耗费人力的新规则仍有其重要意义。

重拳整治销售误导。

在保险业保费增长蓬勃向上的背后，"销售误导"顽疾一直饱受诟病。公开资料显示，2020年银保监会及其派出机构对保险领域共开出1705张监管处罚罚单，"欺骗投保人"正是典型违法违规事由之一。

行业步入下行期，各种投诉案件更是激增。银保监会公布数据显示，2021年第一季度共接收并转送涉及保险公司的保险消费投诉37892件，同比大幅增长129.73%。此时，监管出台保险销售可回溯制度的初衷，重拳整治销售误导，更有其必要性。

遏制恶意退保、退保黑产的滋生。

近年来，行业恶意退保风气盛行，退保黑产更是风生水起，不少公司深受其害，而"双录"的实施，不仅是规范保险公司、代理人的行为，对于遏制恶意退保、退保黑产，也是一种前置取证。

推动保险销售专业化、职业化。

职业化和专业化是新时代保险代理人发展的必然趋势，"双录"标准化的落地，有利于形成更加专业化、职业化和稳定化的保险销售队伍，促进保险业规范健康发展。

根据行业"二八定律"，20%的从业人员产生行业80%的保费，这一部分群体相对从业时间较长、技能过硬、专业度较高，"双录"的执行，虽然一定程度上增加了投保的复杂性，但是对他们的影响并不大。

相反，"双录"对于销售群体中以下两类人的影响可能会更加突出：短期从业者和投机者，其技能的短板、功利导向的销售习惯，在"双

录"下一定会暴露无遗，从而影响这类人的个人保单成交。

维护个人消费者权益的同时也保护金融机构。

一直以来，各种保险理财纠纷的新闻经常霸占热搜，在各大新闻门户网站抢夺眼球。在诸多纠纷中，消费者和业务人员的"口供"不一，双方各执一词之下难辨真假，结果总有一方吃亏。而"双录"，保护的不仅是个人消费者，对销售产品的金融机构也将形成一种保护。以便在消费者维权或诉讼时，销售机构也能出具相关的证据，厘清彼此之间的责任。

事实上，"双录"并非保险业"独创"，这也是证券、期货、基金、银行和信托等金融机构的硬性要求。

据悉，"双录"工作最早在证券期货领域施行。2016年9月底，深圳证监局制定《关于辖区证券期货经营机构开展风险揭示"双录"试点工作的通知》，要求辖区内证券期货经营机构自2017年4月起实行"双录"。

继深圳试点后，2016年12月，证监会发布《证券期货投资者适当性管理办法》。至此，"双录"在证券期货行业全面铺开。

继证券期货实行后，"双录"也传导到基金、保险、银行和信托领域。2017年6月28日，中国证券投资基金业协会发布《基金募集机构投资者适当性管理实施指引》，规定3种情况需要"双录"。

就在同一天，保监会印发《保险销售行为可回溯管理暂行办法》，要求除电话销售业务和互联网保险业务之外，人身保险公司在相关情形下销售保险产品的，要对销售过程中的关键环节以现场同步录音录像的方式予以记录。

2017年8月，银监会发布《银行业金融机构销售专区录音录像管理暂行规定》，要求银行业金融机构实施专区"双录"。此次《暂行规定》中也明确要求，"信托公司及邮政储蓄银行代理营业机构参照执行"。一时间，"双录"规定席卷金融圈。

所以，单从规则上看，保险业"双录"符合金融业监管大趋势。而从最近几年看，大连、江苏、宁波、上海及深圳等地的监管局已经先行先试推行"双录"，也都取得了比较满意的效果。

规范自保件打响全国第一枪，新单保费或再减两成

2021年8月5日

欲去沉疴还需猛药。

近年来，人身险公司饱受自保件套利和退保黑产之困。为加强代理人展业品控、提升业务品质，促进公司健康发展，不少保险公司都曾在内部下发过关于自保件的管理办法。尽管如此，自保件套利及退保黑产仍然层出不穷。

近日，为进一步加强销售人员行为管控，北京银保监局下发《关于规范销售人员自保件和互保件管理的通知（征求意见稿）》（以下简称《征求意见稿》）。

《征求意见稿》禁止保险机构以购买保险产品作为销售人员转正或入司的条件，禁止强迫或者诱使销售人员为达成业务考核指标而购买保险，同时要求保险机构不得允许自保件和互保件参与任何形式的业绩考核和业务竞赛。此外，还应当建立健全自保件和互保件管理制度等，条条款款都直指自保件、互保件问题的要害。

只是这样真的能彻底杜绝自保件、互保件套利吗？

北京银保监局拟全面强化自保件管理，严禁保险销售人员为业绩考核和竞赛购买保险

《征求意见稿》对自保件和互保件的定义都进行了明确，所谓自保件，是指在职销售人员作为投保人、被保险人或受益人的保险合同；所谓互保件，则是指由在职销售人员销售，投保人、被保险人或受益人为另一名在职销售人员的保险合同。

《征求意见稿》拟对人身险销售中的自保件和互保件问题进行全面规范。

直指核心问题：禁止保险机构以购买保险产品作为销售人员转正或入司的条件，禁止强迫或者诱使销售人员为达成业务考核指标而购买保险。

对于绝大多数的保险代理人而言，入职后的第一张保单往往都是"自保件"，而目的就是达到转正或入司的要求。在自己投保后，为了继续

CHAPTER 3 大销售·规范与重塑

留存，不少代理人还会为自己的家人投保。不少业界人士调侃，保险公司的"人海战术"，本质上不是招"保险代理人"，而是招"客户"。

随着保险代理人入司时间的延长，公司为达成业绩，也会变相鼓励保险代理人自己投保；当各种佣金、奖励加上保单退保后的现金价值大于保费时，保险代理人也会倾向于制造大量的自保件、互保件，一方面完成业绩可获得奖励，另一方面通过退保可进行套利，这正是近年来各种退保、自保件套利乱象产生的根源所在。

《征求意见稿》直指自保件、互保件产生的根源，禁止保险机构以购买保险产品作为销售人员转正或入司的条件，禁止强迫或者诱使销售人员为达成业务考核指标而购买保险，可谓直指问题的核心。

釜底抽薪：保险机构不得允许自保件和互保件参与任何形式的业绩考核和业务竞赛。

为进一步铲除自保件、互保件产生的根源，《征求意见稿》还进一步规定，保险机构不得允许自保件和互保件参与任何形式的业绩考核和业务竞赛。这意味着，即便产生了自保件和互保件，也无法参与各种考核和竞赛，并因此获利，进一步釜底抽薪。

上升到制度层面：要求保险机构健全相关制度，并不得为销售人员购买自保件垫付保费。

除从实操层面釜底抽薪外，《征求意见稿》还上升到制度层面，要求保险机构应当建立健全自保件和互保件管理制度。

内容包括但不限于自保件的权利和义务、投保审批流程、业绩考核、风险监测、纠纷处理及责任追究等方面。鼓励各保险机构加强对销售人员为亲属购买保险的管理。

此外，《征求意见稿》还规定，保险机构应当严格自保件、互保件的核保流程，对销售人员的财务状况、交费能力等进行必要的审核，确保销售人员根据实际保险需求和经济实力购买自保件和互保件。保险机构不得为销售人员购买自保件和互保件垫付保费或提供保单贷款。

如实记录：保险机构应在保险单和核心业务系统中真实、完整地记录保险销售从业人员的姓名、工号。

除要求在制度层面加强自保件、互保件管理外，《征求意见稿》还要强化对于这类保单的过程管理，如实记录相关信息，确保销售人员依法享有投保人、被保险人的相关权利。

《征求意见稿》规定，自愿购买保险产品的销售人员，依法享有投保人、被保险人的相关权利，包括知情权、犹豫期内撤单、变更或解除保险合同等权利。此外，还要做到以下几个方面。

一是保险机构应在保险单和核心业务系统中真实、完整地记录保险销售从业人员的姓名、工号。

二是保险机构应当对自保件、互保件的保费继续率、业务比例等进行必要的风险监测，发现问题及时处置。

三是保险机构应妥善处理自保件、互保件引发的投诉举报问题，采取有效措施防范化解舆情

风险。

四是保险机构发现在职或离职销售人员存在违反职业承诺等行为的,应当按《北京保险机构销售从业人员处罚信息登记管理办法》录入相关信息。

一旦落地,人身险新单保费或将锐减20%左右,保险代理人就此解脱

近年来,因自保件套利引发的非正常退保引发行业高度关注,行业退保黑产案件更引发行业性焦虑。正因为如此,不足千字的《征求意见稿》一出,即刻引发行业热议。

业界人士普遍认为该规定一旦落地,将对行业产生重大影响。

自2015年起,人口红利带动寿险代理人队伍高速增长。数据显示,2014—2018年行业代理人复合增速达29%,伴随着"人海战术"的登峰造极,自保件和互保件在人身险公司新单保费中的占比也不断走高。

据某家大型寿险公司高管透露,该公司仅一个地区的中支机构的自保件占比就达到13.58%,有的甚至超过20%,其全国上千家分支机构,自保件数据之大可想而知。

更有甚者,据此前媒体报道,有业内人士透露个别机构自保件保费占比甚至达到60%,件数占比达到70%。

据此,业内人士推测,如果全面禁止自保件和互保件势必会给行业保费收入带来又一记重拳,保险公司的新单保费收入或将普遍下降10%~20%。

一些保险销售人员对此却表示大力支持。"保险公司营销新人客户化的做法早该清理了"。某资深营销员坦言,自从其踏入保险这一行业,自保件就相伴而生。新人上岗基本第一单都是出给自己或家人的,要不就是亲戚朋友的。而营销新人这一购买行为主要是为了销售破零,因为销售保单之后,才能拿到底薪、相应的奖金及业务佣金。

"毋庸置疑,一些代理人为了套利才自购保险,离职的时候同样也会为了利益选择退保。此外,一些代理人在深入行业一段时间后,如发现自保件的保障优势不足等问题,也会选择退保。"

除了销售惯例,鼓励营销新人购买自保件还是保险公司提高新人离职经济成本的手段,不少保险公司仍然信奉"有人就有业务、乱枪打鸟"的低级思维。

在急功近利的发展思路下,自保件成为保险公司迅速做大业务规模的不二法宝。业绩的压力甚至从外勤代理人传导至内勤员工,一些保险公司甚至会强制要求员工投保自家的公司产品。

行业观察人士也认为这一规定如果落地,并在全国范围内推广,将有利于行业长期发展。"《征求意见稿》规定自保件、互保件既不算方案,也不算考核,彻底断了依靠自保件、互保件套利的后路,对于抑制套利,抑制行业'洗人'的业务逻辑,都将产生很正面的作用。"

虽然益处多多,但是也有业内人士直言,《征求意见稿》落地会比较困难,"最直接的,

该如何区分哪些是有真实需求支撑的自保件,哪些是为了冲业绩、冲方案的自保件,哪些是自愿投保,哪些是被强制要求投保。如果代理人想要套利,其不一定通过自保件、互保件的形式,还可以借助'七大姑八大姨'来营造非自保件的假象。"

实际上,《征求意见稿》已考虑到这一问题,一方面规定自保件、互保件不得纳入各种业绩考核和业务竞赛;另一方面也强调,自愿购买保险产品的销售人员,依法享有投保人、被保险人的相关权利。

杜绝自保件、互保件套利乱象,根源还在于改变简单粗暴的经营模式

自保件的问题始于保险公司的粗放式经营与贪婪,但近年来,随着自保件套利、退保黑产问题日益突出,保险公司也深受其害,不少公司开始从源头狠抓自保件的问题。

2017年5月31日,某大型保险公司总部就曾下发《个人寿险代理人自保件管理办法》,明确自保件管理流程,规定在自然年度内,应交费的第二、第三年度的自保件续期保单,发生两件及以上退保、停交和缓交的该代理人本年度内禁止购买新契约自保件。

近期,另一家公司的《销售人员自保件投保声明书》流传于网络,根据该说明书,其针对"异常自保件"作出了更加严格的限制。

其规定,自承保之日起至次年年度生效对应日宽限期结束前发生退保、减保、减额交清的,以及宽限期结束后保单失效或其他不正常续费行为的,认定为异常自保件。一旦发现异常自保件,该公司声称将追回所有相关销售人员和主管因该异常自保件所获得的所有奖励。

尽管保险公司努力加强自保件和互保件管理,但自保件套利,以及退保黑产问题依旧屡禁不止。如何从根部治理自保件和退保黑产的问题,从底部挖出乱象根源成为行业的一大难题。

在粗放式经营理念下,保险公司重视保费规模,重视市场地位,以高费用、高佣金激励分支机构、营销员队伍大肆销售产品,冲刺保费规模,一旦激励方案设计不合理,且公司内控无法有效跟上销售行为,就容易招致各种"套利行为"。而其根源就在于,费用驱动依然是人身险行业保费增长最直接的动力。

业内人士指出,要彻底改变这一现象,归根结底还是需要保险公司彻底改变以往高举高打的发展方式,防止将保险产品异化为简单的理财产品,单纯以费用推动销售的模式,通过创新产品、创新服务等方式,突出保险产品的独特价值,以更多元的价值满足客户的消费需求。

颠覆你的个险改革认知："金字塔"不是罪魁祸首，管理利益占比仅为14%，并不高

◎钟潇　李芳　｜　2021年6月8日

注：本文原题《从监管佣金调研看寿险营销模式和佣金制度改革》，作者钟潇、李芳，目前均供职于太平人寿战略发展部，内容有所删改。

> **编者按**
>
> 2021年3月，银保监会关于保险业的一份佣金制度调研函，在业内引起热议。佣金制度乃营销体制之核心，这一调研似乎释放出监管对营销体制改革"动真格"的信号。
>
> 关于个险困境产生的根源，业界一个颇为普遍的观点认为，利益分配机制出现了问题，过多的佣金给了团队管理者；而利益分配机制问题产生的根源则在于"金字塔"的组织架构，导致层级过多、"高增高脱"。
>
> 但本文两位作者经过分析却得出了两个颇不寻常的结论。
>
> 其一，管理利益在保险公司支付代理人总利益中占比仅为14%，实际并不高，看起来占比高，只是因为混淆了衡量标准。
>
> 其二，"层级多"也并非个险队伍"高增高脱"的根源，"以增员人数为导向的考核"才是"罪魁祸首"。

CHAPTER 3 大销售·规范与重塑

传统个险渠道深陷危机：新单保费收入增长承压，首年综合费用率恶化，队伍利益不敌经代面临精英流失

近年来，我国个险渠道正经受前所未有的煎熬，尤其2021年，这一态势变得更加明显。究其根源，则在于新单保费收入增长承压下，成本却在上涨；在经代渠道的快速崛起下，精英代理人的流失也在加剧。

揭秘个险渠道首年综合费用率恶化根源：队伍利益不变，后援费用刚性上涨。

近年来，在新单增长承压下，传统个险渠道首年综合费用率趋于恶化。

首年综合费用是指保险公司为一张保单承保在第一年支付的所有费用，包括变动费用以及固定费用。其中，变动费用一般包括首年直接佣金、间接佣金（《基本法》利益）、激励费（部分公司列入固定费用）、手续费等；固定费用则包括人事、职场、行政及其他相关后援费用（含分摊至渠道的共同费用）。一般可用百元标保首年综合费用来衡量渠道的新单获取成本。

近十年，传统个险百元标保首年综合费用大多数低于100元（按照行协标保定义折算），2020年在行业性新单增长低迷情况下（部分头部保险公司个险新单大幅负增长），这一数值有明显提升，且相较于其他营销模式（经代和独代模式）成本压力更为凸显。

在成本压力凸显的同时，背后的结构恶化，更值得关注。目前，传统个险百元标保支付代理人首年利益（直佣、间佣和部分激励费）在60~70元，行业个险渠道全产品首佣率普遍在首年标保的30%左右，间佣（《基本法》利益）通常为首佣的80%~100%，即首年标保的24%~30%，激励费普遍在首年标保的10%以内，由此计算百元标保支付代理人总利益为60~70元。

由于产品首佣率和《基本法》设计趋于稳定，这一比例多年来基本不变，推动成本走高的主要是后援费用（人事、职场及其他）。后援费用刚性上涨叠加队伍利益长期不变，凸显费用结构的恶化。

往后看，在人力增长的困境下，新单增速有放缓趋势，费用结构的恶化可能进一步放大。

个险渠道佣金难敌经代渠道佣金，传统个险渠道面临精英人力流失之困。

在成本上涨、结构恶化的同时，传统个险渠道面临的另一项挑战在于经代机构的高佣金。

以20年交健康险为例，目前主流经代从保险公司获得百元标保首年费用率约为120%，其往往将百元标保的70%~80%作为佣金和《基本法》利益支付给代理人，并额外投入激励方案。这样一来，经代机构实际整体给付给代理人的利益可达80%~100%，普遍高于传统个险渠道。这也对传统个险渠道带来较大冲击，部分公司绩优个人被大量挖墙脚。

一方面是成本结构中支付代理人的利益长期不变，在市场走向饱和、销售难度加大的环境下，这导致新人面临更大的生存压力，有交流数

据显示，46家寿险公司中近一半公司2020年代理人月均收入甚至不足2000元。在这种情况下，保险公司大力度增员，但新人大幅脱落，陷入"高增高脱、高脱高增"的恶性循环。

另一方面是经代机构大力对保险公司的绩优人力挖墙脚，加剧了行业精英人力的争夺，传统个险队伍稳定性受到挑战。

传统个险营销困局越发凸显，这或许就是监管部门将"营销体制改革"列为2021年重点任务之一，并延续既往"营销模式探索、缩减队伍层级、优化利益分配"思路，以实现行业队伍稳定发展、全面提质转型为目标。

寿险公司积极转型寻求自救，开辟精英专属线路以挽留精英，探路专属门店模式以降低成本

个险长期以来一直是寿险行业最核心的渠道之一，近年个险增长承压，因而成为很多保险公司不可承受之重，"转型"成为诸多保险公司的头等大事。可以看到，近些年为了转型，各种方式几乎都已经尝试过。

应对经代挖墙脚，保险公司纷纷开辟精英专属线路。

如何留住和吸引精英代理人是保险公司必须直面的问题，而从保险业价值链的利益分配角度看，在传统个险模式下，无论是代理人利益还是客户利益，均不占优，体现为百元标保支付队伍利益以及产品性价比方面的差异。

且随着经代市场近年的快速发展，以及客户保险认知的加深，在"用脚投票"的机制下，传统/线上经代、新兴的独代渠道预期有更大的发展空间，更重要的是对精英代理人有更大的吸引力。

为应对这一问题，很多保险公司采取的措施是为精英开辟一条专属路线，防范挖墙脚风险。

具体而言，在现有以组织发展为核心的模式下，调整绩优评价和考核模式（《基本法》改革），主流调整有以下两类：

第一类，以平安、太平为代表，通过细分基本法版本，给予机构更多选择。比如，太平新版《基本法》分为组织发展和绩优组织发展两类，后者相对前者人力考核下调、业绩考核上调，其本质是匹配绩优发展。

第二类，以泰康为典型，较第一类更进一步，为绩优个人另辟成长通道。泰康在原有《基本法》销售序列上新设HWP序列，并匹配专属《基本法》支撑。除《基本法》调整外，保险公司还可探索给予其他专属权益（特定产品销售资格、专项培养方案等），给予绩优更强的归属感。

突破成本困局，探路专属门店模式。

比较保险公司布局的以下几类渠道的成本（以百元标保对应的费用来看）：

自建个险的首年费用平均接近100元（续期仍有不小的费用支出）；

委托传统中介首年佣金率普遍在120%/70%（20年交重疾险/年金险），续期佣金率约为40%/5%，合计为160%/75%；

CHAPTER 3 　大销售·规范与重塑

委托线上中介（头部中介）首年佣金率普遍在80%/70%（20年交重疾险/年金险），续期佣金率约为40%/40%，合计为120%/110%。

从成本的角度来看，自建个险渠道的优势正在缩窄，尤其在新单下行时，其成本还有抬升的趋势，甚至有可能超过委托中介的成本。

成本高企是自建个险渠道必须面对的难题，这倒逼保险公司探索新的营销模式。

而对于这一困境，一些保险公司的应对方式是，探索外勤驱动、独立核算的专属门店代理模式（类美国GA门店代理）。

为降低渠道成本，美国保险公司自20世纪90年代以来持续探索营销改革，其中将营销部门变革为独立核算门店（GA门店）这一尝试取得不错的效果。数据显示，1990—2009年，该模式下百元标保成本从160美元下降至138美元，降低了14个百分点（数据来自LIMAR）。其成功的核心在于"费用打包+外勤驱动"，极大地释放了外勤团队自主经营的效能。

从作为保险公司营销部门到独立核算门店的过程中，一级经理（门店管理层）承担了更多经营管理职能，自行制定下属薪酬、负责团队运营成本，并获得超额利润。"成本—收益"考量倒逼一级经理主动降低成本、提高人效。

门店成本结构中，支付代理人总利益占72%，其中管理利益占总成本的18%（均高于目前我国头部保险公司），在保障队伍利益的基础上，门店通过压缩内勤和职场费用（占总成本的28%），实现总成本的下降。

借鉴这一思路，传统保险公司可探索将个险队伍由传统营销条线模式经营转为独立门店模式经营。变革关键是费用上由保险公司兜底转为门店自负盈亏，管理上由内勤驱动转为外勤独立经营。

保险公司先期可挑选部分自主经营能力强的团队进行试点，将所有费用全部打包给该团队，同时将团队管理、人事聘用、业务推动等权限下放至团队长，超额利润也归于团队长，以此倒逼团队降低单位产能的成本。

为防止团队做大之后流失，可通过合同约束和福利待遇设计来绑定利益、抬高跳槽成本。美国门店百元标保成本构成见图1。

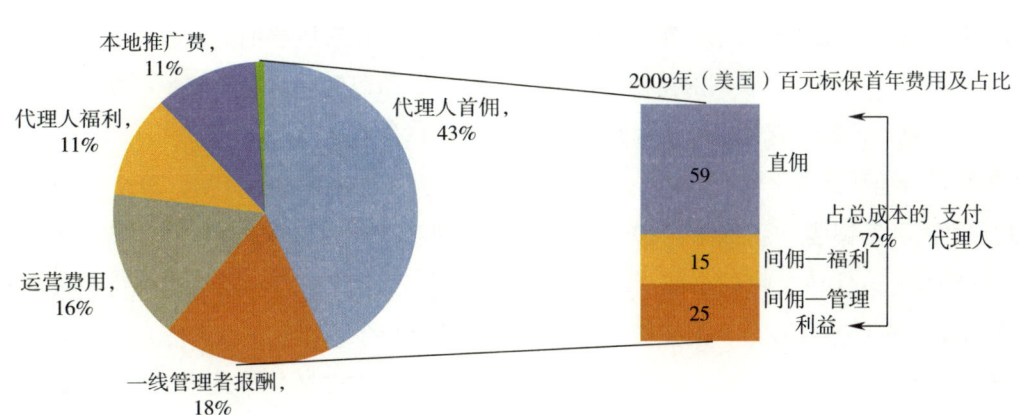

图1　美国门店百元标保成本构成

"金字塔模式"是否真的无可救药？"层级多"不是罪魁祸首，考核制度才是问题的关键

当前，人们提及个险困境的根源，比较常见的一种说法是，金字塔模式下，过多的层级导致间接佣金高企，而给到一线代理人的直接佣金受限，导致一线代理人收入低下。所以，个险改革的关键是要改变金字塔的模式，削减层级，让利益更多地向一线代理人倾斜。

论证这一结论是否成立，很明显，关键是要厘清以下两个问题：

第一个问题，佣金在各层级间的分配规则是否合理，即新人每做一张保单被抽取的管理利益是否占比过高。

第二个问题，队伍层级设置是否为高增高脱困局的根本原因？

答案或许会出乎意料。

答案1：管理利益在保险公司支付代理人总利益中占比仅为14%，实际并不高，看起来占比高，只是因为混淆了概念。

单论《基本法》利益分配结构，属于管理团队的佣金占比为50%～60%，且长期保持稳定，表面看这一比例较高，但若以保险公司支付代理人总利益为基数，管理利益占比仅为14%。

即基层营销员每销售一张保单，被抽取的管理利益是公司为该保单支付的全部队伍利益的14%，传统中介与头部保险公司大多数在此水平，这一比例其实并不高。

保险公司支付团队总利益包括产品佣金、基本法和激励，其中产品佣金、激励属于营销员的个人销售利益；《基本法》利益分为以下两个部分：一部分属于营销员的个人利益，比如个人季度奖/年终奖、公司福利等；另一部分属于管理利益，比如职务津贴、管理津贴等。

市场上有一种观点认为，底层营销员收入低是由于其销售保单的利益被大幅提取，这一观点实际混淆了管理层收入结构中管理利益占比与单一保单支付管理利益占比二者间的区别。

对于单个营销员而言，管理利益抽取比例仅为14%；但对于单个团队长而言，其管理收入是由单个营销员抽取比例与所辖人力两个因素所决定。

答案2："层级多"并非个险队伍"高增高脱"的根源，"以增员人数为导向的考核"才是"罪魁祸首"。

现行保险公司及传统中介队伍层级普遍在8级以上，部分公司高达10余级，因而一种观点认为：层级过多导致各级团队长为晋升而疯狂增员，以致出现"高增"现象，同时也导致底层营销员利益被层层抽取、收入被盘剥而出现"高脱"，所以营销体制改革重在缩减层级。这种观点同样值得商榷。

从问题1的分析可知，单个营销员被抽取的管理利益比例有限，团队长的管理收入更主要取决于"人头"，"人头"看似由层级设置驱动，实质背后的推手则是以增员人数为导向的考核。

一个例证是：部分公司开设行销系列，也设

置多个层级，但因为层级晋升考核基于业绩而非增员，故并未导致大量增员。

所以，若要改革广受诟病的"人海战术"，缩减层级并非治本之举，关键是要改变增"人头"的考核导向，可通过加重业绩和业务品质考核降低盲目增员，或者抬高最低管理层级晋升标准、拉长晋升周期，既降低盲目增员冲动，又确保择优晋升以实现团队良性发展。

与此紧密相关的是，"高增"带来大量不合格人力，产能低因而收入微薄，快速脱落。数据显示，中国代理人平均生命周期为1.57年，美国为5.9年；中国代理人1年留存率为31%，美国为77%，数据来自LIMAR对19家公司，以及200万名代理人的调研。

客观来说，"高增高脱"的根本原因不在层级而在考核，改革应重在完善业务员考核导向，保险公司可探索以下方向：

探索1：探索专属门店代理，倒逼团队长主动把控增员质量。

从传统个险渠道转至专属门店代理，团队长自负盈亏、自主决定团队层级设置。在此模式下，出于利润考虑，团队长有动力强化对增员质量（素质、能力）的把控，一个可参考的案例是美国西北人寿。

西北人寿门店代理（GA）模式的组织层级架构略少于中国，但无本质区别（基本配置为1个一线主管、4个二线主管、50个代理人）。一线主管负责团队整体经营，超额利润归属一线主管，故团队长对新人考核严格：比如每周需完成6个需求分析及20个转介绍指标，达标方可获每周500美元培训津贴；新人入职一年内考取各类美国投资理财顾问认证；活动率不达标强制淘汰。严格考核倒逼团队长招募择优，最终带来的效果是其门店代理人月均FYC可达3000美元。

探索2：传统个险组织发展模式中增加非财务指标考核。

对于大部分尚不能自主经营的团队，不适宜走门店代理、自负盈亏的模式，在现行个险经营管理的模式下，仍延续组织发展思路，但公司需强化对增员品质的考核，把控入口质量，可参考中国台湾的经验。

中国台湾的主流保险公司营销层级和架构与大陆类似（比如国泰人寿外勤队伍设置营销员—展业区—通讯处—区营业部四阶，各阶均下设不同职级），也强调增员考核，但为确保增员质量，"金管局"统一发布《业务员薪酬制度遵循原则》，明确非财务指标类型及计点、挂靠规则。其中，指标包括客诉、招揽纠纷、违规情况、虚假信息、业务品质、继续率和教育时长等；每个指标均设有计点规则，所有指标累计点数将影响代理人考核（比如客户纠纷1点/1件，代理人累计点数超4点，保险公司对代理人年终奖发放比例则降为80%）。通过这一举措，提高增员门槛、提升人员质量。

个险改革离不开政策牵引，人员分级、体系化培训将助力个人代理人提质增效

营销员提质是营销体制改革的重要内涵，

根据最新《保险销售指引（征求意见稿）》的内容，预计监管会从建立保险销售人员销售能力分级体系和考核制度方面推动落实。

结合我国改革实践以及发达市场的经验，预期改革方向有以下几个。

人员分级："行业性门槛资质+通用教育能力测试"。

从我国实践看，监管核心思路是以人员销售能力资质为切入，限制产品销售类型，分级手段是"测试+基本条件要求（学历/业务品质等）"。

比如，2009年开始全国设置投连销售资质（核心是通过考试且满足1年从业年限和40小时培训时长）、2015年北京推行A/B证，A证可销售分红/万能（需通过考试）、B证可销售投连/变额（需通过考试），又如上海、天津、浙江等地区曾试行A/B/C类证书考试，关联产品销售资质、销售地域及佣金福利等（已废止）。

从发达市场看，日本人员分级的手段是"销售资质（寿险从业资格、变额产品销售资格）+业界通用教育（LC/SLC/TLC）+加分证书（FP/AFP/CFP等）"三类测试并行，且监管对业界通用教育内容做统一规范，要求各公司执行培训内容并自主举办测试，此类考核合格率约为50%。通过强制要求叠加正面引导，监管推动保险公司切实落地代理人能力资质分级，并提升队伍整体素质。

中国台湾除设置门槛资质外（经纪人/代理人均需考试，经纪人考核更严格，通过率仅为20%），对保险公司专业人员育成也有较高要求（专业人员育成率需大于24%，专业人员指近两年入司人员，连续12个月销售件数≥24件），以此倒逼保险公司把控前端入口质量。

综合国内外实践，代理人分级合理方式可为：一方面，设置行业性门槛资质，对分红、万能、投连等产品销售设置统一门槛、举办资格考试（参照北京A/B证模式）；另一方面，设置行业通用教育能力测试，由行业统一规范、公司自主执行，对各类业务、各职级人员能力进行测试，根据测试情况对业务员产品销售、佣金福利、职级晋升进行差异化管理。

体系化培训："完善培训内容+长周期制式化+以测试强化效果"。

参考日本经验，培训内容可从一般课程扩充至专业、应用及继续教育课程，内容从寿险从业基础知识延伸至周边知识、金融规划知识等，时间从入司起延续2年，确保营销员能接受全方位的知识培训。同时，为强化培训效果，各阶段均有监管层面的测试资质认证。

个险12难

◎ 王晴 | 2021年8月31日

注：本文摘编自研究报告《个人代理人渠道的过去和未来》，作者系农银人寿总精算师王晴。内容有删改，标题为编者所加。

原因一，增员难，新增代理人数量显著下滑

过去七八年，寿险公司的个险渠道每年都能招聘到500万名左右的业务员。从20世纪90年代开始，已经当过个险业务员的应该有七八千万人次，至少有四五千万人。老百姓都知道卖个险产品很难，绝大多数人养不活自己，所以现在保险公司无法和能够挣到钱的互联网企业（外卖和滴滴打车）争夺人力。做保险代理人，成功的概率很低，五年后的留存率只有5%，五年后的活动率就更低了。做外卖和网约车，只要勤奋一点，成功的概率很高，收入也会高于社会平均水平。

过去3年，每年的增员人数只是缓慢下降，2018年只降了5%，2019年下降了16%，2020年为13%。而新冠肺炎疫情最严重的2020年上半年同比只降了5%。但到2021年上半年，全行业的增员下降了49%（不含国寿和友邦），令人惊叹，并且不少外资公司的增员人数也明显下滑。与2018年上半年相比，全行业的增员人数下降了59%，并且看不到止跌回升的迹象。

从最新的同业交流数据可以看出，2021年7月的增员变得更加困难了。

原因二，增员质量普遍下降，亟待加大新人培训力度

增员人数的减少并不是由于公司提高了增员的标准造成的，虽然很多公司都自称要打造一支高素质的销售团队。

增员质量指标近四年持续下降，虽然过去四年的13个月留存率基本保持稳定，但绝大多数公司的活动率普遍下降。2020年因为新冠肺炎疫情，大多数公司都放松了对代理人的考核和清退，13个月留存率还略有反弹。

估计大多数公司近几年的新人质量也是越来越低的。当然，这些新人的自身素质未必比前几年更低，也可能是因为寿险产品越来越难卖了。如果保险公司加强对新人的培训，新增代理人的质量自然会提高。

原因三，公司内勤得不到奖金，工作积极性下降

从2014年到2017年，个险标保每年增长30%以上，大多数公司都超额完成了年度计划，个险内勤的奖金在公司内部是最高的，各层级机构负责人和个险分管总的奖金往往超过基本工资。

但从2018年开始，能够完成个险年度计划（有的公司是用NBV考核）的公司就非常少了，因为大多数公司是负增长，而年度目标总是正增长。完不成任务，基本上没有年终奖了，或者完成80%以上才有一点安慰奖，和前几年比反差太大了。

建议寿险公司在制定明年的任务目标时，要切合实际。

原因四，百万医疗险、惠民保大发展，短期医疗险部分替代重疾险

中国已经有两亿多人买了重疾险，平均保额为17万元，每年保费平均为4000多元，以20年交为主。重疾险曾经是中国城镇中产阶级的刚需和标配，但从2014年开始，寿险行业推出百元医疗险，后来很多财险公司也参与进来，现在每年的保费收入大约为300亿元，平均保费约为500元/人（根据不同年龄从200元到1000元）。估计每年有六七千万人投保，解决了这些客户治疗重症所需费用的后顾之忧。

最近两三年，不少省份和地市的政府，又与保险公司合作，推出价格更低的"惠民保"产品，虽然保障范围差一些，大多数也包含社保之外的自费药，起付线也比百万医疗险高，但每年的保费只有一二百元。这种产品的普及降低了对给付型重疾险的需求，毕竟价格太便宜了。对比欧美发达国家的社保医疗体系，基本上覆盖所有重疾险的医疗费用，所以根本没有重疾险的市场。

另外，因为重疾新定义，老重疾险2021年2月1日停售，所以1月个险渠道卖了300多亿元的重疾险，整体标保同比增长40%，完全是由重疾险贡献的。因为近年来重疾险的赔付率较高，新重疾险普遍比老重疾险的保费高，并且甲状腺癌只能按轻症来赔，有些客户觉得不划算，所以2月以后的重疾险销售量比2020年同期大幅下降，估计要到2022年才能逐渐恢复正常，新单标保占比接近2019年的水平。

原因五，年金险定价利率下降，产品吸引力下降

2018年"开门红"期间，因为快速返还的年金险在2017年第四季度被停售了，造成第一季度个险渠道标保同比大幅下降30%，但后面三个季度仍然恢复了微弱增长。快速返还的年金险是销售误导的重灾区，也不符合正常的保险原理。新规定下的年金产品最快五年之后才能返还。

2019年底，监管部门基本上不再批准以4.025%定价的新产品，并且要求大部分公司（资本充足率不高的公司）尽快停售此类产品。到2020年初，4.025%定价的年金险基本上从市场上消失了。上市公司的产品中，此类产品占比较

低，所受影响较小；但对不少激进的中小型公司影响很大，这些公司的客户感觉新产品的收益明显不如老产品，而附加万能险的结算利率是不保证的。自2021年开始，监管又对万能险的结算利率加以限制，最高不能超过5%，产品利益演示的吸引力自然也下降了。

中国目前的利率水平已经比五年前大幅下降，并且未来继续下降的风险也相当大。如果利率继续下降，未来3.5%定价的传统险产品也会越来越少，整个行业有可能会再回到费改前以2.5%定价的传统险和分红险。

原因六，银保渠道转型，长期期交产品快速增长，加剧与个险渠道之间的客户争夺

银保渠道开始从卖趸交产品为主，逐步向期交产品转型。

十年前主推的期交产品还是以短期险为主，比如"交三保六"和"交三保十"的产品。从2017年开始，银保渠道开始转向长期期交产品。2017年，银保渠道的期交保费收入为1600亿元，估计长期期交产品只占40%左右，约600亿元。到2019年，期交保费收入上升到2300亿元，长期期交保费收入占比为58%，约1300亿元，但当时以卖4.025%的年金险为主，新业务价值较低。

2020年因为新冠肺炎疫情，第一季度银行网点开业受到限制，但全年的期交保费收入仍然增长了1%，而长期期交保费收入也呈小幅上涨，从1300亿元到1400亿元。另外，银保渠道主打的长期期交产品也从4.025%定价的年金险变成了3.5%定价的增额终身寿险，新业务价值率明显提高。

2021年上半年，银保的期交保费收入只增长了13%，但长期期交保费收入却大幅增长了62%，占比从61%上升到81%，只有极少数几家公司仍然在卖"交三保六"的短期期交产品，保障期在10~20年的中期年金险产品，保费收入也下降了50%。

银行卖保险有天然的优势，有客户有网点，并且客户对银行的信任度也较高。在欧洲市场，银保渠道占寿险行业的市场份额高达三分之二。目前，上市公司在个险很少卖增额终身寿险的产品。不过因为其现金价值高，没有附加万能险的不确定性，对某些客户的吸引力更大。一旦潜在的客户从银行买了保险，再从代理人渠道买保险的可能性就降低了。

银保期交产品以五年和三年为主，折标系数应该在0.45左右，预计2021年银保的长期期交保费收入将达到2100亿元，折标后为945亿元，而2021年的个险标保将在1980亿元左右，已经相当于个险标保的48%，两年以后很可能超过个险。另外，个险标保中还有两三百亿元是短期期交产品，如果只比长期期交产品，银保已经相当于个险渠道的55%。

原因七，年轻一代客户消费习惯改变，更喜欢网购保险，但现有年轻代理人占比较低

大家都知道，有什么样的代理人，就有什么

样的客户，这是由代理人的生活圈子所决定的，即使大多数客户并不是代理人直接认识的。现在业务员年龄老化，40岁以下的业务员占比较低（外资公司的代理人相对年轻），他们很难接触到40岁以下的"80后"客户。而"80后"已经非常熟悉从网上购买实物和金融服务产品，但保险产品特别是长期险比较复杂，普通人很难选择适合自己的产品。

目前，网上卖得最好的保险产品是短期险，比如航意险、百万医疗险，还有定价很低的定期寿险产品，其他产品目前在网上的销量占比很低，市场份额应该不到1%。目前，行业统计的互联网业务，主要是银保渠道的自助终端和掌上银行业务，这些并不是真正意义上的主动购买的网销。

当年轻一代的保险需求没有得到满足，整个市场的容量就变小了。当然，这是一个缓慢变化的过程。

原因八，经代公司崛起，高直佣加剧代理人跳槽、飞单现象

2017年，经代渠道的期交保费收入只有98亿元，2021年上半年约110亿元，估计全年约200亿元。经代公司所销售的产品以10年交和20年交为主，大约可以用0.85来折标。与个险代理人渠道的总标保相比，2017年只占2.5%，2021年已经上升到9%，成为一个不可忽视的竞争渠道。

经代公司的特点是产品的直接佣金高，直接佣金是寿险公司的1.5~2倍，对在寿险公司没有太多组织利益的销售精英很有吸引力，不少代理人因此加入经代公司，这是经代公司人力发展的主要策略，而不是自己培养优秀的业务员。更有甚者，有少数代理人还没有跳槽，但会将大单"飞"到经代公司，以获取更高的佣金。

2017—2021年，经代渠道的新单保费收入预计增长100%，而个险代理人的标保预计下降41%，反差巨大，说明在目前的大环境下，经代公司与保险公司的专属代理人相比具有更强的竞争力和生命力。

原因九，部分公司的短期急功近利行为带来长期负面的影响：激进产品效果递减，套利现象突出

2019年"开门红"期间，某公司为了维护自己的行业地位，推出了保险期间只有15年甚至10年的短期产品，比如"交三保十"或者"交五保十五"。这些产品的新业务价值低，更像是在银保渠道卖的短期储蓄产品，但因为保障期和交费期短，件均期交保费折标后也相当高。为了鼓励业务员销售这些产品，佣金水平甚至与"交三保终身"的年金险差不多。到2021年的"开门红"，所有的上市寿险公司都推出了类似的产品，甚至有的公司推出了"交三保八"和"交三保七"的产品。这些产品的销售总量有上限，通常只在第一季度销售。

如果看2021年第一季度的个险标保，效果还是很明显的，大多数上市寿险公司同比出现了正增长，当然重疾险的停售也有很大贡献。

少数外资公司居然也销售短期储蓄产品，而

中小型公司销售此类短期期交产品的并不多，因为对资本金的消耗较高。

长期来看，销售这些短期产品对业务员和公司都是不利的，部分业务员会失去销售长期保障类产品的能力。对寿险公司来说，一旦开了头，就很难停止，除非付出更大的代价。如果继续销售这些产品，每年的效果也是递减的，2021年第一季度两家上市公司的标保同比明显负增长，就已经验证了效果是递减的。

为了增加业务员的收入，不少公司都修改了个险《基本法》。另外，有些中小型公司还有阶段性的激励方案和各种聘才计划，但如果设计不当，就会给业务员（特别是各级主管）带来套利的机会。某家上市公司2021年13个月保单继续率已经降到了40%以下，主要是代理人通过自保件套利后再退保造成的。

再举一个例子，前几年有一家资本金特别雄厚的新公司，为了聘才花了上亿元，但业务平台连续两年大幅下滑，2021年上半年标保负增长55%，13个月保单继续率也降到了60%以下。

原因十，新冠肺炎疫情带来居民收入下降，老客户加保意愿越来越低

中国大多数劳动力是在民营企业就业，甚至有不少属于"灵活就业"的范畴，新冠肺炎疫情对他们的收入影响较大，降低了购买保险的意愿和能力。2020年多数公司13个月保单继续率出现下降，从另外一个角度证明了保险客户财务状况的恶化，老客户加保的意愿也越来越低。

过去十几年，较高速度的经济增长带来居民收入的大幅增加，也产生了更多的保险需求，一部分积蓄转化为保费。未来收入增长放缓，但整个行业已有保单的续期保费仍然在增加，这对新单销售形成更大的压力。

原因十一，短期附加险取消自动续保造成三重压力：公司工作量增加，代理人销售意愿降低，部分客户无法继续投保

2021年新的监管规则，短期附加险不能自动续保了，这造成以下三方面的问题：一是给公司的后台部门带来更多的工作量，并且核心业务系统需要改造；二是代理人没有每年反复销售短期附加险的动力，因为每年的保费只有几十元或者上百元，而佣金只有几十元甚至十几元，要找到过去的老客户每年再买一次短期附加险并不容易；三是部分客户不满意，每年都是再次承保太麻烦，而有些客户因为身体状况的变化而不能继续投保了。

另外，2021年自动续保的百万医疗险的停售也引起部分客户的不满。很多公司存量客户的加保占了新单保费收入的一半左右，他们的满意度是非常重要的。

原因十二，合规和"双录"要求提升，长期利好行业发展

近几年监管部门加大了对销售误导的治理和处罚，短期内会影响少数消费者购买保险产品，

长期来看有助于行业的健康发展。

从2017年开始，监管要求对60岁以上的客户购买保险进行"双录"，最近又有江苏、上海和若干地市要求对所有个险客户进行"双录"，这个环节在一定程度上增加了销售难度。

虽然过去三年个险渠道的业绩连续下滑，但大多数公司的营销模式并没有明显改变，很多公司仍在探索之中。2021年上半年，行业增员同比下滑了50%，第二季度标保同比下降了38%，不少人怀疑现有的营销模式似乎走到了尽头，但谁也看不清未来行业改革的方向。本文借鉴国外的经验，抛砖引玉地提出几个初步的想法。

借鉴亚洲模式，实现从"人海战术"到"精兵制"的转变

我国个人代理人体系是从中国台湾、日本等地区借鉴的东亚模式。过去20年，中国台湾和韩国都经历了从"人海战术"到"精兵制"的转变。

韩国寿险市场。2019年的行业数据显示，个人代理人的五年留存率达到了35%，而中国13个月留存率在2020年才32%（2021年因为清虚，13个月留存率将低于30%）。中国寿险代理人的五年留存率目前只有5%，这是中国"人海战术"所带来的后果。2014年取消代理人资格考试后，做寿险业务员的门槛降得更低了，2014—2017年增员人数大幅增长，一方面为那几年的行业增长贡献了新鲜血液，另一方面也为现在的增员困境埋下了伏笔。

最近三年，个险标保增长的公司主要是几家外资公司，以及几家靠新设机构扩张的新公司。外资公司的增员质量普遍高于中资公司，虽然外资公司的13个月留存率也跟行业差不多，但因为考核严格，活动率明显超过行业平均水平。如果十年之内中国代理人的五年留存率能够大幅上升到15%，中国的专属代理人渠道就能保持生命力。

以韩国的三星人寿为例，1999年之前还是韩国传统的代理人模式，女性占95%，主要是家庭主妇和兼职业务员。亚洲金融危机后，多家外资公司进入韩国保险市场，其中以大都会的高端代理人体系最为成功，人均件数高达每月4～6件，活动率约为100%。

自2000年开始，三星人寿开拓了新的营销渠道，业务员被称为FC（Financial Consultant），所有FC都是大学毕业，并且男性占多数。通过几年的发展，FC渠道取得了较大的成功，总人数达到三四千人，产能明显高于传统代理人，但FC的成功也引起了同业其他公司的挖墙脚，近几年人数呈下降趋势。同时，三星的传统代理人队伍从6万多人降到了3万多人，但人均产能和收入都有所上升。

一家公司开辟一个新的销售渠道，必须首先处理好和现有代理人队伍之间的矛盾和冲突，否则会给公司带来更大的损失，这也是目前大多数公司不敢轻举妄动的原因。

中国台湾寿险市场。近20年来中国台湾的保险深度一直在世界排名第一，其中寿险保费的深度更是遥遥领先，高达GDP的15%，而2020年中国

大陆只有3.8%（含万能险保费）。中国台湾寿险行业的从业人员高达33万人，占人口的1.4%。目前，中国台湾寿险业务员的收入水平仍然具有相当大的吸引力，但要成为保险代理人必须通过严格的专业考试，通过率不到20%。

近20年来，中国台湾市场的寿险销售渠道也发生了重大改变，寿险公司专属代理人的市场份额在下降，从65%降到了35%，经代公司的市场份额一直在上升，目前已经超过了专属代理人的市场份额，约为40%。其余的25%来自直销、网销和银保渠道。

从中国台湾的经验来看，经代公司的竞争力超过了寿险公司，主要有以下两个原因：一是经代公司独立代理人的收入超过了专属代理人；二是有些中小型公司认为自建团队成本更高，解散了自己的代理人队伍。中国台湾的经验值得借鉴。

借鉴美国寿险市场模式，发展独立代理人

美国独立代理人模式称为MGA（managing genera lagency），与中国的经代公司类似，但通常规模更小，一家公司通常只有十几或几十人。目前，美国独立代理人的市场份额已经占销售渠道的半壁江山，只有较大的寿险公司Northwestern Mutual和New YorkLife等才有自己的代理人队伍。

美国独立代理人的特点是年龄大、收入高，平均收入约7万美元，超过社会的平均水平，有7%的代理人收入超过20万美元，并且收入最高的是60~65岁的业务员，五年留存率也高达25%。

中国的独立代理人制度已经开始逐步步入正轨。自从银保监会2020年发布独立代理人的试行管理办法后，目前已经看到大家人寿和信泰人寿付诸实施，东吴人寿和恒大人寿已经出台了独立代理人的《基本法》，很快也将启动。

中国独立代理人必须从属于某一家寿险公司，说白了这个新渠道很像是只卖自己公司产品的经代公司，与传统的经代公司相比是否具有竞争优势还需要时间和实践来证明。

此外，财务实力强的寿险公司可以考虑收购现有的寿险经代公司。

监管逻辑推演 | 新规想引导一个怎样的互联网人身险市场

2021年1月18日

2021年1月6日,银保监会向各保险机构下发了《关于进一步规范互联网人身保险业务有关事项的通知(征求意见稿)》(以下简称《通知》)。《通知》发布之后,一石激起千层浪,引起行业热议,或曰互联网人身险要被条条框框了,或曰中小型保险公司从此告别互联网人身险了,凡此种种,不一而足。

对于广泛征求意见的《通知》,市场准确理解监管的意图还需一段时间,但仅仅几天,市场已经形成了如此之多迥异的观点,这是此前不多见的。真相到底如何,且待『慧保天下』剥茧抽丝,探讨互联网人身险发展及监管的一些本源问题。

必须肯定,《通知》有着明确的问题导向,通过设置标准划出红线,其实是对互联网人身险市场有保有压,折射出监管要解决"市场乱象"问题的初衷。然而,问题导向虽好,但能不能瞄准问题、能不能药到病除、会不会引发次生问题,都尚待实践和时间检验。

互联网人身险高质量发展,必须要监管和行业形成合力,进一步厘清关键问题,既要守住底线,也要考虑当下市场现实和发展阶段。

严格超乎行业想象,仅17家公司可网销十年期以上的寿险以及年金险产品,银保也面临转型要求,落地的可能性多大

互联网监管新规出台后,监管对互联网人身险的定义较之前大幅扩展,可以定义为窄口径和宽口径。

所谓窄口径,就是传统的依靠互联网平台渠道开展的业务,主要是由创新意识和动力较强的中小型公司和专业互联网保险公司引领,包括国华人寿、弘康人寿等中小型公司,以及百年、渤海等公司,其业务创新性较强,价格优势明显,网红爆款较多。

所谓宽口径,主要是原来的银保渠道业务,通过银行自助设备或网络银行购买的,一并定义为互联网业务,主要以大型公司和银保系公司为主,产品较为传统,但是总量巨大。

从行业交流数据来看,当前互联网人身险业务的"量能"大多数在大型公司,属于锦上添花,但"势能"大多数在中小型公司,甚至大多数是一些抗风险能力相对较弱的公司,互联网人身险对这些公司的"性命"攸关。这些中小型公司的偿付能力情况、风险评级情况和公司治理评价相对较差,缺少线下渠道,更有意愿从事投入成本更小的互联网保险业务。但同时,市场竞争压力增大,中小型公司开发线上产品比较激进,导致手续费水涨船高。

《通知》中最受关注的有以下两个方面。

一是关于产品范围的限制,互联网人身保险专属产品范围限于意外险、健康险(除了护理险)、定期寿险、十年期及以上普通型寿险和十年期及以上普通型年金险,以及获得银保监会同意开展的其他人身险产品。

该规定本意是规范互联网渠道,但实际上"躺枪"的却是银保渠道,因为银保渠道的大量五年期产品都是通过网银端出单的,如果通过网银端只能销售保障型产品,以及十年期以上的寿险和年金险产品,对于银保渠道的影响注定是巨大的。

二是保险公司申请审批或者备案十年期及以上普通型寿险和十年期及以上普通型年金险专属产品,须符合以下条件:

第一,连续四个季度综合偿付能力充足率超过150%,核心偿付能力不低于100%;

第二,连续四个季度综合偿付能力溢额超过50亿元;

第三,连续四个季度(或两年内六个季度)风险综合评级在A类以上;

第四,上年度未因互联网保险业务经营和回溯受到行政处罚;

第五,保险公司治理评估为B级(良好)及以上;

第六,中国银保监会规定的其他条件。

2021年1月,『慧保天下』根据条件对目前所有的人身险公司进行排查后,发现当时只有17家公司满足要求,后续符合条件的公司数量有所增加(见表1),多为头部保险公司,包括中国人寿、平安人寿、太保寿险、新华人寿、太平人寿、泰康人寿、人保寿险,外资保险公司为友邦保险、中信保诚、中宏人寿、中美联泰、中英人寿和招商信诺,银行系保险公司中的工银安盛、交银康联,以及民生人寿、泰康养老。

目前,在互联网端表现活跃的很多中小型公司几乎没有任何一家能够满足全部条件,监管这"一刀"切切实实砍在了中小型公司的痛处。不知该规定落地的可能性有多大?

表1 连续四个季度综合偿付能力充足率、风险综合评级A类及以上、综合偿付能力溢额达标公司

条件	达标公司
连续四个季度综合偿付能力充足率超过150%,核心偿付能力充足率不低于100%,62家	三峡人寿、东吴人寿、中信保诚、中华人寿、中宏人寿、中德安联、中意人寿、中美联泰、中英人寿、中荷人寿、中韩人寿、交银康联、人保健康、人保寿险、信美人寿、光大永明、农银人寿、北京人寿、北大方正人寿、华汇人寿、华泰人寿、华贵人寿、友邦人寿、合众人寿、吉祥人寿、同方全球人寿、和泰人寿、国宝人寿、国富人寿、国寿股份、国联人寿、复星保德信、复星联合健康、太保寿险、太平人寿、太平养老、工银安盛、平安健康、平安养老、平安人寿、幸福人寿、德华安顾、恒安标准、招商仁和、招商信诺、新华保险、昆仑健康、横琴人寿、民生人寿、汇丰人寿、泰康人寿、泰康养老、海保人寿、渤海人寿、爱心人寿、瑞华健康、瑞泰人寿、英大人寿、长城人寿、阳光人寿、陆家嘴国泰、鼎诚人寿

续表

条件	达标公司
连续四个季度风险综合评级A类及以上，34家	东吴人寿、中信保诚、中宏人寿、中美联泰、中英人寿、中荷人寿、中韩人寿、交银康联、人保寿险，北京大寿、友邦人寿、同方全球人寿、和泰人寿、国华人寿、国宝人寿、国寿股份、国联人寿、太保安联健康、太保寿险、太平人寿、太平养老、工银安盛、平安健康、平安人寿、恒安标准、招商仁和、招商信诺、新华保险、横琴人寿、民生人寿、汇丰人寿、泰康人寿、泰康养老、陆家嘴国泰
连续四个季度综合偿付能力溢额超过50亿元，29家	中信保诚、中宏人寿、中美联泰、中英人寿、中邮人寿、交银康联、人保健康、人保寿险、农银人寿、前海人寿、友邦人寿、合众人寿、国华人寿、国寿股份、太保寿险、太平人寿、富德生命人寿、工银安盛、平安养老、平安人寿、幸福人寿、招商信诺、新华保险、民生人寿、泰康人寿、泰康养老、渤海人寿、阳光人寿
三项均符合，17家	中信保诚、中宏人寿、中美联泰、中英人寿、交银康联、人保寿险、友邦人寿、国寿股份、太保寿险、太平人寿、工银安盛、平安人寿、招商信诺、新华保险、民生人寿、泰康人寿、泰康养老

注：本表根据2020年的数据制作，不代表现状。后续符合条件的公司数量有所增加。

争议不断，"首月0元"、专属产品、定价回溯机制等合理性遭质疑，微观管理的必要性有多高

互联网保险的优势很大，也是保险公司实现效能升级的重要手段。但有P2P、互联网金融等前车之鉴，不能乱成为主要考量。《通知》用心良苦，这一市场绝对不能让一些抗风险能力相对较弱的公司经营，应该交给更有实力的"好公司"经营。

但《通知》中仍有一些值得商榷的地方，除了银保渠道"躺枪"以及中小型公司无法销售十年期及以上普通型寿险和十年期及以上普通型年金险，市场上主要有以下争议，不同方站在自身的立场上，观点差异巨大甚至针锋相对。

争议一，严禁"首月0元"是否有必要。

支持。从监管的角度看，"首月0元"是一种典型的销售误导，因为从产品生命周期来看，首月的费用实际是被分摊到了其他月度；这种手段诱导很多不符合投保条件的人进行了投保，宽松的核保，严格的核赔，导致消费者投诉量激增，成为摆在监管面前的现实问题。

反对。从市场的角度看，这种方式更像一种促销方式，是互联网渠道最常见的促销手段之一，目的就是提高触达人群的广泛性，其本质类似于传统保险公司的"开门红"，如果严禁此种促销方式，对于互联网渠道的影响一定是巨大的。互联网产品投诉量高于传统渠道，与互联网渠道更加透明有很大关系，监管更容易发现问题、解决问题，而传统渠道很多问题实际上更加隐蔽，反而不利于治理。还要看到，互联网保险相较于传统渠道，能够触达更广泛的人群，这也是进行消费者教育和提升消费者保险意识最便捷的渠道。

争议二，互联网渠道专属产品有无必要。

支持。监管允许人身险公司通过互联网渠道将产品销售到没有分支机构的地区，相对于传统渠道必须设立分支机构而言，监管要求大为降低，为确保消费者的利益，要求设置专属产品合情合理。另外，通过专属产品设计，鼓励保险公司大力发展普惠性、保障型的保险产品，更加有利于推动保险服务于中低收入群体。

反对。互联网渠道产品与其他渠道产品并没有实质区别，要求开发专属成本，只会切实加大保险公司精算部门的工作量，加大保险公司的产品开发成本，进而影响保险公司的产品开发意愿。不排除出现产品"套娃"的局面，使产品体系更加混乱。

争议三，"定价回溯机制"是否能起到预期的作用。

支持。《通知》要求保险公司按季度进行定价回溯，并由总精算师对结果承担直接责任，其目的在于解决类似车险"报行不一"的问题，一方面是旨在提高保险公司财务数据的真实性，另一方面也有利于遏制互联网平台手续费率畸高的现象。对于保险公司是利好的；但对于消费者而言，一款产品的手续费率过高，赔付率过低，显然是不合理的。

反对。一些互联网平台手续费率高确实使保险业怨声载道，但反观传统渠道，比如专业经代渠道，尤其是一些大型经代企业，其手续费率也很高。归根结底，手续费率走高是市场竞争日益激烈的结果，"定价回溯机制"并不能从根源上解决手续费畸高的问题，何妨坚持"放开前端，管住后端"的理念，注重偿付能力等"后端"指标的检测，市场的事情交给市场做？

争议四，线上线下渠道有没有必要进行明确的区隔。

支持。都说互联网更有利于消除信息不对称，但必须承认纯粹的互联网渠道依然存在很多局限性，在不开设分支机构即可以销售产品的情况下，针对其特点进行严格要求是合理且必要的。

反对。互联网渠道和传统渠道的边界正变得日益模糊，线上线下融合发展才是行业大势所趋，在这种情况下，没有必要对二者进行明确的区隔，实际上，现在也已经没有办法对二者进行明确的区隔了。

领会监管底层逻辑，监管的价值观核心在消费者利益，但市场供给丰富才是消费者最大的福利

整体来看，《通知》体现了鲜明的问题导向，每一条规定的背后，都有现实问题的映射，而保险监管的基本面，始终是保护消费者利益。

第一，对所有诸如销售误导等损害消费者利益的行为必然零容忍，绝对不能诱导消费者形成不正确的保险意识。"首月0元"的营销策略无法说清到底是不是销售误导，所以《通知》一禁了之。这就需要市场处理好短期的营销策略和

消费者长期消费理念的矛盾，打消监管的顾虑。产品定价要"讲武德"，市场应该达成共识，赔付率过低的保险产品必然有问题，必须要主动调整产品设置。

第二，守住不发生系统性风险的底线一直是监管异常重视的工作着眼点，在当前严监管已成常态，对互联网人身险业务严格控制也是现实所需。那么各家保险公司就要明确，监管的所谓防风险并不是某一家，而是整个市场的风险，不然一地鸡毛之下，最后还是得监管来收拾烂摊子。另外，还需要考虑监管自身的监管有效性和覆盖面，对于个别公司高呼应当实施分类监管或精细监管的说法，在现阶段并不具备可行性，毕竟谁也不能保证所有的保险公司都能主动遵守市场规则。

第三，允许保险公司不开设分支机构即可以通过互联网渠道将产品销往全国各地，本质上是监管的一种"让利"行为，切实降低了保险公司的监管成本。但根本目的是"让利于消费者"，所以互联网要做的是创新业务，做的是增量业务，是把人身险市场的蛋糕做大而不是抢传统的人身险业务，是把消费者的保险需求充分激发而不是抑制，是切切实实向消费者让利而不是利用复杂的精算算法从消费者身上盘剥超额利润。而把传统业务从线下搬到线上、让传统公司搞创新和让利，并不存在逻辑的合理性，也不符合监管预期。

必须承认，中小型公司抗风险能力确实相对较弱，各评估指标的波动性较大，容易发生市场风险，满足《通知》的条件力有不逮。《通知》可能希望中小型公司回归传统线下渠道，或者增资强体，但不论哪种，都得考虑资本逐利和市场经营的惯性。

如果想拒互联网平台风险于保险业之外，避免出现银行和大平台纷纷开展联合贷款、导致积重难返的局面在保险业重演，进而通过《通知》限制中小型公司的冲动和手脚，并不排除《通知》有这样的考虑。近期银保监会与人民银行联合印发的《关于规范商业银行通过互联网开展个人存款业务有关事项的通知》与本《通知》异曲同工。

差别在于，银行面临的是活得好不好的问题，中小型公司则是面临能不能活得下去的问题，毕竟偿付能力和现金流都摆在那里，是万万不能断的。

《通知》的出台和落实，必然是监管与市场、市场主体之间的博弈，但不排除可能产生这样一个结果：互联网保险的吸引力降低，中小型公司没有资格参与，而大型公司又不愿参与，这势必影响市场供给的多样性，对于消费者也不利。在理想的情况下，一个供给丰富、竞争充分的市场，才是最有利于消费者的市场。

人身险行业近年来发展成绩不俗，但无论是真实的保障水平、产品的性价比和体验还是对社会保障体系的巨大补充作用，都有不足之处，甚至有很大的提升空间。互联网恰恰是一个势能巨大的变量，用得好，对行业的发展如虎添翼。从这个角度看，《通知》更需要监管与市场心平气和地对话，仔细打磨，找到兼顾当下和长远的最佳结合点。

终于说明白互联网人身险新规了

2021年11月10日

《关于进一步规范保险机构互联网人身保险业务有关事项的通知》（以下简称《新规》）发布后，引发市场多重讨论，其对于互联网人身险领域的影响是巨大的，而这种影响将会在未来几个月逐渐清晰。

面对《新规》，各种解读层出不穷，但是疑问依然多多，如何深层次理解新规及其影响？『慧保天下』试图加以解读。

什么是互联网人身险业务

根据《新规》的规定，"本通知所称互联网人身保险业务，是指保险公司通过设立自营网络平台，或委托保险中介机构在其自营网络平台，公开宣传和销售互联网人身保险产品、订立保险合同并提供保险服务的经营活动。本通知所称保险机构，包括各保险公司（包括相互保险组织和互联网保险公司）和各保险中介机构（包括保险专业中介机构和保险兼业代理机构）。"

什么是线上线下融合业务

《新规》并没有针对线上线下融合业务给出明确定义，但依据银保监会发布的答记者问，"保险公司通过设立自营网络平台，或委托保险中介机构在其自营网络平台，面向非特定人群，公开销售互联网人身保险产品，适用本《通知》，可在全国范围内经营。"

所以判断是否为互联网人身险业务条件的关键词其实有两个，一是"面向非特定人群"，二是"公开销售"，凡是满足这两个条件的都可视为互联网人身险业务。

很多公司代理人应用公司提供的展业工具服务客户，属于典型的线上线下融合业务，这类行为是受到监管鼓励的。在答记者问中，监管明确提及：支持保险公司线下渠道（包括个人代理渠道、银邮代理渠道和专业中介渠道等）应用移动设备和信息技术提升经营效率、改善服务水平。但线上线下融合不能在保险公司经营区域之外进

行销售；涉及线上线下融合开展人身保险业务的，不得使用互联网人身保险产品，不得将经营区域扩展至未设立分支机构的地区。

通过手机银行APP、银行网点自助终端投保保险产品是否为互联网保险业务

过去，这类业务经常被归类为互联网人身险业务，在业界所统计的互联网人身险业务中占比颇高。但实际上，这些业务仍是由银行客户经理指导客户完成的，并非真正的互联网保险业务，而这样做的目的就是规避银保渠道的"双录"，以降低销售难度。而假借互联网保险业务的名义规避"双录"，实施监管套利，正是《新规》要重点打击的。

网电销一体、直播、社群经营是互联网业务还是线上线下融合业务

这些都是典型的依靠销售人员完成销售的保险业务模式，属于线上线下融合型业务，而非纯粹的互联网人身险业务。

互联网上畅销的长期储蓄型产品都要停售吗

按照《新规》，"保险期间十年以上的普通型人寿保险（除定期寿险）和保险期间十年以上的普通型年金保险"是可以通过互联网销售的，只是并非所有的机构都有资格。

按照《新规》，在网上销售上述产品，保险公司须满足以下几个条件：一是连续四个季度综合偿付能力充足率超过150%，核心偿付能力不低于100%；二是连续四个季度综合偿付能力溢额超过30亿元；三是连续四个季度（或两年内六个季度）风险综合评级在A类以上；四是上年度未因互联网保险业务经营受到重大行政处罚；五是保险公司治理评估为B级（良好）及以上；六是银保监会规定的其他条件。

按照第二季度偿付能力报告计算，满足这一条件的保险公司有20家，但是按照第三季度偿付能力报告，满足这一条件的保险公司达到22家，这意味着保险公司经过努力是可以拥有相应产品的网销资质的。

目前的22家保险公司分别为平安人寿、中国人寿、泰康人寿、太保寿险、新华人寿、太平人寿、人保寿险、友邦保险、阳光人寿、民生人寿、国华人寿、中美联泰、中信保诚、招商信诺、中宏人寿、工银安盛、交银人寿、恒安标准、中英人寿、长城人寿、光大永明人寿、同方全球。

网红重疾险也都要停售吗

重疾险是可以网销的，且《新规》为这类产品设置的准入门槛并不高，大多数保险公司都能满足。只是因为监管要对互联网渠道实施专属管理，比如要求名称中应包含"互联网"字样等，所以有些保险公司可能要对一些产品进行合规性

的调整,以及在过渡期内重新备案等。

目前的一些停售宣传,不排除有炒作的成分。

还有哪些产品可以卖

"新规"将互联网人身险产品范围限于意外险、健康险(除护理险)、定期寿险、保险期间十年以上的普通型人寿险(除定期寿险)和保险期间十年以上的普通型年金险,以及银保监会规定的其他人身险产品。这意味着可网销的人身险产品主要是保障型产品,以及保险期间在10年以上的长期储蓄型产品。

网销产品会涨价吗

首先需要明确,影响产品定价的直接因素在于公司策略,而非某个制度,所以是否涨价还要取决于各家公司对于市场的判断,以及对于某个产品的市场定位。

从市场竞争的角度进行推测,大量公司不得再网销长期储蓄型产品,会导致这类型产品的竞争程度降低,让利消费者的意愿或有所下降,但意外险、健康险(除护理险)、定期寿险的竞争预计将进一步加大,或有利于消费者。

还能给消费者推荐互联网保险产品吗

实际中,这种情况可能仍在所难免,但是或许代理人将无法从中获得销售收益。过去,保险公司经常通过信息技术服务费的名义支付销售人员分享链接的推广费用,但《新规》对此进行了严格限制:互联网人身保险产品须在精算报告中列明中介费用率上限,项下不得直接列支因互联网人身保险业务运营所产生的信息技术支持和信息技术服务类费用,不得突破或变相突破预定附加费用率上限。

另外,该类行为还需要面对双重监管的问题,因为按照《互联网保险业务监管办法》的规定:保险机构通过互联网和自助终端设备销售保险产品或提供保险经纪服务,消费者能够通过保险机构自营网络平台的销售页面独立了解产品信息,并能够自主完成投保行为的,适用本办法。投保人通过保险机构及其从业人员提供的保险产品投保链接自行完成投保的,应同时满足本办法及所属渠道相关监管规定。涉及线上线下融合开展保险销售或保险经纪业务的,其线上和线下经营活动分别适用线上和线下监管规则;无法分开适用监管规则的,同时适用线上和线下监管规则,规则不一致的,坚持合规经营和有利于消费者的原则。

也就是消费者独立自主完成投保行为的属于互联网保险业务,但借助从业人员投保链接完成的,应同时满足《互联网保险业务监管办法》及所属渠道相关的监管规定。

还能通过公众号、直播的形式卖保险吗

对于这一点,其实《互联网保险业务监管办

法》已经给出了答案，答案是不能，只能宣传，不能销售。

"首年附加费用率不得高于60%，平均附加费用率不得高于25%"会否影响销售费用

这更多的是监管对于产品精算的要求，销售费用还取决于公司策略。

《新规》对大型保险公司有利吗

由于《新规》抬高了保险公司通过互联网经营某些人身险产品类型的准入门槛，尤其是对长期储蓄型产品设定了较高的门槛，目前只有22家保险公司满足要求，大多数的中小型公司都不能再通过互联网销售该类产品。从这个角度出发，由于降低了市场竞争的激烈程度，确实会有利于满足条件的大型公司。

但政策本质实施的是以产品为核心的分级分类监管，在该制度下，经营范围取决于保险公司长期稳健经营的能力。从这个角度出发，对于大中小型公司而言，又都是公平的。

会对银保渠道带来哪些影响

《新规》对于银保渠道将产生非常直接的影响，一方面，过去数年在互联网渠道表现突出的中小型公司不能再通过互联网渠道销售长期储蓄型产品，不得已将转战线下渠道，银保渠道这一公开市场，一定会成为首选，这将直接激化保险公司之间对于银行网点的争夺。因为过去，很多银行网点通过指导客户通过手机银行APP或者自助终端投保保险，将其归类为互联网渠道产品，实际上绕开了一个网点只能与三家保险公司签约的监管规定。另一方面，从线上转战线下渠道的业务需按照相关要求进行"双录"，直接增加了银保渠道的销售难度，不过大多数银行已经对《新规》作出了相应的准备。

专业中介会面临哪些风险

《新规》对于专业中介的影响主要体现在以下三个方面：

一是供应端，原来很多网销的产品面临下架，或者转战线下渠道，可销售的产品将会发生较大的变化。

二是对于分支机构较少的中介机构来说，某些产品不能继续再通过互联网销售，将直接影响其服务范围；但对于分支机构数量相对较多的机构而言，这类影响整体不大。

三是原来很多专业的销售人员是通过互联网销售产品的，得以规避"双录"，转战线下之后，这方面将面临较大的压力。

NEW ERA OF
INSURANCE

保险新时代

〖 慧 保 天 下 〗精 选 集

4

CHAPTER

大健康·失速与蓄力

延续了多年的健康险高增长,在2020年遭遇空前失速。

重疾险在一番销售高潮后陷入沉寂,作为最重要的新业务价值来源,重疾险的表现也直接拖累了上市保险公司的新业务价值成绩,甚至股市表现。与此同时,百万医疗险遭遇惠民保挤压,惠民保虽继续发展进化,亮点频出,但可持续性依然遭遇质疑。

健康险正式从"从0到1"时代,过渡到"从1到N"时代,从增量市场到存量市场,发展逻辑彻底改变,无论是产品形态还是服务模式,都在加速进化蓄力。

对比30多家保险公司的近百款新重疾险产品,告别激烈的价格战,这五大变化正在发生

2021年3月10日

新重疾定义落地前1个月,在"开门红"以及"炒停售"的双重影响下重疾险真实的销售情况如何?

尽管人身险公司2021年1月长期健康险总保费收入增速高达31.15%,较2020年增速(14.13%)显著提升,但与人身险公司的健康险业务2014—2020年高达31%的复合增速相比,这一数据并不"惊艳"。如果考虑到是在"开门红"和"炒停售"双重操作下的结果,这一数据甚至堪称"平庸"。

除去续期保费的增速放缓的影响,1月长期健康险新单保费收入增速或有所提升,但也难以掩盖一个事实——重疾险的巅峰时代已经过去,在新重疾定义下,以及长期医疗险起步、惠民保等普惠型产品兴盛的倒逼下,重疾险的变革已经开始。

变化一,30多家公司推出近百款新产品,观望情绪浓厚

从推出的新产品数量及公司主体看,在新重疾定义正式生效后,并不是所有公司马上投入新一轮市场争夺,相当数量的人身险公司暂时还没有推出新产品。

据不完全统计,目前市场只有30家人身险公司推出近百款新重疾险产品。其中,以人保寿险最为积极,一口气推出8款新重疾产品;其次是太保寿险,推出6款;平安人寿、友邦人寿和中意人寿各有5款;中小型公司主体普遍相对谨慎,推出的产品数量普遍在3款及以下。

在财险公司方面,目前也有5家公司推出了一年期的重疾险,包括众华安财险、众安在线等。

总体来看,相较于旧定义重疾险的上千款产品,目前市场上的新定义重疾险产品还远远没有恢复常态,更多公司还在等待新产品的备案。

但也有公司已经快人一步,在研究了市面上现有的新定义重疾险后,开启了新一轮的再保询价、研发。业内人士坦言,由于没有经验,一些公司推出首批新定义重疾险时往往抱有"试一试"的心态,定价较为随意,在对市场情况有了

进一步研判后,选择快速迭代。

变化二,大型公司降价,小型公司涨价,不同体量公司间重疾险费率差异显著降低

过去,大中小型公司在重疾险定价方面,思路显著不同。大型公司多为上市公司,渠道品牌优势明显,同时为了股价,也更注重业务价值,重疾险费率往往较高;小型公司,渠道品牌优势相对较差,为了业务发展,更强调"薄利多销",重疾险费率往往显著低于大型公司;中型体量的公司,其费率则往往居于二者之间。

但近年来,由于互联网渠道的发展,重疾险费率越发透明。大型公司主推的重疾险费率较高,中小型公司的产品则显得"价格低廉",再加上大中型公司近年发展承压,新业务价值普遍下滑,有了更多让利消费者的动机。

可以看到,大型公司推出的新定义重疾险相较于旧定义重疾险,普遍表现为,增加保障范围,有一定程度的降价,即"加量不加价"。

小型公司则恰恰相反,由于过于追求"薄利多销",较低的费率拉低了其业务价值,对于偿付能力也造成负面影响,在重疾险发病概率普涨的趋势下,病差损风险进一步凸显。因此,在新定义重疾险的再保询价中,再保险公司普遍提高了报价,直接导致小型公司的新定义重疾险费率显著上涨,即"加量加价"较为普遍。

可以看到,在大型公司降价、小型公司涨价的情况下,不同体量的公司在重疾险费率方面的差异正在迅速缩小。这意味着价格战的效果将不再像以前那样明显,各类市场主体必须在价格之外建立新的市场优势。

变化三,全面覆盖轻中重症,分组与否、赔付次数、是否附加特殊疾病保障等成为关键,差异化探索继续深入

新重疾定义的最大变化之一就是引入了疾病分级概念。虽然此前重疾险早已引入轻症、中症、重症分级赔付的方法,但从定义上,明确疾病分级还是首次。于是,新定义重疾险产品普遍保障全面,全面覆盖轻症、中症、重症。在这一前提下,疾病是否分组、赔付次数以及是否附加特殊疾病保障等成为区分这些重疾险的最关键因素。总而言之,同质化竞争依然在延续。

不过值得注意的是,也有部分产品走差异化路线:有的产品只保障重症,费率因此较低;有的产品强调功能模块化,典型的如友邦在2021年2月推出的"友如意"系列产品,其将重疾险责任转化为模块化可自由组合选择的产品结构,突出"核心保障+个性配置",不同组合模式数量可达上千种。

变化四,服务全面升级,成市场竞争重点;服务品牌独立化,重疾险功能化趋势渐显

由于大中小型公司的费率差异不再明显,产品保障内容依然大同小异,保险公司不约而同

地将重疾险竞争的焦点转向了"服务"。可以看到,"服务升级"几乎是所有新定义重疾险产品共同的选择,只不过在实现路径、收费与否等方面存在以下一些差异。

一是大中小型公司"服务升级"实现路径有所不同。大型公司财大气粗,更多依靠自身构建的健康生态提供服务;中小型公司自身无力构建,则更多引入成熟的第三方提供相应服务。

二是费用方面,收费服务和免费服务并存。大多数保险公司的附加服务是在购买公司的重疾险后免费附赠给客户的,但也有部分服务需收费。比如,平安的"健康守护360服务"的费用为199元,在客户发生重疾理赔后可免费使用3年。而在实际操作中,通常这部分费用不会由客户直接埋单,而是由代理人自掏腰包。

三是服务期限方面,大多数服务在3年以下,个别公司主打长期服务。据天风证券研究报告及『慧保天下』统计,目前大多数公司的重疾险附加服务以1年为周期,当服务到期后是否可以继续申请使用仍是未知数。另外,一部分市场主体,比如阳光人寿等,则主打长期服务,其提供的"阳光医无忧"健康管理服务,客户在购买重疾险后可使用期限长达10年。

四是增值服务品牌化趋势显现。在服务越来越被看重的时代,服务的品牌化、独立化也渐成趋势。据『慧保天下』了解,已经有相当一部分保险公司打造了独立的服务品牌,比如中国人寿的"国寿大健康服务"、平安人寿的"平安run"、太保寿险的"太保蓝本重疾绿通服务"和阳光人寿的"阳光医无忧"等产品。

对此,有业内人士指出,重疾险功能化将是大势所趋。从消费者的角度来看,随着越来越多的重疾被攻克,重疾患者带病生存将成为常态,消费者对于保险的需求也将从单一的费用补偿转向包含健康管理、就医绿通等在内的综合服务解决方案。从不同险种的竞争角度来看,医疗险快速发展将倒逼重疾险更多聚焦于院外治疗成本的保障,不仅仅是收入补偿,还包括康复、护理等保障。

变化五,市场从增量转向存量,推动老客户加保成为市场拓展的重点之一

自1994年重疾险传入中国以来,我国已经成为世界第一大重疾险市场。根据行业数据,目前我国已有3亿人投保过重疾险,叠加人口红利逐渐消退的现实,意味着重疾险市场正逐渐从增量市场过渡至存量市场,推动老客户加保将成为保险公司重要的发力点。

根据天风证券的研报,重疾险保额应为年收入的3倍以上。2019年城镇单位就业人员的平均年工资为9万元,对应保额应为27万元,而以太保为例,其客户人均重疾险保额约为15万元,已购买保单人群尚有较大的加保空间。

可以看到,一些公司的新定义重疾险面向老客户推出了更多的优惠举措,吸引老客户加保的意图非常明显。

事关9000万客户！拆解百万医疗险套路，银保监会严禁保证续保，勒令公开赔付率

2021年1月11日

2021年1月11日，银保监会正式下发《中国银保监会办公厅关于规范短期健康保险业务有关问题的通知》（银保监办发〔2021〕7号，以下简称《通知》），对短期健康险业务（不含团体保险）进行全面规范。从市场情况看，符合定义的短期健康险业务，主要是指百万医疗险。

近年来，健康险保持高速增长，年均增速超过30%，在新冠肺炎疫情下更是成为唯一一个增速超过两位数的险种，以百万医疗险为代表的面向个人消费者的短期健康险更成为其中最突出产品。2016—2025年百万医疗险市场规模核算见图1。

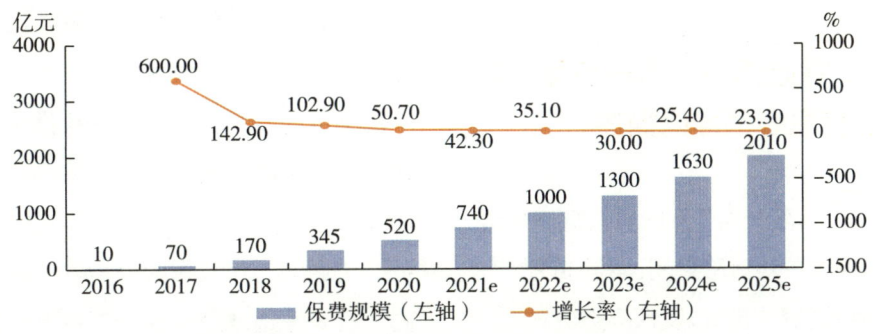

图1　2016—2025年百万医疗险市场规模核算

百万医疗险虽高速发展，但因为其通过互联网销售，信息不对称、产品捆绑、销售误导、健康告知虚化和理赔困难等情况不同程度地存在，该类产品投诉率一直较高。而此次《通知》的出台，有着明显的问题导向，每条规定，都指向那些侵害消费者合法权益的典型行为，包括"不保证续保"概念模糊、保额虚高、核保"空心化"、理赔"核保化"及随意停售等。

125

根据《通知》，不符合要求的，应于2021年5月1日前停止销售。

值得注意的是，短期健康险一直是财险公司的主战场。

财险公司按照财险思维经营健康险一直被认为是短期健康险业务诸多问题产生的根源之一，而对于短期健康险业务能在社会保障建设中起到的作用，业界却一直持怀疑态度。

因为其保障的往往是年轻人，但年轻人本身出险概率低，年老之后出险概率才会逐渐提升，但如果其一直投保短期健康险，等其真正需要保证续保产品的时候，可能已经很难买到价格合适的产品。

值得注意的是，在规范短期健康险的同时，从2020年开始，鼓励长期健康险发展的相关规定陆续出台，长期保证续保的健康险产品也开始上市。

以下是《通知》的主要内容。

保险期间、保险责任、责任免除、理赔条件等关键信息必须准确描述

《通知》规定，保险公司开发的短期健康保险产品应当在保险条款中对保险期间、保险责任、责任免除、理赔条件、退保约定，以及保费交纳方式、等待期设置，保险金额、免赔额、赔付比例等产品关键信息进行清晰、明确、无歧义的表述。

短期健康险因件均保费低，主要都是通过网络进行销售的，消费者往往自主完成全部销售过程，因此保险公司对于关键条款的描述就变得至关重要，这是消除信息不对称、减少误解和减少投诉的关键所在。

严禁混淆"保证续保"概念，要求明确表述为"不保证续保"条款

《通知》规定，保险公司开发的短期健康保险产品中包含续保责任的，应当在保险条款中明确表述为"不保证续保"条款。不保证续保条款中至少应当包含以下内容：

本产品保险期间为一年（或不超过一年）。保险期间届满，投保人需要重新向保险公司申请投保本产品，并经保险人同意，交纳保险费，获得新的保险合同。

"不保证续保"是短期健康险与长期健康险最根本的区别所在，但在实际销售中，不少公司的短期健康险在有关"续保"的描述中，都采取了模棱两可的说法。

无论是以"续保"作为条款标题，还是"不会因为被保险人的健康状况发生变化或者使用保险的情况而拒绝被投保人继续投保本保险"的表述，都很容易让消费者产生该产品可以一直续保的误解。

《通知》严禁保险公司在"保证续保"的问题上打"擦边球"，误导消费者，最核心之处就在于，要求明确表述为"不保证续保"条款。

合理定价，报行一致，每半年披露一次综合赔付率

《通知》规定，保险公司应当科学合理确定

短期健康保险产品价格。产品定价所使用的各项精算假设应当以经验数据为基础，不得随意约定或与经营实际出现较大偏差。保险公司可以根据不同风险因素确定差异化的产品费率，并严格按照审批或者备案的产品费率销售短期个人健康保险产品。

保险公司应当每半年在公司官网披露一次个人短期健康保险业务整体综合赔付率指标。其中，上半年赔付率指标应当不晚于每年7月底前披露；年度赔付率指标应当不晚于次年2月底前披露。

短期健康险往往看起来很便宜，一般的百万医疗险，每年仅需数百元。但即便如此，对于很多公司而言，其依然是盈利业务，尤其是投保的前几年，其赔付率相当低。根据最新的媒体报道，百万医疗险赔付费用逐年增加，4年内百万医疗险赔付率增加了近20%。即便如此，2020年百万医疗险赔付率也只是突破35%，而2019年，其综合成本率在90%左右，这意味着大部分的保费实际变成了手续费被支付给了渠道。

如果一款产品的手续费率明显超越赔付率，说明行业的经营效率极其低下。这样的产品，对于消费者而言，表面上"实惠"，实际上"昂贵"。

保险公司在经营中，往往还会出现"报行不一"的情况，即备案时压低附加费用率，销售时的手续费率却往往超出备案数值，再通过技术服务费等方式，变相向渠道方支付额外的手续费。这在某种程度上导致了财务数据的不真实。

《通知》要求保险公司科学合理确定短期健康保险产品价格，并严格按照审批或者备案的产品费率销售短期健康险产品，并且每半年公开一次综合赔付率指标，目的无疑就是要倒逼保险公司"报行一致"。

严禁保额虚高

《通知》规定，保险公司应当根据医疗费用实际发生水平、理赔经验数据等因素，合理确定短期健康保险产品费率、免赔额、赔付比例和保险金额等。保险公司不得设定严重背离理赔经验数据基础的、虚高的保险金额。

在市场激烈竞争下，保险公司将竞争的焦点一度转向"保额"。所谓百万医疗险，其保额基本上百万元起，有的甚至高达千万元。但实际上，在严格的理赔条款下，很少有人能报销到较高的额度。此外，因为百万医疗险需要消费者先行垫付医疗费用，事后再报销，而大多数消费者根本无力承担前期高昂的支出，这使得所谓的高保额往往沦为"噱头"，华而不实。

数据显示，截至2019年6月30日，百万医疗险累计为23万人赔付29亿元，人均赔付1.26万元。从赔案金额分布情况来看，绝大多数消费者获赔金额低于5万元，其中71%的消费者获赔金额在1万元以下。

规范停售行为

《通知》规定，保险公司主动停售保险产品的，应当至少在产品停售前30日披露相关信息。

保险公司因产品设计存在违法违规等问题被监管机构责令停售的,应当于停售之日起3日内披露相关信息。保险公司应当在披露产品停售相关信息后,以合理方式通知每一张有效保单的投保人。

保险公司应当于每年3月31日前在公司官网披露前三个年度个人短期健康保险产品停售情况及每一款产品的有效保单数量。

部分公司销售行为不规范,把短期健康险当作长期健康险销售,一旦赔付率超过预期就停售产品,弥补其激进经营造成的损失,这种行为严重侵害了消费者的利益。

《通知》严禁保险公司随意停售保险产品,要求其必须通过公司官网和即时通讯等方式,公开披露产品的具体停售原因、停售时间,以及后续服务措施等信息。

严防核保"空心化"、理赔"核保化"

《通知》规定,保险公司应当加强对短期健康保险产品的核保、理赔管理,规范设定健康告知信息,健康告知信息的设定不得出现有违一般医学常识等情形。保险公司应当引导保险消费者向保险公司履行如实告知义务。

保险公司不得无理拒赔。严禁保险公司通过设定产品拒赔率等考核指标,影响保险消费者正常、合理的理赔诉求,以弥补因产品定价假设不合理、不科学造成的实际经营损失,侵害消费者利益。

为争取更多人投保,保险公司在销售短期健康险时往往采用"宽进严出"的政策。所谓核保,大多数保险公司依据消费者的健康告知,使很多不符合条件的人轻易投保成功,一旦发生理赔,又往往在细致审核后拒赔,严重影响了保险业的形象。

从消费者针对百万医疗险的投诉来看,拒赔原因中,"不实告知"占比最高,为41.34%,其次为"不属于保险责任保障范围",占比为29.63%,百万医疗险的销售行为和消费者保护亟待规范和加强。《通知》此条规定旨在严禁保险公司核保"空心化"、理赔"核保化",侵害保险消费者的利益。

除上述主要内容外,针对组合销售的问题,《通知》还明确,保险公司将短期健康险开发设计成主险产品的,不得强制要求保险消费者在购买主险产品的同时,购买该公司其他产品。保险公司将短期健康险开发设计成附加险产品的,应当明确告知保险消费者附加险所对应的主险产品情况,并由保险消费者自主决定是否购买该产品组合。

同时,《通知》还明确,中国保险行业协会应当加强对短期健康保险产品定价基础、核保理赔等行业基础性标准建设,促进短期健康保险业务科学化、规范化发展。

保险公司违反本通知有关规定的,银保监会将依法依规追究保险公司和相关责任人的责任。情节严重的,银保监会将依法采取包括责令停止接受新业务、撤销相关人员任职资格等行政处罚措施。

《通知》印发前保险公司已经审批或备案的短期健康保险产品,不符合本通知要求的,应于2021年5月1日前停止销售。

CHAPTER 4　大健康·失速与蓄力

高速发展5年，监管纠偏下的百万医疗险横盘大调整

2021年4月26日

按照《中国银保监会办公厅关于规范短期健康保险业务有关问题的通知》（银保监办发〔2021〕7号，以下简称7号文），5月1日，是一个不符合该规定的短期健康险停售的日子。

近期，围绕短期健康险产生了不少纷争。有代理人集体控诉误导的，有想趁机浑水摸鱼抢一波市场的，不一而足。

纷扰之中，监管部门在2021年4月22日的一则新规再度引发行业热议。讨论的焦点在于时间紧迫，在于监管的初心，也在于保险公司的左右为难，有可能引发的舆情危机风险事件，乃至百万医疗险（短期健康险中最具争议的险种）的终极命运。

百万医疗险始于2015年，暴发于2016年，一路高速发展，成就了大量的"网红产品"，然而也逐渐酝酿了诸多风险。如今，在监管的强力刹车纠偏下，百万医疗险自然会横盘调整一段时间，但相信经历理性的回归、市场净化后，在更成熟的市场需求勃发后，其会迎来真正可持续的繁荣。

大量短期健康险停售，监管再打补丁，严禁续保表述打各种"擦边球"行为

距离2021年5月1日越近，保险公司宣布短期健康险停售的节奏越发加快。多家人身险公司官宣旗下一大波短期健康险产品将在5月1日前正式停售。

2021年4月22日，监管部门通过产品报备系统再发新规，主要针对短期健康险的续保表述作出进一步明晰，要求必须表述为"不保证续保条款"，且表述必须包含"本产品保险期间为一年（或不超过一年）。保险期间届满，投保人需要重新向保险公司申请投保本产品，并经保险人同意，交纳保险费，获得新的保险合同"。

同时，根据新规要求，短期健康险条款中还不得包含"本产品可续保至××周岁""续保时最高年龄可至××周岁"等类似表述，杜绝各类有可能引发歧义的行为。

此外，《通知》规定，各公司应当及时对已备案产品条款进行调整，并制定方案在已售保单保险期间届满后以表述规范的产品予以替换，对

NEW ERA OF INSURANCE 保险新时代

于主动停售的产品，严禁假借监管规定为由对消费者进行虚假宣传。

很明显，这是在近期一系列的短期健康险风波之后，监管在7号文的基础上进一步"打补丁"，旨在严格限制各种可能引发歧义的续保表述，并要求保险公司切实解决新旧产品的销售衔接问题，彻底杜绝各种风险隐患。

新规进一步压缩"操作空间"，精算师高呼"忙疯"

2021年4月22日，监管关于短期健康险的新规一发布，即在业界引发强烈关注乃至争议。

精算师群体首当其冲，高呼"压力山大"，因为不少公司此前围绕短期健康险新产品已经进行了一系列的工作，按照新规进行调整，意味着将耗费很大的工作量，而此时距离5月1日，只剩1周时间。

而对于一些公司尤其是近年来大力发展百万医疗险、积累了不少存量客户的保险公司而言，新规出台给其带来的压力远不只"精算师加班"那么简单。

每一张保单不仅关系到客户的切身利益，也关系到代理人的切身利益，尤其是那些已经罹患疾病的客户，亟待保险公司理赔，却被告知所投保的百万医疗险并不能保证续保，而且现在要停售了……

从『慧保天下』了解到的情况来看，在新规出台之前，保险公司普遍抱有一定的"侥幸心理"，认为在百万医疗险的续保表述上还存在一定的"操作空间"，但4月22日新规的发布，实际上已经堵死了这种可能。

有业界人士认为，监管应该给予一定的过渡期，甚至"老人老办法，新人新办法"，以便保险公司逐步消化这其中的风险。

但从监管的立场出发，短期健康险一面"承诺续保至××岁"，一面保留随时停售的权利，确实无法长期保证消费者权益；"老人老办法，新人新办法"也只是权宜之计，且破坏了监管制度的刚性，无助于根本问题的解决。

虽然有争议，但保险公司的产品切换已经紧锣密鼓地开始。据了解，一些百万医疗险大户正加班加点地研究应对，抓紧在最新的政策框架内制定合理的转保方案，以确保队伍稳定、客户稳定。

百万医疗险迎来最严厉监管——整治销售误导，市场净化后有望理性回归

2012年以来，伴随着互联网保险大发展，保险公司不停地探索可以在互联网渠道销售的产品类型，在理财型产品、碎片化的产品之后，又将目光投向了保障型产品，迫切想要开发出一款符合互联网交易特征的风险保障型产品——件均保费低，且直击用户痛点的产品。

正是在这样的环境下，低保费、高保额，主要依靠高免赔额控制风险的百万医疗险应运而生，并迅速走红网络。

根据众安联合艾瑞咨询发布的《2020年中国百万医疗险行业发展报告》，百万医疗险自2016

CHAPTER 4 | 大健康·失速与蓄力

年正式诞生以来，用户数量和参与的保险公司主体数量都呈较快增长趋势，2019年用户规模已达6300万人，2020年突破9000万人；保费规模也从2016年的10亿元增至2020年的520亿元，预计2022年突破千亿元，2025年达到2010亿元。

百万医疗险虽高速发展，但因为其通过互联网销售，信息不对称、产品捆绑、销售误导、健康告知虚化和理赔困难等情况不同程度地存在，该类产品投诉率一直较高。

而这其中，有关续保的相关表述，又是最容易出现误导之处。例如，很多产品"承诺不因被保险人的身体状况发生变化而拒绝续保""最高可续保至××岁"，但又保留了"本产品一旦停售，不再续保"的内容，实质上就是无法保证续保。据统计，过去数年，宣布停售的短期健康险产品已将近2000款。

正是在这种背景下，中国银保监会于1月下发7号文，而4月22日所发的新规，则是对7号文中有关"续保表述"的进一步明确。

7号文以及新规对于百万医疗险发展的影响注定是深远的。当代理人没有办法理直气壮地说"我们的产品续保至××岁"，势必会大大降低产品的"吸引力"。可以说，百万医疗险正迎来最严厉、最彻底的整顿，势必要经历一个阵痛期。

这一过程注定是艰难的，因为对于很多保险公司而言，短期健康险是一个利润颇丰的险种。『慧保天下』汇总2020年多家公司的短期健康险赔付率，整体来看，大多数公司综合赔付率是低于50%的：26家财险公司中，12家综合赔付率低于50%；66家人身险中，53家综合赔付率低于50%。

堵疏须结合，大环境制约长期医疗险发展，这两大矛盾尤需化解

值得注意的是，监管严格规范短期健康险发展还有另一重含义，即鼓励发展长期医疗险。

短期健康险占比过高，一直是我国商业健康险市场的一大特点。

监管部门对于这一现状显然是不满的。银保监会原副主席黄洪就曾公开表示，现在市场上商业健康保险产品大多是短期产品，今后必须加快发展长期商业健康保险产品。"下一步，我们监管的导向是鼓励支持商业保险机构发展长期健康保险产品，不鼓励发展短期健康险。但是不鼓励不等于是要限制。"

方向是明确的，但对于一个险种，尤其是健康险种而言，其发展断然无法脱离大的社会经济背景，居民收入水平、风险保障意识，乃至基本医保制度、监管政策等，都将对其产生直接而深刻的影响，不是凭借保险公司一己之力就可以改变的。

而从目前来看，在我国，规范医疗险也好，发展长期医疗险也罢，都还有很多深层次的问题需要一一厘清。

短期医疗险VS长期医疗险：整顿短期医疗险之后，长期医疗险仍难获大发展。

在规范短期健康险的同时，为推进长期健康

险发展，监管部门也出台了《关于长期医疗保险产品费率调整有关问题的通知》，鼓励保险公司发展可调费率的长期医疗险。

该政策出台后，一些公司确实尝试了可调费率的长期医疗险，但目前仍未形成气候。这一方面缘于保险公司经验数据的匮乏，另一方面更缘于对于未来的担忧。

相比其他长期人身险，长期可调费率医疗险的经营难度更大，需要在客户行为方面额外增加举措进行管控，一方面防止过度医疗，另一方面维持对健康体的吸引力。所以在产品设计上，需要有对健康人群和不健康人群的双向调节。这类似车险"无赔款优待"制度，没有出险的客户可以享受更高的保费折扣，而出险的客户需要交纳更多的保费。

然而，目前的长期医疗险费率调节是单向的，在这种情况下，"可调费率"成为伪命题，因为一旦整体涨价，健康的人就会退出转而投其他费率更低的产品，而不健康的人不会因为调价而离开，加速"死亡螺旋"，导致"调费"还不如"不调"。

人身险公司VS财产险公司：管住了人身险公司，财险公司的短期健康险业务怎么办？

按照目前的监管制度，健康险属于人身险范畴，相关制度由人身险部主导拟定，财险公司和人身险公司都可以经营健康险业务，只不过在具体监管方面，财险公司的健康险业务由财险部以及各银保监局的财险处负责实施，而人身险公司的健康险业务由人身险部以及各银保监局的人身险处负责落实。

不同的业务监管部门，因为所监管业务的特点、模式不同，在监管思路上也或多或少存在差异，这会导致监管部门针对人身险公司、财险公司的健康险业务监管存在尺度不一致的问题。

一个显而易见的事实是，财险公司在健康险领域实际上表现得更激进。在很多创新型险种发展中，比如近年的百万医疗险、特药险以及惠民保等产品的发展中，往往是财险公司冲在前面。

监管约束强度不同，事实上会造成一种市场竞争的不平衡，当财险公司采取更激进的市场策略时，如果人身险公司不选择跟进，则无疑会陷入被动的状态。

从根本上来看，要想杜绝各种乱象，不仅需要监管政策的规范，还需要从根本上提升消费者的保险认知水平。当下，市场主体已经明确感知到消费者的成长，尤其是在中心城市市场，受过高等教育的年轻一代消费者其保险认知水平甚至超过了一些不专业的代理人，这倒逼保险公司对产品、渠道进行革新，致力于提高代理人的专业水准。当市场趋于成熟，市场乱象自然逐渐减少。

惠民保"社保化"提速,是挤占商业保险空间的"鲨鱼",还是撬动商业保险的"鲢鱼"

2021年4月23日

2021年,城市定制型商业补充医疗保险(以下简称惠民保)燎原之势有增无减。

有消息称,上海首款惠民保产品——沪惠保或将于近期向当地基本医保参保人开通投保通道。若消息属实,惠民保将实现北上广深一线城市全覆盖。

业内交流数据统计,截至2021年4月6日,共有59款新产品上线,全国范围内累计超2500万人参保,保费收入超过20亿元。

在惠民保仍旧如火如荼发展的同时,一个明确的信号也已经开始出现,地方政府、医保局主导的,或者深度参与的产品占比正在显著增加。统计显示,2020年,这一比例仅为20%左右,而2021年的新产品中,这一比例已经提升至30%左右。在一些地方,推广惠民保甚至被列为地方政府的考核指标。

政府、地方医保局深度介入惠民保项目,对于提升惠民保覆盖率的作用是显而易见的,但是担忧也随之而来——政府、地方医保局牢牢把握惠民保的发展方向,惠民保会不会成为第二款"大病保险",甚至进一步挤占商业健康险的发展空间,成为一条"鲨鱼",而非业界人士希望的促进商业健康险发展的"鲢鱼"?

一个信号:多地政府加大介入力度,甚至纳入考核,惠民保社保化趋势进一步凸显

进入2021年,惠民保一个显著的变化就是,不少地区,政府、医保局的介入力度加大,不仅涉及产品价格,还涉及药品目录、宣传推广等方面。

有些地方政府发布正式的文件,指导惠民保产品的发展和保障内容的制定;在推广宣传方面,有些地方政府为了提升参保率,通过群发信息形式告知市民,并组织市民统一通过医保个账划款投保,甚至将惠民保参保率等指标纳入地方KPI考核。

以2021年1月1日起生效运行的"浙丽保"为

例，这款产品是浙江省丽水市为切实解决群众"因病致贫、因病返贫"的问题，按"政府主导、公益运行、商保承办、自负盈亏"的原则设立的纯公益补充医疗保险，被当地政府视为民生领域的一项重大改革。为此，丽水市政府还专门印发了《丽水市全民健康补充医疗保险（浙丽保）实施方案的通知》。

资料显示，"浙丽保"实行梯次报销比例，不设封顶线，自2020年11月17日开通参保通道，截至3月22日，"浙丽保"参保人数近205万人，参保率超过85%。

又例如，3月16日推出的"金城惠医保"，同样为地方政府主导产品，由兰州医疗保障局全程指导并监督专为兰州市居民定制。该产品在参保资格方面无任何既往症限制，仅针对4类重大既往症疾病，将赔付比例降低为20%。

不止上述两个城市，实际上，浙江、江苏等地已陆续出台促进商业补充医疗保险发展、进一步完善多层次医疗保障体系的指导意见，均由当地医保局、财政厅、税务局和银保监局等相关部门联合发布，针对本地惠民保的发展提出了相关具体措施。

此外，湖南、湖北等地也出台了相关制度的征求意见稿，从省级政府层面看，已经开始纷纷学习浙江模式。不少业内人士认为，浙江丽水的"浙丽保"模式或者代表了未来惠民保最重要的发展方向之一。

整体来看，与2020年相比，越来越多的地方政府、医保部门对惠民保的态度开始发生变化，由最初的"不反对、不主导"态度转变为加大力度支持其筹资，很多地方的惠民保开始加速"社保化"，商业色彩进一步减弱。

一份业内交流数据统计，2020年，179个地市推出的111款产品中，由政府参与保障内容制定的产品占比为20%，而2021年迄今推出的59款新产品中，政府深度参与的产品占比已经提高到30%。

一个趋势：医保基金收入增速低于支出将成新常态，地方政府需要商业补充医疗保险缓解压力

事实上，政府主导惠民保类产品的发展，是从该类产品诞生伊始就存在的，某种程度上甚至可以说，正是由于地方政府的深度介入，这种产品类型才最终引发业界广泛关注。例如，惠民保的雏形——2015年深圳市政府首次推出的重特大疾病补充医疗保险，正是在政府的强力推动之下才得以发展壮大并持续至今的。

从惠民保可持续发展的角度出发，也离不开政府的积极背书，因为唯有这样才能大幅降低宣传销售成本，大幅提升参保率，真正做到"惠民"。

官方的支持力度、是否允许利用医保个人账户资金投保、是否设定为自动参保等，对于惠民保参保率的影响是显而易见的。

业内交流数据统计，在无个人账户支付的情况下，成都、广州两地的惠民保参保率分别为15%、6%；在个人账户统一划扣，通过回复确认的佛山，其参保率为20%；在个人账户统一划扣并默认参保的深圳,惠民保参保率达53%;在个人账户自愿支付的浙江省,惠民保参保率均超过15%,其中,政府积极推动的丽水、衢州和杭州等地的参保率分别高达85%、65%和45%。

不过,在2020年,惠民保刚刚兴起,各地政府对这类新事物的理解和支持程度并不一致,多抱有不反对、不主导的态度。很多地方的惠民保在没有得到当地政府相关部门支持的情况下上马,往往面临销售难、服务难和监管难三重窘境。个别地方的市场主体为了推广该产品,甚至在没有得到政府明确支持的情况下,就打出了政府的旗号,一度在业界引发争议。

随着惠民保知名度的提升,从2020年底开始,越来越多的地方政府开始意识到惠民保的优势,逐步加大了对于惠民保的关注度和支持度。

为何这些政府对惠民保项目的热情只增不减?业内人士直言:"医保报销不了的东西可以往惠民保这个商业保险的池子里放,后期投保价格可以上调,可以缓解医保基金的压力。"

2020年,我国基本医保基金整体收支平稳,总收入24638亿元,总支出20949亿元,累计结存3689亿元,但鉴于地方经济发展不均衡,落后地区基本医保筹资承压,资金缺口压力显得尤为突出。

与此同时,近两年,国家鼓励商业健康险发展的政策频出。例如,2020年12月9日,国务院总理李克强主持召开国务院常务会议时指出:"做好与基本医保等的衔接补充,鼓励保险公司将医保目录外的合理医疗费用纳入保障范围。"

而惠民保作为补充医疗保险的重要产品类型,因此得到了各地政府越来越多的重视。

商业化色彩渐渐暗淡,惠民保,是商业医疗险的"鲢鱼"还是"鲨鱼"

惠民保发展如火如荼,业内人士预计,经过前期的推广,按2020年超4000万人的参保人数续保匡算,2021年惠民保参保人数或将突破7000万人;未来3年,惠民保可能覆盖200多座城市,或超8亿人参保,件均达到180元。

随着各地政府的深度参与,各地银保监局、行业协会逐步介入惠民保规范的制定,甚至以"医保支持+个账支付"的模式运行。在一些业内人士看来,惠民保至少在运营模式上越来越像第二款"大病保险"。对于其中的商业保险机构而言,如何在社会保险和商业保险融合发展中找到平衡的创新模式成为一大难题。

对于政府等相关部门对惠民保类业务的深度介入,业内也表现出截然相反的两种态度。

一是"鲨鱼"派。有业内人士质疑,惠民保逐步"社保化"后,或将进一步挤占商业健康险的发展空间,成为一条"鲨鱼"。事实上,诸如深圳、金华等地的政策都明确指出,惠民保要以"保本微利"的方式运营,这与对"大病保险"的要求相同。在这种模式下,惠民保要想守住盈亏平衡点并不容易。

二是"鲢鱼"派。也有人士认为,惠民保开创了社商协同的模式,更像一条"鲢鱼",对于商业健康险,尤其是商业医疗险的发展将发挥一定的"鲢鱼效应"。业界担忧,"保本微利"实

际是对商业健康险的长期发展演变趋势缺乏清晰的认知。

众托帮创始人兼总经理龙格表示，截至目前，中国健康险的利润率较高，导致很多人认知不清晰，潜意识中认为商业健康险应该一直保持如此高的利润率才正常。但从美国健康险市场的表现来看，大多数公司的健康险承保业务是长期亏损的，即便是经营最好的信诺，其利润率也只有4.7%。长期来看，商业医疗险的利润率在5%左右是比较适合的。

无论怎样，惠民保的大发展，显然离不开政府等相关部门的支持，包括但不限于提供当地的医保数据来进行精算和风控建设，从而为惠民保可持续化运营提供重要支撑。行业普遍希望由政府来开放脱敏后的医保数据、建立行业规范等。

为赢得相应支持，不少保险业界人士在"两会"期间也纷纷发声。例如，全国政协委员、原中国保监会副主席周延礼在一份关于促进惠民保规范发展的提案中，就建议加强顶层设计，给惠民保定性定位；利用医保大数据为惠民保项目提供支撑；建议保险公司克服短期行为，在精细化道路上走深做实；同时，在条件成熟地区，开发试点两种惠民保产品模式，即可持续"普惠型社商合作共保模式"和"普惠型社商合作补充险"。

全国人大代表、湖南大学风险管理与保险精算研究所所长张琳也建议，将惠民保提升至补充医疗保险范畴，建立社商兼容的普惠型补充医疗保险，并建议由国家医保局牵头研究发展规划，建立目标鲜明、层次清晰和功能明确的普惠型补充医疗保险机制。

来自保险公司的全国人大代表、中国太保寿险上海分公司副总经理周燕芳则建议，明确惠民保的业务定位，从政府定制转变为市场化运作。

除此之外，周燕芳也认为，要形成惠民保可持续发展的制度支撑，应出台相关文件规范业务开展；推进医保与商保的数据共享，为科学定价形成数据支撑；配合区域一体化及医疗保险统筹层次的提高，探索区域型城市定制型商业医疗保险。

沪惠保两月赔付过亿元，大多数城市首年赔付率不足50%，惠民保距离"最理想健康险"还有多远

2021年9月28日

暴发于2020年的惠民保，在进入2021年后，依旧势不可当。就在近日，多个城市相继发布惠民保项目，德州惠民保、威海威你保、济宁济惠保和自贡贡惠保等纷纷正式官宣。

尤其是2021年4月上海发布的沪惠保，739万人参保，首年参保率高达38.49%，创下中国城市定制型商业医疗保险首年参保人数之最。在沪惠保的影响下，北京7月上线北京普惠健康保，强劲的宣传势头之下参保人数已超240万人。

据业内不完全统计，迄今已有24省85地的172款普惠险产品上线，9200万人参保，累计保费收入110亿元。其中，仅2021年上半年的参保人数和保费收入便已经超过2020年。

与2020年相比，2021年的惠民保无疑更具看点，诸多地区惠民保项目已经进入第二个投保年度，续保率在某种程度上预示着惠民保的未来。

允许带病投保、政府主导下要求赔付率必须高企、政府背书将渠道费用降至极致……由于这些普遍具备的特质，惠民保被认为将成为我国最理想的商业健康险范式，从第二轮投保情况来看，现实与理想还有多远？

赔付率的差距：沪惠保正式运行两个月赔付过亿元，而大部分城市首年赔付率尚不足50%

综观各地正在运行的惠民保，赔付情况可谓冰火两重天。

近日，沪惠保公布的理赔数据显示。截至2021年9月17日17时，沪惠保生效两个多月以来累计赔付保险金额1.28亿元，累计受理理赔服务共25400人次。而此前7月29日公布的首月理赔数据显示，截至7月29日，沪惠保总受理件数为3995件，累计赔付金额2111万元。

两组数据相比，两个多月时间，理赔服务数量暴增将近6倍，赔付金额环比高达406%，而其总保费收入也只有8.5亿元。

一时间，保险圈开始喧嚣。"照这么赔下去，沪惠保还能撑多久"的声音甚嚣尘上，不少人预测沪惠保首个承保年度或将严重亏损。但也

有人为其竖起大拇指:"这才是真正的商业健康险。"

究其原因,从产品形态来看,该款产品的医保外自费部分毫无范围限制,比如医保三个目录中,药品目录总量2800种,而自费药品总量多达19万种,其中大量的新药、昂贵药都在自费药品之列,诊疗项目目录和医疗服务设施目录中,多达数万种项目限定了医保支付上限,上限以上就是自费的范围。

与沪惠保理赔激增形成鲜明对比的是,大部分城市的惠民保首年赔付率不到50%。

以浙江某城市惠民保为例,该款产品正陷入赔不出去的焦虑中。2021年,该产品参保人数470万人,保费收入突破7亿元,但承保5个月以来,赔付金额仅为1亿多元。

该产品赔付率较低,是因为在保障责任上作出了较多的限制。2020年是惠民保暴发的第一年,由于行业没有太多经验供参考,同时也出于长期可持续性考虑,各家保险机构在做产品精算时都相对保守,导致很多惠民保项目在免赔额设置上偏谨慎。

惠民保赔付率过高,商业保险公司会面临亏本、破产的可能,赔付率过低,参保人群得不到足够保障,保险公司又会面临死亡螺旋加速,影响惠民保可持续性的问题,如何取舍似乎考验着各方参与者的判断力。

但答案是显而易见的,惠民保,尤其是政府定制的惠民保,其强烈的民生色彩决定了,赔付率一定不能低。实际上,很多政府定制惠民保时都对赔付率提出了很高的要求,包括80%、85%、90%,乃至95%以上。高赔付率对于惠民保,尤其是政府定制惠民保,是一项必须达成的目标。

续保率的差距:有升有降,降低免赔额、提升赔付比例及扩目录、扩服务范围成惠民保提升续保率主要策略

从惠民保第二轮续保来看,各城市的续保率有增有降。有统计显示,已结束第二轮续保的惠民保产品中,成都惠蓉保和苏州苏惠保参保人数有不同幅度的增加,另有一些城市均出现了小幅下降。

例如,珠海"大爱无疆"2021年参保人数由103.95万人降至75.98万人,其中有45万人脱保。业内人士解释称,这是因为珠海第一年采取账户自动扣缴方式,第二年则采取自愿参保方式。同样,由政府强主导的佛山,参保人数也由95万人降至80余万人。

除了政策的变化,赔付率低、获得感差也是导致续保率走低的一个原因。因此,降低免赔额、增加特药品种,扩大投保范围、提升赔付比例,已经成为2021年各城市惠民保吸引投保的主要策略。

例如,9月15日发布的潮州市民保项目,在保费59元不变的基础上,保障责任进行了"一升一降两扩展",即社保范围内住院医疗费用与特定高额药品费用赔付比例由75%升级到80%;免赔额由2万元降低到1.5万元;允许带病投保;将住院合规药品费用和检验检查费用纳入保障。

健康增值服务逐步增多也是惠民保的一大亮

CHAPTER 4 | 大健康·失速与蓄力

点。例如，北京普惠健康保包含出院后5次复查陪诊或上门护理服务，服务人员为执业护士；深圳惠民保包含50元急诊报销金，65周岁以上参保人有9次健康咨询服务和指定健康产品现金抵扣券；广州穗岁康覆盖住院、门特、门诊和癌症筛查，承保包括治疗费用、药品费用、检验检查费用、特殊医用耗材费用和指定病种筛查费用；四川内江甜惠保，被保险人可享受包括配送及用药咨询等。

此外，通过梳理重点城市的"惠民保"不难发现，越来越多的药物开始被纳入目录。例如慢性疾病，2021年7月底推出的"北京普惠健康保"就将小干扰核酸降脂药纳入报销范围；又如高额特药，东莞市特定高额药品目录从20种扩展到30种；2021版惠蓉保由2020年的20种增加到38种，抗肿瘤药物针对的适应症也显著增多，由22种增加至48种。

承保主体的差距：中小型公司边缘化，头部效应显现，市场或将逐步走向垄断竞争格局

从惠民保的承保方来看，从2020年下半年开始，很多城市的惠民保逐渐向头部保险公司集中，这一趋势在2021年更加明显，而在此之前，一些地方性保险公司还可凭借地方政府资源优势，在惠民保项目中占据主导地位。

以北京两款惠民保产品举例，2020年的京惠保，由北京人寿和安盛天平承保，其均为中小型公司；2021年，北京医保局定制的普惠健康保，承保方则全部变为大型公司，包括人保财险、国寿财险，以及泰康养老、太保寿险、平安产险等。

此外，近期落地的威海威你保、自贡贡惠保、济宁济惠保等产品也都由头部保险公司及其旗下子公司作为承保方。虽然部分项目中仍然能见到中小型公司的身影，但总体而言在其中的作用和地位愈加边缘化。

业绩重压下，头部保险公司对于细分市场的兴趣渐浓，与此同时，政府越来越多地介入惠民保的定制中，头部保险公司在政保业务方面的资源优势也得以凸显。

在这种局面下，中小型公司在惠民保市场中将受到一定挤压，生存空间进一步被压缩。中小型公司开路的差异化惠民保，其赛道已经挤满了巨头的身影。业内人士预判，惠民保这一市场，未来或可能形成垄断竞争的格局，几家大而强的保险公司将占据市场主要份额。

三大"独角兽"年融资近百亿元，多家企业扎堆IPO，这一火爆"赛道"将怎样改写健康险格局

2021年8月16日

2021年大健康"赛道"创业企业出现扎堆上市潮。其中，包括三家与保险公司合作密切的独角兽企业：思派健康科技、圆心科技、镁信健康，三家公司近一年时间融资已近100亿元，近日又发布IPO计划。

事实上还不止于此，多家大健康"赛道"的创业企业包括医渡科技、微医、水滴、推想医疗和零氪科技等也都已经在2021年上半年成功上市，或者发布了招股书（零氪科技已终止）。

值得注意的是，上述不少创业企业实际上已经将保险作为重要的业务发展方向。根据微医此前透露的数据，2016年，其保险业务营收占比就已经达到30%；而根据思派健康科技披露的招股书，目前其仍以卖药为主业，但就毛利率而言，与保险公司关系密切的PPS业务（供应商与支付方解决方案）最高，高达36.5%。

大健康这一超级"赛道"，注定会招来更多竞争对手的蚕食。而在以综合健康服务解决方案取代单纯保险支付的大趋势下，商业健康险也势必与其他第三方平台展开更加密切的合作，如何构建自身的核心优势，避免沦为单纯的支付服务商就显得至关重要。

医药险"赛道"三大独角兽竞逐IPO：思派健康即将赴港IPO，圆心紧随其后，传镁信健康也将在年底上市

2021年8月6日晚间，"腾讯系"思派健康科技正式向港交所递交招股说明书，由摩根士丹利、中金公司和海通国际担任联席保荐人。

事实上，从2021年2月思派健康科技宣布完成近20亿元E1轮融资后，3月就传出其拟在下半年赴港上市、计划募集10亿美元的消息。如今，上市计划终于有了实质性进展。

思派健康科技作为医疗健康管理平台企业，备受众多资本青睐。截至目前，思派健康科技已经完成7轮融资，融资总额超30亿元。

人口老龄化下，医药健康领域渐渐成为资本最青睐的创业"赛道"之一，2020年新冠肺炎疫情暴发，又大大加速了这一历史进程。打通

CHAPTER 4 大健康·失速与蓄力

"医""药""险"三大板块,提供一揽子医药健康解决方案的模式彻底火了。

就在思派健康科技递交招股书后不久,与其处于同一"赛道"的两家直接竞争对手圆心科技以及镁信健康也相继发布了IPO计划以及新一轮的融资信息。

圆心科技宣布在2021年8月3日完成超过15亿元的F轮融资。本轮融资由红杉资本中国基金、Springhill、B Capital Group、Hel Ved、Orbimed、UOB、易方达、ABI资本、中银国际、策资本、中信证券、鲲翎资本、未来启创和指数资本等联合投资,指数资本继续担任独家财务顾问。

2021年8月12日,证监会国际部披露了关于圆心科技的《境外首次公开发行股份(包括普通股、优先股等各类股票及股票的派生形式)审批》材料。一旦获得受理,就意味着圆心科技很快将在港交所递交招股书。

紧随圆心科技之后,镁信健康也正式宣布完成超20亿元C轮融资。本轮融资由博裕资本、建峮实业投资联合领投,礼来亚洲基金、清池资本、中银投、AIHC领健、光大控股、上海联新和中金公司等为本轮跟投方,老股东上海生物医药基金、创新工场、华兴新经济基金和远毅资本等继续加持。有媒体称,其计划于年底IPO。

根据『慧保天下』的统计,仅最近1年时间内,思派健康科技、圆心科技和镁信健康累计获得的融资总额已经接近100亿元,红火之程度可见一斑。

从思派健康科技招股书披露的数据来看,这些公司营收增长迅猛,2018年、2019年、2020年营收分别为1.33亿元、10.39亿元、27亿元,2021年第一季度营收为7.65亿元,同比增长依然高达64%。

不过其亏损也在逐年递增。招股书显示,思派健康科技2018年、2019年、2020年分别亏损2.42亿元、5.96亿元、10.42亿元,3年累计亏损18.8亿元。而值得注意的是,2021年第一季度其净亏损15.73亿元,而2020年同期仅亏损2.17亿元。

人口老龄化加速,大健康"赛道"上市企业10年翻一番,遵循增量市场逻辑

实际上,从2014年阿里健康借壳上市、2018年平安好医生挂牌港交所作为标志性事件开始,我国大健康领域的创业公司IPO就进入热潮,2019年仅中国医疗健康领域的IPO数量就达到38起,2020年更是达到63起。

2021年上半年,除上述三家独角兽外,已有多家医疗健康领域企业递交上市申请或已完成上市:

2021年1月15日,主攻医疗大数据和人工智能(AI)技术的医渡科技成功登陆港交所。

微医于2021年4月1日向港交所提交上市申请,预计其市值超千亿元,目前尚未正式登陆港股,正在走港交所上市流程。

2021年5月7日,立志打造健康保障生态的水滴正式登陆美国纽交所IPO。

2021年8月9日,利用人工智能和深度学习技

术提供"筛、诊、治、管、研"医疗全流程智慧解决方案的推想医疗也向证监会国际部递交了《境外首次公开发行股份（包括普通股、优先股等各类股票及股票的派生形式）审批》，启动赴港上市流程。

医药健康领域的企业之所以会扎堆上市，一方面，缘于公司发展多年，融资多轮，业务发展快速，同时资本消耗巨大，已经到了上市的关头；另一方面，随着局势变化，不少公司担心政策生变，希望能尽可能早地推进上市计划。

值得注意的是，就在近期，阿里健康、淡马锡投资的医疗科技公司零氪科技在2021年6月15日向美国证券交易委员会递交招股书后，却于7月9日晚，忽然紧急暂停IPO。此前的7月2日，国家网信办发布了网络安全审查办公室关于对"滴滴出行"启动网络安全审查的公告。

将时间线进一步拉长会发现，大健康"赛道"火热并不是这一两年的事情。事实上，伴随着人口老龄化进程的提速，大健康领域一直遵循增量市场逻辑。有媒体统计，医药大健康行业A股上市公司已经达到300家以上，港股也已经接近200家，相较于10年前，已经增长1倍以上。

不同"赛道"的企业核心优势不同，医、药、数据、技术、保险等不一而同

大健康"赛道"的火热并不意外，马云曾表示："下一个能超过我的人，一定出现在健康产业里。"按照2020年我国大健康产业规模达到10万亿元，2023年将突破14万亿元的速度计算，仍将有大量的独角兽在这一"赛道"产生。

大健康产业容量巨大，容纳的企业也注定会非常庞杂。有券商认为，仅就互联网医疗企业而言，可以细分为医疗服务、医药流通、健康管理、科技升级和医疗保险五条"赛道"。处于不同"赛道"的企业从各自的核心业务出发，构建起属于自己的产业优势。

就上述提及的几家拟上市或已经上市的企业而言，其大致可以划分为以下几类：

一类企业的核心优势在于"药"。零氪科技名义上为医疗大数据公司，但其实仍以"卖药"业务为主。此外，在医药险领域全面布局的思派健康科技、圆心科技及镁信健康，其共同点是创始人基本都有药企从业经验，从"药"起步，逐步涉足药物流通、药品福利及医疗保险等业务领域。

思派健康科技颇有典型性，其成立于2014年，由曾任拜耳肿瘤特药组全国市场销售负责人的马旭广和同在拜耳工作过的李继等人一起创办。创业初期，首先将业务聚焦在肿瘤领域，发展至今，其已打通患者、医疗机构、药企及保险支付，拥有了三条业务线，包括医生研究解决方案（PRS）、药品福利管理（PBM）及供应商与支付方解决方案（PPS）。

二类企业的核心优势在于"医"。例如，平安好医生、微医都通过自建医生团队，或者整合线上线下医疗资源，搭建服务平台，为C端用户及B端用户提供支持。

三类企业的核心优势在于数据。例如医渡科技，根据安永报告，2019年医渡科技的收入在中

国所有医疗大数据解决方案提供商中排名第一，市场份额为5.0%。

四类企业的核心优势在于技术。典型如推想医疗，其主营业务为利用人工智能软件分析DR、CT及MRI等医学影像数据，为医生提供精准、高效的辅助诊断工具，提高医疗诊断的精准度。

五类企业则是以保险业务为优势。典型者如水滴，目前其大健康保障生态还在构建中，仍以保险中介业务为主业。

纷纷视"保险"为核心增长引擎，这些独角兽或将改写商业健康险市场格局吗

值得注意的是，虽然在上述各大健康"赛道"上独角兽企业的核心优势不同，但在大健康领域，为客户提供综合服务解决方案的行业发展大趋势下，不少公司已经将提供支付服务的保险视为核心业务来抓。

以思派健康科技为例，其拥有三大业务主线：医生研究解决方案（PRS）、药品福利管理（PBM）及供应商与支付方解决方案（PPS）。目前，药品福利管理，即"卖药"为其绝对主营业务（目前旗下拥有81家特药药房），医生研究解决方案次之，供应商与支付方解决方案业务占比最低。

尽管如此，与保险公司关系密切的供应商与支付方解决方案业务却是毛利率最高的。数据显示：2020年思派健康科技PRS板块营业收入1.85亿元，毛利21.2%；PBM板块营业收入24.82亿元，毛利5.5%；PPS板块营业收入0.32亿元，毛利36.5%。

思派健康科技旗下拥有远通保险经纪。近年来，其在特药险、惠民保的发展方面表现活跃，与很多保险公司开展过深度合作，曾参与2020年的广州、成都和烟台等地的惠民保项目。

其实不只是思派，对于其他在医药健康领域布局的科技公司来说，保险业务也都是非常重要的。

2020年底的一份资料显示，圆心科技2020年下半年，先后主导或参与了宁波、海南、山西、天津、河北和福州等10余个省市的惠民保险项目。

另一份公开资料则显示，2019年底以来，镁信健康已经参与杭州、苏州以及广东省等地区30多个城市的惠民保项目。

除上述三家保险业界较为熟悉的科技公司外，其他类型的医药健康科技公司也已经参与进来。

面对庞大的大健康"赛道"，不同企业从不同细分领域切入，而商业保险公司作为重要的支付手段，势必也将在其中占据重要地位。按照《关于促进社会服务领域商业保险发展的意见》，2025年商业健康保险市场规模要力争超过2万亿元。

对于商业保险公司而言，面对来自各"赛道"的合作者和竞争者，必须面对的问题是：在商业健康险发展越来越重视服务的当下，各个"赛道"的独角兽最终会对商业健康险市场格局产生哪些影响？而保险机构又该如何避免沦为单纯的支付服务商？

每家人身险公司都有一个"联合健康"梦？该醒醒了

◎ 布懂斯基 | 2021年7月13日

谁能想到医疗体系原来这么复杂——特朗普在2017年2月召集多家健康保险公司高管开会后的抱怨。

"联合健康"四个字，仿佛成为健康险最近的一种信仰。

这也难怪，联合健康2020年市值超过2.1万亿元，在全球保险公司榜单中位居第二（仅次于股神巴菲特的伯克希尔·哈撒韦），几乎相当于1.5个平安。2020年净利润为154.03亿美元，在新冠肺炎疫情环境下鹤立鸡群。

其健康管理产业链和管理式医疗实现了医疗控费和资源整合，无论是对医疗机构还是对消费者，都拥有强大的话语权。这让饱受渠道费用和逆选择折磨的我国健康险公司艳羡不已。

从保险公司排行榜来看，排上号的健康险公司全都是美国的，这背后恐怕不仅仅是经营能力的问题，更有着深刻的制度原因。

为什么奥巴马对医保搞不下去，举个例子就能说明。2016年4月，联合健康宣布退出奥巴马医保的"平价医疗法案计划（ACA）"，原因是加入这个计划导致5亿美元的亏损。联合健康时任CEO赫姆斯利评价这个计划"市场份额小，经营风险高，持续时间短"。

美国总统最寄予厚望的医保计划，终是挽留不住最大的健康险公司。

美国管理式医疗赫赫声名的背后，是全民医保制度的缺位，以及横亘在医生头上的冰冷指标，它让健康险成为阶级分化的外在标志之一。这也从反面注定了在我国的制度土壤内，管理式医疗只能戴着"镣铐"跳舞，更不可能诞生出联合健康这样的巨头。

本文试图从那些故事里，探寻出不同制度体系下，管理式医疗看似雷同却迥异的发展道路。

阶层隔阂

这哪里是第三世界，这根本就是冥界。——《破产姐妹》中麦克斯评论如此地铁站诊所。

经典美剧《老友记》第六季第四集里，演员乔伊因为年度工作时间不够，暂时失去了公司提供的医疗险，结果他得了疝气也不敢去医院，只能捂着肚子痛苦地去拍戏，贡献了整整半集的笑点。

若干年后的另一部火爆美剧《破产姐妹》，讲述了一段类似的剧情。女主角凯若琳失去了有医疗险的工作，在她得了过敏症后，只能去"免费诊所"就诊。诊所内肮脏凌乱，汇集了三教九流之徒，却并不免费，凯若琳需要自付250美元的血检费用，这让她在之后一段时间里不得不节衣缩食。

两部美剧相隔了17年，然而关于健康险的核心矛盾却并未改变：有没有健康险，在美国这个超级大国里，赫然成为区分阶层的标志之一。幸运的凯若琳只是得了普通过敏，相比之下，2007年纪录片《医疗内幕》中的中产夫妻唐娜和拉里就没那么好运了，他们为了治病被迫卖掉房子，搬到女儿家的储物室去住。

电视剧中的一个细节值得关注："免费诊所"里的一次普通血检就需要250美元，可想而知在大医院里，医疗费用是多么可怕。为了对抗可怕的赔付，管理式医疗应运而生。

巨头合纵

在管理式医疗的世界中，本来就是人善被人欺，马善被人骑。——《致命操纵》。

美国北达科他州，一台胃肠手术的平均价格不到3万美元，然而在加利福尼亚州，同样的手术价格却是12万美元。背后原因是，北达科他州的双蓝保险机构联合占据了90%的医疗支付市场，话语权很强，而加州的保险公司一盘散沙，没啥话语权。

没有话语权的代价，就是被医疗机构拿走每台手术9万美元的超额利润，而这笔钱最终会变成保费，转嫁给每一位参保人。要争取话语权，最有效的方式之一就是抱团聚力，以支付者的身份对医院进行强势管理。

美国管理式医疗下，保险公司和医生之间建立了利益合约、费用包干和共担风险等机制，曾经较好地解决了医疗高投入、低产出的问题。在合同约束和激励下，医生纷纷成为控费助手，让保险公司享受了丰厚的利润。全球TOP100上市保险公司中，虽然只有10家健康险公司，但平均每家市值已达4151亿元，远高于其他类型上市保险公司，联合健康和信诺昂然进入营收及净利润排名前五位。

控费的尽头是拒赔。随着时间的推移，管理式医疗出现了治疗不足、医患沟通不畅和过度管控诊疗等问题。20世纪90年代末，甚至出现了抵制管理式医疗的运动，许多民众认为降低的医疗费用并没有给投保人带来效益，反而成了资本家口袋中的利润。

纪录片《医疗内幕》将矛头直接指向管理式医疗下的严苛理赔制度，其中有句台词相当令人震惊，采访者问保险公司员工："那份让人拿不到保险金的列表有多长？"回答是"能把房子绕一圈"。

这样的管理式医疗，显然在我国是难以想象的，用一句古话来说，"道不同不相为谋。"

螺旋抉择

> 我们不会让社会主义毁掉美国的医保。——特朗普在2020年2月的国情咨文中批评全民医保计划。

细看榜单便能发现,那些位居百强榜的健康险公司,绝大部分是美国的。

是美国人有钱、爱健康,养得起这么高市值的健康险公司吗?恐怕不是。关键原因是,美国没有全民医保体系,绝大多数美国人的就医质量,被健康险牢牢攥住,别无他选。

"死亡螺旋"是健康险挥之不去的阴影,就是健康参保人不断退出、费率提升和促使新的健康者退保的恶性循环。应对方案有以下两个:一是用低保费实现广覆盖,但对于昂贵的治疗只能有所放弃;另一个是用高保费维持小众市场,满足少部分人的昂贵治疗需求,但需要抛弃另一部分人。

这何止是健康险的选择,更是一国治理者的抉择。

美国毫不犹豫地选择了第二种方案,造就了一批健康险巨头,副作用就是大量人没有保险,尤其在经济萧条时更为严重。新冠肺炎疫情中,对65岁以下失业成年人的统计显示,仅在得克萨斯州,无医疗保险的人数就从约420万人激增至约490万人,相当于每10个失业成年人就有3个没有保险。而在没有扩大医保覆盖范围的13个州,这个比例高达43%。

而我国在人均GDP只有美国几十分之一的时候,选择了社会保险为主、商业保险补充的制度,从此也走上了漫漫医改路。

21世纪之前的医改推行市场化改革,一个副作用是个人负担增加。到2001年时,个人卫生费开支比例达到60%左右。这背后是国家整体资源匮乏的无奈,一直到2003年之后,积攒了底子的我国终于让政府卫生开支占比触底反弹。

随着筚路蓝缕时代的过去,这一道路终于打开了越来越大的操作空间。

赔付博弈

> "4.4元中国人觉得难听,再降4分钱。"——2019年11月医保局专家对"达格列净片"的灵魂砍价。

股神巴菲特在谈论美国新冠肺炎疫情的时候就指出,美国支付17%的GDP在医保上,很多国家超不过11%,然而疫情来袭时美国死亡人数占全国人口的比例比好多国家都要高。即便是一直高呼"做多美国"的巴菲特,也承认美国医保投入很大却没有得到很好的效果。

与之相反,我国的医保体系在渡过难关之后,开始形成了强大的议价权,2019年11月医保局专家对糖尿病药物"达格列净片"的灵魂砍价,将国际价78元砍到4.36元,引发一片叫好。2020年,心脏支架在灵魂砍价之下告别万元时代,结束了又一个医疗细分行业的暴利历史。

这种强大的议价能力和报销能力,让美国的管理式医疗也艳羡不已。"制度自信"四个字,开始显露出威力。

在我国医保广覆盖之下，商业健康险的定位更多是补充和增厚。2016年百万医疗险一炮打响，以低价、高赔付和超医保范围为卖点，迅速填补了中端健康险的空白。但业绩的光芒并不能掩盖背后的风险。从国际成熟市场看，稳定发展的健康险赔付率为70%~80%，甚至更高，然而根据我国披露的2020年个人短期健康险数据，大部分主体的赔付率在50%以下，与之相对的则是费用率高企。

这一方面表明我国健康险正在激烈竞争，尚未形成抱团格局和议价能力；另一方面，说明大量赔付风险还远未暴露，对消费者的回馈明显不足。如果赔付率提高到国际水平，势必会造成大面积承保亏损。相比之下，由保险公司承办的大病保险，在很多地区将赔付率锁定在80%~90%，以确保对参保人的保障水平，孰轻孰重，不言而喻。

简单来说，在医保系统扛下医疗开支庞大的底部、医疗需求和购买力远未充分释放的环境下，我国商业健康险还没有真正体验到"死亡螺旋"的可怕。根据世界卫生组织数据，2017年我国卫生总费用占GDP的比重为6.43%，只排在第96位，而OECD国家的平均水平为9.1%，如果我国提升到OECD水平，将新增存量一半左右的风险敞口。

未雨绸缪之下，不少健康险主体高呼"成为中国的联合健康"口号，在健康生态"赛道"一路狂奔，希望从大洋彼岸的巨头身上，找到绕过巨坑的道路。

成长之路不仅要有"术"，更要有"道"。

术道之别

保险必须跟着国旗走。——《友邦背后的金融帝国》。

1974年，美国的一群医生和保健人士成立了CMI公司，希望为客户扩大保障范围，3年后联合健康成立，并成为CMI的母公司。1984年联合健康在纽交所上市，并定位为医疗行业中的技术和服务公司，从此开启了健康保险历史上的传奇。之后联合健康在资本市场纵横捭阖，经历了几十次收购兼并，形成了健康险和健康服务两大业务板块。到2018年，联合健康的营收已经超过了通用汽车，与苹果公司几乎相当。

若论医疗起家、横跨保险的发展轨迹，我国部分互联网巨头的确有些联合健康的影子，一些保险公司也在整合医疗供给方面激昂前行，但仍然要看到外部环境的截然不同。在供给侧，联合健康对于医疗机构有强大话语权，而我国的医疗供给由医院主导，医院牢牢掌握产业链命门，保险机构基本没有谈判能力。在需求侧，社保才是向医院支付的大头，商业保险难成气候，控费诉求又与医院的经营目标相背离，很难获得医院认可。当年，哈门那公司在管理式医疗中毅然剥离了医院。

哪怕是话语权强大的联合健康，也难以逆转医疗费用"高速通胀"的趋势，一个"短、平、快"的阑尾炎手术，在美国医院的账单是3.96万

美元,而在北京的三级医院,总费用只有五六千元。这背后是我国的医生技术劳务价格在政策管控下明显偏低,一旦价格回归正常市场水平,以商保公司可怜的议价权,恐怕只能望洋兴叹。

就算是财大气粗的联合健康,如果真的像社保一样放手承保,恐怕后果也会很惨。在奥巴马医改后的阿拉巴马州,双蓝公司是参与贫困人口保险的唯一一家公司,而这些保险每收取1美元保费就要支出约1.2美元,畸高的赔付率让任何公司都欲弃之而后快。正如本文开头所引用的电视剧剧情,穷人更容易生重病,而一旦放开保险,释放的保障需求很可能冲垮脆弱的防线。

联合健康也因为奥巴马医保的实施,在2015年第四季度出现2.75亿美元的亏损。经历了5亿美元亏损后,联合健康在2016年4月果断宣布退出平价医疗法案计划。由此看来,这个巨头也没有想象中的那么神。

反观我国健康险尤其是百万医疗险这两年的骄人增速,源自压抑已久的保障需求、政策管控下的低医疗服务价格,以及强大医保体系的议价权红利。曾经红极一时的网络互助进入关停潮,获得政府信用背书的惠民保却异军突起,已经说明在医疗领域,光靠资本难以为继。

管理式医疗早已不仅仅是单纯的市场行为,科技手段、投保筛选、风险共担和付费协议等,只是"术",隐藏其后的意识形态才是左右发展方向的"道",它决定了风险管理的利益流向何方,更代表了治理者对民生的态度。

国运民生

"如果你知道金钱有的时候就像刽子手,那么就会发现金钱也能够拯救生命。"——美国纪录片《医疗内幕》。

2007年12月,信诺公司拒绝了一位叫娜塔莉恩的17岁少女肝脏移植手术的申请,理由是其家里有两套房子。尽管其父母已经对少女进行了肝活检切片,满足了理赔程序的审查要求,但信诺仍然坚决拒赔。

此事迅速引爆美国舆论,大众与媒体纷纷谴责,信诺拖延多日后终于答应"破例"支付保险金,但已经太迟了,就在信诺作出支付决定的当天晚些时候,这位少女离开了人世。

与少女离世形成鲜明对比的是,信诺前董事长兼CEO威尔逊·泰勒拿着超过2000万美元的高薪,在宾夕法尼亚州东部拥有一座24个房间的豪宅,豪宅内有一个"不可思议的法式厨房",以及一所"为孙子和孙女所建的小屋",小屋的石柱是从欧洲进口的。

不少企业想做中国的联合健康,或许还有一个原因:联合健康CEO赫姆斯利曾以1.02亿美元的年收入跻身福布斯高管榜单。只不过在中国的环境下,或许能够移植健康管理服务的运营模式,但恐怕很难允许移植天价高薪。

国家要求病有所医,民众要求物美价廉,医院要求减负增收,资本要求高额回报。大国国运和小民生计，在医疗保障的十字路口交汇，而最终的抉择，是意识形态的体现。对于管理式医疗，谁管谁，怎么管，令从何来，利向何处，都将被这个抉择决定，进而影响到千万个家庭的切身利益和一个产业的发展方向。

1945年4月，毛泽东在《论联合政府》报告中提出，推广人民的医药卫生事业。

1954年4月，毛泽东在《中央关于各级党委必须加强对卫生工作的政治领导的指示》中指出，卫生工作是一件关系着全国人民生、老、病、死的大事，是一个大的政治问题，党必须把它管好。

66年后的2020年12月，国务院常务会议提出，支持开发更多针对大病的保险产品，做好与基本医保等的衔接补充，提高城乡居民大病保险保障能力。促进开发适应广大老龄群体需要和支付能力的商业医疗保险产品，鼓励保险公司将医保目录外的合理医疗费用纳入保障范围。

硝烟烽火已朦胧，亿兆生灵同一梦，蓦然回首来时路，几度风雨见彩虹。

医疗，这出人类舞台上永不落幕的戏剧，不停地上演着效率与公平的博弈、体制与市场的较量、补供与补需的拉锯和资本与人性的对抗。管理式医疗固然是一把趁手的兵器，但那个承载了14亿人、能对医药巨头说"再降4分钱"的医疗险制度，才是真正穿越狂风暴雨的巨轮。

就像毛主席所说的，这不是懂不懂医的问题，而是思想问题。

世界头号健康险公司是怎样炼成的

◎ 水木完颜 | 2021年10月27日

近年来，我国商业健康险步入了快速发展阶段，但在规模迅速扩大的同时，很多健康险机构面临赔付率居高不下、医疗成本难以控制和专业技术水平不足等问题。

因此，有必要对发达国家健康产业的成熟运作模式进行回顾总结，为我国商业健康险的发展方向和手段提供建议。首先从美国健康险巨头、全球最大的上市健康险公司（按市值）联合健康集团说起。

美国联合健康集团公司（以下简称联合健康）是一家多元化的医疗健康管理供应商。2020年，联合健康的营业收入为2571.41亿美元，同比增长6.19%，全年股东净利润为154.03亿美元；2016—2020年ROE复合增速为20.20%，显著高于传统的寿险公司。

联合健康成功将保险作为一种支付方式打通了整个健康产业链，形成健康管理闭环，使用户信息和资金在产业链体系内高效快速地流动。

接下来笔者将选取联合健康这一庞然大物的一个切面，以产品服务创新、技术创新和组织架构创新为三个关键点，考察联合健康的发展经验。

其一，产品服务持续创新迭代，不断寻找并创造新的盈利增长点

任何事物的发展都必须经过起步阶段，联合健康在40多年的发展历程中，一直走在健康险公司的前列，积极探索新的健康保障模式，不断创新求变构建企业的盈利增长点。

回顾联合健康发展的起点，1979年，联合健康拿到联邦认证，对美国医保体系进行创新，试图为Medicare（美国公费医保的一类，为65岁以上老年人提供医疗险）提供可供替代的市场产品，推出了第一款针对老年人的健康保险产品。

1988年，联合健康创造性地首次推出了现代药店福利管理（Pharmacy Benefits Management，PBM）业务，通过规模优势与药企和药店进行价格谈判，通过其子公司Diversified Pharmaceutical Services将福利设计与零售药店网络联系起来并提供药品零售或邮寄服务，从而降低了获得处方药的成本。

CHAPTER 4 大健康·失速与蓄力

此后，联合健康在技术手段方面的创新也助推其商业模式不断进化：推出移植器官网络（1989）帮助患者匹配医生和机构；推出AI智能系统（1996）优化索赔审查流程；使用Web技术（2000）帮助简化医生服务；建立临床数据库，收集医疗保健数据；等等。

2018年，联合健康推出帮助简化患者计费并提升诊疗成本透明度的Optum360在全美境内80%的医院使用，处理超过650亿美元的健康服务和健康险相关业务。

同时，联合健康不断大量收购兼并健康服务和健康险公司，形成产业链布局，成功从传统的健康险公司向健康生态体系的建造者和领导者定位转型。如今，OptumHealth与3.5万名医生签约，服务超过9300万人。全美境内超过10万名全科医生和300家保险公司使用OptumInsight推出的技术产品。OptumRx在2016年与美国第二大连锁药店CVS达成合作，覆盖67000个零售药店网络，4个配送中心和70个特药及输注药房，管理910亿美元的药品业务。

回顾联合健康发展的历史，其能够成功在时代变迁和政策变幻中发展至今并成为行业标杆绝非偶然。事实上，不断在产品服务上创新求变，不在公司稳定获得盈利时坐吃山空，不断走在行业前列寻找新的增长点，才是联合健康一路高歌猛进发展至今的根本原因。

联合健康的业务板块尽管看起来繁杂交错，但每家子公司都牢牢把握住模式创新的根本宗旨，分别在健康险某一领域不断深耕，并很快脱颖而出。

其二，技术手段围绕实际业务需求持续创新，建造控赔降费护城河

联合健康集团十分重视创新技术驱动业务发展。

1984年联合健康上市时，就将自身定义为医疗健康行业的技术平台。

1989年，联合健康集团就开始在业务中应用数据分析技术为患者匹配更加合适的医生、更加有效的治疗方案等，在提高了患者康复率的同时能够控制医疗费用支出。

一方面，使用先进的技术能够显著提高运营效率。2006年，联合健康将用户投保信息和赔付记录写入ID卡磁条，就诊时医生可以通过刷卡获取相关的信息，并在线提交理赔申请，大大缩短了前期信息收集、申请理赔并最终得到赔付结果的流程，为医疗机构节省了大量开支。

1995年，联合健康在健康险TPA领域推出的可自动处理投诉审查流程AdjudiPro系统，通过人工智能技术帮助处理患者提交的投诉，节省了投诉处理的时间和人工成本。

从2000年开始，联合健康通过互联网技术帮助个人客户访问相关的健康信息，并在2002年建立了Galaxy Clinical Database临床数据库，其包含客户、医疗服务提供商、产品和统计索赔等数据，帮助用户获得各类数据信息，从而提高医疗保健服务和管理的质量。

另一方面，数据分析技术的应用能够帮助保险公司降低赔付率。比如，联合健康在2009年推出的eSync平台通过记录用户的身体状况、生活

习惯等数据，为用户提供量身定制的医疗方案和运动计划，帮助识别有效的护理机会等，主动触达用户，构建起与用户之间的信任感，同时降低了用户的发病率。这样，保险公司在健康管理流程中介入的环节越来越早，从根源上更好地控制风险发生的可能性。

此外，不断改进更新的业务流程也为联合健康更好地服务日益庞大的用户体系提供了强有力的支持。1999年，联合健康在HMO的基础上创新推出了Care Coordination协议，改进了往常患者生病时如果指定的保健医生无法处理诊疗时需要得到保险公司的授权，患者才能转到其他医生处的流程，取消了授权要求，这样，患者就能够更快地获得更加有效的治疗。

其三，组织架构协同创新，打造"保险+服务"双驱动引擎

联合健康组织架构方面的创新主要在于其"保险+服务"的商业模式。

一方面，以健康险（United Health Care）为核心的业务板块，为团体和个人客户、老年客户、政府医疗补助客户和国际客户四大主要客群提供医疗保险。

另一方面，以健康服务（Optum）为核心的业务板块，为用户提供健康管理服务体系，其中包括健康管理服务（Optum Health）、药品管理服务（Optum Rx）和信息科技服务（Optum Insight）。

Optum Health主要是在提供医疗服务的同时进行医疗控费。其为个人、企业及政府提供健康计划，具体的服务内容包括疾病预防服务、医疗资源分配和医疗支付服务等，Optum Health在为其管理的健康账户进行资产管理赚取管理费的同时，在发生医疗支出结算时收取服务费用。

Optum Rx经营公司的PBM服务，通过药品带量采购、协助设计和管理药品目录等方式营收，并帮助公司管理医疗生态。

Optum Insight则提供健康信息服务，在为公司提供业务运行支持的同时对外提供系统服务，扮演类似"软件服务商"的角色收取服务费。

回顾2015—2019年联合健康各个业务板块收入的变化情况，可以发现，其健康保险业务增速放缓是明显的，国际客户业务增长尤其乏力，主要的业务增长来自雇主和个人事业部以及联邦医保和退休人员事务部。

但健康服务业务的整体发展水平显著优于健康保险业务。尤其是Optum Rx板块表现亮眼，从2015年的482亿美元增长到2019年的743亿美元；Optum Health业务也增长至303亿美元，同比增长超过25%。

2020年，Optum Health、Optum Rx和Optum Insight分别贡献营收28.8%、63.4%和7.8%；三者的利润率分别为8.6%、4.4%和25.2%。

健康服务板块的三个业务部门一方面通过技术手段和流程优化控制医疗费用支出，提升了公司整体的经营利润率；另一方面，通过提供自有的医疗服务降低了客户获得医疗服务的成本，提升了客户获得服务的质量和速度，最终实现了客户与公司的双赢。在未来，联合健康的Optum

Health和Optum Rx业务也将成为驱动增长的主要引擎。

总的来看，只依靠单纯的保费收入增长驱动公司成长是几乎不可能的事情，保险公司盈利水平的提升还需要积极布局健康管理服务体系，利用技术实现更有效的健康管理和保费控制，构筑公司的第二增长曲线。

事实上，通过对客户提供精细化的健康管理服务，可以在同等疗效水平的情况下将医疗赔付开支降低10%~20%，健康险公司也可以借此机会实现转型，成为参与全流程健康管理的健康合作伙伴。

联合健康的经营利润率并不高，净利润仅维持在3%~7%。根据联合健康年报数据，公司将80%~85%的保费收入投入向客户提供的医疗服务费用中。

对比联合健康和中国平安保险业务投资收益，2019年联合健康保险业务投资收益仅占保费的0.4%，基本上可以忽略；而中国平安的投资收益较高，通过投资收益来覆盖公司运营的高成本率。

事实上，我国健康险似乎走上了寿险的老路，即通过销售长期产品并且附加投资账户的形式赚取利差。而联合健康采用的按月收取保费的方式，通过健康管理、技术输出等手段获得公司业务的增长点和营收利润，其经营模式与我国许多健康险企业的盈利模式有根本的不同。

通过对联合健康在健康产业成熟运作模式的研究，可以发现，健康管理和健康险的协同发展能带来明显的优势，做好保障与服务也能够为公司带来盈利。

自2019年11月中国银保监会新修订的《健康保险管理办法》问世以来，2020年1月银保监会等13部委联合出台《关于促进社会服务领域商业保险发展的意见》；2月，中共中央、国务院出台《关于深化医疗保障制度改革的意见》；12月，国务院常务会议明确指出，促进人身险扩面提质，加快发展商业健康险，健康险得到了政策的青睐和大力支持。到2025年商业健康险的市场规模要达到2万亿元的顶层设计，为健康险的发展勾勒出一幅极富希望和潜力的前景。

然而，就我国商业健康险的市场情况来看，涌入市场的绝大部分供方缺少以一己之力打通整个健康行业、构建医疗服务体系的能力，一些企业取得的成绩也十分有限，我国健康险行业仍然面临产品同质化严重、医疗服务欠缺和技术水平不高等种种问题。这些问题既是发展面临的关键痛点，却更可能是发展带来的机遇。

面对我国商业健康险市场的蓝海，联合健康的发展经验在其独特的政策和市场环境背景下也许并不能供我国保险公司照搬照抄，但其发展多年来不断模式创新的进取精神、重视技术水平的求变思路以及提前布局行业的前瞻能力都展现了这一保险公司巨头的独特智慧，值得健康险企业学习和参考。

不忘初心，方得始终。

繁荣与衰退，再造重疾险

◎ 王明彦、丁莹 | 2021年11月9日

注：本文摘编自中再寿险发布的《2020—2021年度健康险产品研究报告》，作者王明彦、丁莹，均供职于中再寿险产品精算部；文章内容略有删改，部分标题为编者所加。

"新产品销售不及预期、代理人未完全匹配产品销售需求、保障需求提前透支"，"3月新单保费承压，期待Q2改善"，"4月销量不佳，新单保费增速明显下滑"……似乎重疾险在进入新定义时代后，进入了一个持续低迷期。

我们不禁要问，重疾险究竟怎么了？这个在我国叱咤风云近30年的险种，助力过多少寿险公司立稳脚跟，难道因为一个定义的变化，就要从此一蹶不振了吗？

叱咤风云30年后，2021年重疾险新单保费收入显著回落，仅相当于历史高点的60%～70%

新定义正式实施后，重疾险2021年2～3月的新单保费收入仅为2018年（2018年是重疾险新单保费收入的历史高点）同期的40%，甚至和被新冠肺炎疫情困扰的2020年同期相比也并没有明显的起色，因此引起了市场的悲观情绪。

需要注意的是，新定义重疾险销量要结合2021年1月老定义重疾险销量来综合分析。对于保险公司年度业绩而言，并不会过分在意保费收入的来源究竟是新定义产品还是旧定义产品，而在意整体的保费总收入是否稳稳地落进自己的口袋。

8家大型保险公司2021年1月重疾险新单销量/2020年第一季度重疾险新单销量见图1。

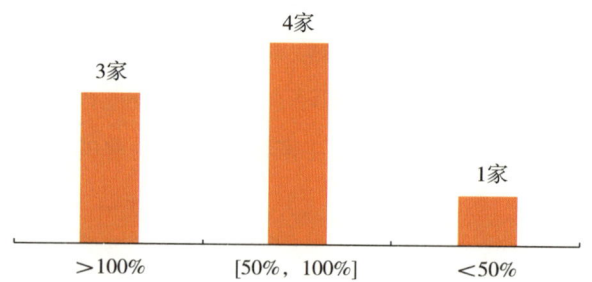

图1 8家大型保险公司2021年1月重疾险新单销量/2020年第一季度重疾险新单销量

我们调研了市场上8家大型保险公司2021年1月重疾险新单销量/2020年第一季度重疾险新单销量的情况：

一是有3家公司1月的旧定义重疾险销量已超过2020年第一季度的重疾险总销量；1家在4月才

正式开启新定义重疾险销售，另外2家在2月、3月的同期销量较2020年有所收窄；

二是有4家公司1月的旧定义重疾险销量超过50%的2020年第一季度的销量，但这4家公司在2月、3月的表现都不温不火，较2020年同期均有所下降；

三是有1家公司1月的旧定义重疾险销量未超过50%的2020年第一季度的销量，但其"开门红"理财类产品业绩表现突出，而其未消耗的客户资源在2月、3月持续释放，新定义重疾险较2020年同期增长了69%，这家公司是调研中唯一一家重疾险新单在2月、3月取得同比增长的公司。

不难发现，2021年1月旧定义重疾险的销售成绩对于后续月份新定义重疾险销售情况影响是巨大的。如果将1月旧定义重疾险和2~3月新定义重疾险销量合并考虑，2021年第一季度重疾险新单保费收入接近同期的80%~90%。

之所以会造成这样的销量走势，从需求端分析，保障需求提前透支因素必然存在，客户在重疾险新规落地前购买了旧定义重疾险，导致潜在客户资源在短时间内集中释放，旧定义的暴发销售实现了同期2~3个月的重疾险销量，也意味着快速消耗了至少2~3个月的客户资源，但实际上消耗的客户资源更多。

因为这段时间的重疾险销售模式是借助老定义产品停售而开展的，"广撒网、快成交"是这个阶段的销售特点，其对于客户的开发相对粗放，向客户宣导老定义产品具备"绝对优势"，导致很多原本可以通过更精细化的营销获取的客户资源在这个阶段被浪费掉了，这些被"匆匆错过"的客户由于接收了"旧定义重疾险最好"的信息，在新定义时代也很难再次挖掘和开拓。

供给端的影响也不容忽略：

第一，常规情况下2月恰逢春节假期，代理人无心展业，本身就是销量淡季。2021年的情况更加特殊，"开门红"理财类叠加旧定义重疾险促销，1月完成的保费收入任务和耗损的精力均超出了以往，销售队伍需要充分的时间涵养。

第二，代理人的销售思路短期内仍沉浸在老定义促销的逻辑里，短期内较难适应和掌握新定义常规销售的技能，需要充分接受培训，消化知识。

此外，各公司对于代理人的考核通常也是以季度为单位，在1月已经完成季度任务的情况下，大部分代理人2月、3月无脱落压力，销售动力不足。

将观察时间线拉长到第二、第三季度，4月，重疾险新单保费收入较2月、3月有所回升，保费收入为历史高点（2018年）同期的60%，4月较2月、3月总和上涨超过10%，此后这个量级的销量水平维持到第三季度末，个别月份有起伏（6月由于是考核月，因此出现小幅上涨，7月小幅下跌）。

总体来看，将1月的旧定义重疾险新单保费收入和后续月的新定义重疾险新单保费收入加总，是历史高点（2018年）同期水平的60%~70%。

重疾险新单增速与代理人数量增速高度重合，重疾险之困的根源还在于渠道

过去数年的重疾险高增长是保险业人口红利的结果。

事实上，通过观测重疾险长期的增长趋势，会发现以下两个值得关注的现象。

第一，新单保费收入在2016—2018年经历了极高速的增长，在达到1000亿元平台后，近两年新单保费收入增长几乎停滞，甚至已经从千亿元平台掉落。

第二，如果将代理人人数和重疾险新单保费收入做对照，会发现重疾险新单保费收入增长趋势和代理人人数趋势高度重合。这说明，重疾险的增长遇到了一定的"瓶颈"，而这个"瓶颈"的源头就是保险公司近两年遇到的渠道困境。2014—2019年保险业代理人人数和重疾险新单保费收入见图2。

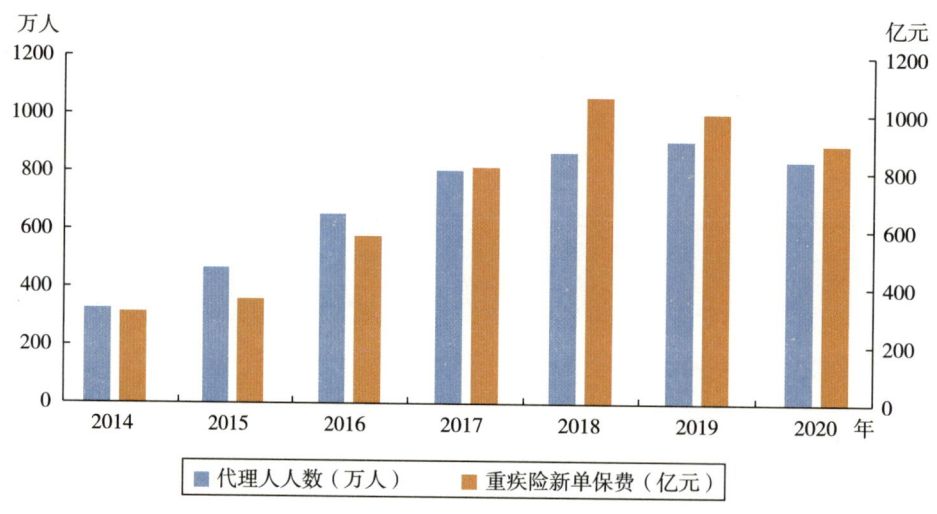

图2　2014—2019年保险业代理人人数和重疾险新单保费收入

（注：2019年和2020年的新单保费收入为根据重疾险保费收入增长的估计值）

2015年，保监会取消了代理人资格考试后，代理人的数量急剧增加。这是迄今为止影响重疾险销量走势的最大因素。

2015—2018年，我们充分享受了代理人和客户的人口红利，在这种人口红利下，保险整个行业的业态跟如今互联网渠道电商"玩法"并没有本质差别，都是基于一个大流量客群进行快速变现。

在这种情况下，没有人关心到底卖出的产品是怎样的，保险公司想卖什么产品就卖什么产品，产品作出一点花样就能收获很多成绩，渠道只需要保证有足够的增员去接触足够的新客。但是当这个流量开始枯竭的时候，整个行业就会遇到"瓶颈"。

CHAPTER 4 大健康·失速与蓄力

代理人的数量在接近1000万人这一关口时急转直下，一方面保险公司纷纷高举转型大旗，走高质量发展之路，需要清理虚人力；另一方面，保险公司也渐渐发现，不仅要的高质量人才可能不好找，连之前容易获得的基础人力，也由于受到快递业、物流业等新兴机会的影响，变得更难获得。

销售的媒介受限，直接影响就反映到了业绩结果上。2019年的重疾险新单收入增速下滑已经暴露了问题，而2020年新冠肺炎疫情的影响则给了保险公司致命一击：消费者收入的下降导致保险这类非渴求商品的消费下降，投保的决策难度加大，保险销售这个职业相比其他新兴业态的吸引力大幅度降低，代理人脱退率高、增员难成为行业共同面对的难题。

而重疾险作为代理人产品库中的"打底产品"，是每个代理人应该出单的产品，是反映代理人状况的"晴雨表"，因此重疾险的销量和代理人人数呈高度相关性。

<u>中高收入群体重疾险基本普及、主流客户群体迭代、互联网降低信息不对称均影响重疾险发展。</u>

人口红利下，保险产品开发遵循着一套既定的模式。保险产品创新的力度受到销售人员能力的制约，木桶原理导致产品需要适应能力最低的一群人，产品的升级也都是以边际改善为主，谁也没有勇气迈出大刀阔斧改革的第一步。

因此，我们经常听到的保险产品开发方法论是："产品形态和竞争对手保持一致""产品形态较上一代产品增加轻度创新，但费率增幅不能超过5%""要开发一句话就能给客户讲清楚的责任，教育成本低"……

原本"以客户需求为导向"的产品开发信条其实早已悄悄地变为"以渠道能力为导向"，但这没有问题，这确实是在"流量红利时代"下最恰当的产品开发方法论。

各年龄段重疾险人口覆盖率见图3。

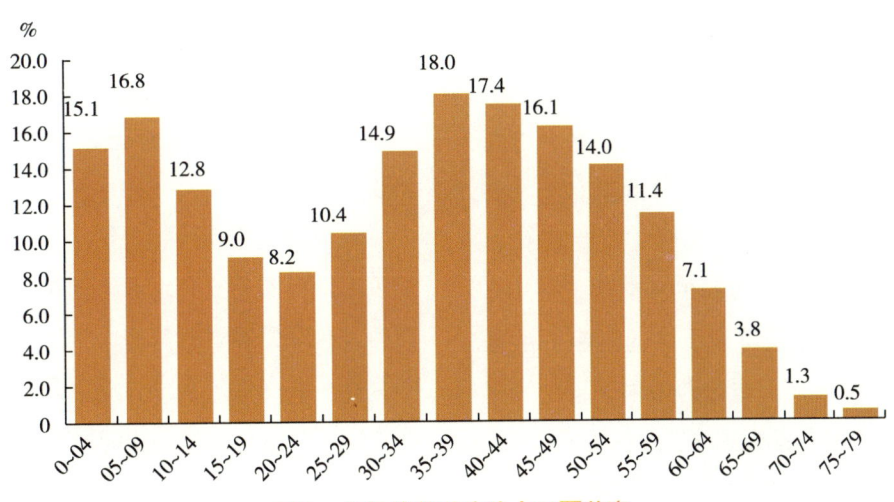

图3　各年龄段重疾险人口覆盖率

为什么这一套方法论效率开始降低了呢？核心原因是重疾险的发展阶段正在跨越。

第一，重疾险在这27年间共销售了近3亿个保单量，覆盖了近2亿人口。在中国14亿人口中，具备重疾险（指的是目前主流设计下"储蓄"性质较强的重疾险产品）支付能力的比例是有限的。

根据北京师范大学中国收入分配研究院2019年的抽样调研数据，"月收入在3000元以上的人口占比为16.34%，在14亿的人口中有2.3亿人"，这个量级水平与目前重疾险的覆盖人群量级基本一致，这就意味着很可能我们已经把有支付能力的客户都转化成了重疾险的客户。

第二，新客户在变化。过去保险面对的客户是"70后""60后"，现在是"80后""90后"，甚至"95后"开始登上保险消费者的舞台之后，保险客户的消费习惯发生了根本变化。他们年轻化、知识化、富有且锱铢必较，他们在认可的领域不吝惜一分一毫，他们靠兴趣形成形态各异的圈层，他们尊重专业，他们希望把人情和消费尽可能地分开。

面对这样的客户群，过去保险业所鼓吹的"销售能力大于专业技能"也许开始失效，专业技能至少要提升到与销售能力同样的高度。

关于销售能力本身，其实也在发生变化，圈层文化的流行使得年轻客群的社交圈子更加有壁垒，这意味着保险销售人员触达新客户的难度更高，这也是为什么B站这种植根于某个圈层（ACG）的流量入口具备极高的商业价值。

第三，互联网开始影响保险。互联网对于保险的主要影响不在于客户是否在互联网渠道购买保险产品，而更大的影响在于互联网打破了保险这种商品的信息壁垒。即使是"人情保单"，消费者也会上网查询一下这个产品是否是值得买的产品。通过我们对代理人的调研发现，近一年客户投保重疾险的行为最大的变化是，客户投保前的决策时间明显延长。

人口红利倒逼重疾险加速进化，功能化、模块化成重要方向

伴随着人口红利渐渐消退，重疾险设计理念正在发生变化，功能化、模块化成为重要趋势。

趋势一：功能化。

重疾险是健康险里功能很"混沌"的一类产品，因为它杂糅了太多的功能。

按照监管对于健康险的四个分类（疾病险、医疗险、护理险、失能险），疾病险是很特殊的一个类别：疾病险是以疾病的确诊作为给付条件的险种；而后三种是以疾病导致的特定风险（医疗、护理、失能）为保障标的的险种。疾病险在某种程度上内嵌了医疗险、护理险和失能险的功能。

这体现到重疾险销售话术上，重疾险可以被包装为治疗费用支持、收入损失补偿、长期护理支持、长期储蓄替代等多个用途。众多的销售话术支撑了重疾险的卖点，这也是为什么这个产品成为中国保险市场最畅销的保障类产品。

但是混沌的保障范围背后就意味着对于客户

CHAPTER 4 | 大健康·失速与蓄力

需求的满足也是混沌的。

上文提到,中国市场持有重疾险保单的客户已经约2亿人,人群覆盖足够大,但件均保额较低:全量保单的件均保额仅为10万元,近两年新单件均保额也不过15万~20万元。这种保额量级和重疾险"混沌"且"包罗万象"的保障功能是严重不匹配的,这也是未来重疾险市场的缺口所在。

因此,未来重疾险要想形成增量需要更加强调老客户的二次开发,以及靠Y世代、Z世代新兴人群的购买。

保障杂糅的产品可能在新客户获取上具备效率,但在客户二次开发上难度较大:要想让客户购买更高的保额,必须让客户意识到保额能解决哪些需求问题,以及这些需求背后的风险敞口有多大。但大部分代理人销售重疾的逻辑并不是以需求定保额,而是以客户愿意为这个代理人付出的人情保费来定保额。

作为功能杂糅的产品,重疾险其实已经面临挑战,因为功能化的健康险产品已经出现了——百万医疗险。

过去医疗险在中国并不普及,主要以团体的形式出现,但是从2015年百万医疗险进入中国市场之后高速发展,到了2020年百万医疗险的新单保费收入已经超过了500亿元的量级,覆盖了9000万人的人群;2020年惠民保这种政府主导的缩水版百万医疗险开始流行,在某些城市甚至能实现超过50%的投保率,到2021年覆盖超过9300万人的人群。

因此,近两年在代理人销售重疾险的场景中,经常遇到客户的一个问题是:"我已经投保过百万医疗险或者惠民保,还有没有必要买这么贵的重疾险?"

这就是杂糅产品的问题所在,如果代理人不能很好地解释重疾险和其他功能型健康险在满足客户需求上有什么差异,如果我们的销售话术还是停留在"癌症治疗费用高",就不会激发客户购买或者加保重疾险的意愿。

因此,我们要做保障属性更专一的产品,比如失能险和长期护理险。失能险聚焦失能后的收入损失补偿功能,长期护理险聚焦养老和护理功能,医疗险聚焦医疗费用补偿功能。在这种情况下,代理人会更容易把保额的目的描绘得很清晰,把客户的风险敞口描绘得更清晰。

趋势二:模块化。

模块化和功能化是一枚硬币的两个面:功能化意味着对于单个产品和单个险种而言,它的保障范围是聚焦的;同时,它是客户所需要的综合保障计划中的一个子模块,若干不同功能的模块的有机组合,才是我们营销的最终结果。

比如,从客户需求出发,最完美的产品组合是"长期百万医疗险+匹配收入水平的定期失能保险+匹配护理成本的终身长期护理保险",三个功能互补的产品模块组合,形成了一个全方位的健康险保障计划。

模块化已经在行业中有一定的趋势,过去重疾险中的所有责任都是捆绑的,重疾保额选择好之后,轻症等其他责任的保额也都随之固定。但是在新定义产品中,国寿、友邦、大都会等公司

开始在产品里提供一些把选择权交给消费者的责任：要不要轻症，要不要特定疾病？如果轻症用医疗险来保障已经很充分了，那就只需要重疾责任就好了，客户可以将释放出来的成本用于购买更多的重疾责任保额。

但这么做的前提是产品的功能属性很清晰，代理人销售能力较强，否则会出现件均保费下滑的风险。

模块化不仅仅是一种产品开发思路，更是一种产品营销思路。模块化的实现应该是产品、系统、销售、品牌和市场等形成合力的结果。

模块化所实现的效果是在增加有限的难度下最大限度地满足客户需求和改善客户投保体验。模块化给予客户选择权，但是这种选择权的让渡是以降低客户决策难度为目的。

结语

重疾险的发展与演进基本伴随了我国保险业的发展，能够达到今天的地位并一直保持着长久的活力，是因为它同时满足了多方主体的利益：

一是对于消费者，重疾险确实触碰到了客户对于大病重病的痛点，将"重大疾病"这一概念深植民众心里，极大地教育了市场，近年来最为流行的"终身寿险+提前给付"重疾险也充分满足了民众对于"返本"的需求。

二是对于保险公司，由于这种符合客户需求的返本设计使得重疾险成为为数不同的既能贡献规模保费，又能贡献内含价值的产品。

三是对于销售渠道，重疾险较高的销售费用和极高的市场接受度让各种渠道对它趋之若鹜。

这是支持重疾险发展的黄金三角。

但近两年的保费增速急剧放缓需要我们警惕，外部环境在剧烈变化，行业所处的阶段在变化，如果还想在重疾险这个领域继续耕耘，经营思路就要发生变革。现在行业已经逐步意识到渠道的老路开始失效，高举了渠道改革、高质量发展、提高单位产能的旗帜，但这不是供给侧改革的全部。我们认为，渠道的改革和产品的改革，应该互相配合、互相追赶。

历史的车轮总是前进的，重疾险如今问题的显现也绝非偶然。如果重疾险已经不能完全满足当前客户需求的多元化和专向性（医疗、养老、护理等），黄金三角支撑将变得不再稳固。

坐以待毙不能是我们的选择，靠边际改善也不是解决问题的长久之计，毕竟战术上再勤奋也难以弥补战略上的懒惰。要真正地从需求出发，以此为基础革新开发适应渠道的高价值产品。

人口老龄化进一步加剧，保障缺口切实存在，大健康、大养老给保险业留下的想象空间也是巨大的，行业有信心也有能力通过对医疗保障领域的深入研究，开发出既满足当代人民需求，又符合各方利益导向的产品，在这个重疾险分化的岔路口上，增加新的选择。

我们坚定地认为：寿险行业的深刻变革期已经到来，也许现在就像27年前一样，需要新一代的重疾险和健康险出现，逐步被培育，逐步发展壮大，以支撑健康险行业的未来。

CHAPTER 4　大健康·失速与蓄力

两面夹击下的百万医疗险

◎丁莹　｜　2021年11月16日

注：本文摘编自中再寿险发布的《2020—2021年度健康险产品研究报告》，作者丁莹，供职于中再寿险产品精算部；文章原题《新环境下百万医疗险发展方向》，内容略有删改。

2021年对于医疗险是深刻影响的一年。不仅有疫情冲击、经济增速的放缓、居民消费支出的萎靡、代理人的大面积脱落和互联网流量枯竭等根本因素影响，也有短期健康险新规和城市定制商业医疗险（以下简称惠民保）这些直接因素影响，这些因素抑制了百万医疗险在既往几年高歌猛进的势头。

短期健康险新规冲击下，百万医疗险积极求变

2021年1月11日，银保监会发布《中国银保监会办公厅关于规范短期健康保险业务有关问题的通知》，通知要求不符合规定的短期健康险在2021年5月1日前停售。截至目前行业已完成短期健康险的更新过渡，这也意味着随着监管力度升级，短期健康险步入"重规范""严监管"的发展新阶段。

监管此次规范的短期健康保险，是指保险公司向个人销售的保险期间为一年及一年以下且不含有保证续保条款的健康保险。尤其是近年来发展迅速的百万医疗险成为此次整改的重点。

一方面，从行业规范的角度，该文件划清了短期医疗险和长期医疗险的边界，厘清了两类产品不同的监管要求。

另一方面，短期健康险新规改变了市场对于医疗险长短期的认知。此次新规最核心的、对市场影响最大的条款是第三条：

保险公司开发的短期健康保险产品中包含续保责任的，应当在保险条款中明确表述为"不保证续保"条款。不保证续保条款中至少应当包含以下内容：

本产品保险期间为一年（或不超过一年）。保险期间届满，投保人需要重新向保险公司申请投保本产品，并经保险人同意，交纳保险费，获得新的保险合同。

保险公司不得在短期健康保险产品条款、宣传材料中使用"自动续保""承诺续保""终身限额"等易与长期健康保险混淆的词句。

在2020年之前，很多公司的代理人认为其销售的百万医疗险是"终身保证续保"的，但实际上他们认为的"保证续保"并不是监管概念里真

正的保证续保,而是某种意义上的续保承诺。这种认知的偏差,原因是多方面的:

一是保证续保是一个监管概念,这个概念背后匹配了若干监管要求,而仅从字面意思理解保证续保会很容易和这个监管概念产生偏差,导致市场没有按照监管概念理解保证续保,也就无从分辨什么是真正的保证续保产品。

二是在费率可调的长期医疗险出现之前,在我们的监管体系下,保证续保要求保证费率,而这和医疗险的固有规律是不相符的,因此保险公司无法开发长期的(是指超过五年的)保证续保的医疗险产品。

三是客户对于续保的承诺是有极大需求的,因此市场上出现了各种"承诺续保""保证承保"等条款,通过在措辞上的差异实现与保证续保这个监管概念相区隔,进而符合客户和市场的需求。

四是从一些公司对于医疗险的经营态度上看,确实它是本着终身续保的目的在执行的,没有出现过因为被保险人健康状况变化而拒绝续保的案例,会强化代理人对于其销售的产品是否保证续保的误解。

五是对于代理人而言,本身保险产品的销售和其他实体产品销售相比就更要有难度,会选择故意忽略对于医疗险续保条款的解释。

正是由于这些市场对于续保的认知偏差,新规出台后,行业对于百万医疗险进行了一系列的改造,而此次改造无论是对客户还是对一些代理人都是认知上打破重建的过程。

各家公司为实现平稳过渡,对产品进行改造的方式也经过深思熟虑,主要分为以下三类。

产品变更。

对于不符合此次规定的老产品,选择以产品条款变更的方式,保留原产品的形态和责任,仅调整条款的语句描述,这是一部分公司选择的做法。这种做法对于渠道和客户的影响是最低的。同时,这些公司会随着市场发展趋势,开发责任更丰富的新产品,吸引新客户购买。

引导转保至合规一年期新产品。

少部分公司直接将不符合新规的老产品停售,开发替代的合规一年期新产品,新产品的好处是可以对责任和价格进行重新制定。同时,为了最大限度地减少老客户中的健康体脱落,会给予转保之后的客户一些利好政策,如采取特约形式约定转保客户未来连续投保时可无须重新健告、重新核保等。

引导转保至长期医疗新产品。

早期一些宣扬"承诺续保"概念较多的公司,由于存在代理人销售中混淆承诺续保和保证续保概念,使客户对产品的续保属性造成误解。为了解决这一问题,保证既往健康体客户能够顺利完成过渡,部分公司开发了长期费率可调的医疗险,引导客户转保至此类产品,确保因误认为自己购买的是长期保障的投保人可以继续享有真正的长期保障。

各公司根据自己的经营策略以及长期医疗的管理能力预估,在长期医疗的保证续保期限选择上出现了分化，一部分选择开发5~6年的保证费率产品，一部分则选择开发期限更长的费率可调长期医疗产品。这一点与我们开始的预期不太一致。

实际上选择开发费率可调长期产品的公司并没有想象中多，且即使是大型公司，对于这类产品的态度也比较审慎。

在费率可调型长期医疗险领域，各大型公司的经营思路分化较大：

公司A，在早期短期险销售时期舆论上就主打"续保终身"概念，实际上对产品的经营方式也是本着终身保障的原则，此次对于长期费率可调产品参与度最高，且开发了多款相关产品。

公司B，最早一批上市该类产品的公司之一，但对于一年期和该类产品并未明确定位，销售策略顺其自然。

公司C，同样为最早一批上市该类产品的公司之一，前期销售并不积极，将该产品作为储备，2021年5月1日后顺势启动销售，且完全取代短期险。

公司D，产品层管理者较为担忧此类产品的风险，但渠道对该产品需求较大，因此尽管开发了但对于产品销售方式还在斟酌。

城市定制商业医疗险井喷，百万医疗险市场空间遭遇挤压

近两年的健康险黑马非城市定制商业医疗险莫属，也就是我们熟知的惠民保。截至2021年9月30日，惠民保覆盖了超过9300万的被保险人。

我们来看看惠民保为什么可以取得成功。

就像我们常说的重疾险过去几年的畅销是因为它实现了各参与方的利益平衡，从这个角度来看，惠民保确实达到了短期平衡：

对于政府而言，有助于政府提高商保意识和覆盖率，减轻地方医保负担，且有利于构建多层次的医疗保障体系，所以政府在地方惠民保方案设计、组织开展乃至推广宣传方面积极介入；

对于购买的群众而言，他们认为这样的产品价格便宜，有政府背书这样的绝对信用在，不会担心暴雷风险，而且产品不拒绝非标体和老年群体投保，解决了他们的后顾之忧；

对于保险公司而言，尽管件均较低，但只要参保率足够高，惠民保的保费收入也不容小觑，一些地方保险公司分公司在促进本地的惠民保销售上不遗余力，甚至有些代理人月惠民保销量百件以上；

对于三方平台而言，流量获得大量提升，且由于带病体的存在及赔付率的要求，为他们所经营的药品等带来更多的由商保买单的销量。

但要注意，这个平衡的达成也面临诸多挑战：

首先，这个平衡的基准是政府对于惠民保的积极性。政府参与度较高的地区，无论是第三方还是保险公司更愿意参与，推广投入的资源和力度较大，因此民众参保率很高，容易形成良性循环；但政府参与不够积极的地区，推广的力度会大打折扣，民众参保的积极性下降。

其次，推广的方式和效果也很关键，如果效果不好会打击政府持续推广的信心。也正是由于

政府参与积极性的不稳定因素，惠民保可能仅在一些区域持续存在。

对于保险公司而言，说服民众购买惠民保是一件很简单的事情，但说服买过惠民保的客户购买其他产品，就会遭到灵魂拷问"我都买了惠民保这么好的产品，为什么还要买其他的呢"。

换句话说，在目前的代理人销售能力下，惠民保对其他健康险产品会产生一定的替代作用。

对于客户而言，永远是追求性价比、追求物美价廉的，他们想要的是既便宜又可以得到赔付的产品，但惠民保的保障深度在其普惠的定位下不会无限提升。

因此，我们相信，惠民保并不是商业医疗险的全部，我们仍然需要通过惠民保以外的商业健康险的丰富多层次的医疗保障需求；但同时我们也需要承认，在惠民保普及的市场中推广其他商业健康险的难度更大了。未来的百万医疗险要如何开发？

百万医疗险向两大方向升级，分线经营，全面化、中高端化

分线经营。

费率可调的长期医疗险和短期健康险新规，让市场对于保证续保、短期这两个概念更加清晰，市场对于医疗险的理解会因此重塑，保险公司的医疗险体系也要调整。

这个体系应该包含三类产品：一年期短期医疗险、费率保证的中期医疗险以及费率可调的长期医疗险。

三类产品的优缺点鲜明，这也直接决定了他们在保险公司医疗险经营中的定位：

一是短期医疗险可聚焦获客，覆盖各种先进疗法。短期医疗险由于随时可停售的灵活性，一旦出现风险可立即止损，可以用于最大限度地获取客户数量。我们建议可以真正将其回归短期，聚焦获客，增加各类先进疗法的保障（新风险、不稳定的风险），也可考虑开发聚焦人群的医疗险（比如老年医疗险、次标体医疗险）。

二是费率保证的中期医疗险约束更少、经营管理难度更低。其相对于短期医疗险和费率可调长期医疗险的严格管理机制，约束要少很多，保险公司的管理和经营难度相对降低，目前的经验数据也能够支持这一类产品保证费率5~6年的定价基础。

三是费率可调的长期医疗险有助于提升保险公司的内涵价值，不宜覆盖新疗法新药品。这类产品往往有15年至20年的保证续保期间，在消费者看来这样的保障吸引力毋庸置疑，但长期经营和风险管控对保险公司的考验也更大，这一点在我们2020年的系列报告《长期医疗险深度分析和经营建议》专题中已有过具体的分析。

但对保险公司而言也并非全是麻烦：从规模看，未来IFRS17实行后，保险收入是分拆后的纯保障部分，医疗险相对重疾险的贡献能力大幅提升；从价值看，长期医疗险应该按照长期险的方式进行评估，因此其内含价值可以考虑整个保证续保期间内的利润。

因此，我们认为寿险公司经营医疗险应该以长期医疗险为基本，发挥寿险牌照的优势，加强

CHAPTER 4　大健康·失速与蓄力

其与财险公司的区隔壁垒。但长期医疗险的保障范围应该是风险稳定的责任,对于新疗法新药品这类新风险,应该用一年期医疗险来覆盖。

全面化、中高端化。

面对惠民保冲击,百万医疗险的优势在哪里?百万医疗险要如何变化?

首先百万医疗这个名称不合适了。我们以前以此命名是因为它一击即中的最大特点,市场认为它足够响亮、足够有竞争力,但现在惠民保也是百万元保额了,这个名字不再有吸引力了。我们应该思考,什么才是传统百万医疗险对比惠民保最大的优势,重新给它一个定位,重新给它一个名字。

但无论名字如何,我们认为这个方向应该是向中高端延伸。这里的中高端并不是像高端医疗险一样为客户提供高频就医保障和尊贵就医体验,而是为客户在面临大病风险时提供全面的、优质的和先进的医疗资源保障。

无论是价格上的优惠还是形态上赔付起点的高门槛,都决定了这个产品仍然是满足民众基本医疗需求的补充医疗保险。

效率最高的竞争方式必然是错位竞争。其实大部分民众对惠民保的感受都是"有保险了,医疗费用可以二次报销",对于责任细节并不了解,一些关于报销比例、社保内外差异等问题他们压根就不知道,也不想关心,购买纯粹出于对背书方的信任。错位的方式有以下几种:

一是增加先进医疗责任。由于医保的构建逻辑是覆盖基本层次的医疗需求,对于先进医疗的覆盖具有排他性和滞后性。此外,患者即使知道了这种疗法,也不知道去哪里才能用到。保险的作用一方面是把这些疗法和器材宣传给客户,增加市场对先进疗法的认知;另一方面,也是重要的,是通过医疗服务把有支付能力的客户与先进的医疗资源相匹配,提升先进医疗资源的可及性。

在药品集采常态化之后,医保外非中选药品和医疗器械耗材在可及性上会差于医保内的中选药械。2021年初,国务院办公厅发布《关于推动药品集中带量采购工作常态化制度化开展的意见》,意见中提及"医疗机构应根据临床用药需求优先使用中选药品……医疗机构在医生处方信息系统中设定优先推荐选用集中带量采购品种的程序……将医疗机构采购和使用中选药品情况纳入公立医疗机构绩效考核、医疗机构负责人目标责任考核范围,并作为医保总额指标制定的重要依据"。

医保带量采购的逻辑是在要素市场(药品、器械)的供给端实现充分完全的竞争,通过向供给端确保销量来实现供给曲线右移,最终实现价格的降低,而药品和器械的销量受到医院和医生行为的强干预,因此要通过相关绩效考核的方式引导医院和医生的行为。但医保的强引导会导致非医保药品、器械和治疗方式被挤出公立医院。

此外,医院的经营也十分关注成本和收益的平衡,对于固定成本高、治疗周转率低和适用人群少的治疗方式,医院在引进和采购上会格外谨慎,这也造成了我们提到的先进疗法可及性问题。商业保险则是这一问题的有效解决手段,不

仅仅要解决客户支付的问题，更应该通过医疗资源的配置，让有需求的被保险人能有效触达这些先进疗法。

二是增加特需医疗和优质私立医疗责任。将特需医疗部纳入保障范围是做百万医疗险"升维"、走向中端的最佳选择，因为特需部是公立医院中能够按照市场条件价格收费的科室，在环境舒适度、医生服务质量和先进疗法可及性等方面有独特的优势。特需医疗部植根于公立医院，软硬件实力均受到民众信任。

此外，近年来，在国家鼓励社会办医的背景下，沉淀了一批在专科领域口碑良好的私立医疗机构，这些机构在软硬件能力上与大型公立医院相媲美，且发挥了私立医院灵活性的优势，在先进疗法上积累了丰富的经验。这些医院通常具备和公立医院特需部相当的病床环境和服务体验。

三是增加定额住院津贴责任。惠民保普及的大环境和日本的医疗保障体系有些类似，日本医保有30%的自付比例，且根据收入和年龄不同有不同的自付金额上限，民众对于商业医疗费用补偿型产品需求不大，反而是"定额津贴+先进医疗"型产品成为主流商业健康险。且津贴可以包装为误工费的概念，相当于以另外的形式补充了免赔额的额度，但又可以降低被保险人的理解难度。

我们认为，百万医疗险应该是集合"聚合市场上的先进医疗资源""提升客户对先进医疗资源可及性""为客户支付医疗费用"三个功能为一身的产品，最大限度地提升自身保障深度和服务属性，才能在新环境下继续保持活力。

NEW ERA OF
INSURANCE

保险新时代

慧保天下 精选集

5

CHAPTER

保险资管·放权与升维

2021年是资管新规过渡期的最后一年，随着监管标准的逐步统一，套利空间逐步消退，保险资管也迎来新的竞争格局。

"规范"是2021年保险资管行业的第一个主题，一系列政策出台，严监管进一步强化。

"稳定"则是2021年保险资管行业的第二个主题，服务国家战略、服务实体经济、参与防范化解风险等重任在肩，"开放""松绑"等也因此成为2021年保险资管类监管政策的另一个重要导向。

保险资管公司分类监管来了！重大风险事故一票否决，C类、D类机构或被叫停新业务

2021年1月12日

又一项重磅资管新规落地。

2021年1月12日，银保监会官网正式发布《保险资产管理公司监管评级暂行办法》（以下简称《办法》），这意味着，保险资管行业终于诞生了符合自身发展特色的"统一度量衡"，分类监管时代正式来临，保险资产管理公司须"有多大能力干多大的事"。

自2003年首家保险资产管理公司成立以来，经过十余年的发展，保险资产管理公司从无到有、从小到大，目前已经设立28家机构，受托管理保险业超过70%的资金，资产管理规模近15万亿元。

不同保险资产管理公司在机构性质、管理风格、受托规模、投资能力以及市场化程度等方面，差异化特征明显。为提升监管效率，同时凸显分类监管和差异化监管，避免过去因混同监管带来的增加成本等问题，又能清晰地确定监管重点，监管部门研究制定了《办法》。

《办法》从五个维度入手，针对我国保险资产管理公司建立起一套评级指标体系，包括公司治理与内控、资产管理能力、全面风险管理、交易与运营保障以及信息披露。根据评级结果，监管部门将在市场准入、业务范围、产品创新和现场检查等关键领域，针对不同的公司采取差异化的监管措施。

根据《办法》，在评级打分过程中，对于被监管机构采取监管措施或行政处罚、被交易市场及自律组织采取纪律措施的机构，会相应扣减一定的分数；对于出现特别重大风险事件的机构实行"一票否决"，直接定为D类。

此外，根据《办法》，对于经营管理能力和风险管理能力弱的公司，给予持续的监管关注，在业务上做"减法"，必要时依法采取暂停业务资格、责令停止接受新业务等审慎监管措施。

值得注意的是，以风险为导向的分类监管，是国际上较为成熟的金融机构监管措施，在我国金融市场上也积累了十余年的监管实践经验。从2006年开展商业银行监管评级与分类监管开始，监管部门相继推出对企业集团财务公司、信托公司、证券公司、期货公司和保险公司等机构的监管评级与分类监管制度。

以下即为《办法》主要内容介绍。

CHAPTER 5 保险资管·放权与升维

《办法》评分采用定性与定量相结合的方式；对于C类、D类机构，必要时依法采取暂停业务资格等监管措施

根据《办法》，在评级要素方面，监管评级主要从公司治理与内控、资产管理能力、全面风险管理、交易与运营保障和信息披露五个维度指标对保险资产管理公司进行综合评分。

在评级方法方面，评分采用定性与定量相结合的方式，以"赋分制"打分，满分为100分，五个维度指标分别为20分、30分、25分、15分和10分。同时，监管机构结合日常监管情况，按照调整项条款对评级级别进行调整，形成监管评级结果。

在实施程序方面，保险资管公司的监管评级周期为一年，并规定了公司自评估、监管复核评价、反馈评级结果和档案归集等评级程序和工作要求。

在评级结果使用方面，根据得分，保险资管公司将被划分为A、B、C、D四类机构。对于A类机构，监管在市场准入、业务范围和产品创新等方面给予适当支持；对于C类、D类机构，加强监管力度，必要时依法采取暂停业务资格、责令停止接受新业务等审慎监管措施。

此外，为了更好地体现奖优罚劣的监管导向，《办法》还在评级指标体系中专门设置了调整项指标。对于遭监管措施、行政处罚或行业自律组织采取纪律措施的机构相应扣分；对于出现特别重大风险事件的机构将被"一票否决"，直接定为D类。而服务国家重大战略、服务业外资金等指标将成为加分项，鼓励具有市场竞争力的公司和"专而精""小而美"的特色经营公司发展。

不难看出，在评级方面，《办法》兼顾各类金融机构的共性和保险资管行业的特点，确保跨行业的横向可比性；针对不同级别的公司实行差异化政策，并通过正向激励措施，增强行业机构向最高标准看齐的内生动力，标志着保险资管公司分类监管时代的来临。

《办法》既能作为全面评估公司的工具，又能作为公司提升和发展的指引

值得注意的是，《办法》不仅仅是一项监管制度，同时因为其在评级指标全面覆盖保险资产管理业务的同时，充分且前瞻性地体现了监管导向，结合了行业最佳实践，并考虑了行业发展特色和机构差异，所以在某种程度上，《办法》也完全可以作为保险资产管理机构发展指引：

一是全面覆盖资产管理业务的关键领域。评级指标体系结合保险资产管理行业特点、监管要求和资金运用方式，围绕公司治理与内控、资产管理能力、全面风险管理、交易与运营保障和信息披露等方面设计评级指标和评分规则。评级指标体系覆盖保险资产管理公司管理运作的全链条、全流程，既能作为全面评估公司的工具，又能作为公司提升和发展的指引。

二是聚焦风险管理和合规经营。分类监管的基本目的是根据机构风险和合规状况实行差异化监管，指标体系设计时在各大类指标中都强调和

设置有关合规指标，并专门设立全面风险管理维度，体现坚持以风险管理能力为核心，聚焦风险管理、合规经营的评级和监管原则。

三是强化长期稳健特色。保险资产管理公司在发展中形成了具有行业特色优势的长期资产投资能力和大类资产配置能力。《办法》参考行业最佳实践，设定高标准的指标评分规则，充分体现标杆公司的示范效应和发挥监管政策"指挥棒"的作用。

四是实行动态跟踪调整。在统一标准、规范分类的基础上，根据行业发展变化，动态调整优化指标体系，使其在保持相对稳定的同时，能够适应新形势的发展要求。

与其他金融机构监管评级政策的共性与特色：提高违规成本；重视机构差异性，按照行业排名和相对占比两项孰高原则进行评分

银保监会在制定《办法》的过程中，充分研究我国各类金融机构在监管评级方面的相关制度，吸收借鉴分类监管体系中的成熟理念，在监管评级的整体框架上保持了诸多共性。

一是在导向上，以风险管理、稳健经营为核心，将监管合规作为底线设置减分调整项，针对不合规行为加大评级调降力度，提高违规成本。

二是在内容上，覆盖公司治理、投资能力、风险管理和交易运营等经营环节，与业外评级标准保持基本一致，也确保了跨行业的横向可比性。

三是在方法上，采用定量和定性相结合的方式，能定量的尽可能定量，以提升指标挡位的区分度。

四是在应用上，设置了差异化的政策，区别对待不同级别公司，并通过正向激励措施，增强行业机构向最高标准看齐的内生动力。

此外，监管评级体系也充分突出了保险资产管理行业的特点。

一是注重长期资产管理能力建设，纳入了大类资产配置、产品发行管理、长期投资考核和薪酬递延机制等细项指标。

二是定位于资管机构服务质量，用保险资产受托目标达成度、管理业内外资金规模等指标衡量公司的市场化竞争力，评估服务保险保障情况和我国金融市场的贡献度。

三是着眼于行业发展的长效机制，通过树立保险资产管理行业最佳实践、明确行业标准，为行业发展指明方向。

四是增加评价指标的包容性和平衡性，考虑到保险资产管理公司个体差异较大，在服务第三方保险资金指标、信息系统资源投入等指标设计上，按照行业排名和相对占比两项孰高原则进行评分。

保险业首份投资能力图谱来了！覆盖 200多家机构，全面解析能力分布

2021年3月20日

注：本报告由公众号『慧保天下』『武定侯街』共同发布，原文章名《2020年度保险业投资能力动态图谱》，略有改动。

保险业务和投资业务是保险公司的两大生命线，投资能力则是两者之间的黏合剂。投资能力关乎保险资金的运用效果，是影响资产与负债匹配的重要因素，也是保险产品创新的重要基石。

2020年10月10日，银保监会正式发布《关于优化保险机构投资管理能力监管有关事项的通知》（以下简称《新规》），明确了7大类8个小项投资能力，并将原先的备案制改为自评估制，大大释放了投资活力。

该项政策实施后，保险公司的投资能力建设情况是怎样的？为回答该问题，本报告作者对国内保险业200多家机构公开披露的投资管理能力建设及自评估情况进行梳理，并试图总结出《新规》发布后，这些机构的投资能力分布情况，最终形成深度报告《2020年度保险业投资能力动态图谱》。

统计显示，2020年底合计共有98家机构具有信用风险管理能力，55家机构具有股票投资管理能力，74家机构具有股权投资管理能力，46家机构具有不动产投资管理能力，24家机构具有衍生品运用管理能力，25家机构具有债权投资计划产品管理能力，15家机构具有股权投资管理能力。行业整体投资能力分布与保险资产类别占比具有高度相关性。

《新规》颁布后合计新增投资能力28个，其中，股权投资管理能力、不动产投资管理能力和信用风险管理能力占比位居前三，分别达到32%、25%和21%。

不过，根据图谱，部分保险机构之前具备的投资能力疑似已经消除，具体原因尚待进一步关注。

以下即为《2020年度保险业投资能力动态图谱》的正文部分。

为进一步落实简政放权要求，深化保险资金运用市场化改革，持续推进投资管理能力事中事后监管，2020年10月银保监会印发《关于优化保险机构投资管理能力监管有关事项的通知》。

《新规》是银保监会深化"放、管、服"改

革,进一步推动优化营商环境的重要举措:

一方面,优化整合保险机构投资管理能力,细化能力建设标准要求,明确了信用风险管理能力、股票投资管理能力、股权投资管理能力、不动产投资管理能力、衍生品运用管理能力(股指期货和国债期货等)、债权投资计划产品管理能力和股权投资计划产品管理能力等7大类8个小项。

另一方面,取消投资管理能力备案管理,将保险机构投资管理能力的管理方式调整为公司自评估、信息披露和持续监管相结合。

保险机构投资能力关乎保险资金的运用效果,是影响资产与负债匹配的重要因素,也是保险产品创新的基石之一。受新规政策利好的影响,保险机构新增投资能力以及首次开展相关投资管理业务的情况都大幅增加,并且呈现出诸多明显特征。

投资能力介绍:不同类型机构内涵有所不同

保险公司。

适用于保险集团(控股)公司和保险公司的投资能力包括以下几个方面:

一是信用风险管理能力。即已被废止的《关于加强和改进保险机构投资管理能力建设有关事项的通知》(以下简称《旧规》)中的无担保债券投资能力。

二是股票投资管理能力。与《旧规》一致。

三是股权投资管理能力。与《旧规》不同,《新规》限定只能由保险集团(控股)公司和保险公司获得股权投资管理能力,且明确了包括直接股权投资、间接股权投资和共享内部资源三种形态。直接股权投资是指保险公司以出资人的名义投资并持有企业股权;间接股权投资是指保险公司投资股权投资管理机构发起设立的股权投资基金等相关金融产品;共享内部资源是指由集团内具备股权投资计划产品管理能力的保险资产管理机构提供咨询服务和技术支持。

四是不动产投资管理能力。与《旧规》不同,《新规》限定只能由保险集团(控股)公司和保险公司获得不动产投资管理能力,且明确了包括直接投资不动产、投资不动产金融产品和共享内部资源三种形态。这里的直接投资不动产主要是指直接投资非基础设施类不动产;投资不动产金融产品主要是指投资基础设施类投资计划和其他不动产金融产品;共享内部资源是指由集团内具备债权投资计划产品管理能力的保险资产管理机构提供咨询服务和技术支持。

五是衍生品运用管理能力。包括股指期货和国债期货等。

保险资管机构。

适用于保险资产管理机构的投资能力包括以下几个方面:

一是信用风险管理能力。同上。

二是股票投资管理能力。同上。

三是衍生品运用管理能力。同上。

四是债权投资计划产品管理能力。与《旧规》不同,《新规》将保险资管机构基础设施投

CHAPTER 5 保险资管·放权与升维

资计划产品创新能力、不动产投资计划产品创新能力合并为债权投资计划产品管理能力。

五是股权投资计划产品管理能力。《新规》新增保险资产管理机构股权投资计划产品管理能力。

《新规》明确保险资产管理机构具备债权投资计划产品管理能力的,可以提供不动产投资咨询服务和技术支持;具备股权投资计划产品管理能力的,可以提供股权投资咨询服务和技术支持。

其他。

《新规》明确保险机构购置自用性不动产、投资保险类企业股权和设立从事专项资产管理业务的子公司,应当按照有关监管规定履行相应程序,不作投资管理能力要求。

投资能力图谱:整体投资能力分布与保险资产类别占比具有高度相关性

根据公开信息的不完全统计,2020年底保险业投资能力图谱有以下几个情况。

行业整体情况。

2020年底合计共有98家机构具有信用风险管理能力,55家机构具有股票投资管理能力,74家机构具有股权投资管理能力,46家机构具有不动产投资管理能力,24家机构具有衍生品运用管理能力,25家机构具有债权投资计划产品管理能力,15家机构具有股权投资管理能力。

行业整体投资能力分布与保险资产类别占比具有高度相关性,比如根据中国保险资产管理业协会发布的2019—2020年保险公司投资管理业务综合调研数据,行业整体配置以固收类资产为主,金融衍生产品的占比微不足道。上述情况与行业信用风险管理能力数量和衍生品运用管理能力分居首位、末位一致。2020年底保险业投资能力分布和2018—2019年保险公司保险资产类别占比分别见图1和图2。

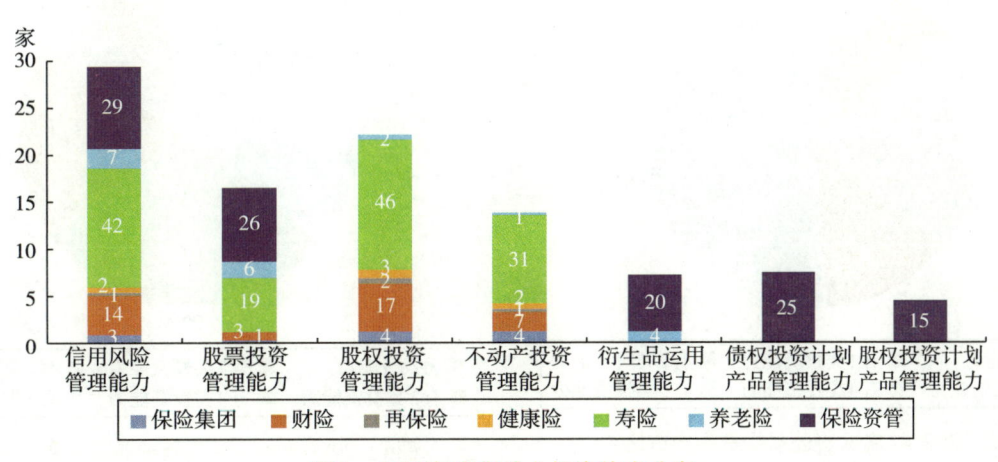

图1 2020年底保险业投资能力分布

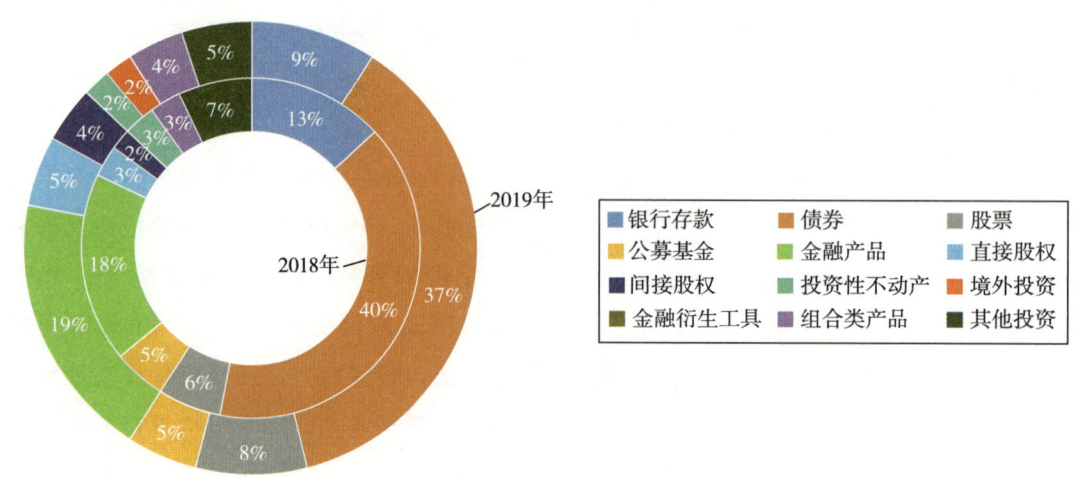

图2 2018—2019年保险公司保险资产类别占比

(资料来源：中国保险资产管理业协会)

保险集团（控股）公司和保险公司整体情况。

2020年底51%的保险公司（含保险集团公司和控股公司）暂不具有投资能力，应是全部采取委托投资的方式进行资金运用。2020年底保险公司投资能力占比见图3。

保险资管机构整体情况。

2020年底拥有5类或4类投资能力的保险资管机构合计占比达到65%，保险资管机构的投资能力在保险业占据显著地位。2020年底保险资管机构投资能力占比见图4。

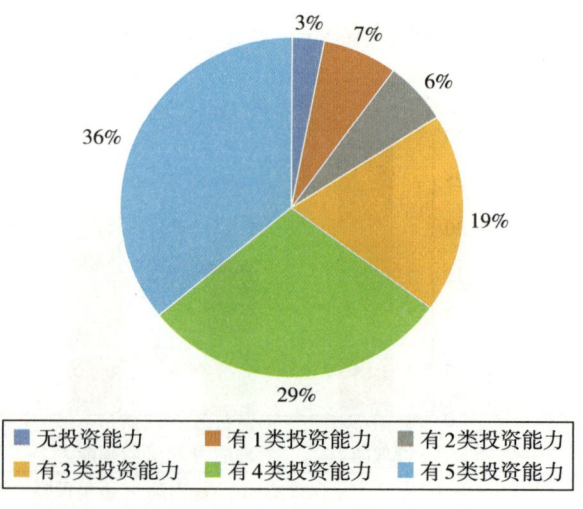

图3 2020年底保险公司投资能力占比

图4 2020年底保险资管机构投资能力占比

CHAPTER 5 保险资管·放权与升维

保险集团（控股）公司情况。

合计23%的保险集团（控股）公司具有信用风险管理能力，8%具有股票投资管理能力，31%具有股权投资管理能力，31%具有不动产投资管理能力，具有衍生品运用管理能力的机构为零。值得注意的是，具有股权投资能力是保险集团直管模式下综合经营的基础，集团公司股权投资能力占比存在进一步提升的空间。

保险集团（控股）公司家数和股权投资能力占比见图5。

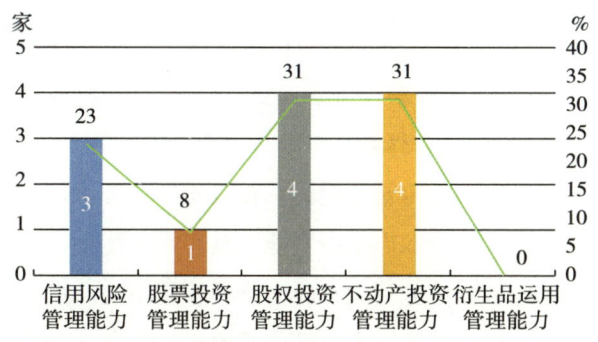

图5 保险集团（控股）公司家数和股权投资能力占比

财险公司情况。

合计16%的财险公司具有信用风险管理能力，3%具有股票投资管理能力，19%具有股权投资管理能力，8%具有不动产投资管理能力，具有衍生品运用管理能力的机构为零。财险公司具有的投资能力数量较少，主要是采取委托投资有关。股权投资能力居首位的原因与其是股权类资产配置的前提有关。财险公司家数和股权投资能力占比见图6。

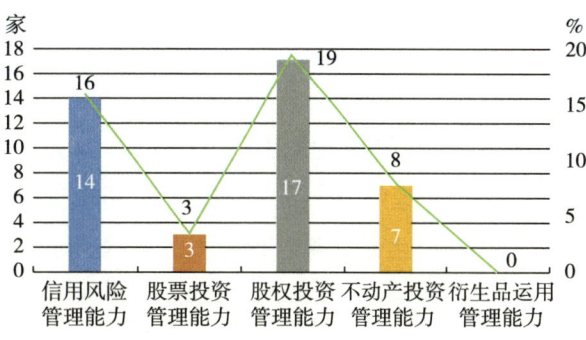

图6 财险公司家数和股权投资能力占比

再保险公司情况。

合计7%的再保险公司具有信用风险管理能力，具有股票投资管理能力的机构为零，14%具有股权投资管理能力，7%具有不动产投资管理能力，具有衍生品运用管理能力的机构为零。再保险公司具有的投资能力情况与财险公司类似。再保险公司家数和股权投资能力占比见图7。

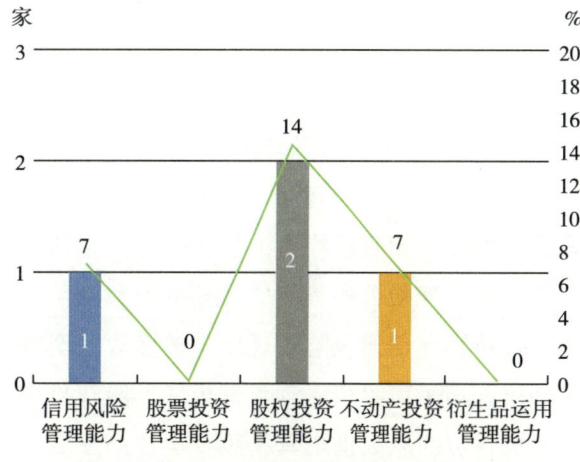

图7 再保险公司家数和股权投资能力占比

健康险公司情况。

合计29%的健康险公司具有信用风险管理能力,具有股票投资管理能力的机构为零,43%具有股权投资管理能力,29%具有不动产投资管理能力,具有衍生品运用管理能力的机构为零。健康险公司具有的投资能力情况与财险公司类似。

健康险公司家数和股权投资能力见图8。

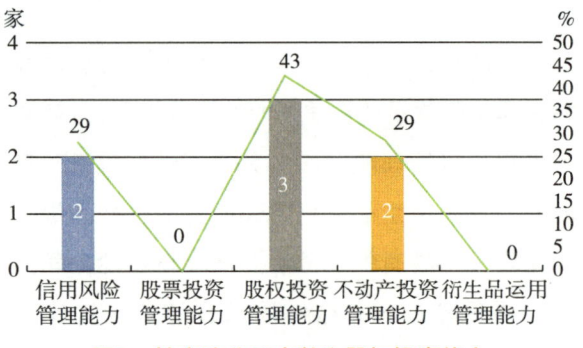

图8　健康险公司家数和股权投资能力

寿险公司情况。

合计56%的寿险公司具有信用风险管理能力,25%具有股票投资管理能力,61%具有股权投资管理能力,41%具有不动产投资管理能力,具有衍生品运用管理能力的机构为零。相较于财险公司,寿险公司具有的投资能力数量明显增多,特别是信用风险管理能力较多,说明较多寿险公司采取投资主动管理模式。股权投资能力居首位的原因也与其是股权类资产配置的前提有关。寿险公司家数和股权投资能力占比见图9。

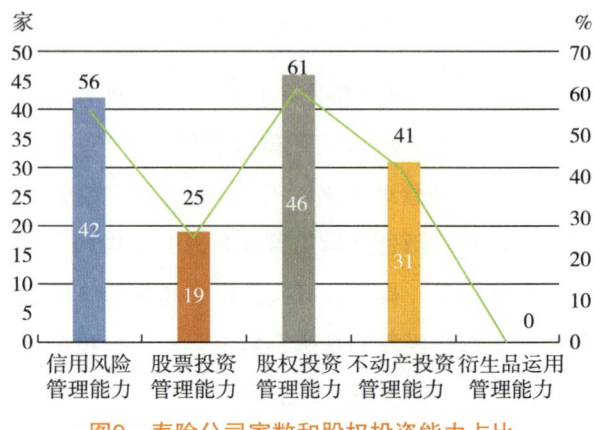

图9　寿险公司家数和股权投资能力占比

养老险公司情况。

合计88%的养老险公司具有信用风险管理能力,75%具有股票投资管理能力,25%具有股权投资管理能力,13%具有不动产投资管理能力,50%具有衍生品运用管理能力。相较于寿险公司,养老险公司在资本市场投资能力具有明显优势,与其受托管理业务相关;养老险股权和不动产投资能力的情况不及寿险公司的原因也与其自身和受托资金期限有关。养老险公司家数和股权投资能力占比见图10。

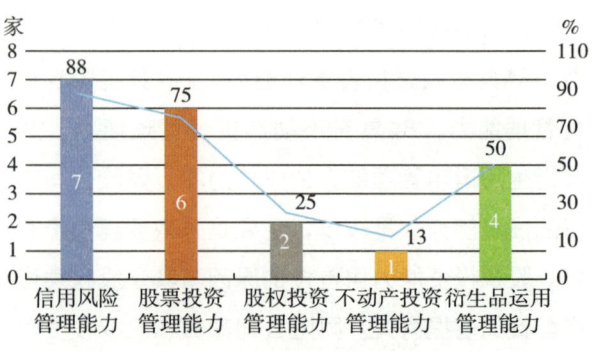

图10　养老险公司家数和股权投资能力占比

保险资管机构情况。

合计94%的保险资管机构具有信用风险管理能力，84%具有股票投资管理能力，65%具有衍生品运用管理能力，81%具有债权投资计划产品管理能力，48%具有股权投资计划产品管理能力。保险资管机构的投资能力较为平均，特别是资本市场投资能力和债权投资计划产品能力基本成为标配。保险资管机构家数和股权投资能力占比见图11。

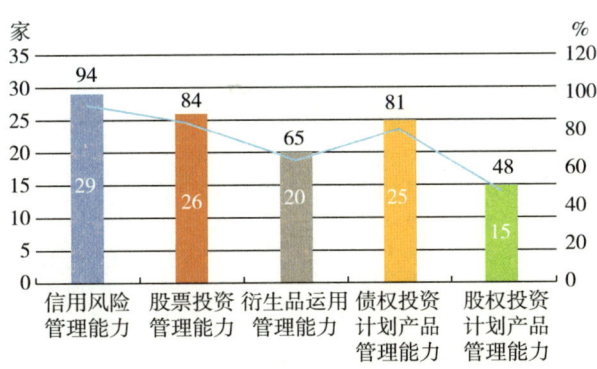

图11 保险资管机构家数和股权投资能力占比

投资能力新增图：《新规》颁布后合计新增投资能力28个

《新规》颁布后，合计新增投资能力28个，其中股权投资管理能力、不动产投资管理能力和信用风险管理能力占比位居前三，分别达到32%、25%和21%。

新增投资能力的机构中以保险公司（寿险公司和财险公司）、保险资管机构为主，保险公司主要新增股权和不动产投资管理能力，保险资管机构主要新增信用风险管理能力、债权投资计划产品管理能力和股权投资计划产品管理能力。

首次展示投资图：保险机构首次开展相关投资管理业务的披露情况逐步上升

《新规》要求保险机构首次开展相关投资管理业务的，应当至少提前10日公开披露相应投资管理能力建设及自评估情况。

《新规》颁布后，保险机构首次开展相关投资管理业务的披露情况逐步上升，在2021年1月达到峰值，当月股权投资管理能力和股权投资计划产品管理能力的首次披露合计占比接近38%。

《新规》带来的主要变化及趋势：较多保险机构新增投资能力，但也有部分保险机构之前具备的投资能力疑似消除

一是《新规》深化"放、管、服"改革的落地效果明显，较多保险机构（特别是寿险公司、财险公司和保险资管机构新增投资能力，并积极开展相关的投资业务，服务实际经济，2021年初最为明显。

二是信用风险管理能力是保险业资产管理的核心能力之一，在行业现有和新增投资能力中均占较高的比例。

三是股票投资管理能力和信用风险管理能力是保险集团（控股）公司和保险公司主动投资的前提和标配，也是保险资管机构受托管理的前提和标配。《新规》发布这两大类能力的新增主

体主要是保险资管机构，其中也有少部分是保险公司。

四是股权投资管理能力和不动产投资能力被限定于保险集团（控股）公司和保险公司，该两项能力成为相关资产配置的前提，有望继续成为新增能力的主要种类。特别是股权投资管理能力，同时具有资金运用效果和跨业综合经营效果，影响较大。

五是保险机构衍生品运用管理能力有待进一步加强，特别是《保险资金参与国债期货交易规定》已于2020年7月发布，但尚未检索到2020年底保险机构具有国债期货的衍生品运用管理能力。

六是《新规》发布之前，部分保险机构具备的投资能力到2020年底疑似已经消除。

相关建议

一是《新规》将投资能力管理从原先的备案制改为自评估制，保险机构自评估的实际效果需进一步关注。

二是《新规》维持了对风险责任人的现行规定，但风险责任人披露的时限要求以及对既往遗漏披露情况的补正有待进一步明确。

三是保险机构的投资能力及其变动对消费者权益产生直接影响，特别是对于既往投资能力疑似消除的原因需进一步关注。

CHAPTER 5 | 保险资管·放权与升维

首个保险业投资能力信息披露评价指数出炉! 130家机构整体得分82.09分, 3%获评D类

◎武定侯街 | 2021年3月31日

注：本报告由公众号『慧保天下』『武定侯街』共同发布，原题目为《2020年度保险业投资能力信息披露评价指数》，略有改动。

2020年9月30日，银保监会正式发布《关于优化保险机构投资管理能力监管有关事项的通知》，其中的"双重创新"具有重大意义。所谓"双重创新"一方面是指保险机构投资能力监管的重大创新，另一方面是指保险机构信息披露监管的重大创新。

我们则试图通过构建科学评价指标体系，系统地对各类保险机构的"投资能力信息披露"情况本身，进行定量评价，为监管政策实施评估、机构合规管理和业务发展、消费者权益保护等提供参考。

本次研究所构建的保险业投资能力信息披露评价指数包括合规披露和有效披露两个层次，其中合规披露包括形式合规和内容合规两个维度，有效披露包括自愿披露、时效披露和便捷披露三个维度。

按照保险业投资能力信息披露评价指数进行详细测算后，我们发现2020年度保险业投资能力信息披露评价指数为82.09。大多数机构信息披露的效果不错，达到甚至超过了监管制度预期，但也有部分机构存在"举手式合规"披露的情况，甚至个别机构披露的内容存在明显瑕疵。

因此，报告建议后续制定保险机构投资管理能力信息披露行业规范，进一步提高行业整体披露水平。

以下为《2020年度保险业投资能力信息披露评价指数》的全部内容。

2020年10月银保监会印发《关于优化保险机构投资管理能力监管有关事项的通知》（以下简称《新规》），取消了原来的投资管理能力备案管理，将保险机构投资管理能力的管理方式调整为公司自评估、信息披露和持续监管相结合。《新规》具有保险机构投资能力监管和信息披露监管双重创新的重大意义。

本报告通过对2020年度保险业投资能力、半年度信息效果进行分析，首次构建行业投资能力

评价指数,反映行业及机构的相关情况,为监管政策实施评估、机构合规管理和业务发展、消费者权益保护等提供参考。

《新规》的相关规定及其创新:在披露方式、内容和方式等方面均有所改变

披露方式。

保险集团(控股)公司、保险公司应当在公司及中国保险行业协会官方网站上主动、及时披露投资管理能力建设及自评估情况。保险资产管理机构应当在公司及中国保险资产管理业协会官方网站上主动、及时披露投资管理能力建设及自评估情况。

披露内容。

保险机构公开披露的投资管理能力建设及自评估内容,应涵盖相关能力标准的各项要素。涉及人员资质的,应逐一列明专业人员的具体资质、从业经历等情况;涉及制度建设的,应逐条列出相应制度名称、发文字号;涉及流程机制的,应清晰列明总体框架及各环节分工、管理规则名称及责任人信息;涉及信息系统建设的,应列明系统名称、主要功能等信息。

保险机构应当按照保险资金运用信息披露相关准则的格式和内容要求,做好各项投资管理能力风险责任人的信息披露,披露频次、方式等按照投资管理能力信息披露的要求执行。

披露时间。

保险机构投资管理能力信息披露包括首次披露、半年度披露和重大事项披露。

保险机构首次开展相关投资管理业务的,应当至少提前10日公开披露相应的投资管理能力建设及自评估情况。首次开展相关衍生品交易的,还应当至少提前15日将自评估情况报告银保监会。

保险机构应当至少每半年对各项投资管理能力建设的合规情况进行自评估,并分别于每年1月31日和7月31日前公开披露投资管理能力建设及自评估情况。

保险机构出现投资团队的主要人员变动、主要制度流程变更、系统重大故障异常、其他突发事件或不可抗力情形,导致投资管理能力不符合能力标准的,应当于发生变动后10日内将相关情况报告银保监会,并进行公开披露。

披露管理。

保险机构聘请独立第三方审计机构开展外部审计工作时,应当将投资管理能力建设、自评估及信息披露等情况纳入审计,并将审计情况作为保险资金运用内部控制年度专项审计报告的部分内容,按规定报告银保监会。

中国保险行业协会、中国保险资产管理业协会应当在银保监会的指导下,加强保险机构投资管理能力信息披露自律管理,发现保险机构信息披露不及时、内容不完整等问题的,应及时上报银保监会。

CHAPTER 5 保险资管·放权与升维

披露问责。

保险机构出现信息披露不及时、不真实、不准确和不完整等情形的，银保监会将采取监管谈话、下发风险提示函等监管措施责令限期改正。保险机构逾期未改正，或者存在编造提供虚假信息、不具备投资管理能力而开展相应投资业务、未履行信息披露和报告程序开展相关投资业务、在投资管理能力未持续符合要求的情况下新增相关投资等情形的，银保监会将依法依规予以行政处罚。

披露创新。

《新规》就信息披露监管而言，投资能力信息披露是国内外金融业整体化、体系化和制度化加强非财务信息披露的全新尝试，对维护保险消费者在内的保险机构利益相关方合法权益具有重要意义。

保险业投资能力信息披露评价指数及构建：包括合规披露和有效披露两个层次

保险业投资能力信息披露评价指数针对《新规》规定的首次半年度披露，采取百分制。本次评价对象包括按照《新规》进行相关半年度披露的100多家保险机构，评价内容为半年度披露报告。

指数构成包括合规披露和有效披露两个层次：

合规披露包括形式合规和内容合规两个维度，合计80分，其中形式合规重点考察《新规》规定的披露时间和披露位置等，共30分；内容合规重点考察《新规》规定的披露事项等，共50分。

有效披露针对形式合规及内容合规的保险机构开展，具体包括自愿披露、时效披露和便捷披露三个维度，合计20分，其中自愿披露重点考察《新规》规定以外的披露内容，时效披露重点考察合规前提下的尽早披露，便捷披露重点考察披露查找的友好程度等。

保险机构同时具有多个投资能力的，该机构总得分为按照上述规则计算得出的投资能力对应得分的平均值。保险业投资能力信息披露评价指数为披露投资能力的保险机构得分的平均值。保险业投资能力信息披露评价逻辑框架模型（示例）见图1。

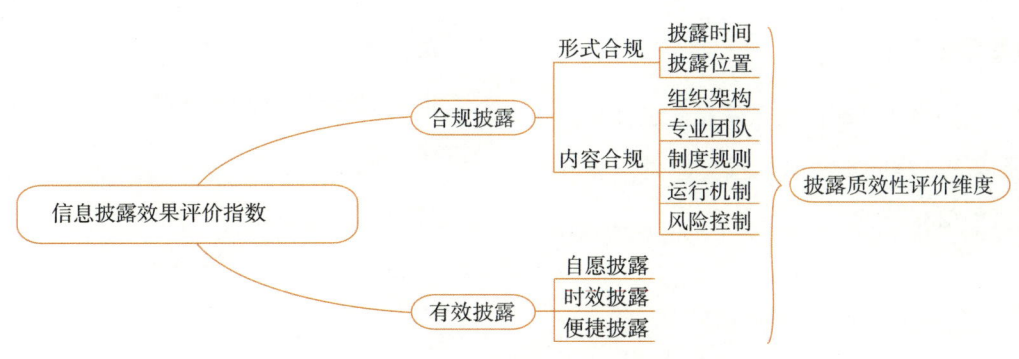

图1 保险业投资能力信息披露评价逻辑框架模型（示例）

2020年保险业投资能力信息披露评价指数：整体得分82.09分，3%的机构得分不足50分

行业整体情况。

根据公开信息的不完全统计，2020年保险业投资能力信息披露评价指数是82.09分，其中大于等于89分的为A类，行业内机构占比约为17%；89分到72.5分（含）之间的为B类，行业内机构占比约为72%，72.5分到50分（含）之间为C类，行业内机构占比约为8%，小于50分为D类，行业内机构占比约为3%。保险业投资能力信息披露评价概览见图2。

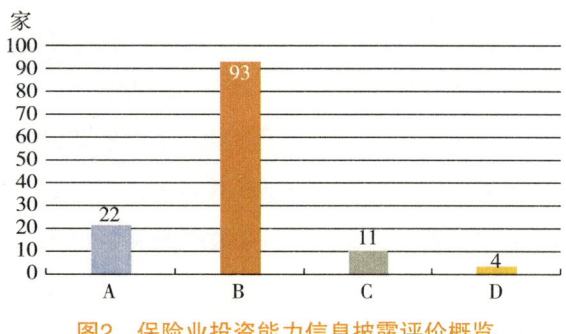

图2 保险业投资能力信息披露评价概览

机构类型情况。

集团公司。集团公司的信息披露情况较好，均为B类及以上。保险集团公司投资能力信息披露评价概览见图3。

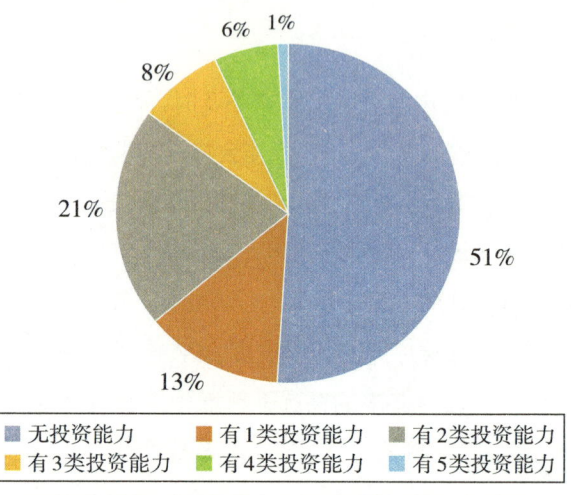

图3 保险集团公司投资能力信息披露评价概览

财险公司。约83%的财险公司信息披露达到B类及以上。财险公司投资能力信息披露评价概览见图4。

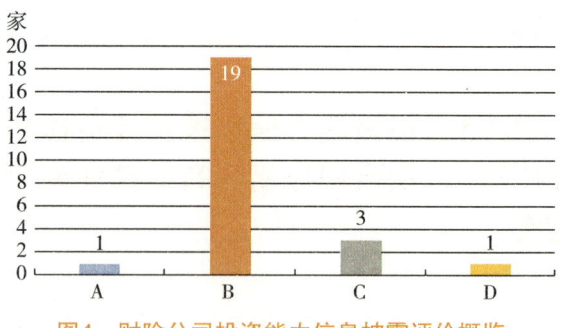

图4 财险公司投资能力信息披露评价概览

再保险公司。再保险公司的信息披露情况较好，均为B类及以上。再保险公司投资能力信息披露评价概览见图5。

CHAPTER 5 保险资管·放权与升维

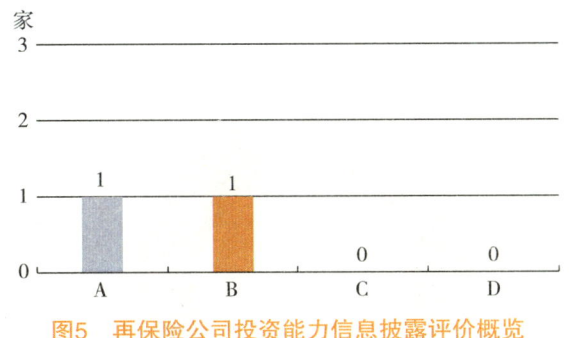

图5 再保险公司投资能力信息披露评价概览

健康险公司。有75%的健康险公司信息披露达到B类。健康险公司投资能力信息披露评价概览见图6。

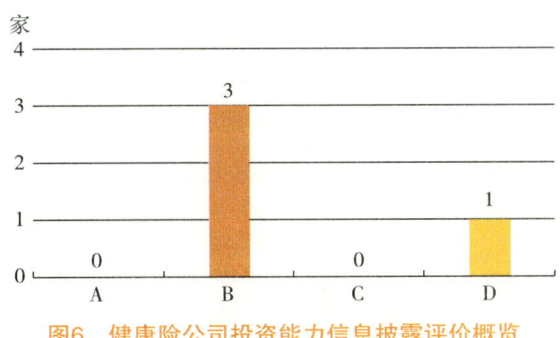

图6 健康险公司投资能力信息披露评价概览

养老险公司。有75%的养老险公司信息披露达到B类。养老险公司投资能力信息披露评价概览见图7。

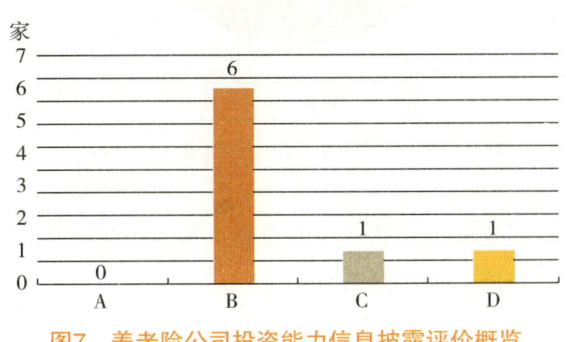

图7 养老险公司投资能力信息披露评价概览

寿险公司。约89%的寿险公司信息披露达到B类及以上。养老险公司投资能力信息披露评价概览见图8。

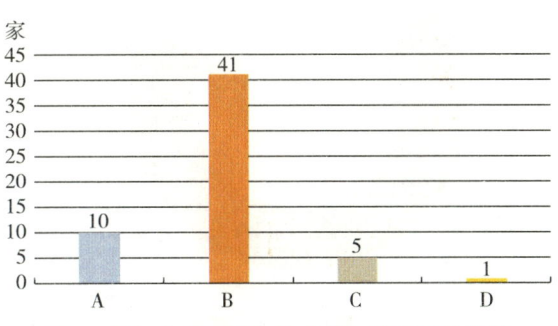

图8 养老险公司投资能力信息披露评价概览

保险资管机构。约93%的保险资管机构信息披露达到B类及以上。保险资管机构投资能力信息披露评价概览见图9。

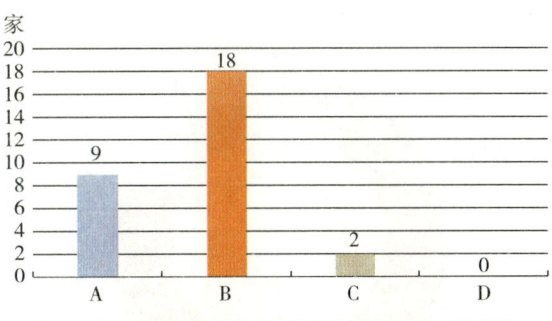

图9 保险资管机构投资能力信息披露评价概览

能力类型情况。

能力类型情况得分剔除了同一保险机构多个投资能力的影响，直接反映保险机构单个投资能力的披露情况。

信用风险管理能力披露。85%的保险机构信息风险管理能力披露达到B类及以上。信用风险管理能力披露评价概览见图10。

管理能力披露评价概览见图12。

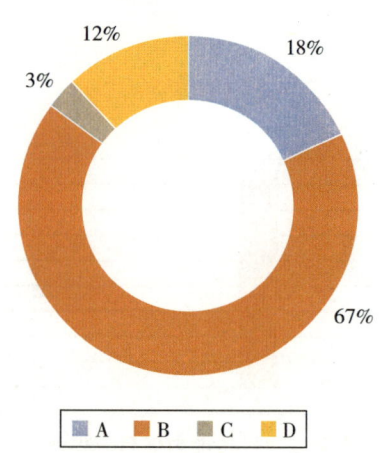

图10　信用风险管理能力披露评价概览

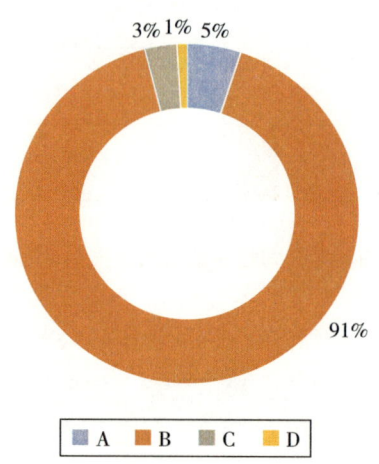

图12　股权投资管理能力披露评价概览

股票投资管理能力披露。93%的保险机构股票投资管理能力披露达到B类及以上。股票投资管理能力披露评价概览见图11。

不动产投资管理能力披露。92%的保险机构不动产投资管理能力披露达到B类及以上。不动产投资管理能力披露评价概览见图13。

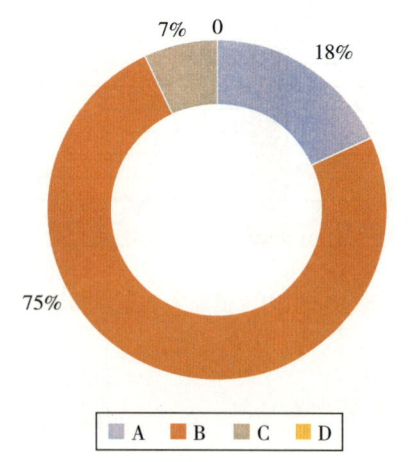

图11　股票投资管理能力披露评价概览

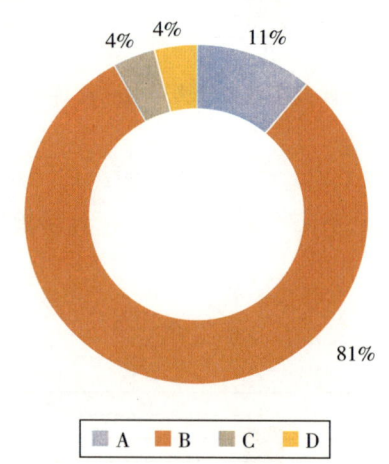

图13　不动产投资管理能力披露评价概览

股权投资管理能力披露。96%的保险机构股权投资管理能力披露达到B类及以上。股权投资

衍生品运用管理能力披露。保险机构衍生品运用管理能力披露均为B类。

CHAPTER 5 保险资管·放权与升维

债权投资计划产品管理能力披露。96%的保险机构债权投资计划产品管理能力披露达到B类。债权投资计划产品管理能力披露评价概览见图14。

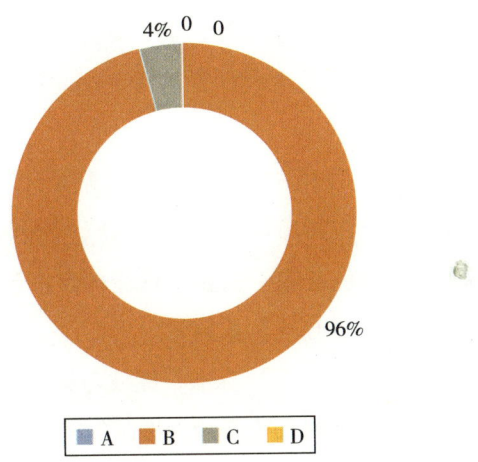

图14 债权投资计划产品管理能力披露评价概览

股权投资计划产品管理能力披露。93%的保险机构股权投资计划产品管理能力披露达到B类。股权投资计划产品管理能力披露评价概览见图15。

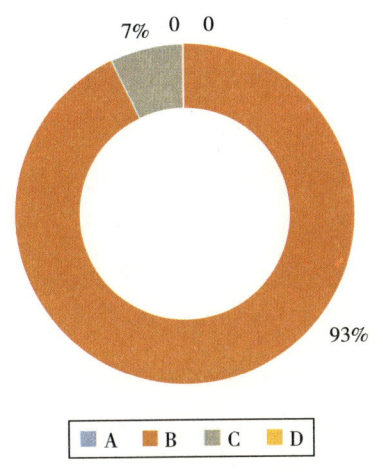

图15 股权投资计划产品管理能力披露评价概览

2020年保险业投资能力信息披露的主要特点：部分机构存在"举手式合规"披露的情况，披露内容过于简单

一是从行业披露的合规情况看（见图16），大多数机构信息披露符合《新规》要求，具有多个投资能力的保险机构信息披露效果具有一定的

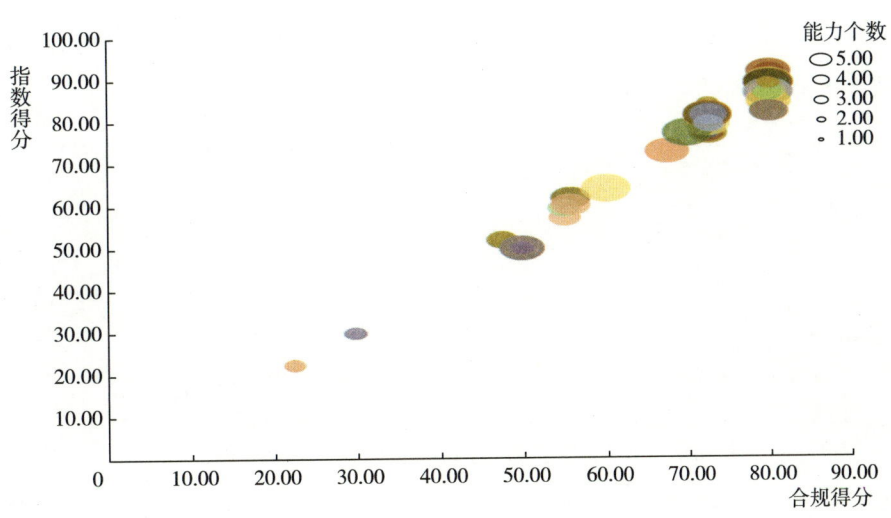

图16 保险业投资能力信息披露合规情况概览

185

优势；从行业披露的有效情况看，部分机构达到甚至超过了制度预期，比如有部分机构在信息披露监管规定之外，增加了自愿披露的内容。

二是保险资管机构的投资能力信息披露整体情况好于保险公司（含保险集团）。

三是有部分机构存在"举手式合规"披露的情况，披露内容过于简单，对标监管规定后直接"举手式"给出合规结论。

四是有个别机构的披露内容存在明显瑕疵，比如缺少披露监管规定要求的披露内容。

相关建议：进一步优化相关规定

一是建议进一步优化信息披露监管规定，比如以下几个方面。

其一，对投资能力信息披露质量优秀的机构，特别是监管规定以外有效开展自愿披露的机构，给予政策激励。

其二，细化《新规》中"人员资质""流程机制"的披露规则。

二是建议制定保险机构投资管理能力信息披露行业规范，完善行业信息披露管理平台，进一步提高行业整体披露水平，比如以下几个方面。

其一，固化形式标准，要求保险机构在公司官网公开信息披露的具体时间并对信息披露的内容进行有效分类和标签，便于查询；统一保险公司（含保险集团）和保险资管在相同投资能力中的披露要求。

其二，强化内容标准，参照国际保险监督官协会（IAIS）2019年修订的ICP20《保险监管核心原则20 信息披露》，要求披露内容解释充分，避免"举手式合规"披露等。

其三，深化效果标准，建议考虑保险机构投资财务信息披露和投资能力披露的有效结合。

其四，优化平台标准，除表单式呈现以外，还采取科技手段强化披露内容有效性。

三是建议保险机构关注公司官网信息披露功能的完善，避免信息披露页面无法打开；强化行业信息披露平台和公司官网披露系统的技术衔接或文本处理，避免公司官网在使用协会披露版本时，风险责任人的披露内容无法直接点击阅读。

保险资管公司管理规定迎大修！境内外股东一视同仁，以资产长期保值增值为目标

◎武定侯街 | 2021年12月11日

银保监会2021年12月10日发布《保险资产管理公司管理规定（征求意见稿）》（以下简称《征求意见稿》）公开征求意见。《征求意见稿》全面总结了2004年《保险资产管理公司管理暂行规定》（保监会令〔2004〕2号）实施以来的经验成果，采取多项创新措施进一步推动市场化和专业化改革，对促进行业高质量发展具有重要意义。

保险资管是保险业的重要组成部分，经历了规模从小到大，运营从内到外，范围从窄到宽的发展历程。保险资管公司是保险资管独立化、市场化、专业化的标志。2003年经国务院同意、保监会批准设立第一批保险资产管理公司——中国人保资产管理有限公司和中国人寿资产管理有限公司等。截至2021年第三季度末，已有合计31家保险资产管理公司开业运营，通过发行保险资管产品、受托管理等方式管理资产总规模约为18.72万亿元，资金性质包括保险资金、银行资金、基本养老金、企业年金和职业年金等。

主要内容

《保险资产管理公司管理暂行规定》共五章五十三条，包括总则，设立、变更和终止，经营范围和经营规则，风险控制和监督管理，附则。《征求意见稿》新增了公司治理和风险管理专章和相关内容，全面升级了现行规定，共七章八十五条，包括总则，设立、变更和终止，公司治理，业务规则，风险管理，监督管理，附则等。

三大特点

时代性。《征求意见稿》落实了资管新规的相关要求，删除了2004年《保险资产管理公司管理暂行规定》中单纯涉及保险资金管理的内容，并明确强调应当公平对待所管理的不同委托人和不同保险资产管理产品的资产，符合保险资管市场化的趋势。

整体性。在2020年保险资管产品"1+3"业

务规范（《保险资产管理产品管理暂行办法》《组合类保险资产管理产品实施细则》《债权投资计划实施细则》《股权投资计划实施细则》）的基础上，对保险资产管理公司的各项管理规范进行了升级，形成了保险资管从业务管理到机构管理的全新监管制度体系。

精准性。保险资管公司脱胎于保险公司，现行保险资管的监管规范较多参照适用或直接适用保险公司的相关规定。《征求意见稿》发挥了机构监管的优势，针对保险资管公司的特殊性，在公司治理和风险管理等方面作出了细化规范，提高了精准监管效能。

三大影响

有助于扩大对外开放。《征求意见稿》全面贯彻落实国务院金融委办公室对外发布的"取消境内保险公司合计持有保险资产管理公司的股份不得低于75%的规定，允许境外投资者持有股份超过25%"举措，不再限制外资保险公司持有保险资产管理公司股份的比例上限，同时设置境内外股东统一适用的股东资质条件，为外资保险资管提供了政策红利。

有助于促进业务发展。《征求意见稿》通过资金来源、业务规则和分支机构等多层次市场化举措，进一步释放保险资管机构的活力。

有助于防范经营风险。《征求意见稿》抓住完善公司治理这个"牛鼻子"，完善风险管理的各项要求，强化监管手段和违规约束，引导保险资管公司实现规范化运作。

合规建议

监管端。建议增加保险资管公司的接管规则；建议明确《保险集团公司监督管理办法》独立董事、董事会专门委员会的豁免规则与新规的适用关系；明确资管机构临时负责人的相关要求；梳理保险资管公司参照适用的各项现行规范，结合保险资管的特殊性，在新规和功能监管规则的基础上，出台具体操作细则，比如关联交易和销售管理等的细则。

机构端。加快研究分支机构、子公司和自有资金投资等政策红利；对照《征求意见稿》核查公司治理和风险管理的具体差距，提前部署完善；加强流动性和业务管理，避免触碰监管红线。

九大举措

一是确立功能定位。保险资产管理公司"以实现资产长期保值增值为目的"，立足长期投资、稳健投资，契合保险资管的投资能力优势，引导行业为实体经济高质量发展提供更多中长期资金支持。

二是明确价值取向。强调保险资产管理公司"严格遵守投资者适当性管理要求"，"维护投资者的合法权益"，秉持资管机构的基本职责和价值取向，是保险资管市场化发展的前提和基础。

三是细化设立条件和股权管理。首次明确了保险资管公司的各项设立条件，首次明确了保险资管公司股东类型及资质要求，首次明确了保险资管公司"两参一控"的要求。特别是，降低了保险公司股东总体持股比例上限，要求境内外保险公司合计持有保险资管公司的股份不得低于50%；还通过禁止代持、设定股权转让限制和新增禁入条件等加强保险资管公司的股权管理。

四是开闸分支机构、管控子公司。保监会《关于调整<保险资产管理公司管理暂行规定>有关规定的通知》，将《保险资产管理公司管理暂行规定》有关涉及保险资产管理公司设立分支机构的规定，调整为"保险资产管理公司设立子公司，从事专项资产管理业务，由保监会依据有关法律法规研究制定。"《征求意见稿》恢复了设立分支机构的规定，还明确了保险资产管理公司投资设立子公司的条件，银保监会按照保险资金重大股权投资有关规定受理、审查并作出决定。

保险资产管理公司可以投资设立理财、公募基金、私募基金、不动产和基础设施等从事资产管理业务或与资产管理业务相关的子公司。

五是新增名称管理、变更审批事项和解散审批。

六是强化董监高任职资格、股东义务、股东隔离、独立董事、经营管理层和兼职管理等公司治理监管。在《保险公司董事、监事和高级管理人员任职资格管理规定》的基础上，细化保险资管公司董事、监事、高级管理人员任职资格的相关要求：

从严加强董事长这一关键岗位的任职资格要求，要求应当具有10年以上金融从业经验。

明确称保险资产管理公司高级管理人员范围，是指对保险资产管理公司的经营管理活动和风险管理具有决策权或者重大影响的下列人员：总经理、副总经理、首席风险管理执行官以及实际履行上述职务的其他人员。

此外，还参照其他保险机构的监管规定，建立了临时负责人机制，保险资产管理公司高级管理人员不能履职或缺位时，公司可以指定临时负责人，并及时向中国银保监会报告。临时负责人履职时间原则上不得超过6个月。

对《银行保险机构公司治理准则》相关内容进行细化，特别是对股东禁止行为作出了明确规定，强调独立董事以维护投资者和公司合法利益为出发点。保险资产管理公司的高级管理人员兼职规定有所放宽。

七是强化经营范围、自有资金运用、全托管、禁止行为和销售等业务监管。特别是明确了自有资金投资范围；提出了境外合格投资者；明确禁止保险资产管理公司提供规避投资范围、杠杆约束等监管要求的通道服务。

八是强化风险管理监管。从风险管理体系、风险管理要求、内控审计、子公司风险管理、关联交易管理、从业人员管理、风险准备金、应急管理等方面进行全面增补。特别是要求保险资产管理公司每年至少开展一次对资产管理业务的内部审计和内控外部审计；新增保险资管公司对子公司风险管理的要求。

九是增补监管手段和违规约束。增补了分级监管、信息披露和重大事项报告等内容，丰富了监督检查方式方法和监管措施，增加了违规档案记录、专业机构违规责任、财务状况监控和自律管理等内容。特别是加强了监管检查工作中对专业机构的聘请和管理，一方面有助于发挥专业机构的专长，另一方面也强化了相关违规责任。

NEW ERA OF
INSURANCE

保险新时代

{ 慧保天下 } 精选集

6

CHAPTER

公司志·进击与精耕

　　行业大变局下，不同市场主体的不同反应，成为2021年的最大看点。

　　资源禀赋不同、价值取向不同、战略定位不同的保险公司在重压之下各寻出路，更多类型的探索，包括产品的、渠道的、服务的、技术的等，都在加速创新蝶变。

　　好消息是，重压之下，市场主体正逐渐从同质化的内卷中摆脱出来；坏消息是，防风险、严监管之下，天平似乎正朝着有利于大型公司的方向倾斜，市场分化进一步提速。

　　怎么办，这仍是留给2022年的一道谜题。

"重回C位"的中国人保，其命维新的罗熹方法论

2021年4月1日

2021年3月24日，中国人保召开2020年度业绩发布会，这是新一届领导班子首次集体亮相，自然格外受关注。

会上，中国人保董事长罗熹重申了2025年规划以及2035年的远景目标：2025年实现集团营业收入进入全球可比保险公司前列，财险主要指标成为全球第一；2035年，集团营业收入进入世界前3位，财险所有指标成为全球第一。

中国人保"重回C位"的豪言壮语随即在行业引发众多议论。毕竟，中国人保这两年走得并不顺，世人也多有人保"廉颇老矣"的感叹。中国人保"行"吗？时下无疑是中国人保的艰难时刻，迫切需要来一场思想的大洗礼、治理的大变革。

知易行难，雄心需要实力来支撑，也需要理论来引领。作为一个从事保险工作并不算太久的高级干部，罗熹在发布会中对于新时代、新阶段的保险内涵与外延表达了自己积极的思考和见解。对于当下所处的历史阶段、市场形势，他也有独到的认知和判断，可谓把脉人保的底层逻辑，而这种自成体系的底层逻辑正是其"重回C位"口号背后的底气所在。

"重回C位"，是服务新格局的时代要求，从老保险到新保险理论支撑起发展逻辑

罗熹并不掩饰对于中国人保"重回C位"的执着。当然，这也是人保上下员工的期盼。

但如果在更大的视野下，尤其是在中国崛起的大背景下进行观察，则又会解读出新的含义，这体现的是一家保险央企在历史新格局中的使命与担当。诚如罗熹所讲，"新人保服务新格局"，进一步展开就是"加快建设世界一流企业，形成与现代化强国新目标相匹配的发展方位"。

口号背后的逻辑支撑何在？答案是"从老保险到新保险"，而中国人保新一届领导班子的"卓越保险战略"正是建立在这一新的保险理念基础之上。

新保险的概念，是人保首次系统提出的，极大地扩展了保险业的内涵和外延。罗熹表示，老保险是"承保+理赔"，现在，在承保和理赔之间还增加了减损以及赋能两项内容。在他看来，减损和赋能都是老保险之外的新课题，这意味着

保险业深化服务的广阔前景。

罗熹表示，中国人保曾对全球主要对标对象进行深入研究，发现美国保险业做得不是理赔，而是支付，或者少做理赔，多做支付。"这种方式实际上是让保险业进入了社会的各行各业、千家万户，意味着保险业服务的广度和深度未来不会亚于银行业。"

进而，中国人保也在业内首度提出了"六大服务"的概念，作为新保险的内容载体。"2021年，我们将提高保险服务供给质量，围绕服务乡村振兴、服务交通安全、服务养老体系、服务大众健康、服务科技创新、服务社会治理'六大服务'。"

新保险概念的提出，让中国人保的跨越式发展有了理论基础和实现可能。罗熹明确表示，之所以要坚持推动"老人保向新人保转变"，最重要的原因之一就是，只有新模式才有可能推动业务实现跨越式增长，"我们的战略是建立在新的道路、路径和模式上的，不是老的方式。老的方式只会形成规模的适当增长，但它不会呈现出一种跨越式的增长和形态、模式上的变化。"

基于对"新保险"的深刻认知，中国人保对每家子公司的排兵布阵上更加调度有方。

人保财险：跟得上社会的变化，和与经济转型紧密结合起来。

"自动驾驶广泛实现后，造成财产风险的可能性会进一步降低，但是行为风险的可能性仍然存在，车险很大程度上有可能向这个方向转移。

"政策险，包括农险和社保险……我们在城市称之为'城市公共保险'，在农村可以叫'乡村振兴保险'，意思是要跟上社会的变化，要和经济转型结合起来，这一块业务前景广阔。

"非车险，更多的是责任险，一年最少有3000亿元的需求，而我们现在能够承保的还比较少。"

人保寿险：差异化优势，打造"三高"模式。

"我们要建立三高的模式，即高端的人才、高端的产品和高端的客户。

"做'三高'，平安靠什么？平安靠数据；太平靠什么？靠高端；泰康靠什么？靠的是养老社区的建设；新华靠什么？靠投资收益；那么人保靠什么？我认为人保还是要通过社会保险、企业保险来拓展自己的寿险高端客户。"

人保健康：在"三医"上做文章。

"要在'三医'上做文章，就是要在医疗、医药和医保的资源整合上去做文章，打通'三医'壁垒。

"健康险要把自己作为一个平台、作为一个网络、作为一个产品公司，而不能作为一个销售公司，这样就能够通过自己的技术、自己的产品整合很多资源。

"如果把医院和药厂分开来看，它们的利益是相抵触的，但通过保险的介入会缓解这个问题。"

保险新时代
NEW ERA OF INSURANCE

加码科技赋能，筹备金融科技子公司，是打通旗下企业数据壁垒的必经之路

中国人保新一届领导班子对于科技的重视是众所周知的。例如，罗熹上任后的首次调研就选择了中国人保的信息化建设、线上化运营情况。

在业绩发布会上，罗熹表示，2021年，"将打造科技核心竞争能力"，同时"坚持科技赋能一线，以基层的体验、客户的感受为标准，优先开发直接拉动生产力、服务基层的运营系统、交易系统和销售支持工具，提升基层竞争能力"。

在介绍科技赋能相关的情况时，他提到两大关键词：一是"金融科技子公司"，二是"智能交易"。

其中，中国人保要筹建的金融科技子公司与此前的人保金服定位有明显不同，前者定位是面向公司内部的科技基础设施，而后者则主要面向业外提供服务。提升科技实力的途径有两个，自主研发，或者借助外力。如今，中国人保选择筹建金融科技子公司，显然是希望自己掌握核心技术，并且决心不小，"力争2025年数字化投入达到先进同业水平"。

"智能交易"则是目前罗熹在科技方面首要关注的话题。在他看来，实现"智能交易"，首先要使交易系统尽量丰富，以满足各种各样的客户需求。前端是交易系统，后端则需要核心系统进行收敛，且核心系统一定是"以保单为核心建立的核心系统"。有了核心系统，才能形成数据池，在此基础上才能实现数据共享，反过来进一步支持智能交易，赋能营销员，提高成交效率。

据介绍，为实现这一目标，人保数据中心、研发中心和共享中心的建设已经开始启动，未来将统一归在金融科技子公司。

无论是金融科技子公司还是智能交易，最终目的都是实现新理念基础上的新发展，毕竟要靠业绩说话，形式好看，还得管用。

重塑"公司治理+深度文化改造"，是实现"新人保"转变的两大基础要素

在业务革新之外，公司治理以及文化建设同样被列入中国人保最迫切需要解决的几件大事。

在谈及"公司治理"时，罗熹指出，"治理"比"改革"涉及的范围更广。改革可能涉及资源配置问题，涉及人员结构问题、薪酬激励问题，但是治理涉及整个集团的运行方式问题，尤其是一些子公司的运行方式问题。

"中国人保三次上市，上市只是找到了投资者，但是内部治理的问题并没有解决。2020年我们发生了几个案件，其实都反映了我们内部治理存在问题。"

为完善公司治理，中国人保推进了一系列改革举措：集团公司部门从19个精简为14个，加强集团对子公司的管控，成立集团审计中心、采购中心以及研发中心，解决了过去公司治理中职能分散的状态。

不过，罗熹也同时指出，公司治理中更重要的是人财物的资源配置问题，"这当中当然还有一个核心问题，即高管的能力问题，包括解决高

CHAPTER 6　公司志·进击与精耕

管能力的识别问题、薪酬激励问题等。"

除公司治理外，文化建设在罗熹看来也非常重要，甚至事关改革成败："'重回C位'这个事情有能力问题，有体制问题，也有技术问题，但是更重要的是观念问题和思想问题，所以文化的改造是不可避免的。"

"人保在这方面有很多需要补课的地方……一定要取得思想上的共识，文化上的转变，没有思想共识和文化转变，整个改造会陷入一种被动的状态。"

无论是"公司治理"还是"文化建设"，无疑都是影响保险公司长期发展的基础要素，但因为比较"虚"，往往喊口号容易，落地却难。中国人保如何保证自己的战略落到实地？其设计了42个战略项目，将目标进行拆解，确保其按进度推进到底。而罗熹更是强调，"创新必须要有业绩，没有业绩的创新是形式主义"。

『慧保天下』认为，人民保险是金融全牌照中唯一冠名人民的。人民保险，是历史，是使命，是光荣，理应与建设社会主义现代化强国一道，走到"C位"，重现辉煌。

几年前，『慧保天下』曾撰文提出"人保老炮，其命维新"，彼时的"老人保"虽然也遭遇了一些问题，但所面临的形势远没有今日之严峻。今天，可将这场由新一届领导班子发起的大变革视为"新人保"的起点，从一个十年乃至二十年长周期的维度考量，人民保险当有所作为。

历史进程视角下太保寿险的"长航行动",及其个险银保新策略

2021年2月3日

> **编者按**
>
> 大的经济周期,叠加新冠肺炎疫情,正以超乎想象的方式深刻影响着世界经济格局。对于我国人身险行业而言,对这种经济周期变化的敏锐捕捉和深刻理解,正转化成直接的行动力,指导公司发展。
>
> 2021年,是中国太保"转型2.0"的决胜收官之年,其旗下中国太保寿险,选择在此时推出"长航行动",作为其在行业新发展阶段的纲领和指南。
>
> 在经历了行业发展的不同阶段后,中国太保寿险越发坚信长期主义才是保险企业持续经营、历久弥坚的根基所在,而"长航行动"正是其在过去30年发展历程中不断总结行业发展逻辑、不断明晰公司发展理念和路径而形成的未来行动纲领。
>
> 站在新的起点,应该如何深刻理解中国太保寿险"长航行动"的时代背景以及行事逻辑?其对于行业又有哪些启发?近日,『慧保天下』独家视频对话中国太保寿险总经理潘艳红,围绕"长航行动"展开深入剖析。
>
> 以下内容即根据对话内容整理而成。

2020年,在新冠肺炎疫情的冲击下,我国人身险行业保费增速明显承压,包括中国太保寿险在内的头部保险公司也不例外,应该如何客观看待当下的保费数据?

潘艳红:

第一,评价一家寿险公司,需要将其置于长时间轴上去观察,这样才能得出更客观、更全面的结论。很多时候人们评价一家公司习惯于单纯地看当期同比数据,但其实在看待这些数据的时候,应该首先看这家公司的发展处于哪个阶段,之后的同比才更有意义。

第二,寿险公司数据具有滞后性,不能简单地从当期保费收入去衡量业务质量的好坏。不同公司的新单保费收入即便相同，其内含价值也很有可能是不同的，交费期、继续率和赔付率等因素都会对业务内含价值产生影响，这是当期数据无法体现的。

第三，目前尚没有一个统一的衡量指标可以去全面客观地反映一家寿险公司的经营情况。寿险行业与财险行业或其他行业不同，衡量其盈利能力时，需要考虑其业务的内涵价值，表面上保费负增长的，其内含价值可能在正增长，盈利能力在增强。

当前，国家处于百年未有之大变局，行业处于三十年未有之大变局。任何事物的发展，都是一个波浪式前进、螺旋式上升的过程。行业和企业发展同样如此，不会总是风和日丽，也会有浮云飘过，甚至面临风霜雨雪的时候。越到这种时候，越需要拨云见日，登高望远。如果仅看当下，尤其是结合2021年的疫情和未来的不确定性，只看一时，会感觉困难重重。一旦跳出当下看长远，跳出困难看机遇，视野和格局就会大不一样。

正所谓"不畏浮云遮望眼，风物长宜放眼量"。从一个历史进程中去分析把握行业发展方向，从客户需求和行业初心去谋划公司未来发展战略，不仅能够见"危"知"机"，见"微"知"著"，更能看到光明的前景，对公司未来充满信心！

中国太保寿险新近推出"长航行动"，泰康此前也公布了"新三年规划"，为什么不同保险公司几乎在同一时期掀起新一轮改革？

潘艳红：

从外部因素来看，新冠肺炎疫情是很客观的触发因素；从内部因素来看，过去寿险公司的商业模式，在经历过去数年的快速发展后，其内在的一些薄弱环节、不可持续因素逐渐呈现，正是在这样一种环境下，中国太保和很多同业一样感受到在新周期下需要加快商业模式的升级变革。

"历史是最好的教科书，也是最好的清醒剂"。我国保险业自复业以来走过40多年历程，寿险行业也历经近30年的发展。回顾行业走过的路，值得我们深思。

第一个十年（1991—2000年）：行业初创。行业拓荒期，我国保险市场初步形成，保险"老三家"以财险起步，寿险的价值还没有被发掘。在这一阶段，有的保险公司预见了寿险业务的发展商机，率先引进个人营销模式，在下一个保险黄金十年中赢得主动。

第二个十年（2000—2010年）：规模为王。行业扩张期，大型保险公司通过代理人的大量增加，分支机构的广泛铺设，银行渠道规模的上量，"跑马圈地"般地实现规模快速扩张。

大型保险公司在这个十年里先后完成上市，追求规模增长的经营理念开始转变，在这一阶段先行思考和谋划价值转型的企业，赢得了行业下一轮发展周期的先机。

第三个十年（2010—2020年）：价值导向。行业转型期，监管强调"正本清源""回归保障"，优化业务结构、推动价值增长的新周期开启。在这一阶段，太保成为市场的引领者，准确把握市场形势，率先启动转型1.0，实施"两个聚焦"策略，打造大个险经营格局，实现渠道结构的成功转型。

2018—2021年，因为内外部形势的影响，行业发展遇阻。我们看到，不同公司的处境有所不同，但是大家面临行业转型的压力是相同的。大家都在探索，比的就是谁的方向更清晰，谁能率先转型落地，谁能做得更实。

回顾行业过去的发展史，印证了兴替变局之中，谁能洞悉未来发展方向就能成为市场领先者，谁能领先市场一步就可能率先构筑自身优势的"护城河"。越是在行业变革时期，越要看大势、明方向、谋长远，打好"主动仗"，下好"先手棋"。

中国太保寿险坚守"长期主义"，"长期主义"在寿险行业指向的是什么？

潘艳红：

寿险行业是一个长期经营的行业，"长期主义"对寿险具有独特的针对性，坚持"长期主义"就是要做时间的朋友。具体体现在以下三个方面。

第一，资本+时间=价值

一张寿险保单的保障期间长达几十年甚至终身。为了确保客户利益得到充分保障，寿险公司需要稳健经营，可持续发展，在产品定价和资金运用上都需要非常审慎。

因为寿险长期性、稳健性的特点，显然不能仅看当期盈利，而要延伸到整个保险期间。一般传统行业是卖出产品即可结算利润，当期的利润就是这单业务在公司经营中的价值体现；而对于寿险行业，保单销售的完成只是价值的开端，业务利润需要在较长的保险期内实现。所以，聚焦"价值"，是更符合寿险的经营规律的。

第二，保单+时间=陪伴

这是寿险的初心本源，也体现了寿险公司和客户的关系。保险的基本功能是提供风险保障，对于寿险行业来说，就是要围绕客户的生老病死残提供保障。保单将陪伴客户走过漫长岁月，在各个阶段，提供风险保障解决方案。

在整个保障周期中，寿险公司都将基于保单为客户提供全流程的服务，在每一个服务环节，如何给客户更好的体验、提升这份"陪伴"的质量正是"以客户为中心"的一个重要课题和实现路径。

第三，伙伴+时间=共好

这是寿险营销的基本特点，也体现了寿险公司和营销员队伍的关系。从客户的角度来说，寿险是"以人为本"的行业，而从营销角度来说，这是一个"与人为伍"的行业，也是一份成就自我的事业。

公司追求长期可持续的发展，也为代理人

提供了发展事业的平台。营销员通过深耕寿险销售、客户经营和服务，为客户提供长期服务，同时也实现自身长期的发展和成长，公司与代理人形成共赢共好的伙伴关系。

长航行动的"334战略施工图"主要是指驱动业务增长、积蓄发展动能和底层能力支撑三个方面，有具体时间表吗？

潘艳红：

"334战略施工图"，包括：3个增长点，即升级营销队伍、布局"1+X"渠道、拓展重点区域；3个优势源，即承接大健康战略、打造大养老生态、提升数字化赋能；4个支撑力，即增强科技能力、健全数据基础、提升组织能力、强化人才支撑。

未来三年，公司将按照"三年三步走"的分步实施计划，有序推进长航行动。

第一，固本。初步夯实队伍，稳固基础，打造机制，多元布局。

第二，开源。多维提升队伍，焕新能力，深化机制，多元增长。

第三，立势。全面升级队伍，优势领先，突破机制，勇立潮头。

升级营销队伍，是"334战略施工图"确立的三大增长点之一，在这方面，太保寿险做了哪些工作？

潘艳红：

从2020年开始，太保就一直将营销队伍升级作为重中之重的一项工作，目标就是打造"3C"人力，即CE、CG和CA，这是太保的队伍密码。CE即核心人力，CG即超级绩优人力，CA即年轻队伍。

通过大力推动营销队伍升级，绩优驱动成效初显。太保构建了绩优成长的双路径，深入打造绩优荣誉体系和训练体系，成功举办"616伙伴节"。2020年队伍发展整体呈现出CG增速快于绩优人力增速，绩优人力增速快于健康人力增速的良好态势。

优化培训体系，加强对个险队伍的赋能支撑。借助外部资源，对培训体系升级进行多方探索和自我迭代。除了借助外力，队伍自身也在不断迭代升级。太保针对新人、主管、绩优线持续举办了各种培训班。

2021年作为"长航行动"的元年，作为队伍升级最关键的一年，围绕队伍成长，打造实战型训练体系，培训应该是最重要的推动队伍升级的抓手和驱动力。

"布局'1+X'渠道"也是太保寿险确立的三大增长点之一，这是否意味着中国太保寿险将重新着力发展银保渠道、团险渠道等？

潘艳红：

过去的市场情况下，银保渠道价值贡献较低，同时还带来很多合规方面的问题，所以在上一轮转型中，太保在银保渠道且战且退，把全部精力集中于个险渠道。

但现在市场情况发生了变化，尤其是在疫情下，银行客户资源的价值变得越来越重要，即便是在新冠肺炎疫情期间，银行的储蓄还是在增长

的，银保渠道保费收入受到的影响也较小。所以当下经营银保渠道更多是因为"客户在那里"。

定位发生变化后，如今重新布局银保渠道，不再是简单地重复过去的模式，而是希望打造一种新的银保经营模式，网均产能和人均产能要比肩行业最高水平。只有有了比较高的网均产能和人均产能，太保才会认为新模式是长期可持续的。

此外，在银保新模式的打造过程中，太保会配套相应的客户服务，更注重客户经营，同时，也会更倚重科技工具。

因为更加看重经营模式的创新，所以2021年并没有给银保渠道设置很高的经营指标，而是更侧重考察产能的变化，这与过去银保渠道增网点、铺"人头"、做规模是完全不同的思路。

团险也是非常重要的渠道，我认为其价值还远远没有充分挖掘。太保看重团险客户，其实更看重的是团险客户背后的个人客户，如何挖掘团险客户带来的大量优质的个人客户资源也是当下"1+×"布局中的重要领域之一，但目前在这方面的探索都还停留在初级阶段。

针对团险渠道个人客户的开发，也是太保2021年重点工作之一，不过重要的是塑模式，而非增量保费。

"拓展重点区域"应该如何理解？

潘艳红：

太保目前所指的重点区域与国家目前的区域发展战略基本吻合，包括长三角、粤港澳大湾区、长江经济带等，服务国家发展战略。

其实从现在的人口结构、购买力等因素来看，区域差异在扩大，针对这一情况，太保会结合外部因素以及自身经营情况，对于不同的区域市场拟定不同的区域突破方案。

从区域维度出发，太保提出了"北斗计划"，但落到具体工作中，其与队伍升级、布局"1+×"渠道等其实是相吻合的，只是维度有所不同。

在这些重点区域，无论是从上一轮的发展表现还是从目前的增长情况来看，未来发展空间都是巨大的。

在您的表述中，"客户经营"是工作重点之一，从太保寿险的研究来看，目前寿险客户有哪些新特征？

潘艳红：

银保、团险等渠道是客户经营的重要场景。当前，随着社会财富积累和人口结构变化，客户需求也不断演进。

当前寿险行业需求仍然很旺盛。根据实证分析，人均GDP与寿险深度呈S形曲线关系，人均GDP在突破5000~15000美元时，会带来人身险深度的攀升。2019年，我国人均GDP刚刚超过1万美元，距离区间上限仍有较大的成长空间，未来寿险业发展可期。客户需求主要表现为以下几方面的特点：

一是客户更加成熟。经过多年的教育，现在的消费者不再排斥保险，而且因为与保险公司触点的增多，获取信息的通道更加丰富，其对保险知识的掌握也有了明显提升，很多消费者已经通过互联网渠道投保了人生的第一张保单。但也正因为比价更加容易，一些消费者的价格敏感度有所上升。

二是客户需求从关注风险补偿向关注风险管理和补偿转变。随着居民保险意识的觉醒和保险需求的升级，基本的财务补偿已经无法满足客户的需要，客户需求正从事后的财务补偿向事前的风险管理转变，希望保险公司帮助自己主动管理风险，改变风险发生概率。

三是客户更加注重全流程的服务体验。相较于投保环节本身，客户更加看重售前、售中和售后的全流程，希望在产品信息获取、投保、续期保费交纳、理赔、咨询与查询、保单变更等环节，获得高效便捷的良好服务体验。

四是客户更希望获得产品和服务相融合的综合解决方案。麦肯锡对寿险行业产品创新机遇和驱动因素的调研结果显示，有70%的受访高管认为产品附加养老、医疗、健康价值管理等服务将成为吸引客户的关键性差异化要素。

五是客户群体分层，三大客群崛起。

第一，高净值人群追求财富保值。2018年我国个人可投资金融资产600万元以上的高净值人群已达167万人，预计到2023年将增至241万人，其可投资金融资产总额也将升至82万亿元。高净值人群普遍追求财富的稳健、保值和长期收益，希望保险公司提供长期稳健的财富管理服务。

第二，潜在银发消费者的健康养老需求凸显。现有社会保障体系难以充分满足银发一族的健康养老保障需求，潜在银发人群对健康养老服务的需求将日益凸显。

第三，新生代客户呈现出新消费需求。"90后"作为互联网一代，受新技术影响显著，展现出注重体验、理性消费等多元特征，更加追求多样化、个性化、自主便捷的智慧服务。

"分改子"一周年斩获两家机构，友邦张晓宇称坚持做难而正确的事

2021年6月24日

2021年6月22日，友邦人寿宣布湖北分公司获批筹建，这将成为其2020年6月18日"分改子"后设立的第二家省级分公司。而就在2个月之前，其四川分公司才举办了开业仪式，"分改子"之后的友邦人寿正加速布局中国，同时，也意味着其正逐渐跳出一二线中心城市市场的舒适区，开始"下沉"之旅，更加深入地触摸多元的中国保险市场。

长期以来，友邦都带有一种特立独行的色彩，因为其长期的特殊身份，也因为与市场主流相比其鲜明的价值主张，更因为其稳定不俗的成长业绩。如今，在摆脱了身份的桎梏后，快速扩张的友邦人寿相信会更接地气，也势必会对市场格局产生更大的影响。

日前，正值友邦"分改子"一周年之际，『慧保天下』在上海专访了友邦人寿CEO张晓宇，围绕"分改子"以来的一系列动作，对于当下行业发展态势的把握，以及应变之举，展开了深度探讨。以下内容即根据此次访谈整理而成。

新业务价值稳定成长，友邦可能是中国人身险市场最不容小觑的"中小公司"，"分改子"一年逆势加速扩张

业界习惯以保费衡量保险公司在市场上的地位。从这一标准出发，友邦人寿只能算是"中小公司"，但就是这样一家"中小公司"，一直以来却是诸多头部保险公司深入研究的对象，有人直言"视友邦为真正的竞争对手"。

翻一翻友邦保险集团历年年报就不难发现个中缘由。按固定汇率计算，2010年其在中国内地市场的新业务价值仅0.68亿美元，到2019年，已经增长至11.67亿美元，且过去10年间，其新业务价值曲线一直保持稳健成长，鲜有大的波动。

与我国其他同业对比，更能显示其成长性。同样是2010—2019年，中国人寿新业务价值从198.39亿元增长至586.98亿元，增长了约2倍；平安人寿则从155.07亿元增长至759.45亿元，增长了约4倍。单就新业务价值而言，友邦人寿其

CHAPTER 6　公司志·进击与精耕

实已经能够媲美我国某些头部机构。以2019年为例，其新业务价值为11.67亿美元，按当时的汇率换算成人民币约为80亿元，而同期，新华保险新业务价值为97.79亿元。

这些成绩还是在友邦人寿尚未获批"分改子"且我国最多仅有7家分支机构的情况下取得的（其中天津、石家庄两个营销服务部是2019年才设立的）。

2020年，新冠肺炎疫情重挫了保险业，友邦人寿也未能幸免，但与其他已经基本完成全国布局的机构不同，友邦人寿在2020年6月正式获批"分改子"，借助机构的扩张，其势必会有更大的增速空间及增长势能。

可以看到，在"分改子"后，友邦人寿已经紧锣密鼓地开展了一系列的动作，而这些都是在为未来的增长铺路。在区域拓展方面，四川分公司于2021年4月正式开业，6月"分改子"一周年之际，其湖北分公司又获批筹建。

IT基础设施建设也马不停蹄。北方运营共享中心于2021年4月1日起正式投入运行，南北方运营共享中心的建设完成，意味着运营集中作业模式得以最终落地，也代表着运营转型之旅重要里程碑任务顺利达成。

契合监管产品改革思路，核心的产品升级换代也在进行中。2021年2月，友邦人寿正式推出全新一代重疾保障计划——友邦"友如意"重大疾病保险系列，致力于为中国家庭的多样化重疾保障需求提供灵活的定制化解决方案。

从"保障专家"到"健康及财富管理伙伴"，三个阶段升级代理人渠道，以"人才+人文"红利对抗消失的人口红利

自1992年友邦将个人代理人模式引进中国，我国人身险行业就开启了长达近30年的高速成长。在这30年间，个人代理人渠道始终是最核心的渠道之一，其为行业的繁荣发展立下汗马功劳。但与此同时，高速度与粗放经营也如影随形。

如今行业行至转型深水区，传统经营模式忽然不再奏效，仍处于核心地位的个人代理人模式更是疲态尽显，业内人士惊呼"一夜撞墙"。

作为寿险个人代理人模式的引入、引领者，友邦始终走在行业前沿，凭借高素质、高产能的代理人成为业界标杆。面对30年未有之大变局，如何"以不变应万变"？

对此，张晓宇表示，其实友邦一直在变，保持对市场、同业的高灵敏度，根据市场情况不断进行自我升级，但在某些方面，友邦又确实一直没有变，即按照寿险经营规律做事，以及始终坚持卓越营销员策略。

其实，友邦也曾经彷徨过，2008年国际金融危机后，面对巨大的业绩压力，友邦一度曾降低招募门槛，结果就是活动率、人均产能、业务品质快速下降。有了深刻的教训后，友邦痛定思痛，于2010年正式开启转型。

彼时，第一个阶段转型的目标是清虚，重新

回到对于品质的追求，针对代理人渠道更是提出了"卓越营销员2.0计划"（Agency 2.0），核心就是主动清虚，让队伍恢复健康，这成为友邦重回高价值发展的重要转折点。

此后，在2014年开启转型升级，强调保险回归保障根本。在渠道方面，转型的重点是推进营销员的职业化和专业化，使之成为高水平的"保障专家"。友邦也是彼时市场上最早提出保险回归保障根本并从产品设计到渠道改革全面付诸行动的公司。

2018年，友邦人寿再次官宣全面升级策略，其"卓越营销员3.0计划"也有了新的内涵，即成为陪伴客户一生的"健康及财富管理伙伴"。

张晓宇坦言，"卓越营销员3.0计划"与"卓越营销员2.0计划"在理念上有着本质的不同。如果说"卓越营销员2.0计划"还带有以销售为中心的色彩，强调的是专业性，导向目标是成为"保障专家"；那么"卓越营销员3.0计划"则是在专业、标准的基础上，强调真正的一切以客户为出发点，引导营销员提供富有温度的综合性服务，成为陪伴客户一生的"健康及财富管理伙伴"。而保险公司在这个过程中，所要做的，就是坚持找到对的人，发自内心地认同保险并把保险营销当成终身事业的人，并利用培训、产品、服务以及技术等综合赋能代理人，助力其更好地达成目标。

谈及行业困局、代理人渠道改革困境，都认为"人口红利"消失是最重要的因素之一。然而在张晓宇看来，这并非没有破解之法，"卓越营销员策略绝不只是等同于高质量招募，友邦通过在增员、培训、晋级等阶段的一系列投入，打造的是体系化的人才培养策略，化'人口红利'为'人才红利'。"

"客户驱动型保险公司"，迎接中国寿险行业发展"钻石期"必须建立在"高质量发展"的基础上

新冠肺炎疫情影响下的中国保险市场未能出现预想中的强复苏。2021年第一季度之后，不少公司甚至出现了新单保费收入的大幅负增长，使不少资深业内人士感到心灰意冷。

张晓宇依然乐观，其坚持认为，随着中国人均GDP突破1万美元大关，中国寿险行业正迎来发展的"钻石期"，市场前景大有可为，"但前提是必须建立在'高质量发展'的基础上"。在张晓宇看来，过去行业发展依靠渠道驱动，"高质量发展"时代，则需要彻底转向真正的客户驱动，"我一直和同事强化共识，我们接下来的目标是要全力打造'客户驱动型保险公司'，持续引领行业成长"。

张晓宇这一判断背后的逻辑不难理解。经过近30年高速发展，中国成为世界第二大保险市场，长期保单投保人超过3亿人。这意味着主流客户群体已经完成了"从0到1"的过程，接下来保险业需要帮助其实现"从1到2甚至到N"的过程。而且，市场已经从增量市场走向存量博弈，保险公司必须转向客户驱动，从客户的角度出发，思考怎样才能做到更好。

在客户驱动下，备受诟病的产品同质化竞争

CHAPTER 6 公司志·进击与精耕

态势或可以得到纠偏，丰富多彩且能直接解决客户痛点的附加值服务势必成为保险公司构筑新时代竞争壁垒的核心武器。

就友邦人寿的探索来看，首先是在客户端上加大了投入，以期更深入地了解客户，更频繁地与客户互动，为客户创造更多价值。这包括继续加强对客户群体的研究，基于客户需求洞察和价值主张打造健康、养老、财富、传承四大生态圈。值得注意的是，在"分改子"后，友邦人寿也获得了股权投资的相关资质，这为其布局产业链投资、整合更多协同资源和客户服务提供了助力。

同时，我国主流消费群体正呈K形分化，不同地域、不同行业的消费者，收入差距有所拉大，对于保险公司而言，客户分层势在必行。

友邦人寿针对高净值客户的开拓能力自然毋庸置疑，自2013年起，其就关注到我国高净值人群独特的市场需求逐渐暴发的趋势，开创性地在市场中率先设立专门的高净值业务部，打造富有针对性的财富管理及医疗保障计划。2020年，其还推出了全新的家族事务服务平台——"传世"家族办公室，将服务资源从高净值客户个人拓展至家庭。

如今，随着四川分公司正式开业、湖北分公司获批筹建，深谙超一线大城市打法的友邦人寿将如何"下沉"，如何在更广袤的二三四线市场深耕无疑值得关注。

"我们会因地制宜，但友邦长期坚守的几项原则，包括'高质量发展''长期主义'的发展理念以及'卓越营销员'策略等不会因为经营区域拓展而改变。"张晓宇如是说。

事实上，面对市场的下沉，友邦人寿已经面向中国非一线城市推出了"非一线发展整体策略"，拟重点通过差异化的品牌推广、更贴合非一线诉求的产品价值主张、差异化优质人才事业发展平台、优化的新人培育及销售支持体系以及人才发展计划，推动在非一线城市的产品与服务开发、渠道建设和人才培养，从而更好地服务当地客户。

经过三四十年的高速发展，寿险市场虽然历经个险渠道、银保渠道和经代互联网渠道等阶段性的驱动模式主题变幻，以及投连万能走红、网络互助百万医疗突起、健康养老大热等爆款产品主打变迁，但经营配方还是那么熟悉——经典的以费用换市场，简单粗暴，以致经营门槛越来越低。

走到今天，不论大中小市场主体，多少都感受到了阵痛和艰难，而其中宏观环境和监管的顶层设计压力传导，以及来自底层逻辑的市场觉醒和客户需求分化，也都在倒逼深变革的到来。

坚持做"难而正确的事"，友邦人寿的"故里新途"也因此更值得关注。正如有人说的，真正给人类社会发展设限的，不是那些我们擅长且做得好的，而是那些必需但又难以改进的事情。

从半年报看平安如何打一场逆风之战

2021年8月30日

备受关注的平安集团2021年中期业绩终于发布了。在意料之中的业务低迷之外，市场也在期待有没有意外之喜，对于这场始于2019年的先于行业节奏的自我革命，平安管理层又如何研判市场形势和改革进展，交一份怎样的两年答卷？

无疑，平安在打一场逆风局之战，改革棋至中盘，投资、负债两端承压，左右为难。但也得承认，这场硬仗不得不打，中国保险业尤其寿险业历经30余年超高速发展，如今中低速运行，甚至负增长，其实也是必然趋势、必经阶段。走过尽享时代红利的"电梯"模式后，到了自我攀岩阶段，其艰难曲折可想而知，不会有奇迹，只有一点点朝着目标的向上而行、向阳而行。

信心比黄金还贵。在2021年8月27日的中期业绩发布会上，中国平安总经理兼联席首席执行官谢永林表示："我们对未来充满信心。最直接的表现是我们公布了拟实施50亿~100亿元的回购计划，回购资金来源于公司自有资金。持续提升分红水平，同时高管增持公司股票。"

截至2021年8月27日收盘，中国平安股价报52元，上涨了3.38%。

ROE高达21%，还是那个最能打的平安；且综合金融撑住了牌面：寿险欠收，财险、银行来补

尽管因为股价问题，中国平安近期让不少投资人感到担忧，但在2021年半年报发布后，这种忧虑或许可以减轻了。数据显示，即便在遭遇华夏幸福这样的黑天鹅事件，遭遇上百亿元减值计提，以及平安寿险因为持续深度改革等步入行业性低谷后，中国平安依然凭借综合金融的业务布局，保持了稳健的增长态势。

截至2021年6月30日，平安总资产9.88万亿元，较2020年底增长3.8个百分点；营业收入6356亿元，同比增长0.9%；实现归属于母公司股东的营运利润为818.36亿元，同比增长10.1%。

更值得关注的是，其年化营运ROE依然高达21%，显示其依然是一家盈利能力强劲的综合金融保险集团。

当然，营运利润是以净利润为基础，剔除短期波动性较大的损益表项目和管理层认为不属于日常营运收支的一次性重大项目后的结果。对归属于母公司股东的净利润本身而言，上半年平

安收入580.05亿元，同比下降15.5%。这主要是受华夏幸福相关投资资产进行减值计提等调整的影响。上半年，中国平安对华夏幸福相关投资资产进行减值计提、估值调整及其他权益调整金额为359亿元，对税后归属于母公司股东的净利润影响金额为208亿元，对税后归属于母公司股东的营运利润影响金额为61亿元。若将华夏幸福的减值刨除，上半年平安营运利润同比增幅达18%，归属于母公司股东的净利润增长14.7%。

以下列出了各个业务板块的具体业绩表现：

财险方面，财险业务保持良好的业务质量。平安产险实现原保险保费收入1333亿元，同比下降7.5%；综合成本率为95.9%，同比下降2.2个百分点，其中赔付率为66.9%，同比上升6.9个百分点，费用率为29%，同比下降9.1个百分点；营运利润为107.91亿元，同比增长30.4%。"平安好车主"作为中国最大的用车服务APP，截至2021年6月底，注册用户数突破1.39亿人；6月当月活跃用户数突破3100万人。

银行业务经营稳健增长，资产质量持续优化。2021年上半年平安银行实现营业收入846.80亿元，同比增长8.1%；净利润为175.83亿元，同比增长28.5%。截至2021年6月底，不良贷款率为1.08%，较年初下降0.10个百分点；拨备覆盖率为259.53%，较年初上升58.13个百分点。

科技业务方面，中国平安持续深化"金融+科技""金融+生态"战略，加大科技研发投入，打造领先的科技能力并助力生态圈的发展。数据显示，2021年上半年平安科技业务总收入488.09亿元，同比增长14.2%。其中，陆金所净利润同比增长33.3%；平安好医生、金融壹账通营业收入同比增长均超过30%。

健康医疗方面，截至2021年6月底，平安智慧医疗已累计服务170个城市，赋能超4万家医疗机构，惠及约95万名医生，同时，平安将通过参与方正集团重整，以及与深圳龙华区综合医院的合作运营，进一步深化医疗健康战略布局。

个人客户数及互联网用户量稳健增长。截至2021年6月底，集团个人客户数超过2.23亿人，较年初增长2.1%；上半年新增客户1612万人，其中35.5%来自集团互联网用户。中国平安个人业务营运利润692.4亿元，同比增长6.5%，占比为84.6%。2021年上半年平安保险各业务板块业绩表现见表1。

表1 2021年上半年平安保险各业务板块业绩表现

业务	净利润（亿元）	同比（%）	归母营运利润（亿元）	同比（%）
寿险及健康险业务	297.85	-35.1	494.95	-0.032
财险业务	107.91	30.40	107.41	0.304
银行业务	175.83	18.50	101.91	0.286
资产管理业务	88.17	37%	80.08	0.373
科技业务	—		62.36	0.814

对集团2021年上半年业绩的整体评价，谢永林用四句话来表达：第一，经营还是很稳健的；第二，综合金融的优势得到了更进一步的体现；第三，科技赋能显示出来的威力很明显；第四，整个集团在积极推进各项改革。

"未来整个金融业竞争会越来越激烈，行业环境也会变得相对艰难，综合金融对于我们应对这种复杂多变的环境有突出的贡献。"平安不愧久经沙场，最大化地发挥了平安集团的独特优势，来对冲自己遭受的历史变革以支撑大局。

先于行业节奏、尚未见成效的寿险改革正是攻坚克难时，平安方案逐渐明朗：原有模式的硬骨头要啃，部署未来的创新模式也在推进中

综合金融撑住的是大牌面，决定平安这场逆风战成败的关键还在于寿险改革。

2021年上半年，平安寿险及健康险业务实现营运利润502.3亿元，同比下降2.5%；年化营运ROE35%，同比下降4.2%；新业务价值273.87亿元，同比下降11.7%。

中国平安联席首席执行官陈心颖回应称，下滑主要由于两个因素：第一是产品结构因素，今年第一季度的"开门红"储蓄产品占比比较多，产品结构短期有所调整；第二是代理人转型所致，整体代理人人数有所下降。

数据显示，2021年上半年寿险及健康险业务中储蓄类产品首年保费收入占比提升9.8个百分点至46.7%，新业务价值率因此下滑。而代理人数量已经降至87.78万人，较2020年同期下降14.3%。

"虽然寿险代理人渠道改革非常艰难，但原有大进大出的模式已然是不可持续的，上半年整个行业的代理人规模缩减24%，改革是刻不容缓的。"陈心颖表示。平安先于同业一年主动进行寿险改革，整个改革需要至少三年时间，改革主要是"4+3"，即4个渠道，3个产品，聚焦于渠道和产品升级。

按照平安的寿险渠道改革思路，个人代理人渠道是最重要的，这个硬骨头必须要啃。但从部署未来及结合平安独特优势，还有3个渠道也值得下注：一是社区网格化，专门针对2780万份的孤儿保单，类似客户经理制，主要做好续保、交叉销售、加保；二是银保渠道，以平安银行为实践升级整个银保模式，打造与银行的财富管理更加紧密结合的优才渠道；三是兼职模式，顺应整个职业习惯的变化，结合平安产险创保网92万名兼职代理人，来打造一支兼职的队伍。

"这4个渠道中，代理人渠道虽然非常重要，但我们认为另外3个也非常独特，部署未来，可能在接下来的35年会越来越重要。"陈心颖表示。

对于当前最重要的代理人渠道，陈心颖也深入分析披露了改革进展和难点：原有的绩优队伍（约占20%，收入基本上是45倍的社平工资），保持人力和他们收入的稳健增长，做好科技赋能，更好地服务他们；而改革的难点正是在于剩下的潜力队伍及新人招募培养等，在此前优才计划的基础上，推出了"优+"和"优++"计划。

CHAPTER **6** | 公司志·进击与精耕

而对于行业当前大热的布局医养，平安虽然一直有平安好医生等互联网平台，但直到2021年上半年敲定重组收购方正集团，把北大方正国际医院的医疗资源最终划为平安版图，才算完成线上线下的闭环落地。

正如谢永林所称："北大医疗集团的资源在市场上是非常稀缺的，接下来平安只会保留医疗等与平安核心主业相关的板块，其他部分正在按照预定计划，按部就班地以市场化方式对外转让或出售。"

加大股东分红、50亿~100亿元的回购计划、高管增持股票提振信心；逆风之战，向阳而行，平安只能向前进

平安集团自从诞生之日起，就经历了很多场逆风之战。20世纪80年代末成立之初，在世人还搞不清"保险"和"保险柜"的区别时，平安就向个人开售人身险保单；在90年代分业经营的大潮下，平安走出了综合金融的路子；在2008年国际金融危机后，平安在收购富通集团遭遇大幅减值的情况下，利用我国良好的金融业发展形势，也打了一场漂亮的逆风之战。

平安又一次站在了中国保险业的十字路口。只是这一次挑战充满了不确定性，远非之前的选择那么轻松。平安的成功突围，将对整个行业的转型都有参考借鉴、指导推动意义。

都说寿险三十年未有之大变局，这不是某一家公司的问题，而是整个行业普遍的问题；不是短期波动的问题，而是判断将会持续长期的问题；不是原来产品换代或激励升级的问题，而是需要根本检视保险业既有发展模式的问题。一言以蔽之，年轻的寿险行业陷入深度迷茫中。

作为改革开放40多年来保险市场化的代表公司，平安集团一直走在市场前列，也曾取得了骄人的成绩。在整个保险业大力推进模式转型、高质量发展的进程中，平安先行先试，大刀阔斧地进行自我革命，直面问题、积极推进，更难能可贵的是管理层抱有决胜的信心和决心。

改革就是一场利益博弈，人心才是成败的关键。平安集团具有改革创新的基因，也具有多次改革成功的经验，平安的改革前行也应该被看好。

精耕数字化,众安全面开放"保险+科技+服务"能力

2021年10月15日

众安又有大动作。2021年10月15日,众安"聚合创变共赢"主题开放日上,众安保险CEO姜兴正式发布"数字保险生态立方计划",宣布将聚合众安生态"保险+科技+服务"的多维能力,升级开放平台,向合作伙伴全面开放,具体包括开放基于产品、服务、技术和资源四大类别的20余项权益服务。

而其目标就是要让保险成为一种嵌入式能力,成为有用户、有流量、有场景和有服务的企业即插即用的能力,一键式定制解决方案,帮助企业用户降本增效。

高质量转型发展下,基于客户驱动的战略重构,以及数字化转型正成为行业的重要诉求,快速提升线上化水平,推进经营的专业化、精细化和集约化成为明确的监管诉求,大中小型企业均亟待全面的能力升维。众安依托多年积累、聚合的多方面能力并面向全行业开放数字保险生态立方计划可谓正当其时,对于降低保险创新门槛、提升保险覆盖率和渗透率,以及行业整体经营效能等,将提供更多的助益。

可以预计的是,伴随着财险行业深度服务国家战略大局,在越来越多的细分领域发挥风险补偿、防灾减损的功能,其对于行业的要求也将越高,而为行业提供服务解决方案本身也将形成潜力巨大的蓝海市场。

众安战略升维:精耕数字化,推出数字保险生态立方计划,升级开放平台

具体来看,所谓"数字保险生态立方计划",就是众安将整合多维服务能力,构建基于以客户为中心的全新服务模式,以众安开放平台为超级接口,链接数字保险上下游合作伙伴,帮助客户寻找全新的增长引擎。

根据姜兴的介绍,数字保险生态立方计划将开放涵盖产品、服务、技术和资源四大类别的20余项权益,计划面向包括企业服务、生活服务、灵活用工、医疗健康、宠物消费和智能硬件等12大场景,深入挖掘每一个数字生态场景中的创新保险需求,助力合作伙伴。

以产品开放举例,众安可以提供完善的保险产品定制与全方位配套服务,支持合作伙伴一键

CHAPTER 6 公司志·进击与精耕

解锁保险市场,并可为合作伙伴提供包括从设计—定制—开发,到上架—运营—理赔服务全生命周期的陪伴式服务。

在服务开放能力方面,众安会率先开放旗下互联网医院、员工福利平台和云宠生活平台等服务,并计划2021年底招募200家企业服务类企业、医疗大健康企业、宠物生态企业合作伙伴,共建服务网络,共享市场红利,实现优势互补,开拓全新市场。

众安也将开放技术能力,支持众安开放平台内的超过百款创新保险产品,支持API、H5等方式一键对接,并免费开放业务增长所需运营获客工具和员工福利平台等科技产品。

"希望不论是成长型的中小微企业还是细分领域的大型及头部企业,通过我们的计划,都可以完成企业数字化的闭环落地。"姜兴表示。推出数字保险生态立方计划,就是希望精耕数字化,深挖全行业场景需求,创新客户价值,让服务路径立体化。

值得关注的是,在众安发布的数字保险生态立方计划中,还特别设置了10亿元的创新创业专项资金,扶持包括乡村振兴、智慧交通、健康养老、绿色环保、科技创新、网络安全、社会治理七大关系国计民生领域内的创新创业项目。

接下来,众安还将以数字保险生态立方计划为起点,致力构建数字保险生态新基建。众安于2021年10~12月持续上线17场开放日活动,与多生态合作伙伴深入探讨行业数字化需求,并发布场景化的产品与解决方案。

8年积累做基石:众安技术、场景、服务能力已长成

随着技术和合作共享思维的发展,"开放"成为国内外互联网巨头的共同选择,我国的百度、腾讯、阿里、今日头条等都已经上线了开放式平台。

"开放"是大势所趋。就在近期,"反垄断"的大旗下,即使各自生态已经相当丰富的阿里和腾讯也放弃各自为战,宣布互相开放。

从互联网公司的角度出发,开放式平台的构建是其在能力不断积累和成长后,出于企业效益最大化的自然溢出。

从社会发展的角度出发,反垄断、共享思维的背后,指向的是减少重复建设,提升资源使用效能,推动优质服务共享,某种程度上甚至可以说,其精神内核与当下的"双碳""共同富裕"等保持了方向上的一致性。

而众安之所以敢在保险领域率先尝试,最直接的原因还在于其在成立8年的时间内,通过广泛链接、深耕细作,无论是技术研发能力还是多场景服务能力,都有了大量的积累。

作为世界首家持牌的互联网保险公司,众安从诞生伊始就注重科技能力成长,让科技领先成为自身最鲜明的标签之一,经过数年积累,早已成为行业佼佼者,对外输出成为必然选择。

比如,其基于云端的分布式核心系统,业务中台和数据中台,以及多个业务应用平台,可以实现让保险公司客户依托其中台产品,无须替换核心,通过共享服务的数字中台赋能前台,能

够应对大数据、高流量和高并发的互联网业务场景，迅速开展互联网业务。

比如，其研发的X-Man智能营销平台、X-Magnet广告运营平台，从投放获客、活动管理、用户洞察、自动化运营、智能触达、运营分析六个环节打造线上运营闭环，可有效帮助市场主体降低获客成本，提高转化率。最快5分钟上线一个活动，平均效率提升80%。

除此之外，其研发的可灵活扩展的微服务架构，可以连通各业务板块，消除信息孤岛，围绕用户进行全流程数字化管理；其区块链、信息安全和DevOps研发效能体系，则可以帮助客户应对互联网场景下的高频流量，使得客户在快速开展业务时能获得稳定、安全的保障……

同时，8年时间，众安通过五大生态1400多家合作伙伴的连接、深耕，沉淀了大量的场景资源以及数字化解决方案，这是其升级开放式平台的基础所在。

以健康场景举例，其基于互联网的"保险+医疗+医药"健康生态闭环战略，连接更多场景方，包括但不限于医药、医疗器械以及消费医疗等领域的合作伙伴，实现产业深度联动。目前，众安健康险合作"330+"多样化渠道，累计保费收入过亿元的平台15个。

而在近年爆火的宠物场景，其利用宠物鼻纹识别技术准确率超过99%，且与我国头部宠物服务企业合作，为宠物主连接优质的医疗资源，目前已与超过8000余家线下宠物医院对接，提供的服务不仅囊括宠物医疗险，还包括健康管理服务——驱虫、疫苗、在线问诊和营养师咨询等，在我国市场占有率处于头部地位。

在车场景，其主要生态合作伙伴包括互联网平台以及汽车后市场服务渠道，也积累了大量的互联网运营能力，其通过SaaS平台及API接口对接线下汽车后市场等长尾渠道，比如汽车美容店、汽车维修店等，使产品高效触达更多用户，显著降低人力成本。

对于升级开放式平台，姜兴显然有着更全局性的思考："我的想法是，不局限于数字化技术的基建支持，更需要延展到全新的产业价值链条升级，实现产品和服务的全链路数字化，以及客户价值落点的多元化。"

众安阳谋：客户驱动的企业战略性重构，抓住数字化转型的时代机遇

今天，中国经济行至从高速度发展到高质量发展的关键路口，表象是行业增速在降低，实质则是量变到质变的开始，底层逻辑则在于，在经历了长达40余年的高速增长后，各行各业的发展基数显著提高，所面临的问题不再是"从0到1"，而是"从1到N"，高强度压力倒逼各行各业更新生存法则。

究其实质，则是人口结构的深层次变化，在人口红利减退、老龄化加速发展的趋势下，"人"的地位进一步提高，消费者主权意识崛起，各行各业都必须告别粗放发展时代的销售导向，真正转向客户驱动的新型发展模式。

换句话说，"低垂的果实"已经摘完，要想继续摘取更多的果实，企业需要站得更高、手伸

CHAPTER 6 | 公司志·进击与精耕

得更长，更高的效能成为建立比较优势的关键，而数字化则成为必然的选择。

对此，姜兴一语中的："当下数字化转型的核心，是客户驱动的企业战略性重构，我们意识到，更深层次的数字化是很多领先企业实现跨越式发展的必然选择。"

而"数字保险生态立方计划"的推出，开放平台的升级，本质上就是众安以客户为中心的出发点决定的。自成立起，众安就以场景为依托，与不同领域、不同生态的合作伙伴进行链接，随着合作的不断深入，其也加深了对客户需求的持续洞察。

"数字保险生态立方计划"、开放平台的目标就是要让保险成为一种嵌入式能力，成为有用户、有流量、有场景和有服务的企业即插即用的能力，一键式定制解决方案，帮助企业用户降本增效。

姜兴表示，在数字化时代，一个企业的需求是非常多元的，需求驱动下，也意味着数字化服务蕴藏了巨大的价值，"对我们来说，这也是新的机会。"

值得关注的是，数字化转型已经不仅仅是企业的市场自觉，更已经上升到政策导向的高度。以财险行业为例，2020年5月，银保监会财险部下发《关于推进财产保险业务线上化发展的指导意见》，对于财险行业的线上化发展提出具体目标，即"到2022年，车险、农险、意外险、短期健康险、家财险等业务领域线上化率达到80%以上，其他领域线上化水平显著提高"。

2021年，财险部又发布《关于推动财产保险专业化、精细化、集约化发展的指导意见》，给财险行业发展树立了新的目标，且对实现专业化、精细化、集约化给出了新的发展规划及相应的实施路径。

消费者主权崛起时代，企业对于高效能的诉求倒逼数字化转型提速，而提早布局者将率先吃到转型红利。众安2021年半年报显示，上半年其业绩逆势而上：前6个月，公司总保费收入为98.4亿元，同比增长45%，并首次实现承保盈利，综合成本率同比下降4.1个百分点，至99.4%，归属于母公司的净利润为7.6亿元，同比增长54%。

觉醒年代 | 开放平台，一家保险电商开出的时代处方

2021年8月23日

当下的行业正从高速度发展向高质量发展加速转型，各种新产品、新技术、新模式层出不穷，同时，新旧观念的激烈碰撞在现实层面有了更鲜活的例证。

越是迷惘的时候，越是要往远处看。近期，慧择董事长兼CEO马存军在公司内部发表的一封公开信中探讨了一个有趣的话题："在未来50年，有什么是一个企业最该坚持不变的？为了这份坚持，我们应当如何行动？"

这无疑是两个值得行业所有人去思考的问题，因为方向决定道路，而道路决定未来。对于第一个问题，马存军的回答很直接，"满足用户需求，为用户创造价值"；对于第二个问题，他的回答是"打造开放式平台"，充分发挥产业路由器的作用，将不同特性的用户匹配到不同风险偏好的保险公司、不同侧重的保险产品，在真正贯彻以用户为中心的同时，实现多个利益相关方的互利共赢。

就在近日，慧择开放平台正式上线，按照马存军的说法，慧择将就此开启商业模式上的又一次迭代升级，彻底实现从渠道商到保险生态平台的转型。与很多平台"管理者"的强势心态不同的是，该平台围绕用户价值构建一个全方位的产业链共荣体。这是慧择给当下公司的模式升维开出的一剂时代处方。

慧择开放平台上线，正式开启渠道商向数字化生态平台转型之路

经历多年的超高速增长后，近年来保险业似乎陷入新一轮"滞胀期"，业务数据增速下滑，渠道突围迟迟未见成效。

而市场持续低迷的另一面，是我国保险市场深度、密度与发达国家相去甚远，且随着老龄化加剧和寿险保障缺口加大，行业发展前景依然广阔。国家统计局数据显示，我国人均GDP已经连续两年超过1万美元。按照国际经验，这是发达国家保险业发展进入快车道的一个标志性节点。

在市场"冰与火"的推动下，保险机构纷纷将转型战略推向深度实践阶段，慧择也在跨越发展中率先突破，走在前列。

近日，慧择自我革新的又一重要举措——

"慧择开放平台"正式上线,作为面向未来的保险生态服务平台。慧择试图通过开放平台打造一个完全透明、真正中立的服务体系,为用户提供"真规划"的全新体验,通过和众多合作伙伴更加高效的互联互通,共同变革保险业面向用户服务端的底层逻辑。

支撑慧择开放平台的是全面的数字化,其包括供给端产品和需求端的数据化、结构化。众所周知,在供给端,保险产品种类多,内容复杂程度高;在需求端,用户的保险配置需求也同样复杂。调查显示,有近三分之二的"80后""90后"用户群体持有3份以上的保单;很多家庭在覆盖子女成长、父母养老等多维需求下,更希望能够获得匹配度高的服务。这种产品与产品之间的巨大差异、用户与用户之间的巨大差别,只有依靠数据化,才能拆出结构化的标签;只有依靠算法,才能实现一一匹配,并且降低匹配成本,提高匹配效率,让保险业真正实现普惠和双赢。在这样的预期面前,慧择的数据化也给产业升级提供了一条新出路。

随着开放平台的推出,慧择的战略转型思路也浮出水面,通过"服务端模式改造+数字化运营",实现从渠道型商业模式向真正的保险生态平台的升维发展。

事实上,这种业务模式的升级并非一蹴而就。梳理慧择发展历程,公司在15年的长期发展过程中,已经形成了用户需求和保险产品两大数据池,这构成了慧择模式升级的基础。

同时,在长期的发展中,慧择自身的模式也在不断迭代,从最初单纯的电商到逐步发力线上线下相结合的业务模式,慧择"链接器"的作用得以逐步凸显。

2021年第一季度,慧择的保费收入增速等数据就佐证了这一趋势。其中,累计被保客户5840万人;长期险投保客户中,二线及以上城市占比为73.2%,平均年龄32.7岁,高黏性,保单复购潜力特征明显。领先行业的各项指标进一步增进了规模效应,也为慧择的平台化发展拓出了"护城河"。

到如今,慧择在原有业务模式的基础上再度升级,推出真正的"开放平台",不再局限于一个渠道商的角色,试图构建真正的、可以实现多方互利共赢的商业模式。这是慧择的一次自我扬弃,也是行业在新形势下模式升级的一次有益尝试。

革新保险业服务端底层逻辑,重塑产业价值链谋求合作共赢

长期以来,我国寿险行业的发展建立在强势推销的基础上,对保险中介的定是"渠道"。虽然互联网和信息化提高了中介的效率,但在这种渠道的商业模式下,注定在用户服务的过程中无法避免自身利益的裹挟,保险中介难言透明与中立。

而慧择开放平台的打造,本质上就是要通过构建生态型商业模式,破除以往渠道型商业模式的弊端,让各方参与者实现利益的相互统一,进而破解各方在产业价值链上的痛点。这套组合拳,看似简单,实则暗含玄机。

破除保险中介、保险公司传统渠道思维，实现产业链价值共创

历经20余载探索，我国保险专业中介与保险公司之间建立了深度连接，但这一连接并不牢固。

一方面，保险公司期望的"大而全""去中介"的口号喊了多年；另一方面，长期停留在分销层面的传统中介，其商业模式单纯依赖佣金，高企的手续费率使保险公司承压，却无法为保险公司提供更高价值的服务。两种渠道思维针锋相对，中介与保险公司之间始终无法解决信任问题。

慧择开放平台一个重要的目标就是破除保险中介与保险公司之间的渠道思维，以生态共建的模式，实现合作从浅层向纵深发展，最终达到互利互惠的目的。

利用该平台，保险公司不仅可以实现一般意义上的获客，还可以更深入地洞察用户需求，结合自身战略定位，开发更加个性化的产品；匹配更精准的客户资源，实现在不同领域的突围。具体而言，就是通过开放平台商户系统等工具，提高保险公司的主导权，在用户洞察、行为分析、保单跟踪和计划书生产等板块，强化分工和连接，全面提升服务效率和服务质量。

从资源独享，到构建开放平台实现推动资源共享，慧择此次模式升级类似于京东从"自营模式"升级到"自营+第三方商户入住模式"，赋予各方合作伙伴更大的经营权限。而慧择，作为一个平台的价值，也在诸多合作伙伴的共赢中得到淋漓尽致的体现。

体验至上，为用户"真规划"，打造保险规划服务的钻石模型

社会主流消费群体正在进行代际转移，"80后""90后"成为现阶段保险需求市场的主力客群，其高知、理性及更强调消费主权的特征倒逼行业加速改进服务模式。

传统销售模式下的保险顾问始终受到产品佣金的引导，无法从根本上摆脱个人利益最大化的倾向，很难作出真正中立的、以用户需求为导向的保险解决方案。而慧择开放平台则提供了一种新的可能性——在前期的保险规划上，以"人工+AI"规划起步，通过算法与模型的不断优化，逐步提高AI计划的占比。这就从最根本的利益机制上避免了佣金诱导问题，从而实现真正从用户的角度出发，给出完全以用户需求为导向的规划建议。

当然，用户的需求是多样的、极其个性化的，保险产品本身也是复杂的，难以简单横向对比。这需要开放平台的开发者对用户需求、保险产品有深度的理解，能够通过大量的标签进行精准分类，并将两端需求进行结构化的匹配。而这一能力恰恰是慧择成立15年来所一直探索的。

这种探索的结果就是：慧择开创了互联网保险产品定制化的先河。当下，其定制产品体系已经很完善，以2021年第一季度为例，慧择发布了8款定制产品，保费收入为8.5亿元，占比达到总保费收入的61%。其中，"达尔文""慧馨安""守卫者"等一系列爆款产品，标志着其以

CHAPTER 6 公司志·进击与精耕

"客户需求驱动"的商业模式的成熟。

据悉，慧择开放平台还将上线用户评价功能，任何保险规划和服务环节的优劣，将全部由用户的反馈来定义。这些评价将全部开放展示，一方面让用户可以在透明的平台体系下做决策，另一方面也为各个服务环节的改进提供具体依据。

核心理念是"利他"，彻底剥离自我圈禁

今天的保险业正处于从高速度到高质量的转轨期，过去几十年高速发展中所掩盖的弊端，近年来摸索创新所产生的问题，都存在加速暴露。

销售误导频发，代理人短期功利性行为屡现，客户抱怨不断……背后的根本原因是公司文化、价值观的错位。在产业价值链上，保险公司、保险中介与用户的利益不统一，彼此互相侵占最终导致矛盾多发。

互联网时代的到来开始重塑产业价值观，因为互联网时代是人与社会、人与组织、人与人、现实世界与虚拟世界形成相互关联、彼此交融、互联互通的一个零距离时代。在这个时代，竞争激烈的市场经济中，公司价值、员工价值、中介价值和客户价值是相互统一、相辅相成的，依靠牺牲其中一部分人的价值来换取其他人的价值最大化，注定不会长久。

例如，客户与公司之间，客户价值是客户从购买的产品与服务中获得的利益感知与所付出的成本感知之间的权衡关系；而为客户创造价值是企业生存的前提，也是保持竞争优势获得社会价值和经济价值的基础。

作为探索在互联网保险中介第一线的"老兵"，马存军对此深有感悟。他从自身的多年经验出发，给出了结论，"利他的本质就是利己，只有把利他深植于内核，才能剥离自我圈禁。"

慧择打造开放平台的核心理念就是"利他"。按照马存军的解释，就是"只有透过行业的共赢，才能抵达用户价值的轮域，在开放式平台的链接下，多方利益将得到统一。"

试想，当保险买卖行为各参与方形成合作博弈，保险公司和保险中介无限做大的野心得到束缚，保险公司将更多的人财物投入产品生产及风控领域，中介全力打造更高质的用户服务，用户想以无限低价购买保险产品的心态得以转变，能更加理性地对待保险消费，保险公司、中介和客户也就能共同获得价值增长，行业也就更能形成良性发展的态势。

虽然做开放平台从不是一件容易的事情。但马存军认为，更应择其难者而任之，永远坚持"让用户买保险像买矿泉水一样简单"的初心，不因艰难退缩，不因利益止步。

正所谓"进窄门，行远路，见微光"。

占比90%的居家养老市场怎么破？一揽子数字化健康照护解决方案来了

2021年10月20日

人口老龄化不断提速，成为影响我国社会经济中长期发展的基本国情。从上到下，相关的顶层设计不断出炉，大机遇当前，紧密相关的行业已经闻风起舞。

以保险业为例，产品高度同质化下，市场早已陷入深度内卷，借助老龄化的东风积极布局养老服务业成为构建竞争优势的重要突围路径。

不同公司基于不同的体量、资源选择了不同的进军路径，或者抢占高端客户资源，重资产布局养老社区，或者借助第三方势力，以轻资产方式在机构养老、社区养老以及居家养老等领域全面开花。但无论布局哪一个领域，专业、高效的照护服务都是取胜的关键所在，尤其是对于居家养老来说，由于老人处于"散居"的状态，日常照护、疾病防控治疗都成为难点。

适老化的科技为解决养老产业痛点打开了全新的思路，就在近期，中国优生优育协会、万达信息、蛮牛健康联合主办中国养老产业数字化高峰论坛，万达信息及旗下蛮牛健康共同宣布蛮牛健康照护战略升级，并正式发布数字化健康养老照护平台——蛮牛孝镜，直指居家养老的核心痛点。

直面现实：面对世界上最为庞大的老年群体，居家养老才是必然的主流选择

"七普"数据显示，我国60岁及以上人口已达2.64亿人。预计"十四五"时期这一数字突破3亿人，我国将从轻度老龄化进入中度老龄化阶段。老年人口数量最多，老龄化速度最快，应对人口老龄化任务最重，三个"最"字，勾勒出我国当下及未来一段时期人口结构的基本国情。

一边是"未富先老"，另一边要"老有颐养"。如何平衡天平两端，走出一条及时、科学、综合应对人口老龄化的中国道路，考验大国智慧。

一系列新理念、新决策，擘画出老龄工作的宏伟蓝图。从"积极应对人口老龄化"写入党的十九大报告，到印发《国家积极应对人口老龄化中长期规划》，再到党的十九届五中全会明确提出实施积极应对人口老龄化国家战略，彰显"以人民为中心"的发展思想。

按照统一部署，我国要进一步完善多层次养老保障体系，要加快健全养老服务体系，从重点发展居家养老服务，到依托社区发展以居家为

CHAPTER 6 公司志·进击与精耕

基础的多样化养老服务，再到加快建设居家社区机构相协调、医养康养相结合的养老服务体系和健康支撑体系，应对老龄化制度体系的"四梁八柱"日渐清晰。

就在2021年重阳节前夕，《新闻联播》又播出习近平总书记对于老龄问题的重要指示，要求各级党委和政府要高度重视并切实做好老龄工作，贯彻落实积极应对人口老龄化国家战略，再度凸显养老服务体系建设的重要性。

"老龄化"已经是一个无法规避的社会现实，作为社会人口结构转变的关键信号，其势必潜移默化地影响各行各业的发展规划。因为其在弱化一些旧需求的同时，也带来大量新需求，有挑战，也有机遇。

对此，万达信息股份有限公司（以下简称万达信息）党委书记、副董事长兼总裁胡宏伟认为有六大需求正在显现。他表示："在中国加速进入长寿时代的同时，居家养老成为新趋势、新常态，'9073'中国养老模式下，涌现出六大社会需求——慢病管理及医疗需求、健康服务需求、社交及心理情感慰藉需求、居家养老需求、适老科技需求以及保险支付需求。"

针对这一需求，万达信息已经做好准备。就在论坛召开的当天，万达信息携手旗下科技平台蛮牛健康宣布正式推出"蛮牛孝镜"与"蛮牛健康APP（2.0健康照护版）"相结合的组合拳，为家庭用户提供一站式数字化健康养老照护解决方案，从智慧养老、健康照护、家庭模式、适老设计和文娱一体多维度解决家中老人的居家养老痛点。

直击痛点：降低成本，提升服务专业度，适老化科技让放心居家养老成为现实

按照"9073"的规律，90%的老人选择居家养老，7%的老人选择社区养老，只有3%的老人会选择机构养老。调查也显示，我国九成以上的老人倾向于居家养老。

居家养老具有价格低、更符合中国人安土重迁的心理诉求的优势，但难点也是显而易见的，全国空巢老人多，困难老人多，老年抚养比高……

在专业的养老机构，老人能得到专业人员的专业照护，一旦出现意外、发生疾病也可以得到及时的发现、送医诊疗，但选择居家养老，服务的体系化、专业化以及高效能成为现实困境。聘请专业的照护人员面临费用高、专业度、敬业度难以确保等问题；不聘请专业照护人员，老人身体不舒服、出现意外，儿女无法及时得知、提供帮助，成为很多在外打拼的中青年人无法释怀的关键所在。

好消息是，伴随着人工智能、互联网、大数据、云计算等新一代技术逐渐成熟，以及各类科技的适老化改造，都为降低居家照护成本、提升居家照护服务的专业度、有效性提供了绝佳助力。

而万达信息旗下的蛮牛健康，正是将此作为首要发力点。经过蛮牛健康两年多的努力，再加上万达信息近20年的技术积累，其正式推出长寿时代高质量健康照护的蛮牛方案，即"蛮牛孝镜+

蛮牛健康APP2.0整合解决方案"。该方案不仅融合了养老服务的各种技术和设备，也探索和指明了未来就医、健康管理的发展方向。

其中，"蛮牛孝镜"是一款面向老人和子女的数字化健康养老照护平台，一镜智联，可满足老人在居家场景下的智能服务、家庭关爱、疾病预测、健康数据、老年文娱和在线购物等一切需求，是解决老人居家养老安全、健康、陪伴等现实问题，以及解决子女后顾之忧的得力帮手。

蛮牛健康APP（2.0健康照护版）打通了线上线下医疗健康服务体系，可通过自建的互联网医院，建立全面的健康档案，实现从健康教育到药品服务一站式。与此同时，其秉承治已病和治未病同时进行的理念，可实现从疾病早筛到专病服务一站式。更重要的是，其提出身心同治的理念，通过智能设备加上人工服务方式，可实现从数据监护到情感文娱一站式。三个"一站式"，成为贯穿蛮牛健康全周期照护服务的基本理念。

值得注意的是，为解决老年人运用新技术的难题，蛮牛健康对产品进行了大量的适老化改造，可做到一键触达，最多不超过两次，更适合老年人应用。

革新观念：整合多重老年人健康管理服务，拒绝将一生80%的医疗费用花在生命的最后一个月

长寿时代，不等于健康时代，事实上，伴随着老龄化人口的增加、医疗技术的进步，带病长期生存、医疗需求持续上升、健康服务消费持续增长等将成为常态。

以慢病为例，"七普"数据显示，我国60岁以上人口超过2.65亿人，75.8%的老人患有1种以上的慢性病，而慢病导致的死亡占总死亡率的86%。

与此同时，老年人构成了医疗卫生费用的消耗主体。数据显示，20%的老年人消耗了整个社会80%左右的医疗资源。

过去，人们用经济条件不足来解释这一现象，但随着经济水平的改善，这种说法不攻自破，与其说是经济问题，不如说是观念问题——人们对于健康问题的重视程度远远不够。"40岁前拼命挣钱，40岁后花钱买命"依然是社会现实的生动写照。

事实上，80%的老人缺乏健康管理意识，常见的慢性病中如高血压、糖尿病、血脂异常等无论是知晓率、治疗率还是控制率都处于较低水平，人均年体检仅0.33次，导致很多老人一生在健康方面的投入，约80%花在了临终前一个月的治疗中。然而世界卫生组织的一项研究表明，"预防"相较于"治疗"更能节省治疗费用，投入1元钱用于预防可以节约8元医疗成本。

某种程度上可以说，对于健康，长期以来人们的观念始终本末倒置。如果能解决这一问题，推动社会共识从重视治疗，转向重视预防，无论是对于家庭还是对于社会，都将在降本增效方面起到至关重要的作用。

而这也是万达信息推出涵盖"蛮牛孝镜""蛮牛健康2.0"在内的一揽子数字化健康照护解决方案的一个重要意义所在，利用科技，

利用服务，在居家养老过程中，更注重日常照护与健康管理，从根本上降低疾病发生的概率。

目前，其已经基于单病种开发上线了12个慢病管理专区，涉及心血管疾病20多个病种，可以为常见病和慢性病提供从疾病预防到诊疗服务到预后康复的一整套服务。

其可以针对老人的个人情况，制定专属的健康计划，随时随地为老人提供营养、饮食、运动和心理康复指导，还可以进行情感关怀，排除老人的孤独心理。

而"蛮牛孝镜"不仅可以通过蛮牛健康APP自动同步健康数据，还可以利用配套的手环、手表、血压及血糖仪等穿戴式设备，自动上传老人数据，后台利用分析引擎自动输出健康报表，同步传给子女端，及时提醒老人就医用药。该APP还针对红黄蓝提供预警服务，对于监控时间内的数据空白也会主动外呼。这些利用实时数据三级预警、人工服务的方式形成了对老人的立体的实时数据守护。一旦触发红色预警，线下照护师5分钟就要与本人联系，如果与本人联系不上，就会与紧急联系人联系；如果联系不上本人和紧急联系人，就会直接联系120进行救护。

蛮牛健康1.0是基础服务版，2.0版本已经进入健康照护阶段，而3.0版本，据悉将是慢病管理版，沿着居家养老数字化健康照护解决方案之路越发走向深入。在包括保险业在内的诸多企业开始发力居家养老的阶段，这样的探索，提供了新的想象空间。

"长寿时代"理念满周年,泰康方案四大实践落地,陈东升再提奋进新三年

2021年1月10日

2020年陈东升再次"语出惊人",在业界率先提出长寿时代的概念,这是泰康对于公司未来环境、目标以及路径的深度思考,同时也给行业未来发展提供了新的方向。

按照陈东升的定义,长寿时代,是健康、长寿、富足引领社会经济发展的时代,是健康的时代、财富的时代,健康和财富构成了长寿时代的两个基本面。

长寿时代给保险带来新的挑战,但同时也带来更多的发展机遇,从根本上拓宽了人身险行业发展的路径,也代表了人身险最先进的生产力。多年来泰康所践行的将虚拟的保险和现实的"医养康宁"结合的发展模式逐渐成熟,标志着我国保险业已经形成了"长坡、宽道、厚雪""四位一体"的商业模式。

2020年,在前期探索的基础上,泰康正式开启新的三年规划,着眼于夯实根基,坚定回归基本法,打造绩优体系,通过体验式营销打开新的保费增长通道,为开启持续、健康和稳定增长的新时代奠定基础,而阶段性目标就是"挺进市场前三"。

如今,距陈东升在媒体正式提出长寿时代的概念已经过去一周年,泰康正带着自己的"长寿时代、中国样本和泰康方案"勉力前行。

长寿时代这1年:从概念到显学,从理论创新到解决方案

从模仿到创新,成立20多年,泰康保险集团向业界输出了不少新的理念,诸如"人生三大件""创新就是率先模仿""从摇篮到天堂""养老社区"等。行至2020年,其贡献的又一概念,就是长寿时代。

2020年1月8日,陈东升正式发表署名文章《长寿时代的挑战与机遇》。从"长寿时代"理念正式诞生,至今已周年有余。在这一年里,越来越多的专家学者在越来越多的场合加入讨论,长寿时代的内涵和外延不断丰富。长寿时代逐渐从一个概念,走入公众视野,"长寿时代泰康方案"也清晰成形,相继落地。

CHAPTER **6** | 公司志·进击与精耕

2020年2月4日，《中国日报》英文版将其翻译为英文并刊载，首次在英文媒体阐述"长寿时代"，指出："随着5G、物联网、智能时代的到来，我们聚焦科技对经济和社会的影响，但更应将目光聚焦到我们自身，有一个比科技更能够冲击人类社会的新现象出现了，那就是长寿时代到来了。"

2020年4月7日，陈东升在《管理世界》杂志发表《长寿时代的理论与对策》，系统总结和阐释了长寿时代的特征、形成，并从社会、政府、企业三个层面探讨了长寿时代的解决方案，提出"长寿时代的特征是低死亡率、低生育率、寿命延长"，"在社会层面，需通过产业结构的变迁满足长寿时代的个人需求；在政府层面，需健全社保体系，推动医养供给侧改革，引导长寿经济转型和个体行为转变；在企业层面，需加速商业模式和组织转型以应对长寿时代的挑战"。

2020年6月3日，陈东升与原保监会副主席周延礼一同做客《国民财富大讲堂》对谈《长寿时代的挑战与机遇》。他们从政府监管、经济社会等视角出发，讨论长寿时代作为人类所面临的最大挑战之一，应该如何从中发掘机遇，这是长寿时代行业视角与监管视角的一次碰撞。其共识就是积极应对长寿时代，这不仅是企业的机遇，也是国家和社会共同的责任所在。"面对长寿时代的到来，社会应有更多紧迫感。国家层面，能够在顶层设计方面有所考虑，让老年人真正老有所养，增强其健康感、幸福感"。

2020年8月18日，泰康保险集团将长寿时代的思想理论与泰康现实的商业模式结合，发布"长寿时代泰康方案"——"年金险+养老服务"长寿解决方案、"健康险产品+健康服务+大健康生态"健康解决方案、"保险金+资管服务"的财富解决方案和健康财富规划师（HWP）职业解决方案，通过"保险支付+实体服务"，为客户提供全生命周期解决方案，将理念转化为切实可行的商业模式。

如今，泰康针对长寿时代的医养实践依然有条不紊地推进中。2020年10月25日，泰康之家第7家养老社区大清谷正式开业；10月，泰康拿下浙江温州地块，布局第22家养老社区瓯园；12月19日，深圳前海泰康国际医院（筹）奠基，并与西达赛奈医疗中心达成国际合作，成为继泰康同济（武汉）医院开业后，泰康2020年在医疗领域的又一重要项目。

社会发展进入长寿时代，人口年龄结构转变，百岁人生即将来临，长寿时代理念在实践中不断丰富，在多方碰撞探讨中不断完善，积极应对人口结构变化，在长寿时代寻找突破口，更成了行业共识。

往前看13年：坚定推进健康闭环和财富闭环，夯实长寿时代集大成

长寿时代是一个概念，是积极应对人口老龄化的态度，更透露着泰康保险集团全部的经营思想。

纵观2007年下注养老社区以来泰康的发展战略，13年如一日，无外乎对健康时代和财富时代的坚守。陈东升曾公开表示，泰康的商业模式很

简单,就是"长寿、健康、富足",将传统的人身险产品和健康服务、健康管理结合起来,同时跟大健康的"医养康宁"实体结合起来,构建长寿闭环、健康闭环、财富闭环并打通,形成大健康生态体系,做大做强保险支付。

以"服务与支付相结合"替代单纯的"支付",已经成为世界人身险领域的主要趋势,传统寿险行业将无可避免地走向衰落。例如,美国大都会人寿,其市值如今尚不足450亿美元,与之形成鲜明对照的,是全球最大的健康保险公司联合健康,市值接近3500亿美元,而联合健康,恰恰是以服务代替支付的典型。

这也正是泰康坚定打造健康闭环、长寿闭环的根本动力所在。2007年,泰康萌生了进军养老产业的想法,致力于打造符合中国特色的养老社区,并于2010年成立泰康之家。13年来,从北京燕园开始,泰康之家已经发展成为拥有7家已投入运营养老社区,并在南昌、厦门等22个核心城市均有布局的行业标杆连锁品牌。

与此同时,泰康深入医疗领域,在东西南北中全方位布局医教研一体的区域医学中心,并加大对外投资,将拜博口腔、三博脑科等知名专科医疗机构纳入健康生态体系,构造大健康闭环。

对于长寿时代的客户而言,仅仅解决服务的供给问题是远远不够的,没有资金支付,一切都是空谈,所以客户享受种种健康养老服务的前提是,充足的筹资水平,以及较高的投资水平。

可以看到,随着产业的细分,退休金和养老金的管理逐步从人寿保险公司分离出去。在欧美等发达国家,最大的退休金管理者早已不是人寿保险公司,而是共同基金、资产管理公司等。

这也正是布局医养外,泰康持续加码财富管理的根源。其坚持专业路线,用10年时间终于做到市场第一。

从成立之初,泰康资管就将保险资金、高客资金、退休年金作为核心战略目标,将最优秀的投资团队倾注到年金投资管理方面。凭借出色的业绩,泰康资管成为我国第二批拿到企业退休金管理资格的机构。2020年前三个季度,其以3415.61亿元的组合资产管理规模遥遥领先,也成为唯一一家企业年金超过3000亿元的管理人,较2019年底增长19.61%。

资产管理打造财富闭环,寿险公司和康养宁实体打造长寿闭环,泰康养老、泰康在线、泰康人寿三大支付体系与医疗资源结合又形成健康闭环。这三大闭环的打造,是泰康面向人口结构变化提出的有针对性的解决方案,与其此前的发展理念一脉相承,即通过提供覆盖客户全生命周期的服务,增强客户黏性。这也为整个行业的转型发展提供了有益借鉴。

往后看新3年:打造寿险新增长方式,剑指市场前三

当前,在多重原因的综合影响下,整个人身险行业发展遇到挑战,传统营销模式弊端显露。其中,很重要的现象就是"产品卖不动了",缘由是人口红利渐消退,代理人深陷增员难,而老代理人的缘故市场又基本已经开发殆尽。

在这种时刻,泰康却以一种全新的体验式营

CHAPTER 6 公司志·进击与精耕

销独树一帜。体验式营销,以泰康之家作为实体依托,邀请客户参观体验,实地体验医养社区的魅力。泰康的体验式营销成效斐然。数据显示,2020年泰康实现营业收入、净利润双增长,其中,净资产突破千亿元,而高客业务也站上10万平台。

体验式营销的成功,给了泰康本身莫大的鼓励。2020年11月22日,陈东升在泰康人寿2020TOP峰会上表示,泰康开启新三年规划,全面推进长寿时代泰康方案,坚定挺进市场前三。"泰康经营寿险24年,没有太多的诀窍,万变不离其宗,本质就是队伍建设、组织发展",陈东升表示,新三年最重要的诉求,就是要打造一个新的增长模式,坚定地拥抱绩优高客,坚定地自主经营,用大健康来诉求组织发展,用体验式销售来进行竞争。

除保费之外,其22个城市的养老社区布局、5家医院的医养生态布局,包括拜博口腔、三博脑科等在内的大健康投资体系的构建,已经成为其挺进市场前三最大的底气所在。

新旧营销模式切换之际,泰康回归本源,践行战略,拥抱绩优高客,以全新的销售方式带动业务增长,为行业转型提供更多借鉴。未来,泰康将整合拜博口腔、HWP、新生活广场,构造成每个中心城市的大健康中心,进一步推动体验式销售,开创一条全新的道路。

2021年是泰康25周年华诞,也是泰康新三年的开局之年。除新营销外,泰康也将不断提升支付能力、服务能力和投资能力,强化科技赋能能力、运营协同能力,不断降低成本,提升效率,让泰康的产品和服务更安心、更便捷、更实惠,成为长寿时代大民生工程的核心骨干企业。

保险新时代

《慧保天下》精选集

重新定义养老，陈东升用长寿健康富足塑造百岁人生新图景

2021年9月1日

2021年的七八月，堪称多事之夏。国家层面接连出台了众多的新规制、新文件，直指很多关系人民群众切身利益的问题，比如教育、住房、医疗、娱乐和互联网等，把过去的沉疴旧疾一扫而光，在感慨国家行动力如此坚决的同时，也得深刻思考背后的逻辑及导向。

表面上是各种行动，实际上则是进入深水区的改革举措，背后更是经济社会进入新时代的必然，毕竟，改革就是要克服前进道路上的艰难险阻。说到我国面临的形势，人口老龄化是绝对绕不过去的一个难题。老龄化、少子化趋势在"十四五"时期加速扑面而来。七普数据显示，2020年中国人口达14.1亿人，出生人口较2019年减少260万人，同比下降18%，65岁及以上人口占比达13.5%。

站在老龄化社会的十字路口，一些人被悲观的情绪笼罩，认为我国正从过去几十年的人口红利期转入人口负担期，人口老化成为中国经济社会发展最大的灰犀牛之一。一些人仍然较为乐观，但也缺乏实证的、实践的措施来提出解决方案。老龄化成为国人不得不面对的社会重大课题。

作为我国保险市场的领先者之一，泰康保险集团的领导人陈东升先生2020年初首倡"长寿时代"理念，并持续进行理论研究和实践探索。近期，他的新著《长寿时代》正式由中信出版集团出版。该书系统阐述了他的"知"与"行"，宏大视野之外，更是一份扎实的"保险+"解决方案，正如新书副题所称：从长寿、健康、财富的角度透视人类未来。

一本立言深邃思想的宣言书：首次就人类发展轨迹和趋势以及长寿时代进行了划时代的推演预言

第一，看问题的时空观。陈东升"站在万米高空，身处百年时空观察世界"，并提出人类面临的时代变局包括以下三个层面：

一是全球化和世界格局的大变局；二是以碳达峰、碳中和作为发展目标带来的文明形式与生产生活方式的大变局；三是长寿时代带来的人类作为一个物种自身的大变局。

这三个层面相互影响，将成为影响全球未来的主要力量。这三个层面的大变局中，前两个层面是关乎环境的大命题，而最后一个长寿时代则是一个关于人类自身的话题。

人口结构的变化必然带来社会政治、经济结构的颠覆性影响。个人和社会必须立足全生命周期，积极主动应对这一系列的变化，面对人类社会的终极挑战。同时，作者也指出，超预期的寿命延长将对个人的养老、健康和财富管理提出更高的需求，然而目前社会缺少化解这种压力的理想方法。

第二，看问题的方法论。陈东升提出，"站在过去看未来"，得出的结论一定是陈旧过时的，一定对未来益处不大。

毕竟，在人类历史上，由教会主导的社会最终适应了科学与信仰的共存，由农耕主导的社会最终适应了蒸汽机与劳动者共同进入工厂，被传染病笼罩的世界最终合力战胜了黑死病与天花，饱受工业污染折磨的世界各国也开始提出"碳中和"的目标……

可以看出，前一个时代的尾声也必然是后一个时代的先声。当我们"站在未来看未来"就会发现，技术的持续进步与大规模应用，将会成为人类持续解决社会矛盾的有效工具，个人、企业、政府在微观层面的自适应能力，以及追求和谐发展的内在动力则能够充分利用这些工具推动科技创新、制度创新和认知创新。

陈东升认为，一切围绕"老龄化"所提出的挑战，都是第二次跌入了"马尔萨斯陷阱"，孤立地开展老龄化研究，就像是站在农业时代去描绘工业社会。我们有理由相信，人口老化不过浩渺时空一粒微尘，长寿时代意味着长寿经济的蓝海。

一本洞察社会发展的指导书：陈东升全面描绘了长寿时代新图景，百岁人生来临，是将长寿时代概念化、理念化落地的第一人

2020年1月8日，陈东升发表署名文章《长寿时代的挑战与机遇》，首次以一个企业家的敏锐判断力，把长寿时代看成未来人类社会终极发展的一个方向和结构。

在他眼中，长寿时代具有"低死亡率、低生育率、预期寿命持续提升、人口年龄结构趋向柱状、平台期老龄人口占比超25%"五大特征，并有以下判断：

一是人口老化的根本原因是人类低死亡率与低生育率共同作用的，这两个并非外力，而是人类发展的必然趋势，因此长寿时代是一个无法回避、必将到来的阶段。

二是随着人类寿命延长，百岁人生来临，人人带病长期生存将成为常态，这也是长寿时代非常重要的图景。

三是预期寿命延长也将带来个体人身阶段的尺度变化与节奏变化，传统的人生三段论——学习、工作、退休被改写，终身学习和终身工作也会成为常态。

四是当下社会正处于科技驱动的转型期，对体力劳动的需求在持续减少，老年人的价值将被

重新认识、定位和发掘,有望创造出属于他们自己的第三次人口红利。

以上对于长寿时代的新认知,启迪人们跳出老龄化圈定的固有框架。在长寿时代,老年人的社会角色将从"传统的消费者"转变为"长寿经济的生产者"。

一本把握市场规律的教科书:泰康将海外领先的养老模式经验与中国传统文化观念相结合,率先落地我国养老社区,引领行业风潮

发达经济体较早步入老龄化,在应对方面长期积累了先进经验,尤其日本和美国应对老龄化的实践,给泰康的创业和经营带来很大启发。

日本2014年就进入了老龄化社会,2020年65岁及以上人口占比更是高达28.7%,在全球高居榜首。整体来看,日本缺乏一个企业帮助老人从保险、投资、医疗及养老等多纬度的视角,从全生命周期的角度,对健康和财富进行规划、管理和服务,让老人不再惧怕投资,反而能享受长期稳定的投资回报和复利效应,同时,还能尽情拥抱活力和养老这种新的生活方式。

陈东升认为,只有通过先进的筹资模式,将支付与服务相结合,提供整合性养老和医疗服务,才能解决老人的后顾之忧,才能促进老人的消费、生产和创新,进而催生长寿经济的繁荣和活跃。

美国是长寿经济发展较早的国家,其养老社区的兴起给美国庞大的中产阶层提供了退休之后一个优质的养老选择,推动了老年人的消费升级。

赴美考察的经历打开了陈东升的视野。与中国老年人养老时天天面对柴米油盐而力不从心的窘境以及养老院里老人多是吃饭、服药、睡觉的景象不同,美国的养老社区几乎提供了老年人生活所需的所有服务和产品,适老化理念体现在社区运营的每一个方面。同时,这些以充分满足老年人各类需求为主要特征的长寿经济,对当地经济产生了拉动作用。

2008年,泰康便开启了将美国养老社区落地中国的实践。2010年,我国保险业首个养老社区投资实体——泰康之家正式成立。在推动养老社区建设的过程中,泰康坚定地认为,在中国市场必须做大型养老社区,2000户起步,并且要先走中高端路线,尽快形成品牌效应和影响力。此外,对于老年人究竟渴望怎样的养老生活,泰康建立起了自己的价值体系和解决方案。

用陈东升的话说,泰康之家是"五位一体"的养老社区:温馨的家、开放的大学、优雅的活力中心、高品质的医疗保健中心、精神的家园,本质就是要推动一场养老革命,重塑国人的养老观、健康观、生死观。

一套优化企业经营的样板书:泰康25年坚持以战略引领,始终站立在潮头风口;重新定义养老,矢志担当长寿、健康、富足人生保障者

从传统的寿险进军医养产业,到今天的大健

康生态闭环形成，从模仿创新到自主创新，泰康的战略不断迭代转型，从单一的寿险公司走向了综合保险金融服务集团。

1996年8月泰康人寿成立，以经营寿险、健康险等保险业务起家；2001年后，顶住外资保险公司的竞争压力逆势起飞。"抓住每一个战略机遇期，实现超常规跨越式发展。"陈东升曾这样总结那段高压岁月。在中国加入世界贸易组织（WTO）后的3年时间内，泰康在全国布下网点设立160多家中心支公司。

2005年泰康人寿获批A股直投资格，次年泰康资管开业，资管业务作为第二大板块开始起航，卓越的投资能力此后多年都是泰康的核心竞争力之一。

2009年5月，陈东升提出"从规模主导转向价值主导"的战略转型，与当时"黑马险企"广泛利用银保渠道大量销售短期、高利率的理财产品套路迥异，泰康已经开始从保险业向养老产业渗透。

2010年泰康之家投资有限公司成立，养老地产的战略布局正式落地。2011年，泰康人寿推出"幸福有约终身养老计划"，创造性地将长期险的年金产品与养老社区的入住权益相结合，打通了虚拟的保险与实体的医养服务，让客户年轻时获得保险理财服务，通过公司的投资享受复利，积累充足的养老服务，年老时用积累的保险金获得高品质养老社区的服务。

2015年10月，泰康之家首个项目燕园正式落成开业。同期，医疗、保健、殡葬等在泰康的产品线上多头开花，目标是打造"医养康宁"四位一体的大健康服务生态，探索保险产品绑定服务的创新模式。

25年苦心孤诣终有所成，目前泰康形成保险、资管、医养三大板块联动的格局。2021年《财富》世界500强排行榜中，泰康保险集团以354.756亿美元的营业收入，列榜单第343位，较2020年大幅跃升81位。必然到来的长寿时代，行之有效的泰康方案。必须承认，目前泰康更多面向中产阶级及高端客户，精准地为他们的养老"新生活"提供解决方案，正如钱理群先生在《长寿时代》序言中提到的"长寿社会的公平性"问题。泰康模式在面对长寿时代社会阶层分化的挑战上，自有局限，这是不可也不必回避的。因此，陈东升也提出了"创新永续"的概念，即通过筹资模式的优化和运营效率的提升等有效降低成本，让长寿时代的泰康方案惠及更多人。

随着当前大气候的变化，"共同富裕"的语境下，保险业如何重塑发展模式和理念，让发展成果惠及更广大的人民群众是行业面临的一个巨大挑战。泰康是保险业突出的理论先行和实践相结合的头部机构，在行业共识和社会责任方面也都在积极贡献心力。

保险业缺少理论研究和思想大家，期待陈东升以学者、思想者的沉淀和情怀，进一步研究贫富不均衡下的"养老学"，成为推动保险业下一步发展的重要理论引领。

NEW ERA OF
INSURANCE
保险新时代
慧保天下 精选集

7

CHAPTER
大事件·小趋势

　　从高速度到高质量，注定是一场底层逻辑的深度演变，潮水退去，裸泳的人开始退场，浮华的神话也逐渐露出本来面貌，一些高负债的焦点企业，一些高流量的玩法儿，一些在曾经的高速发展中被掩盖的问题，开始暴露，并在强力规范下走向终点。

　　2021年，一些故事终结了，但在燃烧后的灰烬中，一些新的线索已经开始重生。

过亿会员,3年近18万人出险!"相互宝"宣布1个月后关停,10年网络互助曲终人散

2021年12月28日

2021年12月28日,"相互宝"正式宣布将于2022年1月28日正式关停,历经3年时间终将成为历史。

根据"相互宝"的安排,自公告之日起,现有"相互宝"会员不再参与互助分摊,正式关停前的三次分摊全部由"相互宝"承担。在此期间,患病会员仍可申请互助金。

自2011年我国诞生首个网络互助组织开始,迄今其刚好走过10年历程,先后经历初期的摸索,伴随着"双创"掀起的第一次以草根平台为主的发展小高潮,到监管果断出手"划红线"之后的第一次退潮,再到2018年以蚂蚁集团为代表的互联网巨头下场掀起的第二波高潮,截至今日,在一系列关停后走向终局。

10年如一梦。在某种程度上,网络互助就是互联网经济繁盛之下,互联网思维基于人们内心深处最朴素的风险共担,以及"人人为我,我为人人"理想的一次大胆实践。事实证明,互助终究是互助,保险终究是保险,二者有壁。但网络互助潮水退去,留给人们的,绝不应该仅仅是一番感慨,如何以更高地效率去化解人们内心的不安全感,依然是保险业界需要不停思考的一个终极命题。

最大的网络互助平台——"相互宝"宣布2022年1月28日正式关停

果然不出所料,在第三大网络互助平台轻松互助、第二大网络互助平台水滴互助相继宣告关停之后,第一大网络互助平台"相互宝"也于2021年12月28日宣布,将于一个月后,即2022年1月28日,正式终止互助计划。

在公告中,"相互宝"称,自2018年底"相互宝"上线以来,"1亿多位会员互帮互助,在自身获得保障的同时救助了179127名患病会员"。

但是"过去一年,互助行业发生了重大变化,为了更长远地保护所有会员的权益,经过慎重思考和讨论,'相互宝'将于2022年1月28日24时停止运行。我们将全力以赴做好后续保障工作。"

"相互宝"的安排：

一是自公告之日起，现有"相互宝"会员不再参与互助分摊，原定今日扣款的分摊金及2022年1月的两期分摊金，全部由"相互宝"平台承担。

二是为了更好地保障"相互宝"会员的权益，医院初次确诊时间在2022年1月28日24时之前且确诊时在互助计划内的患病会员，仍可于医院初次确诊之日起180天内(含180天)发起互助金申请。"相互宝"平台将根据互助规则审核，审核通过的互助金全部由"相互宝"平台承担。

三是会员可根据自身保障需求，自主选择适合自身的保障产品作为全新保障方案。

网络互助关停迎来最高潮时刻

伴随着"相互宝"官宣关停，2021年以来的网络互助关停潮进入最高潮时刻。

对于网络互助的定性，监管态度始终如一。得不到承认、难以转正，引流作用又明显减退的"网络互助"业务，在2021年，开始倒逼一些有志于上市的互联网平台必须作出取舍。

2021年3月24日，轻松互助宣布关停，在这之前，虽然已经有百度灯火互助、美团互助宣布关停，但二者体量较小，影响力也较小，对于行业的心理影响远不及轻松互助。在关停前的最后一次公示显示，轻松互助彼时的均摊人数高达1734.8万人。

轻松互助的关停浇灭了网络互助人心中最后的一线希望。此后，规模仅次于"相互宝"的水滴互助也宣布关停，更是将网络互助关停潮推向一个小高潮，业界彻底丧失信心。关停潮一发不可收拾，悟空互助、小米互助、新浪互助等相继关停。

按时间顺序整理的网络互助关停时间：

2020年9月9日，百度旗下灯火互助关停互助计划。

2021年1月31日，美团互助关停互助计划。

2021年3月24日，轻松互助关停互助计划。

2021年3月26日，水滴互助关停互助计划。

2021年4月30日，悟空互助关停互助计划。

2021年5月14日，小米互助关停互助计划。

2021年5月20日，360旗下360互助关停互助计划。

2021年9月9日，新浪旗下新浪互助关停互助计划。

2021年9月14日，苏宁旗下大病互助计划"宁互宝"关停互助计划。

2021年10月11日，滴滴金融旗下"点滴守护"关停互助计划。

关停潮下，"相互宝"成为仅存的悬念，但在行业人士的眼中，其结局早已经写就。

行业信心的垮塌加速行业步入"死亡螺旋"，"破窗效应"早已经开始上演。

分摊金额快速提升，以"相互宝"为例，2018年12月首次分摊仅3分钱，到2021年12月第一期分摊，即最新一次分摊，单次分摊已经突破7元，合计每月15元左右，按照15元/月计算，每年的分摊金额达到180元左右。

替代性产品的全国铺开更加速了这一进程，从2020年开始，惠民保开始大暴发，相较于分摊金额不断走高的"相互宝"，其价格优势明显，很多地区每年只需要几十元就能获得上百万元的保额，即便是在上海这样的一线城市，其沪惠保也仅需115元/年，明显低于"相互宝"。北京普惠健康保定价相对较高，但也仅需195元/年。

更重要的是，地方医保局开始越来越多地介入惠民保的开发，来自政府相关部门的强背书、金融监管部门盖章认定的真正的保险产品，这是"相互宝"等网络互助产品所远远不具备的。

数据显示，"相互宝"平台的会员最多时破亿人，而截至2021年12月第一期，分摊人数仅余7586.61万人，一年间退出2500万人；到第二期，分摊人数更是仅剩7117.71万人，相较上一期下滑近470万人，"死亡螺旋"显著提速。

一位资深的网络互助从业者坦言，在"相互宝"宣告关停前，"游戏"其实已经结束了。从信心被打破的那一刻开始，行业已经步入"死亡螺旋"，就其自己而言，已经扛不住了，准备接受悲寥的尾声了。

10年一梦，网络互助走向终局

"相互宝"宣布关停，也就意味着，网络互助作为一种伴随着互联网经济、共享经济发展起来的互联网业务模式，正式走向终局。

至2021年，网络互助刚好走过整整十年时间，根据蚂蚁集团发布的《网络互助行业白皮书》，我国网络互助的发展经历了探索期、规范期、技术创新期三个阶段。不过从现在看来，还要再加上一个调整退出期。

2011—2013年，行业探索期。

以互保公社的成立为标志，网络互助正式起步。

2011年，张马丁从自身家庭经历出发创立"互保公社"（后相继更名为"抗癌公社""康爱公社"），旨在通过互助的方式解决癌症医疗费用的问题。这是我国首个网络互助组织，虽然成立4年会员数也不过20万人，但由其带来的网络互助模式已经开始引起关注，掀起了一小波公益创业热潮。

在此期间，我国网络互助平台最高达到百余家，但数字技术属性不强、创新性不足。在探索之余，也萌生不少如部分平台通过成员提前预付款形成资金池，甚至承诺"刚性赔付"等乱象，是为网络互助行业的萌芽探索期。

2014—2018年，行业规范期。

2014年，国务院发文鼓励保险业发展提速，明确提出"鼓励开展多种形式的互助合作保险"。趁此东风，2015年1月23日，保监会颁布《相互保险组织监管试行办法》，到2016年6月22日，更一口气批筹众惠相互、汇友相互、信美相互三家相互保险公司。

在此期间，在"双创""互联网+"政策的刺激下，被视为有广泛发展前景且门槛较低的网络互助一度成为最热门的创业风口之一，大量草根创业者涌入其中，顶峰时期的网络互助平台数量

CHAPTER 7 | 大事件·小趋势

达到300家之多。轻松、水滴也于2016年携资本入场。

在数量急剧增加的同时，网络互助打保险"擦边球"等不规范现象也层出不穷，引发了监管的高度关注。2015年10月，保监会首次在官网发布网络互助的风险提示，明确指出网络互助不是保险，之后还为网络互助划定四条红线：不能自称保险，不能承诺刚性给付，不能宣称由政府监管，不能非法沉淀资金池。

2016—2017年，监管先后开展专项整治工作，对网络互助平台进行了全面的风险排查，并将当时存在的网络互助平台划分成三类，其中一类情况较好，二类需要进行整改，三类则需彻底退出。随着政策收紧，网络互助平台数量从顶峰时期的300多家减少到仅剩7家，尤其是小平台数量，应声减少。网络互助"赛道"一度陷入死寂。

2018—2020年，技术创新期。

沉寂之后的再度崛起，还要等到真正的互联网巨头的入场。

2018年10月，蚂蚁、信美以团险切入，推出产品"相互保"，一个半月时间狂揽2000万用户，但其产品形式在业界产生了巨大争议，不久后双方便宣布"分手"。"相互保"也改头换面为"相互宝"，并迅速成为最大的网络互助平台。

巨头蚂蚁的入场，对网络互助领域是一剂兴奋剂，京东"京东互保"、滴滴"点滴相互"、苏宁"宁互宝"紧随其后上线。再后来，美团、新浪、百度、360、小米等互联网公司也纷纷跟进。

凭借低门槛、普惠的优势，互助成为保险引流、触达下沉市场的利器，备受资本追捧。

2021年至今，调整退出期。

以蚂蚁集团在上市前夕被紧急叫停、约谈、整改为标志，互联网金融或金融科技行业发生了重大转折，监管一再强调"所有金融活动必须依法全面纳入监管"，网络互助的前景再一次变得不明朗。

2020年12月，"相互宝"分摊人数首次出现近2%的较大幅环比下滑，"相互宝"进入增长人数停滞后逆向选择因素发酵的调整消化期。分摊人数下滑、逆向选择加大的背景下，后续"相互宝"的用户数量将很难保持继续增长。这种情况在其他网络互助平台中也普遍存在。网络互助的发展进入了"瓶颈"期。

自2021年1月开始，以美团互助的关停为开端，3月24日轻松互助关停，3月26日水滴互助关停，网络互助的退出帷幕由此拉开。

10年网络互助，已到终局时。

"流量时代"造就另类保险故事，水滴提交招股书，看到的不应该只有保费

2021年4月19日

保险业不缺励志故事，仅以市场化的主体而言，快速跻身全球保险巨头的中国平安、专注寿险产业链的泰康保险集团、始终以高素质代理人著称的友邦都有各自的成功路径。即便在保险中介领域，巨头泛华早已登陆美股。

进入流量时代后，新的破局者开始出现。他们从互联网角度出发，打破了惯有的传统保险业思维方式，也带来了完全不同以往的业务发展模式。

水滴，一家成立于2016年的科技公司，就是这样一个破局者。其通过"众筹+互助+保险"的模式，完成了业务的快速增长——从零到实现营业收入达30亿元，仅用了5年时间。

美国东部时间2021年4月16日，水滴公司正式向美国证券交易委员会（SEC）提交了IPO申请，计划在纽约证券交易所（以下简称纽交所）挂牌上市。如果顺利，其将成为继中国人寿之后第二家登陆纽交所的中国保险概念股。

另辟蹊径，保险业务贡献水滴近90%的营业收入

根据水滴招股书，其很早就介入保险领域，目前旗下已经拥有两家保险中介牌照。2016年，水滴公司母公司——北京纵情向前科技有限公司开始运营；5月启动水滴互助平台；7月启动水滴大病众筹平台；9月进入保险经纪领域，收购水滴保险经纪有限公司（原名保多多保险经纪有限公司），并于2017年5月正式上线水滴保险商城；2020年又收购泰瑞保险代理有限公司，开展保险代理业务。

通过一系列的业务布局，其很快就从最初的筹款平台，发展出筹款、互助和保险三大业务板块。不过，经过几年的发展，筹款、互助和保险三大业务板块在结构上发生了根本性的变化。

招股书显示，2018—2020年，水滴公司净营业收入分别为2.38亿元、15.11亿元、30.28亿

元。保持高速增长态势，其中2019年同比增长534.6%，2020年同比增长高达100.4%。

其净营业收入主要来源于以下四大业务板块：一是向保险公司提供保险经纪服务；二是在2021年3月终止互助业务之前，通过经营互助计划产生的会员费和管理费；三是向保险公司和其他保险经纪或代理公司提供技术服务；四是其他业务。

在其营业收入的快速增长中，保险经纪业务居功至伟。2018—2020年，其保险经纪业务收入占比快速提升：2018年，营业收入1.22亿元，在总净营业收入中的占比约为51.3%；2019年，其保险经纪业务收入快速提升至13.08亿元，占比也陡然提升至86.6%；2020年，其保险经纪业务收入再度翻番，快速提升至26.95亿元，占比也进一步提升至89.1%。

截至2020年12月31日，水滴保险商城与62家保险运营商合作，提供了200款健康人寿保险产品，其中，短期健康险产品113款，长期健康险和寿险产品87款。

据艾瑞咨询，就2020年发布的人寿和健康险首年保费收入而言，水滴公司已经是中国最大的独立第三方保险平台。

凭借"众筹+互助+保险"的业务模式，以及营业收入快速的增长，水滴公司成立5年，始终备受资本青睐。成立之初，水滴公司就获得850万元种子轮融资及4000万元天使轮融资，投资方包含美团点评、IDG资本和腾讯投资等明星资本；2019年3月，获得腾讯领投的B轮融资，融资近5亿元；2019年6月，迎来超10亿元的C轮融资，由博裕资本领投，腾讯投资、中金资本等跟投；2020年8月及11月，相继完成2.3亿美元、1.5亿美元的融资，合计约25亿元；2021年，又走到了上市的关口。

众筹、互助流量依赖快速下降，自然流量、重复购买以及长期险业务已成其最大底气

近期，水滴宣布终止互助平台的运营，一时之间引来不少关注，因为在很多人的印象中，众筹平台、互助平台既为其保险商城吸引了流量，也为其销售保险起到了消费者教育的作用。不过从招股书披露的业务来看，互助平台的关停并不会对其营业收入产生重大的负面影响。

招股书显示，在保险经纪业务快速崛起的同时，伴随的是其他三大业务类型净营业收入占比的不断下降。

其中，来自互助平台的管理费收入在2018—2020年实现的营业收入分别为0.47亿元、1.43亿元、1.10亿元，已经开始有所下降，占比更是分别为19.8%、9.4%、3.6%，一路快速走低。

在众筹和互助贡献的流量逐步下降的同时，来自第三方渠道的流量正逐渐成为水滴最重要的流量来源。数据显示，2018—2020年，水滴保险商城第三方流量渠道占比从1.9%逐渐增加到44.9%。其中，2020年，互助平台仅贡献了3.6%的流量，众筹平台贡献了13%的流量。

来自互助平台、众筹平台的流量占比快速下降，在监管趋于严格的环境下，这无疑可以使其

规避更多监管风险,但是代价也是明显的,会更多依赖第三方流量,意味着其将支付更多的流量费用。

数据显示,2018—2020年,水滴净亏损分别为2.09亿元、3.22亿元和6.64亿元,三年累计亏损近12亿元。其中,2018—2019年亏损扩大了53.7%,2019—2020年扩大了106.5%。与之伴随的是,现金使用的大幅增加,2018—2020年其经营活动中使用的现金净额分别为2.11亿元、5.33亿元和7.77亿元。

亏损的扩大、现金流出的增加,主要是销售及市场推广开支的增加,从2019年的10.6亿元至2020年的21.31亿元,增加了101.04%,主要缘于以下两个方面:第一,业务扩展和品牌推广增加了对第三方流量渠道的营销费用;第二,向第三方外包销售和营销服务费增加了7170万元。

不过水滴公司对于控制流量成本仍表示了信心:"由于我们的品牌认知度、对保险消费者的数据洞察以及与中国互联网业务的主要流量提供商的深入合作,我们相信我们在消费者获取成本方面的竞争优势。"

其底气或来源于其自然流量和重复购买的快速增长。2020年,其自然流量和重复购买实现保费收入55.59亿元,占比为38.5%。这显示,多年的用户积累,已经开始发挥重要作用。

其不断向好的业务结构或也是其底气的重要来源。长期保险一直被视为互联网平台的一大短板,但水滴公司的招股书显示,其长期保险业务占比正快速增加。

目前,短期保险经纪收入依然是其最重要的收入来源,但营业收入占比有所下降。2018—2020年,其短期保险经纪收入分别为1.20亿元、11.35亿元、20.45亿元,占比分别为50.7%、75.1%、67.6%。

在短期保险经纪收入占比有所下降的同时,其长期保险经纪收入维持激增态势:2018—2020年,其长期保险经纪收入分别为0.02亿元、1.73亿元、6.50亿元,营业收入占比分别为0.6%、11.5%、21.5%。

探寻未来成长空间,水滴下注技术服务、医药健康服务

如今已经走到上市关口的水滴,在若干年的快速增长之后,未来还将给看客带来哪些看点,想象空间还有哪些,无疑是业界最为关心之处。从其招股书来看,答案其实已经明确。

其一,技术服务。根据水滴公司招股书,其技术服务带来的营业收入占比并不高,但2020年的增速相当喜人,显示了相当大的成长空间。数据显示,2018—2020年,其技术服务带来的营业收入分别为0.59亿元、0.52亿元、1.94亿元,其中2020年相较于2021年增长超3倍,其在总营业收入中的占比也快速提升,2018—2020年分别为24.8%、3.4%、6.4%。

其二,医药健康服务。与健康险密切相关的医药健康服务正成为水滴公司又一重要业务布局。招股书披露,水滴公司未来将寻求机会,加强与医院、医药公司等医疗服务伙伴的合作,构建健康生态系统。目标是打通各类医疗支付,为

消费者提供更广泛的医疗服务选择，包括在线药店、在线问诊和其他健康医疗服务。2020年，水滴公司已相继上线"水滴好药付""水滴健康"，正式切入健康服务领域。

其三，也是最重要的，依然是其保险业务。背靠中国高速成长的人身险市场，这就是水滴公司最大的底气所在。

"我们得益于中国医疗和保险业的快速发展，特别是健康和人寿保险业。"在招股书中，水滴公司这样表示。

艾瑞咨询报告显示，2019—2024年，医疗保健支出总额预计将以10.2%的复合年长率增长，2019年社会医疗险、商业险和医疗众筹等其他免费医疗险渠道及其他社会慈善机构的覆盖率仅为29.4%。医疗保健支出的巨大保护缺口意味着商业险，特别是人寿和健康险的巨大增长潜力。在这一时间段，艾瑞咨询预计中国的总保险费收入将以12.9%的复合年增长率增长。

水滴公司表示："作为健康和人寿保险分销以及医疗众筹领域的行业标杆，我们有着独特的定位，能够抓住这些市场机会，并在未来开拓其他医疗服务市场。"

对于发展路径，其也简要列明，进一步扩大用户覆盖面和参与度，改善思维共享；与战略合作伙伴进一步渗透到保险价值链中；投资数据分析和技术基础设施；深化与医疗机构的合作，构建健康生态系统。

诚然，一家企业的成长，自然离不开其所依存的时代赋予的机会，水滴公司也不例外。

在水滴公司成长时期，微信的流量红利仍在快速成长，这带来了依托朋友圈的众筹平台的爆发式成长。

在经历了前期的摸索、草根平台混战以及监管严厉整顿之后，2016年前后，网络互助也进入了相对规范发展的时代，水滴在这时选择进场。

2012年以来，保险业对于互联网保险的探索逐渐深入，到2016年，百万医疗险的暴发更是极大地拓展了互联网健康险的想象空间。

更重要的背景是，水滴创业的年份，正是"80后""90后"成家立业，开始忧虑保险问题的时代，他们是伴随着互联网成长起来的一代，网购保险顺理成章。

在这些时代因素、社会因素之下，他们的模式选择或许对于后来者不一定适用，但他们的开拓进取却有莫大的借鉴意义。

2020年全球资本市场涌现了GoHealth、Oscar Health等多家保险科技平台，如今中国也将有一家保险科技公司即将走向资本市场，这对中国保险科技无疑是一个积极的信号。

泛华金控宣布将退市，董事长汪春林辞职，创始人胡义南继任

2021年12月16日

2021年12月16日晚间，中国最大的保险专业中介泛华金融控股集团（以下简称泛华）在官网发布重磅信息，董事会宣布，今日收到来自由公司创始人兼董事胡义南牵头的买方财团的初步、非约束性私有化要约，计划以每股美国存托股9.8美元（相当于每股普通股0.49美元）的价格收购买方财团持股之外的泛华全部已发行股份。该价格较董事会收到要约前一日（2021年12月15日）的收盘价溢价约10.2%。

公告称，胡义南先生目前是公司最大的股东，持股比例达到18.6%。

根据要约条款，胡义南将组建潜在买方财团，财团成员可能包括现有股东和其他潜在投资者。私有化的资金来源将来自胡义南及其他潜在买方财团成员的债务融资和/或权益资本。

根据公告，泛华董事会将成立由独立董事组成的特别委员会审议该私有化要约。董事会也提醒公司股东及其他考虑交易泛华股票的人士，目前董事会还未就如何回复此私有化要约作出任何决定。公司无法保证买方会给出最终的正式要约价格，无法确保是否能最终执行任何协议，也无法确保批准或达成该交易或其他任何交易。除相关适用法律要求外，泛华不承担更新本交易或任何其他交易相关信息的义务。

在公布私有化要约的同时，泛华也公布了另外一项人事信息，称由于个人原因，汪春林向董事会递交辞呈，卸任董事长及首席执行官一职，由胡义南继任。辞任及任命即时生效。

胡义南作为泛华创始人，也是公司最大股东，目前持股比例约为18.6%，1998年至2017年期间，其曾担任公司董事长，并于1998年至2011年期间兼任公司首席执行官。

在公告中，胡义南还以泛华董事长兼首席执行官的身份表示："在过去十年，汪春林先生作为泛华的掌舵手，展现了优秀的领导能力和战略执行力，对泛华的发展和成长作出了重大的贡献。我谨代表公司董事会向他致以最诚挚的感谢。"

"当前，中国保险业正处于深度变革期，也对泛华的发展带来了巨大的挑战。2021年，泛华启动了"职业化、数字化、开放平台"的战略升级。未来几年将是泛华战略实施能否成功的关键时期。在此，我也衷心感谢董事会对我的信任和支持。我将带领泛华全体将士，矢志不渝地为将泛华打造成为伟大公司这一目标而努力。"

公开资料显示，1991年胡义南在研究生毕业后，先后当过教师、办过汽车俱乐部，后在汽车俱乐部业务基础上切入保险代理业务以及汽车消费贷款业务，成立专门的按揭服务公司——泛华公司。

2000年，在美国国泰财富基金的投资支持下，泛华将业务拓展至全国，2004年正式进军保险中介市场，并将该业务提升至核心地位。

获得投资后的泛华快速做大，公开报道显示，截至2007年6月30日，泛华已在8个省市拥有21个附属的保险中介机构，拥有大约1.1万名销售人员。

后续，泛华又吸引了鼎晖投资基金的投资以及国泰财富的追加投资。并于2007年10月31日成功登陆美国纳斯达克，募集资金2.16亿美元，成为我国首家上市的保险中介，并就此在掀起了一股保险中介谋求上市的潮流，但其他公司在很长时间内均未获成功。

汪春林，也是泛华的创业元老之一，其中南政法学院经济法系本科毕业，获法学学士学位，先后任职某检察院助理检察员，某贸易公司办公室主任，某律师事务所主任助理等职，1998年加入泛华，曾任职能部门负责人，营业机构总经理，公司副总裁、财险经营委员会主席、公估事业部主席等职，2017年，胡义南卸任后，其接棒正式出任泛华董事会主席兼首席执行官。

根据泛华官网资料，目前，在保险服务领域，泛华金融控股集团全资拥有泛华保险销售服务集团、泛华保网电子商务有限公司和控股泛华保险公估有限公司；在金融服务领域，泛华金融控股集团投资参股了泛华金融服务集团，普益财富；在互联网保险服务领域，泛华金融控股集团拥有懒掌柜、保网和e互助等线上平台。

截至2021年9月30日，泛华保险销售服务集团旗下有9家保险代理公司及3家保险公估服务公司和31家省级平台公司。9家保险代理公司中，有2家为全国性的保险代理公司，7家为地区性保险代理公司。泛华的地面保险销售及服务网络覆盖31个省份，销售及服务网点达860个。拥有2054名公估师及超过30万名保险代理人。

年度最大猜想 | 友邦大扩张,"混血"的中邮人寿就此逆天改命?

2021年6月29日

靴子落地,在坊间流传已有时日的友邦保险公司并购中邮人寿股权一案终于得以披露,据悉,中邮人寿空缺已久的总经理之位也有了新的人选。

2021年6月29日,在香港上市的友邦保险控股有限公司(以下简称友邦保险)发布公告称,已同意通过全资子公司友邦保险有限公司(以下简称友邦保险公司)投资120.33亿元(18.60亿美元),认购中邮人寿保险股份有限公司(以下简称中邮人寿)24.99%的投资后股权。有关交易尚待监管部门批准,交易一旦完成,友邦保险公司将成为中邮人寿第二大股东。

友邦保险公司是友邦人寿保险有限公司(以下简称友邦中国)的母公司,其对中邮人寿部分股权的收购一旦获批,就意味着其在内地市场完成了寿险领域"一控一参"的布局。

可以看到,李源祥执掌下的友邦保险正加速在内地市场扩张,全资子公司友邦中国"分改子"一年先后斩获两家省级分支机构,伴随着机构扩张,同时开启激进的营销员招募计划;而其对于中邮人寿24.99%股权的收购更成为其加码内地保险市场的一大手笔。

恰逢中国寿险市场陷入转型困顿时期,无论是个险新单还是银保新单都开始出现负增长,且难寻新的业绩增长点,一些保险公司陷入经营困难中。友邦保险公司选择在此时"逢低买入",显示了成熟的投资理念,但个中风险也不容忽视——中邮人寿作为一家依附于邮储银行遍布全国网点存在的国有保险公司,更熟悉下沉市场的逻辑,且向来以粗放的发展风格著称;友邦保险公司作为总部在香港的一家保险企业,则长期根植于亚太区域的中心城市市场,更懂得服务中高端客户,以及精耕细作的优势。可以说,二者风格大相径庭,此番资本上的融合能否带来理念上的融合,进而有效推动业务转型以及实现增长,尚有诸多鸿沟需要跨越。

意想不到的组合!友邦保险拟120亿元认购中邮人寿24.99%投资后股权,或成其第二大股东

2021年4月27日,中邮人寿在上海联合产权交易所公布了一份募资72亿元，同时出让24.99%股份的增资项目。鉴于中邮人寿特殊的市场地位，此次引战计划一经披露就引发业界的高度关注。如今，短短两个月时间过去，投资人已经浮出水面——友邦保险公告称，将通过全资子公司友邦保险公司以120.33亿元认购中邮人寿24.99%的投资后股权，交易有待获得所有必要的监管批准。

另据中邮人寿公告，71.63亿股全部由中邮人寿增发，收购完成后，友邦保险公司将成为中邮人寿单一第二大股东，仅次于中国邮政集团有限公司（持股38.2%）。此次增发完成后，中邮人寿注册资本将由215亿元增至286.63亿元，届时将超越中国人寿（注册资本为282.65亿元），仅次于平安人寿和大家人寿，成为全国注册资本金第三高的寿险公司。

增资后中邮人寿股东也将从现在的4家公司变更为5家，其各自持股比例如表1所示。

表1　增资前后股东股权结构对照

股东名称	持股比例	
	增资前（%）	增资后（%）
中国邮政集团	50.92	38.2
友邦保险公司	0	24.99
北京中邮资管	20	15
中国集邮	16.25	12.19
邮政科学研究规划院	12.83	9.62
合计	100	100

值得注意的是，此前中邮人寿总经理一职已经空缺半年，而现在，根据『慧保天下』的了解，新的总经理人选也已经锁定。

除上述内容外，有关此次友邦保险公司收购中邮人寿的股权交易中，还有以下细节值得关注：

一是收购主体友邦保险公司是友邦中国的母公司，其对中邮人寿股权的收购与友邦中国无关。友邦保险也在公告中特别指出："友邦中国的运营将与此次投资保持完全独立。友邦中国将继续专注于通过其独树一帜的'最优秀代理'模式达成高质增长，包括拓展其经营区域……"

二是根据友邦保险公告，2021年6月29日，各方签署了与交易相关的协议，不仅包括股份认购协议、投资者权利协议和专业协助协议，还包括友邦保险与中国邮政之间的业务合作框架协议。

三是拟议投资的总价值对应截至2020年12月31日中邮人寿投资前账面价值的1.34倍。中邮人寿2020年的新业务价值为18.66亿元（2.69亿美元）；其截至2020年12月31日的净资产为268.66亿元，2019年的税前利润和税后净利润分别为15.32亿元和16.88亿元，2020年的税前利润和税后净利润则分别为12.32亿元和13.16亿元。

四是另据友邦保险公告，中邮人寿通过其与邮储银行的分销合作关系，可触达中国最大的零售金融分销网络，包括遍布中国的约4万个金融网点及超过6亿零售客户。中邮人寿目前在21个省市销售产品，覆盖邮储银行分销网络的80%。

五是友邦保险公司有权提名一名非执行董事

加入中邮保险董事会；由友邦保险集团总部和中邮人寿代表组成的专责团队组建专业协助顾问委员会，该委员会直接向中邮保险董事会报告。此外，友邦保险和中国邮政将根据业务合作框架协议，探索其他的业务机会。

国企VS外资公司，粗放VS成熟，中邮、友邦二者反差如何弥合成最大看点

回头审视中邮人寿两个月前的引战计划，其与友邦保险公司的合作就显得没有那么突兀了。彼时，它给战略投资者设定了相当高的门槛。

除满足监管的硬性要求外，意向投资人应为在中华人民共和国境内合法设立并有效存续的企业法人或在境外合法设立并有效存续的金融机构，且应为一家境内或境外上市的公司，其自身或其控股股东应具有保险相关经验。

同时，不接受联合体参与投资，且不接受契约型私募基金、资产管理计划和信托计划的投资。意向投资人或控制该等公司的母公司最近3年经审计的合并净利润的平均值不低于300亿元或等额外币。

在经济大环境不景气背景下，能拿出上百亿元自有资金的企业已经不多，且还能满足一系列限制性条件的，更是少之又少。可以看到，友邦保险公司满足上述全部条件。

但无论如何满足条件，对于业内人士而言，中邮人寿与友邦保险公司二者之间巨大的反差，在企业文化、经营理念等方面存在的诸多不同仍将是横亘在二者之间难以跨越的鸿沟。

中邮人寿，不断扩张、不断增资的粗放发展模式代表。

中邮人寿是一家国企，由中国邮政局集团及其子公司控股，其依托兄弟企业邮储银行遍布全国各个乡镇的业务，迅速将机构、业务扩展至全国，保费收入一路高歌猛进。

单从保费收入来看，2018—2020年，中邮人寿保费收入分别为576.58亿元、675.41亿元、820亿元，同比增速分别为40.36%、17.14%、21.41%，保费收入在人身险公司中排名第9，在11家银邮系寿险公司中保费规模排首位。

在11家银邮寿险公司中，中邮人寿、工银安盛、建信人寿、中信保诚、农银人寿、招商信诺、交银康联及光大永明8家公司保费规模均超过百亿元。其中，中邮人寿、工银安盛及建信人寿排名前三，如表2所示。

表2 银邮寿险公司原保费收入情况

公司名称	原保费收入（亿元）		
	2020年	2019年	2018年
中邮人寿	820	675.41	576.58
工银安盛	480	527.1	336.81
建信人寿	433	291.93	249.07
农银人寿	265	232.29	176.38
中信保诚	233.6	213.44	153.85
招商信诺	197	180.04	150.62

CHAPTER 7 大事件·小趋势

续表

公司名称	原保费收入（亿元）		
	2020年	2019年	2018年
交银人寿	157	122.81	80.18
光大永明	135	117.38	103.44
中荷人寿	64.9	54.34	46.94
中银三星	78.9	53.03	28.66
汇丰人寿	18.7	18.24	14.25
合计	2883.1	2476.04	1920.62

与之业务快速扩张相伴随的是其不断提高的注册资本金。根据公开信息梳理，自2012年以来，中邮人寿已经历6轮大手笔增资，注册资本从5亿元大幅提升至215亿元，合计增资额达到210亿元。其中，仅2017—2019年，其分别增加注册资本20亿元、50亿元、65亿元。除增资外，中邮人寿还在2020年底获批发行了100亿元资本补充债。

即便频繁大手笔增资，中邮人寿偿付能力充足率还是不断下滑，截至2020年底，其综合偿付能力充足率降至167%，核心偿付能力充足率降至111%。

注册资本金的快速消耗以及偿付能力充足率的快速下滑，均显示了中邮人寿业务端的粗放。从利润来看，其也未能获得与其市场地位相匹配的利润总额，经常低于其他主要同业。

友邦保险公司根植亚太，银邮渠道策略与中邮人寿完全不同。

相较于中邮人寿更擅长银保渠道、下沉市场以及粗放发展模式，友邦保险公司则完全不同，其作为一家国际性的寿险公司，着眼于整个亚太市场，主攻中心城市市场，服务高净值人群，在我国尤以个险见长，即便是发展银保渠道，所采取的策略也与中邮人寿完全不同。

例如，2013年底，友邦中国曾与花旗银行达成长期排他合作协议，协议期限长达15年，双方共同制定客户服务流程，由友邦渠道经理为花旗提供专业培训和销售支持，花旗客户经理提供综合金融理财服务，花旗财务规划师根据客户需求提供专业保险规划。

更何况，友邦中国的这种银保合作模式是否适合我国市场尚无定论。这种模式刚推出时，友邦曾寄予厚望，认为这代表了未来银保的合作模式，未来的银保发展之路最终将走向"独家性"。而据友邦披露的数据，截至2014年底，友邦中国花旗渠道网均产能提升10倍；而2015年，友邦花旗业务实现了同比270%的增长幅度。

2015年后，由于友邦对于银保渠道披露的信息有限，其合作情况如何不得而知。但『慧保天下』查看花旗银行官网发现，目前在售的保险产品除来自友邦外，还有来自光大永明、中信保诚以及中美联泰大都会等多家保险公司。

对于邮储银行来说，中间业务收入构成其重要的收入来源之一，要想放弃与其他公司的合

作,并不容易。

恰逢保险业转型低谷期,友邦保险逆势收购,然何时逆转尚未可知

2019年,曾执掌平安人寿多年的李源祥选择从平安离职加盟友邦,彼时,市场曾揣测友邦董事会是看重了李源祥在保险市场多年耕耘的经验,显示了友邦在我国扩张的规划。如今,种种事实印证了这一推测。

自李源祥2020年3月正式入职友邦保险以来,友邦保险在我国市场的布局正在提速。

首先是原有的在我国的全资子公司友邦中国于2020年6月18日顺利获批"分改子",此后友邦中国开启了在内地市场的快速扩张模式。2021年4月,其四川分公司正式开业;2021年6月,其湖北分公司又获批筹建。

在分支机构获批的同时,友邦中国也加大了营销员的招募力度。人们发现,以高标准严要求著称的友邦中国,竟然也开始重金挖墙脚,扩张之迫切,可见一斑。

除友邦中国的扩张外,收购最大银行系保险公司——中邮人寿的部分股权,无疑是友邦保险公司布局我国市场的又一"杰作"。

从大的方向来看,友邦保险公司重金布局内地市场符合国际资本流动趋势。有数据显示,自2020年新冠肺炎疫情在全球暴发以来,中国凭借出色的疫情防控,以及稳步增长的经济,已成为最受外商追捧的市场。2020年,中国以1630亿美元的外商直接投资和1100亿美元的海外直接投资荣获全球双冠王。

商务部最新发布的数据显示,2021年1~5月,我国新设立的外商投资企业18497家,同比增长48.6%,较2019年同期增长12.4%,实际使用外资金额4810亿元,同比增长35.4%。

外资加大力度投资中国市场,所看中的正是中国强大的内生动力、更安全的供应链体系、良好的营商环境和开放的政策支持。

不过具体到保险领域,或许情况会变得有些复杂。因为在经历了多年的高速发展后,中国保险市场目前已经陷入转型困顿期。『慧保天下』曾指出,虽然人身险公司的保费收入整体还在正增长,但就单月保费收入而言,个险新单已经连续3个月大幅下降,银保新单也连续2个月显著下滑。

即便是友邦中国也不能摆脱经济大环境的影响,其尚未披露上半年数据,但从2020年的表现来看,在行业新业务价值下滑的同时,其新业务价值也下滑了17%。

即便是友邦中国也未能幸免,而气质、理念完全不同的中邮人寿又将何去何从?

CHAPTER 7 | 大事件·小趋势

顶格处罚！中国人寿通报实名举报调查结果，偶然的舆情事件落幕，必然的保险业转型升级才刚启幕

2021年4月29日

实名举报事件发生两个月有余，在经过详尽的调查，以及履行完有关的程序之后，中国人寿正式公布了最终的调查结果，于2021年4月28日晚，发布《关于前员工张某某网络实名举报嫩江支公司相关问题调查情况的通报》（以下简称《通报》），对相关当事人、全公司，乃至全社会作出了一个交代。

事件落幕，然而反思才刚刚开始，以此次事件作为坐标，纵观我国保险业发展历程，会发现其不过是行业从"高速度"向"高质量"转型过程中出现的种种不适"症状"的一次小暴发，就孤立事件而言，有其偶然性；就行业发展进程而言，有其必然性。

尽管没有消费者利益在其中受到损害，但对于行业来说，教训也弥足深刻，不仅中国人寿须引以为戒，整个行业也应举一反三。既然"高质量发展"已经是共识，也已经"上路"，那就从现在开始，开足马力，心无旁骛。

舆情落幕，中国人寿相关分支机构及其负责人合计罚款达59万元

中国人寿《通报》一经发布，立刻在行业引发高度关注。就其内容本身而言，最核心的有以下三层意思：

一是明确事实，部分举报内容属实。孙某某在任期内，嫩江支公司在销售年金保险产品时存在与银行储蓄产品进行对比并承诺额外收益的问题；在销售队伍建设和销售管理中存在队伍人力不实、活动管理不严的问题；在销售过程中存在虚列费用、套取佣金的问题。

二是公布处罚措施。已经对相关责任人进行了处罚，给予嫩江支公司时任经理孙某某撤职处分；给予黑河分公司时任总经理黄某某撤职处分；并对黑龙江省分公司及嫩江支公司6名责任人进行追责处理。

三是进一步作出表态。表达了负责任讲诚信

的姿态,仍然"相知多年值得托付",公司将以此为戒,举一反三,进行全面排查。

同时,黑龙江银保监局也发布相关行政处罚信息,针对套取佣金、给予投保人合同约定以外的其他利益等违规行为,对相关分支机构、相关责任人作出分别罚款50万元、9万元的决定。

《通报》言简意赅,认错追责态度诚恳,2021年这场突如其来的,不仅侵袭中国人寿,也涉及整个保险业的舆情事件终于可以就此落幕。

复盘整个事件,从舆情、传播的角度来看,为什么这么一个偏远地方的最基层分支机构、一个籍籍无名的"弱女子"的实名举报会引起这么大关注,成为舆情事件,还出圈传播,在网络平台上引起广泛关注和议论?

原因在于"共情"。这件事本身从一开始就带有鲜明的网络舆情特征,"弱势"对"强权"的故事,显然能从最大程度上激发人们对于"弱势人群"的同情心。综观各行各业头部企业的舆情事件,往往都逃脱不开类似的叙事逻辑。

但中国人寿此次事件的特殊之处在于,该事件具有行业普遍性,但却不具有社会普遍性。

换句话说,与其他常见的保险类维权案例不同,此事件并没有直接侵害到消费者的合法权益,更多反映的是,保险公司内部人通过弄虚作假来套取利益,反映的是地方分支机构的合规意识淡漠,利益受损最多的是保险公司本身。而无论是对于社会而言,还是对于监管而言,相较于公司利益,消费者利益显然是更值得关注之处。

是"时代的一粒灰烬",也是行业转型期的一种必然

举报事件暴发后,在社会上引发高度关注,但诸多业内人士却并不深感意外,在他们看来,这是行业的一种常见现象,只不过这一粒"时代和行业的灰烬",这一次偶然地落到了中国人寿。

必须承认,中国保险业自20世纪90年代以来的历史,是一部高速成长的历史,同时也是一部粗放发展的历史,与保费收入暴发式增长所伴随的,是各种沉疴弊病:虚增人力,套取佣金,给予投保人合同约定以外的利益……各种经营潜规则,不一而足。

纵然行业在监管的引导下不断与各种顽疾进行较量,也始终在不断深化改革,但必须承认,市场是有惯性的,庞杂的市场基层并不能总是高效敏捷地根据指挥棒的改变作出调整。这种惯性的大小,取决于基层领导者的觉悟,取决于具体执行者的能力,更取决于消费者的认知水平以及市场的竞争程度。

当然,各种各样经营"潜规则"的司空见惯并不代表合理。事实上,伴随着市场竞争的加剧,以及消费者的逐渐成熟,从粗放发展转向精细化管理、规范化发展是唯一的出路,只是从历史阶段性来看,选择什么时点作出改变的问题罢了。

可以看到,伴随着中国经济进入"新常态",GDP增速从高速转为中高速,保险业发

CHAPTER 7 | 大事件·小趋势

展重点正从过往的"高速度"全面转向"高质量",从各方角度出发,进一步深化改革,贯彻新的发展理念都变得越发迫切。而这种转型期恰恰也是前期各种问题加速暴露的阶段。

对于人身险行业而言,前期赖以发展的个人代理人模式首当其冲。这种模式在解决组织扩张效率、提升消费者教育水平以及普及风险保障方面发挥了重要作用,但如今却面临一个"釜底抽薪"似的困境,即人口红利消退,增员面临严重掣肘,金字塔基础变得不再牢靠。与此同时,老一代代理人知识更新放缓,难以匹配新一代的消费者。随之而来的是,人均产能的下降,收入的降低。增长压力之下,动作变形也就在所难免。

所以说,举报事件表面看是某个分支机构的违规,实际上却是行业发展变轨中,所必然经历的阵痛期的一种外在表现。

当然,能力越大,责任越大,中国人寿以此为戒,率先刀刃向内,既是对舆情事件的一个交代,也是承担头部公司的行业责任。

同时,作为"三地上市"的保险公司,尤其是唯一一家在美国上市的保险公司,中国人寿必然严格遵守银保监会及三个上市地的监管规则,称其"实行的是最严格的内部控制"并不为过。

不回避,不淡忘,以高质量发展营造一个更好的市场秩序

从保险业必然的转型升级这一宏大视角来看,2021年这一偶然的舆情事件又将怎样推动历史的进程?

对于公司而言,此事将推动中国人寿系统、行业从业人员的合规意识再上一个台阶。从业人员入脑入心的认识是最关键的,合规不仅仅体现在制度上、流程上。

除此之外,举报事件是中国人寿的舆情事件,更是整个行业的一个警醒,说明改革维艰,但却是唯一的出路。

从行业另一更强大的力量来看,这也为监管进一步整治市场乱象提供了阶段性重点。银保监会2021年4月中旬下发的《关于深入开展人身保险市场乱象治理专项工作的通知》宣布,拟围绕销售行为、人员管理、数据真实性和内部控制四大方面,对人身保险市场存在的典型问题和重点风险进行专项治理。

从近两年的一系列文件来看,严监管和保护消费者利益这两条主线非常鲜明,各自摆正位置,既不是"保险总公司",也没有"父爱情结",监管在强力重建规则。这为行业强力纠偏、推进改革构筑了坚实的制度基础、监管环境。

同时,从一个更有现实意义的视角来看,此次举报事件出圈传播,其实也是一次很好的消费者保险意识普及,虽然有争议,但保险的功能和作用恰恰也是伴随着争议、进化才真正走进千家万户。

归根结底,消费者保险意识的觉醒,加上监管的引导推动,在所谓底层逻辑和顶层设计两个方面的作用下,以及一些舆情事件的警示下,市场主体被动或主动地觉悟,行业整体才能齐心协力共建一个更加成熟、理性的寿险市场。

半年市值狂跌近万亿元，这场2021年保险股的溃败与变革逻辑

◎ 戚海鹏 | 2021年7月14日

2017年1月，一位私募大佬被宣判，此后由北上资金引发的蓝筹股行情一路直上，启动一轮牛市。2017年底，中国平安股价涨至89元，中国太保涨至49元，新华保险涨至73元。

2021年7月，3家的股价分别为60元、27元、44元。从2021年初至目前的表现，上证指数微涨约2.64%，同期A股保险股股价却全部出现了两位数的下滑……保险股究竟怎么了？

需要指出的是，股价并不直接对应上市企业业务基本面，其反映的是一种预估价值，是投资者在当下时点、基于各种影响因子，对企业股票未来价值作出的一种预判，所以保险股价大跌，反映的是一种失望的情绪——半年来，上市保险公司基本面一路向下，而这与资本市场赋予保险股的高预期严重背离。

过于丰满的理想，过于骨感的现实，二者形成了鲜明的对照，细究之下，则是保险业底层逻辑已经发生彻底改变。

保险股价格暴跌的背后：丰满的理想与骨感的现实

低估值、低涨幅、高分红，保险股与银行股、地产股一道被称为"三傻"。2020年，因新冠肺炎疫情的影响，上市保险公司业绩普遍承压，但考虑到市场发展潜力依然巨大，保险股也依然为价值投资者所青睐。

各家保险公司为摆脱2020年的低迷行情，纷纷从2020年10月开始布局新一年的"开门红"，人力到位，渠道产品政策到位，再加上重疾险新定义定于2021年2月1日切换，给人身险公司"炒停售"、销售旧定义重疾险提供了绝佳助力。

多个因素综合影响下，人身险在2021年1月一扫2020年以来的低迷，打出了漂亮的"开门红"。交流数据显示，2021年1月，人身险公司个险新单标保同比增速达到40%。

至2021年2月1日，旧定义重疾险停售，新定义重疾险上市，经历前期的"炒停售"，保险公司普遍预计重疾险销售会出现暂时性的停滞，但通过产品升级、降价和扩展附加服务等手段，保险公司对于保持市场吸引力依然信心满满。

乐观的根源很简单，我国老百姓的收入水平正在增加，人均GDP连续两年突破1万美元大关，而从世界经验来看，这是保险业"腾飞"的新起点；更何况，无论是从保险深度还是从保险密度来看，中国平均水平都远远低于世界平均水平。

信心满满之下的2021年2月，人身险公司个险新单标保依然维持了较快增长，同比增速达到11%。

到2021年3月，人们才逐渐意识到事情并没有自己想象的那样简单。3月是新定义重疾险切换之后的第2个月，理论上是暂时停滞的重疾险销售逐步复苏的一个月，此时却仍然是直线向下，单月个险新单标保负增长达到29%。更出乎意料的是，这种向下的趋势一直持续，4月、5月个险新单标保负增长幅度分别达到37%、43%。

有高管用"一夜撞墙"来形容人身险行业面对个险新单保费持续负增长时候的错愕。但事情就那么发生了，打了所有保险从业者一个措手不及，"传统的营销模式好像突然全部失效了。"

雄心勃勃的预期，遇上不期而至的业绩大滑坡，预期与基本面的严重背离之下，保险股股价一泻千里。根据『慧保天下』的统计，从2021年1月4日开盘计算，截至7月13日收盘，上证指数微涨约2.64%，但同期的A股保险股股价却全部出现了两位数的下滑。

其中，中国平安6个多月的时间里股价下跌达到31.31%，市值减少超过5000亿元；中国太保、新华保险、天茂集团的下滑幅度都超过20%；中国人寿、中国人保表现略好，但下滑幅度也超过10%。见表1。

表1　截至2021年7月13日6家A股上市保险公司市值变化情况

公司	1月4日开盘价（元）	7月13日收盘价（元）	涨跌幅（%）	总市值（亿元）	市值变化（亿元）
上证指数	3474.68	3566.52	2.64	—	—
中国平安	86.91	59.7	−31.31	10613	−5293.99
中国人寿	38.39	32.02	−16.59	8782	−2068.93
中国太保	38.6	27.91	−27.69	2605	−1108.32
中国人保	6.55	5.8	−11.45	2565	−331.67
新华保险	58	44.65	−23.02	1362	−447.6
天茂集团	4.78	3.56	−25.52	173.91	−62.27

保险业基本面坍塌的背后：保险业底层逻辑已经发生颠覆性的改变

基本面严重偏离预期，A股保险股在2021年成为下跌的重灾区。分析影响基本面的原因，除上文提及的个险新单标保快速下滑外，还需要注意的是，影响保险业发展的基础要素发生了彻底改变，保险业发展的底层逻辑也随之而变，而这些才是影响保险股股价当下以及未来变化趋势的根本所在。

短期来看，"偿二代二期工程""双录"等新规的实施仍将对行业发展产生直接影响，普惠型产品对于低端客户市场冲击已经形成，中高端客户市场机会尚存，但培养精英代理人并非一朝一夕之功；长期来看，人口年龄结构的改变、人口红利的消退将从更长期的维度上影响行业发展。

普惠型产品冲击：保险业中低端市场逻辑已经彻底改变。

过去2年来，内地"互助保险""百万医疗""惠民保"的大发展对客户的消费预期造成不可忽视的影响。

三类险种的共同特征是保费低。百万医疗险年保费约500元，互助保险年分摊额约300元，惠民保年保费约100元，在一些地区更是可以直接用社保账户支付。

这些险种登场前，客户很难买到单独的医疗险，医疗险往往作为主险种的附加险种出现。低价险种出现后，客户不用再购买主险，低价险种对潜在保费收入的替代效应在10倍以上。

价低质优险种普遍铺开，是内地保险互联网化、政府提高社会福利政策的成果，提高了人民保障水平，但也替代了保险公司的潜在保费收入。

在互联网普惠型产品的冲击下，中低端保险市场逻辑已经发生彻底改变，传统模式难以适用，不考虑"双录"等其他因素的影响，一批专注于中低端市场的代理人注定将被淘汰出局。

中高端市场机会尚存，但"精英代理人建设"尚未能全域铺开。

中低端市场发展模式彻底发生改变，唯有中高端市场在传统业务模式下还存在一定的市场机会。可以看到，2021年以来，几乎所有的人身险公司都开始发力高素质代理人队伍建设，目标就是加大中高端客户市场的开发力度。

在过往的亲情保单模式下，客户是否理解保单不重要（这也导致了大量的后期保险投诉），但随着亲情保单越走越难，客户保险购买行为更为理性，需要代理人详细为客户解读产品。虽然高学历不见得意味着高超的销售能力，但高学历代理人，经过长达十几年层层的考试选拔，往往具有更好的学习能力。毕竟，保险产品是金融产品中较复杂的一种。

此外，过去一线负责人常戏称自己带领的是一支大妈队伍，随着居民财富积累，财富层级提升，千万资产人群数量已超过200万人，圈层的融入问题很难回避，而高学历人才，往往离高圈层更近。

行业内提高代理人的素质是长期持续的发展方向，但在一线队伍面临较重的人力拓展考核

CHAPTER 7 大事件·小趋势

的情况下,坚持建设高素质代理人队伍必然面临更高的前期招聘成本、培训成本和试错成本。另外,一线负责人的考核期只有半年或一年,不达标会面临降职或是解职。近1年来,200多位高管的更换,1200多家机构的减少,侧面证明了管理者的压力巨大。在短期考核和长期建设的矛盾下,"长期"大概率为"短期"让路,所以,"精英代理人建设"始终没有在全域铺开。

监管环境变化:"偿二代""双录"等新政带来的不确定性正在增加。

监管环境也是影响保险业基本面的重要因素之一。近年来,在银保监会成立、架构重组、职能调整以及金融严监管的大趋势下,一系列新规相继出炉,这些都给保险业基本面带来了直接影响。车险综改、新重疾定义、互联网保险监管办法、独立代理人新规、互联网人身险新规、短期健康险新规及意外险新规等政策,莫不是如此。

还有一系列重磅政策正在路上。例如,银保监会消保局开始就全国版保险"双录"征求意见,该规定一旦实施,等于变相强化保险销售的过程管理,将显著加速低端代理人的流失,对900万名保险代理人而言,注定是一次大洗牌。

更迫在眉睫的是"偿二代二期工程"即将正式实施。虽然监管放话,会给某些受影响较大的保险公司三年过渡期,但其带来的深远影响,也将需要更长的时间来加以评估。

人口结构改变:劳动人口年龄中位数提升,客户投保意愿下降。

在过去的20年里,我国保险业保持两位数的发展速度,得益于宏观经济的增长,得益于居民财富的积累,得益于人口红利。问题是,高速度能否一直保持。

仅从保险密度、保险深度的数据来看,2017年、2018年,狂奔的速度在减慢下来。

日本在20世纪70年代、80年代,保险保持较高的速度,保险深度到达4%左右时,增长速度降了下来。我国保险业近20年的快速增长和日本彼时相似,关键的问题是,未来数年的人口结构变化是否能够支撑继续快速增长。

据笔者过往对保险客户年龄层的分析,客户群体年龄集中在35~50岁,超过50岁之后,保险意愿显著下降。

从ILO2020年的数据看,比较劳动人口年龄中位数,日本为43岁,中国为41岁,离50岁分别为7岁和9岁,二者差距已经不大。

相较之下,股价表现相对平稳的友邦,其不仅深耕大陆地区市场,在其他亚太地区也有布局。而就其经营的其他地区劳动人口年龄中位数来看,马来西亚平均仅35岁,离50岁还有15年;缅甸平均36岁,差距为14年。更长的时间代表更多的保费空间,可能引致更强的资本市场信心支撑友邦股价。

人口红利消退:代理人深陷增员难,人海战术无以为继。

对于我国人身险公司而言,很重要的一点是,人口红利消退,同时意味着代理人数量再也难以扩张,而这是过去粗放发展模式下,保费增长最重要的支撑因素之一。

"大进大出"队伍增员模式在2018—2019年已经动力不足,2020年又被新冠肺炎疫情添了一把火。新入职或低层级代理人,在疫情环境下,面临更大的销售难度,保护期过后,持续业绩不足必然脱退,各公司的代理人基本法仍维持在原有的考核水平,达不到最低线的代理人只能离开。

同时,代理人队伍的收入本身是一个典型的金字塔,MDRT会员站在收入的顶层,而底部区域,收入水平与当地最低收入水平基本相差无几。新职业的出现,使业绩不佳的代理人倾向于转型,专车司机、快递员、地产销售……近期经常遇到一些专车司机,之前从事保险业。职业间的流动,使代理人增员难度进一步加大。

直观来看,平安人寿代理人人数在2021年第一季度出现近年来第一次低于100万人的情况,可能和股票技术分析中支撑位的概念相似,向下突破100万人整数对投资人来说,也造成信心打击。

结语

基本面影响预期,预期改变股价。前期的雄心勃勃与后期惨淡的现实之间强烈的反差,共同导致了保险股股价的大幅下滑。

而现在,影响保险业发展的基础要素在变,保险业发展的底层逻辑在变,保险业发展的不确定性仍在增加,无论是对于保险业界人士还是对于上市保险公司的投资者而言,眼下最需要的,或许就是认清形势。

或许,当资本市场对保险业发展形势的认知逐步清晰,预期与基本面逐步趋同之时,就是保险股股价筑底之时。

CHAPTER 7 | 大事件·小趋势

别了，互联网保险"首月1元"

2021年8月25日

一段时间以来，有关诱导投保的负面新闻不断见诸于媒体。例如，给电动自行车充电却不小心投保一份"首月1元"的保险，后来被强制扣款百元才发现；又如，短视频网红大V卖"首月1元"保险，不仅引发了销售误导的质疑，还引发了人们对其销售资质的质疑，甚至一度冲上微博热搜。

这些引发诸多负面新闻、诸多投诉的市场乱象，即将得到根治。2021年8月25日，《北京银保监局办公室关于专项整治北京地区互联网保险营销宣传有关问题的通知》（京银保监办发〔2021〕102号，以下简称《通知》）正式下发。

北京银保监局全面叫停"首月1元""免费赠险"等互联网保险引流话术

北京银保监局在《通知》中明确指出，近期，部分保险公司、保险专业中介机构的互联网保险营销宣传广告存在过度营销、诱导消费等突出问题，导致产生大量保险消费纠纷。为深入贯彻银保监会关于互联网保险乱象专项整治工作精神，规范互联网保险营销宣传活动，切实保护保险消费者合法权益，北京银保监局才下发的《通知》。

从《通知》下发之日起，保险公司、保险专业中介机构应全面停止在北京地区发布存在过度营销、诱导消费问题的互联网保险营销宣传广告，包括但不限于"首月1元""1元升级""免费赠险""实物抽奖""限时停售"等诱导性、误导性的内容，以及存在广告标识不清晰、关闭按钮不显著和整屏诱导点击等问题的广告。

《通知》规范范围涵盖北京辖内除保险机构自营平台以外的所有互联网保险渠道。《通知》明确，北京地区互联网保险营销宣传，是指保险公司、保险专业中介机构在自营网络平台以外，通过网站、网页、应用程序和通信短信等媒介，以文字、图片、音频、视频或其他形式，面向北京地区消费者开展的保险产品和服务商业宣传推广活动。

《通知》要求保险公司、保险专业中介机构开展互联网保险营销宣传应当符合《互联网保险业务监管办法》的有关规定，营销宣传内容应当由保险公司、保险专业中介机构统一制作，清晰准确，营销宣传内容应当与保险合同条款保持一致。

《通知》规定，保险公司、保险专业中介机构或经授权的省级分公司应当统一管理北京地区互联网保险营销宣传活动，建立营销宣传内容制作、审核、发布和效果评估相关的管理制度，并根据《通知》要求建立北京地区互联网保险营销宣传管理台账（以下简称管理台账），未纳入管理台账进行管理的营销宣传广告不得发布。

同时，《通知》要求，保险公司、保险专业中介机构全面评估在京发布的互联网保险营销宣传广告的合规性，并于2021年9月10日前报告北京银保监局。而北京银保监局将持续加强北京地区互联网保险营销宣传活动的日常监测，对存在误导风险隐患、投诉率较高和违反保险监管法律法规等问题的营销宣传活动，依法采取限期改正等监管措施或实施行政处罚。

《通知》引发高度关注，大量互联网保险巨头总部位于北京，终结"首月1元"对其业务影响巨大

其实，在上周，有关该文件的征求意见稿就引发市场极大关注。为什么北京银保监局的一个文件可以引发行业性的关注？因为对于互联网保险而言，北京市场至关重要。

近年来快速崛起的短视频流量巨头抖音、快手等总部都在北京，常见的互联网保险大户，尤其是喜欢用"首月1元"等获客的水滴筹、轻松筹等互联网保险大户也都聚集在此地。《通知》虽然是北京银保监局的一个规定，但因为其特殊的地理位置，势必对这些公司的互联网保险业务发展产生重大影响。

实际上，这已经不是监管部门第一次就"首月1元""免费赠险"等有显著诱导性的互联网保险销售方式发声。例如，2020年12月18日，银保监会消保局就曾发布通报，批评几家互联网保险公司使用"首月0元""首月0.1元"等进行宣传，涉嫌欺骗投保者，称所谓"首月0元"实际上只是把首月该收取的保费均摊到后续的11个月，实际并没有让利给消费者；同时，保险公司以及平台的这种行为也涉及"未按照规定使用经批准或者备案的保险条款、保险费率问题"。

在监管直接点名后，"首月0元"确实消失了，"首月1元"等变种方式却依然大量出现。

为什么这些诱导性、误导性的内容屡禁不止？关键就在于，对这些互联网平台而言，"首月0元""首月1元"等诱导性、误导性手段对于吸引用户投保、提高获客率至关重要。这些方式，大大减轻了用户的心理负担，显著降低了用户的决策成本，进而提高获客率。杜绝"首月1元"，对于这些互联网保险平台而言，就等于切断其最重要的流量来源之一。

但对于监管而言，这种诱导性乃至误导性的销售方式，其弊端非常明显。

为促进销售，互联网保险平台对很多互联网保险产品的描述比较简单，而保险产品本身比较复杂，因此很容易造成销售误导的问题，尤其是"免费""首月0元"等措辞，很容易引导投保人冲动投保，后续发现只是首月免费，其余月份均需要交纳一定的费用，难免有"上当受骗"之感。

更严重的是，很多人急于投保，并没有详细查看健康告知，投保了实际上并不能投保的保险产品，一旦发生理赔，却因没有如实告知而被拒赔。

与此同时，对于保险公司而言，采用按月交费的方式，甚至"首月1元"这种促销方式的弊端也是明显的，其转化率虽高，但用户一旦中途发现不合适，或者后续交费额度的提升超出预期，就容易选择退保，导致这类产品的续保率较低，用户流失率较高。

《通知》还只是一个临时性文件，大量常态化的制度还在路上

近年来，互联网保险消费投诉大增，监管持续加大对于互联网保险经营乱象的治理，早已经打出一套组合拳。自2020年以来，一系列旨在规范互联网保险业务的制度相继出台。

2020年6月，银保监会出台《关于规范互联网保险销售行为可回溯管理的通知》，要求保险机构按照相关要求对互联网保险销售行为进行可回溯管理，使互联网保险销售有迹可循，有法可依。

2020年12月，银保监会发布《互联网保险业务监管办法》，使互联网保险业务从基础层面进行理顺。

2021年1月6日，银保监会发布的《关于进一步规范互联网人身保险业务有关事项的通知（征求意见稿）》中明确规定，"一年期及以下专属产品每期缴费金额应为一致"，这意味着监管从那时就已经下决心要彻底杜绝"首月0元"等互联网平台常见的促销方式。

2021年，银保监局针对短期健康险还相继下发《关于规范短期健康保险业务有关问题的通知》《关于短期健康保险续保表述备案事项的通知》两个通知，进一步规范近年来互联网渠道最火的短期健康险产品。

近期，银保监会还下发了《中国银保监会办公厅关于开展互联网保险乱象专项整治工作的通知》，对于互联网保险乱象专项整治工作进行全面部署。此次专项检查，会突出互联网保险投诉当中的热点问题，包括重点整治销售误导、强制搭售、费用虚高、违规经营和用户信息泄露等。而此次北京银保监局的《通知》，无疑正是此次专项检查的一个延伸。

可以预判的是，从《通知》的表述来看，其还只是一个临时性的行动指导文件，要想彻底杜绝这些乱象，还需要常态化的规章制度。

非保险子公司管控全面升级，与监管的"穿透不足"焦虑

2021年9月7日

近期，《保险集团公司监督管理办法（征求意见稿）》（以下简称《办法》）正式面向社会公开征求意见，因为其明显强化了对于"非保险子公司"的穿透监管，在业界引发广泛关注。

保险业因穿透不足造成的种种乱象至今仍教训深刻，强化各类穿透式监管，从根源降低系统性风险发生的概率，也因而成为诸多监管规则升级的基本逻辑之一，此次保险集团监管新规依然如此。

事实上，在保险业产业链大扩张的时代，强化穿透式监管尤其显著的必要性。近年来，随着各类保险机构在"保险+服务"的观念主导下，加大了对各类子公司的投资力度，导致各类保险集团旗下呈现出层级多、业态多和股权关系复杂的特点愈加突出，特别是跨业态的多元布局，更是加大了监管的难度。

所以本次《办法》修订，对试行11年之久的2010版《保险集团公司管理办法（试行）》（以下简称《试行版》）进行大修，旨在通过加强穿透监管、规范股权投资和严格非保险子公司管理，一方面保护保险集团继续加大"保险+服务"探索的积极性；另一方面通过对股东、层级等进行限制，进一步践行防范化解重大风险的监管责任。

一个逻辑：穿透，成保险集团监管的基本逻辑

"穿透"是《办法》中透露出来的保险集团监管的基本逻辑，其要求是全方位的。

向上，加强对股东穿透监管。

规则上，《办法》明确规定，保险集团公司的股权监管、股东行为监管，参照使用银保监会关于保险公司股权管理的监管规定。

范围上，结合金融保险业扩大对外开放新形势，对外国保险公司或保险集团公司作为境内保险公司股东，投资设立保险集团公司的也提出了明确要求。

股东管理上，要求保险集团公司股东作为设立发起人，货币出资总额从原定不得低于保险

集团注册资本的30%提升至50%；并将《试行版》"具有合格的投资人"修订为"投资人符合银保监会规定的保险公司股东资质条件"，在公司治理框架中明确提出了"主要股东的财务稳健性"要求等。

向下，强调对资本的穿透管理。

首先，《办法》突出公司治理监管，明确要求保险集团公司具有简明、清晰和可穿透的股权结构，与下属成员公司股权控制层级合理，组织架构清晰透明，管理结构明确。突出强调保险集团公司对整个集团的公司治理主体责任，为实现穿透监督管理创造了条件。

其次，《办法》增设"风险管理"，要求保险集团公司整合集团风险管理资源，建立与集团战略目标、组织架构和业务模式等相适应的全面风险管理体系，新增保险集团风险偏好体系要求，并强调"以控制为基础，兼顾风险相关性"完善并表监管范围。同时对保险集团信息披露、危机应对和处置能力等方面提高了要求。

最后，《办法》完善"资本管理"，要求保险集团公司及其保险子公司满足偿付能力监管，非保险类金融子公司的资本状况持续符合金融监管部门规定，并将非金融类子公司资产负债比率保持在合理水平。首次明确了对非保险类金融子公司、非金融类子公司资本穿透管理的要求。

资本管理是保险集团的核心主业。穿透式公司治理也好，强化风险管理也罢，不外是监管实现穿透监督、保险集团实现穿透管理的手段。作为最终出资人，保险集团需要对底层资产充分知情，并在客观上拥有相应的风险承受能力。这就要求保险集团必须关注底层资产风险，也要严防是否存在将牌照分享给非持牌机构获取无风险收益的套利行为。因此，保险集团的穿透管理，必然将直达最底层资产。

一个抓手：规范保险集团重大股权投资，参股、控股有别，限制层级

股权投资突出强调了控股、参股的区别对待。

《办法》对"保险集团的业务范围以股权投资及管理为主"这一决定集团经营范围的关键表述并未作任何改动。但通过引入重大股权投资概念和进一步明确层级限制等规定，将在很大程度上改变股权管理格局。

《办法》以"重大股权投资"定义"对被投资企业实施控制的投资行为"，并约束"重大股权投资应当使用自有资金"要求保险集团要想控股被投资企业，必须从净资产中掏真金白银，涉及股东切身利益，加之《公司治理准则》等监管新规要求，保险集团必须格外谨慎。而通过财务性股权投资，就无须再受《试行版》"对外股权投资及投资设立相关企业应以自有资金出资"的限制，这对于保险集团运用保险责任准备金实现财务性投资，又放宽了杠杆率控制。

紧接着，《办法》将保险集团公司及其子公司对各类型企业的投资比率计算方式，从"投资总额与集团合并净资产之比"修改为"重大股

权投资的账面余额与集团上一年末合并净资产之比",这意味着参股被投资企业将从分子中扣除。考虑到自有资金的稀缺性,投资比率这一放宽,将极大地释放不以控制为目标的财务性投资空间,为保险集团及其子公司参股境内非保险类金融企业、境内非金融类企业、境外主体提供新的想象空间。

与此同时,《办法》也对保险集团公司投资其他单一非金融类企业持股比例不得超过25%或不得对该企业有重大影响继续进行了限制。结合国家关于金融机构突出主业、做精专业、内部分业,审慎有序开展金融综合经营,对竞争性机构退出偏离主责主业、长期无财务回报领域,推动资本向核心主业集聚等诸多要求,可预见的是,今后保险集团重大股权投资将紧紧围绕综合经营,在与主责主业密切相关的上下游产业中加大布局。

重大股权投资必须关注层级限制。

虽然投资比率计算方式的重大改变,为保险集团控股型战略投资创造了条件,但在"第四章 公司治理"第三十一条"保险集团公司与其金融类子公司之间的股权控制层级原则上不得超过三级,与其非金融类子公司之间的股权控制层级原则上不得超过四级。股权控制层级的计算以保险集团公司本级为第一级"进一步明确了重大股权投资目标主体的层级管控。

相对于有关部门要求国有金融机构"法人层级……包括本级在内,实质开展经营业务的法人层级原则上并对超过三级"等要求,结合保险集团本级并不实质开展经营业务的实际,《办法》这个层级要求与其他类似规定逻辑上基本保持了一致。但即便如此,据『慧保天下』了解,在银保监会征求各集团意见时,各集团对层级的限制性规定也莫衷一是。比如,某集团因布局医疗产业链,所兼并的一家医疗集团自带五六层级,即便将该医疗集团设为其一级子公司,也无法满足监管要求。《办法》施行后,类似情况如何处理还有待观察。

特别需要关注的是,从市场实践看,注册一家子公司容易,而注销一家子公司则涉及资产评估、人员安置、债务处理和资产处置等多个环节,涉及群众利益无小事,涉及资产处置也无小事。这其中任何一个环节处理起来都不容易。从2019年银保监会要求各集团清查注销超层级子公司以来,各家集团都在绞尽脑汁。而《办法》一旦真正执行,综合化程度越高、产业链越长的企业,在注销或处理超层级子公司层级问题的难度和挑战必然越大。

如今面对上述变化和挑战,保险集团公司将如何通过股权投资优化资源配置?特别是随着保险主业布局大健康、大养老生态愈发迫切,如何发挥好股权投资优势,构建好产业链生态圈等,都是亟待保险集团破解的重大课题。

一个趋势:保险集团将进一步强化非保险子公司管理,强化业务协同

与保险类、非保险金融类子公司不同,非保险子公司不属于金融机构范畴,本无须按持牌机

构监管，针对《非保险子公司管理暂行办法》失效，《办法》直接将"非保险子公司管理"纳入其中，凸显了监管对集团穿透监督的重视。

非保险子公司是实现集团协同的重要载体。

《办法》第五十六条规定，非保险子公司主要为保险集团成员公司提供"共享服务类"，开展重大股权投资设立及依法依规设立的其他类。而从市场实践看，非保险子公司在为主业提供共享服务支持的同时，绝大多数为开展重大股权投资设立的特殊目的实体及投资不动产设立的项目公司，并随着保险业围绕主业持续加大健康、养老生态布局，设立或兼并非保险子公司已成为保险集团延伸产业链、构建生态圈，实现协同发展的重要方式。

层级将是非保险子公司管理的关键。

在金融保险类公司持牌监管格局下，任何一家保险集团持牌经营的保险类、非保险金融类子公司一般都是一级、二级子公司，很难会列入超层级范围。而层级之所以成为各保险集团关注焦点，关键就在非保险子公司。

保险集团兼并设立非保险子公司，就是希望通过多元化布局为集团综合化经营创造空间，结合股权层级控制，后续保险集团如在布局健康、养老和汽车等生态时，需要就层级设置进行深入论证，既要将子公司全部控制在四级以内，又要更好地实现风险有效隔离；既要降低协同成本，又要提升综合化效率，考验一家保险集团辩证思维能力的时候到了。

协同中的风险隔离必然是非保险子公司监管重点。

首先，非保险子公司不得成为规避金融保险监管的法外之地。虽然非保险子公司无须持牌监管，但《办法》明确要求实质上由保险集团公司或其保险子公司开展的投资，不得违规通过已设立的非保险子公司以间接投资形式规避监管，这就意味着，凡应受银保监会监管的投资行为将不能再绕道非保险子公司。

其次，与非保险子公司之间要强化风险隔离。《办法》既明确了保险集团与非保险子公司之间要实行债务风险隔离、担保风险隔离，又明确了向非保险子公司增资必须经股东（大）会、董事会及其授权机构批准，还明确了与非保险子公司的外包关系与程序需得到授权等，同时还明确了就非保险子公司事项向监管报告的期限、内容与方式。

最后，突出了风险导向的并表监管。监管将按实质重于形式原则，以控制为基础兼顾风险相关性确定并表监管范围，并强调基于并表监管，可通过监管对象全面监测保险集团所有成员公司风险，并要求保险集团公司根据被投资机构风险影响程度进一步优化并表监管范围。

据『慧保天下』了解，《办法》本应是2020年监管制度废改立的重点，监管2020年11月召集各保险集团现场研讨后，此次直接推出面向社会公开征求意见版，可见监管意图已基本确定，应不会再有重大调整。各保险集团主动对号入座、适应新规的调整布局即将开始，让我们拭目以待。

必须知道的"偿二代二期"九大影响

◎南海蛟龙 | 2021年6月8日

注：本文所有数据和分析都来源于2020年测试数据，与最终发文可能略有差异。

偿付能力是保险公司监管的核心指标直接关系到保险公司的生死存亡。

对于偿付能力不达标的公司，监管部门可以要求保险公司限制董事、监事、高级管理人员的薪酬水平，限制向股东分红，责令停止部分或全部新业务，责令调整业务结构，限制业务和资产增长速度，限制增设分支机构，限制商业性广告，责令调整投资资产结构，限制投资形式或比例……

对于农业保险、信用保证保险等一些特殊业务，监管部门还对偿付能力提出了更高的要求：保险公司总公司经营农业保险业务，必须满足"上一年度末及最近两个季度末综合偿付能力充足率180％以上"；经营信用保证保险业务，必须满足"最近两个季度末核心偿付能力充足率不低于75%，且综合偿付能力充足率不低于150%"的要求……

对于保险公司而言，保持偿付能力充足有多重要已经毋庸赘言。须要注意的是，很快，一项将对保险公司偿付能力充足率产生重大影响的政策——"偿二代二期工程"即将正式发布。

最新消息显示，"偿二代二期工程"正式文件于2021年7月发布，2022年元旦正式实施。

"偿二代二期工程"的核心思想是坚持风险导向，立足业务实质，彻底解决资本不实、数据不实、底层资产不清、风险保障功能发挥不足和服务实体经济不够等问题，更准确地反映保险公司的风险暴露情况，更科学地评估资本占用需求，进一步提高偿付能力监管的科学性、有效性和针对性，更好地适应我国保险业发展改革、风险防控和金融安全的要求。

"偿二代二期工程"对于行业的影响将是直接的，一些保险公司的偿付能力充足率将受到冲击，在资本的制约下，业务、投资策略也将发生变化；其对于行业的影响也注定是深远的，潜移默化中，将成为助推行业转型升级的关键武器之一。

具体来看，"偿二代二期工程"究竟会对行业产生哪些影响？以下九个方面最不容忽视。

影响一，偿付能力充足率预计普遍下降，保险主业盈利能力较弱、风险偏好较高的公司下降幅度更大

2016年行业正式实施"偿二代"后，行业释放巨额资本。根据中国保监会财会部统计，以2015年底的数据为基准，财险、寿险分别释放资本达837亿元、8306亿元，尤其是对于聚焦价值、传统险占比较高的公司，比如平安、太保、泰康、友邦等，"偿二代"偿付能力充足率大幅高于"偿一代"。

2016年"偿二代"实施后释放的巨额资本，此次二期工程一定程度上予以修正。根据2020年最新下发的《偿二代第一支柱监管规则修订稿（测试版）》，无论是保险业务还是投资业务，"偿二代二期工程"都普遍调高了风险因子。预计二期工程正式实施后，行业偿付能力充足率将可能下降10个百分点以上，尤其是保险主业盈利能力较弱、风险偏好较高的公司，偿付能力充足率下降幅度更大。

影响二，实际资本评价更加科学合理，禁止通过会计手段虚增资本，投资性房地产按成本计量

"偿二代二期工程"进一步完善了实际资本计算规则，不再简单依据会计准则认定实际资本，进一步明确偿付能力监管规则与会计准则的边界，同时明确了原来存在的一些灰色地带。某项资产是否属于认可资产，二期工程中关键看业务实质，看其是否具有真实的损失吸收能力。整体来看，二期工程实际资本新规有利于诚实守法、合规经营的保险公司，而那些试图通过会计准则钻偿付能力监管规则空子的保险公司，二期工程将全面予以禁止。

一是明确投资性房地产规则，保险公司以物权的方式或通过项目公司的方式持有投资性房地产，都应当按成本模式计量金额作为其认可价值。

二是明确长期股权投资规则，保险公司应当充分评估持有的联营企业和合营企业的长期股权投资可能发生减值的迹象，及时进行减值测试，足额计提资产减值；合营、联营企业为上市公司的，当市价持续一年低于账面价值或市价低于账面价值超过50%时，以市场价值作为其认可价值。

三是明确保险公司因开办政策性保险业务须存入指定银行的款项，比如农业保险大灾准备金存款，虽然使用受限，但仍可作为认可资产。

四是明确待摊费用没有损失吸收能力，不属于认可资产，与长期待摊费用处理保持一致。

上述变化中，最重要的是投资性房地产新规。在"偿二代"现行规则下，公允价值计量下的房地产增值部分可计入附属资本，保险公司借助公允价值估值的会计手段能够实现资产增值，提高偿付能力水平。当房地产投资处于价格上升通道时，这种滚雪球的方式会导致资本虚胖，增加"顺周期风险"；一旦房地产行业下行，很可能偿付能力突然"变脸"，出现严重不足。

其实早在实施"偿二代"前的2014年，保监会曾发布《关于清理规范保险公司投资性房地产评估增值有关事项的通知》，要求逐项审核保险公司"以物权方式直接持有的且以公允价值计量的投资性房地产"，以及"通过设立或入股项目公司间接持有的且以公允价值计量的投资性房地产"，对不符合会计准则和偿付能力监管规定

的，将责令公司调整会计报表的账面价值和偿付能力报表的认可价值，并区分问题的性质，确定是否对以前各期偿付能力报告进行追溯重述。

2017年，监管部门对弘康人寿出具监管函，认定其子公司江苏安科科技发展有限公司将持有的安科科技大厦由固定资产调整为投资性房地产，并以公允价值进行计量，不符合"偿二代"监管规则和会计准则规定，评估增值依据不足。为此，保监会责令其对江苏安科科技发展有限公司持有的安科科技大厦采用成本法计量，对投资性房地产不得使用公允价值计量；责令弘康人寿认真整改，强化内部偿付能力管理，提高依法合规意识。

影响三，保险风险取消超额累退，大公司保险风险最低资本要求上升幅度大于小型公司

"偿二代"现行规则有一项明显有利于大型公司的规定，保险风险最低资本实行五级超额累退，风险暴露分段计算，规模越大对应的基础因子越低，相应的资本要求也越低。以车险保费风险最低资本要求为例，当自留保费规模小于10亿元时，最低资本基础因子为0.0930；自留保费处于10亿~50亿元，最低资本基础因子为0.0925；自留保费处于50亿~200亿元，最低资本基础因子为0.0904；自留保费处于200亿~400亿元，最低资本基础因子为0.0866；自留保费超过400亿元的部分，最低资本基础因子为0.0843。

二期工程取消超额累退计算方式，采用统一的基础因子，规模效应不再适用。如上述车险保费风险最低资本的基础因子，无论规模大小，统一提升至0.0960。该修改不利于大型公司，预计大型公司的保险风险最低资本上升幅度大于小型公司。

此外，为配合车险综合改革，"偿二代二期工程"还新增了两项有利于中小型公司的规定：一是增加车险发展阶段特征系数，凡是车险保费收入小于20亿元的公司，其保费风险最低资本要求比大于20亿元的公司低10%（$K_5=-0.1$）；二是增加车险保费增速特征系数，车险增速高于行业越多，该惩罚性特征系数越大，资本要求越高，但车险保费收入小于20亿元的公司不受该限制。

影响四，鼓励农业保险、政策性健康险等政策性业务发展，人保、太保、国寿财、中华联合等公司受益

"偿二代二期工程"中，一是农业保险取消巨灾风险最低资本要求，仅对车险和财险业务计提巨灾风险最低资本，农业保险业务不再计提。该变化预计与中国农业再保险公司成立有关。二是农业保险、健康险增加政策性业务占比特征系数P，政策性业务占比越高，特征系数（K_3）越低，最低资本要求也越低，鼓励政策性业务发展。

农业保险具体规则如下：

$$k_3 = \begin{cases} -0.05 & P_{农业险} \in [0\%, 80\%) \\ -0.15 & P_{农业险} \in [80\%, 90\%) \\ -0.25 & P_{农业险} \in [90\%, 100\%) \end{cases}$$

健康险具体规则如下：

$$k_3 = \begin{cases} 0 & P_{短健险} \in [0\%, 35\%) \\ -0.05 & P_{短健险} \in [35\%, 75\%) \\ -0.10 & P_{短健险} \in [75\%, 100\%) \end{cases}$$

二期工程测试结果显示，仅农业保险最低资本要求较现行规则基本没有变化，其他险种普遍上升。这也进一步反映了监管部门鼓励政策性业务发展，直面解决保险业"风险保障功能发挥不足、服务实体经济不够"的政策导向。

影响五，融资性信保业务资本要求大幅提升，平安、大地、阳光等公司面临挑战

现行规则下，融资性信保业务最低资本与传统保险业务规则相同，都是基于自留保费规模和未决赔款准备金余额计算保险风险最低资本。但实际上信保业务的赔付规模不是取决于保费，而是取决于保额，基于保费计算的资本要求完全没有意义。同时，还出现以下怪异的现象：未决赔款准备金余额越高，资本要求越高；未决赔款准备金计提不足，资本要求反而较低。

二期工程对此进行了彻底改革，参考银行模式，基于贷款余额计算最低资本（最低资本=（贷款余额-再保后未决赔款准备金）×基础因子×（1+特征系数））。基础因子基于贷款类型设置，另外针对保费增速、贷款结构、贷款集中度、年化损失率和综合成本率情况分别设置特征系数。二期工程实施后，融资性信保业务资本要求将大幅上升在所有业务类型中资本消耗最大。

行业交流数据显示，2020年全行业保证保险规模为689亿元，前五大公司合计约为597亿元（平安约为374亿元，太保约为67亿元，大地约为65亿元，阳光约为56亿元，人保约为34亿元），人保和平安均严重亏损。

影响六，基于业务实质进行资产分类，真实反映资产风险状况

现行规则偏向会计导向，根据会计分类计算最低资本，导致业务风险实质与资本要求偏离；二期工程坚持风险导向，计算最低资本时不需要考虑会计分类，重点要考虑资产本身风险，并在计算时体现资产实际风险暴露。以信用风险最低资本为例，现行规则中交易性金融资产、可供出售金融资产计算利差风险最低资本，持有至到期投资和贷款计算违约风险最低资本；二期工程则修改为标准资产计算利差风险最低资本，非标资产计算违约风险最低资本。

影响七，校准投资资产风险因子，提高最低资本要求

"偿二代二期工程"校准各类资产的风险因子，根据资产真实风险情况匹配风险因子，几乎所有资产的基础因子出现了不同程度的上调，尤其与房地产有关的投资性房地产、信托计划、资管产品上升幅度最大。

影响八，投资资产实行"穿透式"监管，应穿尽穿，全面穿透，彻底穿透

"偿二代二期工程"最显著的一个变化，是专门增加了一项偿付能力监管规则《市场风险和信用风险的穿透计量》，强化对风险的穿透式识别和监管，要求保险公司建立非基础资产穿透计量管理制度，及时获取非基础资产的相关信息，识别交易结构和底层资产，评估非基础资产的风险水平，准确计量非基础资产的最低资本。

基础资产是指风险清晰，可以直接计量最低资本的资产，比如现金、银行存款、债券、股票、基金和投资性房地产等。

非基础资产是指不可以直接计量最低资本的资产，包括信托计划、资管产品、股权投资计划、债权投资计划、银行理财产品、特殊目的载体SPV、资产支持计划和不动产金融产品等。

银保监会偿付能力监管部赵宇龙主任曾表示："在'偿二代一期'工程中，穿透识别属于特殊原则，只用于少数情况；而二期工程将对所有资产进行穿透，这将成为对资产风险计量的普遍原则。如果资产无法穿透，将会适用惩罚性的资本要求。""偿二代"穿透式监管框架见图1。

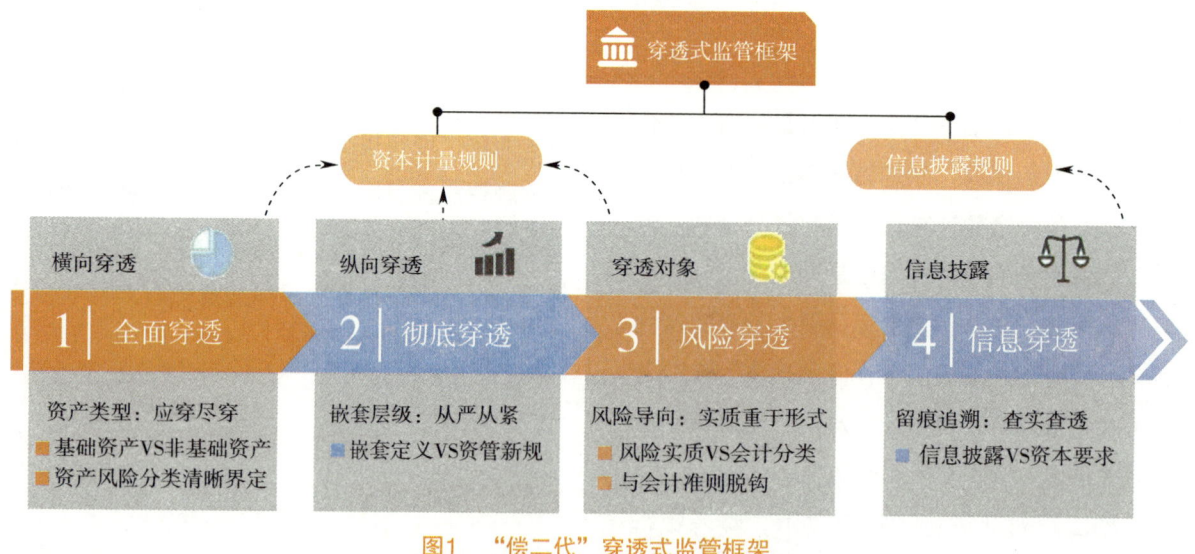

图1 "偿二代"穿透式监管框架

资料来源：赵宇龙主任在英国精算师协会2019年亚洲年会上的演讲《偿二代穿透式监管下的保险业资产风险》。

很明显，对于非基础资产投资，二期工程鼓励结构简单透明，避免多层嵌套。二期工程对于结构复杂、多层嵌套的非基础投资，实施以下惩罚性规则：

一是应穿尽穿，需穿透至最底层，层层计量，交易结构每增加一层特征系数增加0.1。

二是只有满足穿透可靠计量要求，才能进行穿透；否则按无法穿透处理。无法穿透的非基础资产，其基础因子为0.6。

影响九，增加集中度风险最低资本，防止风险敞口过于集中

"偿二代二期工程"增加了集中度风险最低资本要求。所谓集中度风险，是指保险公司对于同一交易对手或同类资产的风险敞口过于集中而导致保险公司遭遇非预期损失的风险。保险公司计算市场风险和信用风险最低资本时，需要计量集中度风险最低资本。具体包括以下几个方面：

一是交易对手集中度风险，按保险公司持有同一交易对手的各类资产账面价值总和超过总资产的阈值比例计算，设置特征因子$k_1=0.75$。

二是大类资产集中度风险，保险公司持有权益类资产、其他金融资产、境外投资超过《中国保监会关于加强和改进保险资金运用比例监管的通知》（〔2014〕13号）及其他相关规定比例限制的，设置特征因子$k_2=0.3$。

三是房地产集中度风险，保险公司直接持有的投资性房地产和通过非基础资产间接持有的房地产的账面价值占保险公司总资产的比例超过25%时，应当对所有计量房地产价格风险的资产，设置特征因子$k_3=0.5$。

结论

保险业务方面。一是提升保险业务盈利能力，遏制不计成本的规模冲动，实现内生式资本补充。二是谨慎开展资本占用高的信保业务。三是对于财险、船货特险也应保持关注，尤其是盈利能力、自留比例、临分力度和巨灾风险分布等方面。

投资业务方面。一是优化投资结构，资产配置要综合考虑投资收益率、资本占用率和流动性要求。二是关注二期工程中的穿透计量要求和集中度要求，避免增加惩罚性最低资本。

近六成保险公司偿付能力下滑，700多亿元增资发债忙排队，中小新公司资本困局怎么破

2021年8月9日

2021年7月底，非上市保险公司第二季度偿付能力报告相继发布完毕，整体来看，在业务发展承压的同时，近六成保险公司的偿付能力充足率出现了不同程度的下滑。

在偿付能力充足率快速下滑的同时，在原有股东范围内直接进行增资以补充偿付能力充足率的情况却并不多见。不少保险公司另辟蹊径，通过发债、增资扩股、引入战略投资者乃至转让股权等方式，引入外部资金。由于监管迟迟未能审批通过增资方案，一些保险公司甚至直接采用股东捐赠的方式进行增资。

如果说，业务增长放缓使保险公司承压，那么如今的资本困局才是广大中小型保险公司可持续发展的真正拦路虎，必须全力应对，尤其是"偿二代二期工程"落地在即，其势必会对很多中小型公司的偿付能力充足率产生进一步的负面影响。

偿付能力充足率普遍下滑，中小新保险公司资本困境凸显

『慧保天下』梳理各非上市保险公司发布的偿付能力报告，发现虽然绝大部分保险公司的偿付能力依然充足，但相较于2020年同期，大部分保险公司的偿付能力充足率出现不同程度的下滑。

64家非上市人身险公司中，27家的综合偿付能力充足率较2020年同期有所提升，37家有不同程度下滑，下滑者占比达58%左右，其中，两家保险公司的综合偿付能力充足率降至120%~130%，另有两家保险公司低于120%。

74家非上市财险公司中，30家的综合偿付能力充足率较2020年同期有所提升，44家有不同程度下滑，下滑者占比达60%左右，其中一家保险公司（安心财险）综合偿付能力充足率降为负

数，另有4家保险公司降至120%~130%。

伴随着偿付能力充足率的下滑，不难发现，一些公司纷纷开启了增资、发债计划。

6家保险公司选择在原有股东范围内进行增资，比如国富人寿、合众财险、渤海财险以及复星联合健康等。整体来看，这些公司在原有股东范围内进行增资的金额较小，最高的国富人寿，仅10亿元。

11家保险公司选择通过发债的方式进行增资。相较于在原有股东范围内进行增资，通过发债补充偿付能力充足率通常涉及金额较高。例如，上半年发债的11家保险公司，最低发债金额也达到20亿元，最高则达到100亿元。

除增资、发债这两种常见的补充偿付能力充足率的方式外，还有不少保险公司选择了其他的方式。

例如，增资扩股、引入战略投资者等。仅2021年上半年，公开发布增资扩股方案的保险公司就多达8家，包括中韩人寿、中邮人寿、长城人寿、信美相互、鼎诚人寿、长生人寿、三星财险及安心财险。其中，一些公司的解决方案已经浮出水面，比如中邮人寿引入的战略投资者是友邦人寿，信美相互、鼎诚人寿等引入的战略投资者也已经明确。

更有公司为了补充偿付能力充足率而"剑走偏锋"，直接通过股东捐赠的方式。例如，复星联合健康以及鼎诚人寿就在2021年上半年通过这种方式提高了资本公积。

中小型保险公司偿付能力锐减的背后，是业务模式和监管环境变迁的问题

综观各家增资、发债的主体，不难发现，相较于资本实力雄厚的大型保险公司，抗风险能力相对较弱的中小型保险公司，其资本困局体现得更为明显。

这与其业务模式相关。个险渠道短期难建立且前期投入巨大。同时行业的个人代理人队伍处于转型升级期，中小型保险公司的业务模式各有不同，业务主要通过专业代理、兼业代理和互联网渠道等获得，产品利润率低于成熟公司，业务规模的增长对于资本金的需求逐年递增。同时，很多中小新公司仍处于扩张期，分支机构的开设以及前期的亏损等，都加速了资本金的消耗。

根据监管部门透露的消息，"偿二代二期工程"即将正式实施。这之后，保险公司的资本确认将更加严格，体现政策意图的调控性k因子将被引入更多业务风险资本计量中，二期还在第一支柱原有的1～8号规则之上增加的"市场风险和信用风险的穿透计量"新规则，显示出强化对全部资产风险穿透式识别和监管思路。

而据了解，根据此前的测算，在"偿二代二期工程"正式落地后，一些中小型保险公司的偿付能力充足率将出现大幅下滑，甚至"腰斩"。

由于"偿二代二期工程"尚未正式实施，尚不能对之后的结果进行具体分析，但通过对"偿二代"实施对保险公司偿付能力充足率的影响进

行研究分析,能大致推测偿付能力新政将对中小型保险公司的偿付能力充足率产生多大的影响。

『慧保天下』对"偿二代"实施以来我国新成立的13家人身险公司(泰康人寿、人保养老、新华养老三家公司由于股东背景、业务范围明显不同于其他公司,因此未纳入此次研究范围)的偿付能力充足率变化情况进行了观察分析。

数据显示,截至2021年第二季度,13家样本公司的偿付能力充足率达标。但由于样本公司大部分处在亏损期,相较于中大型公司,其规模效应不足,资本内生能力不高,注册资本较低,资本补充能力有限,自2016年以来呈快速下降的趋势,面临较大的偿付能力压力。2020—2021年13家样本公司的资本偿付能力见表1。

表1　2020—2021年13家样本公司的资本偿付能力

序号	成立时间	公司名称	注册资本（亿元）	2020年保费收入（亿元）	2020年资产规模（亿元）	2021年第二季度核心偿付能力（%）	2021年第二季度综合偿付能力（%）
1	2016年12月27日	横琴人寿	20	59.6	161.1	117.48	167.61
2	2017年1月23日	复星联合健康	5	18.2	19.9	152.25	152.25
3	2017年1月24日	和泰人寿	15	10.6	37.3	177.28	177.28
4	2017年2月17日	华贵人寿	10	10.9	26.2	156.37	156.37
5	2017年5月11日	信美人寿	10	20.1	44.4	156.69	156.69
6	2017年6月19日	爱心人寿	17	7.7	29.9	133.99	133.99
7	2017年7月4日	招商仁和人寿	66	104.8	227.9	138.51	189.75
8	2017年12月20日	三峡人寿	10	9.2	17.5		
9	2018年2月14日	北京人寿	28.6	12.7	47.8	179	179
10	2018年3月27日	国宝人寿	15	10.2	27.3	179.47	179.47
11	2018年5月15日	瑞华健康	5	0.7	3.2	172.56	172.56
12	2018年5月23日	海保人寿	15	11.7	25.3	175.56	175.56
13	2018年6月7日	国富人寿	15	6.1	24.8	215.31	215.31
		合计	231.6	282.5	692.6	/	/

根据公开的数据，自"偿二代"实施以来，寿险行业整体综合偿付能力充足率、核心偿付能力充足率较为稳定，分别维持在223%~237%、214%~226%。相对而言，13家样本公司因业务快速发展，最低资本大幅增长，偿付能力充足率从2017年的1302%逐年下降到2020年的191%。

初步判断，这13家样本公司合计综合偿付能力溢额从2018年底的153.0亿元下降至2020年底的104.1亿元，2020年最低资本增加48.0亿元。若不进行资本补充，按照这个趋势，样本公司整体上在未来2年内会面临偿付能力不足的风险，考虑到样本公司间资本不均衡，个别公司会很快出现偿付能力问题。2016—2020年13家样本公司的偿付能力情况见表2。

表2 2016—2020年13家样本公司的偿付能力情况

类别	2016年	2017年	2018年	2019年	2020年
综合偿付能力					
寿险行业综合偿付能力充足率（%）	237	233	223	231	236
实际资本（亿元）	22527.2	27875.5	31678.3	39702.7	42275.1
最低资本（亿元）	9503.5	11975.9	14184.9	17177.9	17946.7
综合偿付能力溢额（亿元）	13023.7	15899.6	17493.4	22524.8	24328.4
样本公司综合偿付能力充足率（%）	—	1302%	634%	275%	191%
实际资本（亿元）	19.4	113.5	181.6	182.6	218.4
最低资本（亿元）	—	8.7	28.6	66.3	114.3
综合偿付能力溢额（亿元）	19.4	104.8	153	116.3	104.1
核心偿付能力					
寿险行业核心偿付能力充足率（%）	219	223	214	222	226
核心资本（亿元）	20814.5	26685.7	30393.3	38152.4	40532.2
最低资本（亿元）	9503.5	11975.9	14184.9	17177.9	17946.7
核心偿付能力溢额（亿元）	11311	14709.8	16208.4	20974.5	22585.5
样本公司核心偿付能力充足率（%）	—	1302	634	275	174
核心资本（亿元）	19.4	113.5	181.6	182.6	199.4

续表

类别	2016年	2017年	2018年	2019年	2020年
最低资本（亿元）	—	8.7	28.6	66.3	114.3
核心偿付能力溢额（亿元）	19.4	104.8	153	116.3	85.1

可以看到，由于资本金的问题，鼎诚人寿、复星联合健康都采取了股东捐赠的方式，市场出现了公开挂牌增资引入战略投资者的案例。但显然，并非所有股东都有捐赠的意愿和能力。如果没有切实可行的解决办法，一些公司的发展极有可能陷入资本僵局，"不死不活"的状态既影响个体公司，也影响整个寿险业生态。

原本小新公司是最有创新动力的，作为市场"鲇鱼"的角色不可或缺，但现在也被缚住了手脚。

当然，这类公司的发展节奏和监管环境的变迁有很大关系。这些公司都在2016年后成立，其经过几年的发展，首次面临增资需求时，正逢监管变局。自2017年以来，保险业监管思路和环境发生了天翻地覆的变化，而在适应新变化的过程中，诸如增资等相对困难且敏感的问题首当其冲遭遇了延迟。

2018年银保监会成立，内部机构设置、职能划分推倒重来，从职能监管走向机构监管，剧烈的人事调整后，新职能部门、新的监管人员都需要重新梳理适应规则。以保险公司增资为例，以前的审批部门为发改部，而银保监会成立实施机构监管后，人身险公司的增资事项由人身险部负责，财险公司的增资事项由财险部负责。在监管全面趋严的大环境下，新的部门和新的人员面对增资事项都变得格外谨慎。

其后，监管又开始推进属地监管，将对部分保险公司的监管权下放至各地银保监局，其中也包括增资、发债等事项。这种职权的重新划分，再度影响到增资的审批进度。

2015年后，保险业景气度一路下探，大气候影响到每家公司，2016年后成立的一批公司更是如此，最初的资本金已经消耗殆尽，相继进入增资阶段，却恰逢监管大变局，资本困局成为影响其发展的最大因素。

破解资本困局方法论探讨：股东增资最直接有效，结合各自禀赋"谋发展"能力是根本

对于包括13家样本公司在内的中小新保险公司而言，增资俨然成为当下最迫切的工作之一。但对于这些中小新公司而言，无论采取何种方式补充资本金，都难以完全解决困境。

原股东增资是最直接、最有效地提升保险公司综合偿付能力和核心偿付能力的方式，但在大环境不景气之下，并非所有股东都能源源不断地向保险公司注入资金。对样本公司进行分析可

知,股权结构较为多元,2018年以来,尚未有所有股东参与、等比例增资的成功案例,未来,以非等比例增资的方式或将成为样本公司增加注册资本的主要方式。

引入战略投资是在原有股东无法解决增资问题后退而求其次的选择,近期多家公司采用了这种方式,包括中邮人寿、中韩人寿及长生人寿等,但由于当前市场上符合监管要求的股东本就不多,且新股东难以通过这种方式获得控股权,这种方式往往会面临意愿不足的情况。目前,样本公司中尚未出现控股权让渡的案例。

此外,保险公司还可以通过发行资本补充债券等债务性资本工具提高综合偿付能力。但资本补充债只能提升综合偿付能力,核心偿付能力的提升依旧需要通过增资、引入战略投资来解决,且对于中小新公司而言,还面临发行门槛高和发行成本高两项制约。在13家样本公司中,只有横琴人寿和招商仁和人寿分别发行了8亿元和11亿元的次级债券,发行票面利率分别为5.5%和4.95%,均值为5.23%,高于同期成熟公司的发行利率。

还有一种方式即通过再保险。保险公司通过非传统再保险作为改善偿付能力的临时措施,可快速有效地缓解保险公司偿付能力压力,但其成本可能很高,也并不受监管的欢迎。

很显然,对于这些中小新公司而言,破解资本困局,最快捷实用的方式还是推进股东增资,如果原有股东无法彻底提供所需资金,可以适当引进新股东。但从长远计,最根本的化解偿付能力问题还在于优化业务结构以及资产配置,也就是通过持续优化公司治理,不断提升"谋发展"的能力。

当前,大中小型保险公司仍采用统一的监管指标体系,没有针对中小新保险公司的差异化监管体系,一定程度上带来了过高的监管成本。从完善监管科学性和合理性的角度,监管在处理中小新保险公司的问题时,应该着重看中以下两个方面:

一是有效的公司治理结构。一个好的治理结构可以有效规避各种乱象,而合理的股东持股比例及资金来源是影响保险公司治理的重要因素。以横琴人寿为例,其只有5家股东,各自持股20%,彼此之间没有关联关系,为典型的混合所有制企业,其采用了彻底的市场化的所有权、管理权分离机制,甚至连董事长都是外聘的,引进市场化的经营管理团队,通过董事会授权来进行日常经营管理,并对结果负责。

二是近年的发展业绩。发展业绩是公司治理有效的反映,本身就代表了公司"谋发展"能力,具有较强的可持续性。可以看到,治理上暴露出问题的公司,除非彻底更换股东,否则发展很难走上正轨。而那些经营持续稳健、没有暴露过相关问题的公司,某种程度上也可以验证其治理的有效性和股权分布的合理性。

偿付能力不足问题是公司治理和公司先天结构问题的外化。"偿二代二期工程"这个紧箍咒,将揭示出中小新公司发展中的深层次问题。对监管而言,有必要审慎考虑采取差异化的监管措施,实现奖优限劣,进而提升整个保险市场的高质量发展能力。

重磅！监管探讨IFRS17延期的可能性，决定行业未来格局的关键时刻来了？

2021年12月27日

2021年只剩下最后几天时间，各种盘点总结不停。行业发展承压之下，人们不断反思影响行业发展的各种因素及其应对举措，产品的、渠道的、监管的，等等，不一而足。但好像所有人都忽略了一个将直接冲击行业发展，甚至重塑行业理念、格局的至关重要的因素——"IFRS17"。

按照有关部署，上市保险公司将于2023年1月1日起正式执行IFRS17，其余保险公司在2026年1月1日正式实施。这意味着，还有几天就要到来的2022年实际已经是上市保险公司准备切换IFRS17的最后窗口期。

当然，从始至终，业界针对IFRS17争议始终巨大，因为按照测算，其会使我国寿险行业原保险保费收入下滑约七成，与之伴随的是对于保险公司资产、利润等核心财务指标的显著负面影响。由于美国、日本、英国等国家已经明确不认可IFRS17，其还将直接影响我国头部保险公司在国际上的排名。

激辩之下，重磅消息传出，IFRS17是否如期实施，已经引起银保监会的高度重视，近期联合证监会多次召集有关保险公司开会，讨论暂缓实施IFRS17的必要性和可能性。

事实上，IFRS17不仅仅是一项会计准则，更事关战略全局。如今，监管的这种"窗口指导"也折射出了当前复杂的市场形势、时代变局，都是审时度势的结果，既要追寻头顶的星空和月亮，也要顾全当下的现实能力。

前后历经4年，IFRS17在我国落地在即，却又传出讨论延期实施的消息

所谓IFRS17，英文全称《International Financial Reporting Standards 17 – Insurance Contracts》，中文全称《国际财务报告准则第17号——保险合同》，是国际会计准则理事会（IASB）发布的全新保险会计准则，以替换现行全球保险业普遍参考适用的IFRS4。

保险，尤其是寿险，是一种极其特殊的业务类型，一般的会计准则难以揭示其业务结构、

CHAPTER 7 | 大事件·小趋势

风险等情况。因此，长期以来都有专门的会计准则，为推进国际化，我国的保险会计准则也一直积极向国际准则靠拢。

IFRS17是国际保险会计准则又一次重大改革，IASB为之历经20年探索，并于2017年5月正式发布。根据中国企业会计准则与国际财务报告准则趋同路线图，财政部会计司自2018年初启动了对我国保险合同准则的修订项目，在经过一系列的研究、测试之后，于2020年12月发布终稿，即"中国版IFRS17"。

依据IASB最初的规划，IFRS17将于2021年1月1日正式实施，但由于种种因素，最终延期到2023年1月1日实施。

考虑到我国保险市场环境和企业实际能力，"中国版IFRS17"实施范围和实施时间上采取分步到位的办法，即在境内外同时上市的企业以及在境外上市并采用国际财务报告准则或企业会计准则编制财务报表的企业自2023年1月1日起实施，以避免出现境内外报表会计准则适用差异；而其他执行企业会计准则的企业（包括境内上市公司）自2026年1月1日起实施。同时，允许企业提前执行。

IFRS17发布之初，受到很多业界人士的欢迎，因为其被认为将有助于保险公司经营管理者看清业务的本质，彻底放弃"唯规模论"，进而实施更加差异化的发展战略，精细化的经营策略，从根本上推动行业回归"保险姓保"。

财政部会计司在2020年12月修订发布《企业会计准则第25号——保险合同》时的答记者问中的一些内容，基本概括了IFRS17支持者的以下主要观点：

一是有利于抑制"保费冲动"。新准则对保险公司收入确认原则的调整，合理挤出了保费收入中含有的较大"水分"，将有效抑制保险公司盲目扩大收入规模的短期冲动，有助于保险公司重新聚焦可带来长期收益的保障型保险产品，更加谨慎地研发具有合理利润率的投资型保险产品，促进保险业高质量发展，真正体现"保险姓保"的保险本源。

二是有利于抑制保险公司粉饰财务业绩。保险合同的计量高度依赖精算假设和精算结果。新保险合同准则下，精算假设调整对未来利润的有利影响不允许计入当期损益，而必须在未来提供服务的期间逐步确认，使得保险公司利用调整精算假设来调节当期利润的目的落空，一定程度上抑制了利润操纵行为，有助于提高会计信息质量。

三是有利于强化保险公司内部协同与精细化管理水平。该准则的发布实施，特别是保险合同负债的计量、保险服务收入和保险服务费用的确认等，需要保险公司的财务部门、精算部门、业务部门、销售部门、信息技术部门等的精诚合作、协同发力，有利于促进提升保险公司精细化管理水平和综合竞争实力，有利于锻造一批优秀的复合型保险会计专业人才。

四是有利于推动保险业国际化。同时，实施新保险合同准则也有利于我国保险公司与国际同行对标，提升我国保险业的国际形象和国际影响力。

在他们看来，IFRS17本身就是针对保险业实

保险新时代

际经营痛点、经过多年研究之后的重要成果，是根治行业种种问题的一剂良药，其对于行业长远发展一定是"利大于弊"。

4年探索逐步深入，几大关键问题逐渐浮出水面，质疑声越来越大

从2018年至今，历经4年探索，还有一年就要实施的档口，银保监会却缘何开始探讨暂缓实施IFRS17的可能性，这期间都发生了什么？

事实上，自从IFRS17公布以来，考虑到其有助于解决经营痛点，推进行业与国际接轨，虽然明知其会导致保费收入等财务指标下滑，但很长一段时间内，业内仍对其多持支持态度。

2018年初，财政部会计司启动新准则的修订项目以来，业内尤其是需要率先实施的上市保险公司都相继投入大量的人力物力进行研究，招聘相关专业人员，高价聘请咨询公司，对系统进行修改……据悉，有的大型公司为此已经花费上亿元甚至数亿元之巨。银保监会等为了厘清其中的利害关系，也曾多次组织相关公司进行测试。

随着研究的不断深入，业界人士对IFRS17有了更全面的认知，逐渐发现其有"利好"我国保险业的一面，但也存在明显"利空"的一面，业界争议由此渐渐增多。核心在于IFRS17一旦落地，对于保险业，尤其是寿险行业的影响太大了。以保费收入为例，预计将下降70%左右。

根据我国现行的保险会计准则中，寿险公司保费收入由三部分构成，即原保险保费收入、保户投资款新增交费和投连险独立账户新增交费，通过提供保险服务获得的收入计入原保险保费，提供投资和储蓄服务所获得的收入计入保户投资款新增交费或投连险独立账户新增交费。

而新准则很重要的一点就在于，对保险服务收入确认原则进行了进一步的调整——原准则规定只有保险与非保险部分能够区分且可单独计量时，才能对保险合同进行分拆，否则在通过重大保险风险测试的情形下，应当将该合同整体作为保险合同处理，对应的保费计入保险服务收入。上述规定导致保险公司确认的收入中包含了无论保险事项是否发生均须偿还给保单持有人的金额，即具有保户储蓄性质的投资成分，与新收入准则下确认收入的原则不符。

新准则要求，保险公司必须分拆保险合同中可明确区分的投资成分和其他非保险服务成分，对于不可分拆的投资成分，其对应的保费也不得计入保险服务收入（用通俗但不够准确的话概括，原来只有直接用于"投资"的部分不计入保费收入，但按照新准则，"储蓄"的部分，即一定会还给消费者的部分，也不得计入保费收入）。

这样一来确实能更真实地反映保险公司的保费结构、经营成果，也能更好地与银行等其他金融机构确认收入的原则保持一致，但同时确实也会导致财务报表中保费收入的大幅减少。储蓄性质明显的普通型年金、两全保险等产品更是首当其冲，有测算显示，一旦实施新准则，这类产品的保费收入将减少90%。与此同时，寿险公司其他核心业务指标也将受到影响，其中，利润将下降23%，净资产下降26%。

而对保费、资产、利润等财务指标的负面影响还只是最表面、最直接的影响,实际上,IFRS17特殊的计量规则一旦落地,其将推动行业发展理念发生深刻变化,为提振报表,保险公司发展战略、产品策略、渠道规划等都将随之进行调整,进而推动行业市场格局进行一次彻底的重塑。

例如,产品结构将因此发生深刻变化,新准则下,由于长期储蓄型产品可计入保费收入的部分大大减少,保险公司发展该类产品的兴趣将因此降低;反之,新准则下,因为投资连结保险中的管理费收入被确认为保险服务收入,其保费收入不降反升,保险公司对于发展投资型产品的兴趣将大为提升。

有利于投资型产品,不利于长期储蓄型产品,是业界人士诟病IFRS17最多的一点,尤其是在人口老龄化提速,国家积极推动发展养老第三支柱的情况下,业界担心这会导致行业丧失更多的机遇。

而且,有研究显示,与现行准则采用750天移动平均国债利率计量保险合同不同,新准则采用当天市场利率曲线计量保险合同负债,这会导致保险公司净资产波动显著增加。

因此,很多人认为,IFRS17与"保险姓保"的方向不同,有可能会刺激保险产品向资管类产品、短期化方向发展转变,反而不利于"回归保障"……还要不要按计划推行IFRS17,成为业内人士必须面对和思考的问题。

是否实施IFRS17,不只是财会视角的技术问题,更是牵涉方向大局的战略问题,事关行业究竟走向何方

据了解,新准则之所以会对我国保险业产生如此大的影响,主要是由于其对原准则进行了"颠覆性改造",核心是将长期保险业务的核算短期化,以及由此带来的市值化和净值化处理。

这样一来的好处是,保险产品将更加"透明",更易与银行理财、基金等产品进行横向比较,保险公司与银行、证券行业会计报表的可比性和竞争力也将有所增强。弊端则是,保险公司很有可能为了追求规模保费,而大量发展投连险等理财型产品。

有观点指出,归根结底,IFRS17主要是基于欧盟保险市场发展阶段和需要的会计准则,并不适合现阶段的中国寿险行业。

有研究显示,一旦实施IFRS17,相较于美国、日本、英国等市场,中国保险业的负面影响将是最为显著的,主要有以下原因:

一是市场发展阶段不同,导致市场特征显著不同。我国保险市场正处于快速成长阶段,保险产品结构以传统的保障型产品、养老险产品为主,投资型产品较少,且未来长期保障型产品还具有较大的发展空间,新准则实施将会使我国保险公司业绩指标未来下降幅度更大。而欧盟市场上的长期保障型产品已经饱和,保险产品已经转型为以投资型、储蓄型的产品为主,IFRS17对其

是合理的。

二是从市场环境来看，欧美等发达市场已经进入负利率阶段，利率进一步下行空间有限，利率曲线的波动不会对欧洲保险公司的财务报表产生大的负面影响；但中国不同，相较于欧美，当下利率仍处于较高水平，这同时意味着利率曲线的下行空间较大，利率曲线波动将对中国保险市场产生远大于欧美等发达市场的影响。

有测算显示，在新准则下，当我国国债利率曲线下行接近欧洲市场利率水平时，将有大型寿险公司的净资产减少为零，在一些专业人士看来，这是十分荒谬的财务结果。

三是保险业在欧美发达市场已经有数百年的历史，很多保险公司成立时间都在百年以上，"家底"较为厚实，而我国保险公司，尤其是中小型保险公司，成立年限普遍较短，导致其存量业务的收入滚存效应不明显，更难以对冲新准则对业绩指标的不利影响，一旦实施，这些中小保险公司的资产负债表的表现将更差。

据悉，鉴于IFRS17的计量原则不符合长期保障型产品的内在特性，美国已经宣布不认可IFRS17，而日本也已经宣布放弃全面采用IFRS17，英国也如此，即便是欧盟，也只是有保留的认可，仅是在合并报表层面使用IFRS17。

一旦实施IFRS17，很有可能会出现一个让很多业界人士难于接受的情况是，由于美国、日本、英国等保险发达市场并不实施IFRS17，一旦中国、欧盟实施，我国的头部保险公司在世界上的排名将大幅度降低。

是否实施IFRS17已经不仅仅是一个会计问题，而是中国保险业发展战略的问题，回答这一问题首先要回答"我们究竟想要一个什么样的保险业"，因为IFRS17指引下的行业与当前的行业导向明显不符，甚至是相互矛盾的，这种矛盾产生的根源，则在于我国保险业与国际发达市场保险业并不处于同一发展阶段。

国民养老来了,"工行、农行、中行、建行、交行"齐下场,新势力、"老套路"齐角逐

2021年8月19日

2021年8月18日,中国保险行业协会官网发布《关于拟设立国民养老保险股份有限公司有关情况的信息披露公告》(以下简称《公告》),披露拟设立国民养老保险股份有限公司(以下简称国民养老)的有关情况。

根据《公告》,国民养老由17家公司发起设立,注册资金高达111.5亿元,注册地位于北京市西城区。

此前,坊间"有关部门将设立专门机构经营个人养老金"的消息甚嚣尘上,普遍认为该机构一旦成立或将彻底颠覆商业保险公司经营的养老保险、年金业务等业务。

所以,国民养老真的是可能颠覆保险业格局的大杀器吗?

银行组团抢业务?国民养老拟成立,银行系公司持股比例达71.29%

有一个版本的传闻,保险公司也将参股国民养老并占据重要地位,但从《公告》来看,上述传闻显然是有误的,实际上,银行理财子公司才是绝对的主导。

国民养老有17位发起人。持股比例并列第一的是"工行、农行、中行、建行、交行"五大国有银行旗下的理财子公司,5家银行的理财子公司各出资10亿元,持股比例均为8.97%,合计持股比例高达44.85%。

此外,北京国资委旗下的北京市基础设施投资有限公司、央企国新控股旗下的国新资本有限公司也各出资10亿元,各自持有8.97%的股份。

持股比例位居第二位的是邮储银行旗下的理财子公司—中邮理财,其出资6.5亿元,占比为5.83%。

持股比例并列第三的为几家全国性股份制商业银行旗下的理财子公司、资本管理公司,包括中信银行旗下的信银理财、招商银行旗下的招银理财、兴业银行旗下的兴银理财,以及民生银行旗下的民银金投资本管理(北京)有限公司,其各投资5亿元,持股比例同为4.48%。

此外,北京市西城区国资委旗下的北京熙诚

资本控股有限公司也持有4.48%的股份，并列第三大股东。

华夏银行旗下的理财子公司华夏理财、中信证券投资有限公司则各出资3亿元，分别持股2.69%；泰康人寿以及中央汇金作为第一大股东的中金浦成投资有限公司各出资2亿元，持股比例为1.79%。

从整体来看，银行旗下的理财子公司以及资本管理公司合计持股比例高达71.29%，国民养老堪称"银行系险企"。而其余股东也多为央企、国企，只有泰康人寿，不仅是股东中唯一一家保险公司，还是唯一一家民营公司。国民养老保险股份有限公司发起人名单见表1。

表1 国民养老保险股份有限公司发起人名单

序号	发起人名称	投资额（亿元）	持股数量（亿股）	持股比例（%）
1	工银理财	10	10	8.97
2	农银理财	10	10	8.97
3	中银理财	10	10	8.97
4	建信理财	10	10	8.97
5	交银理财	10	10	8.97
6	中邮理财	6.5	6.5	5.83
7	信银理财	5	5	4.48
8	招银理财	5	5	4.48
9	兴银理财	5	5	4.48
10	民银金投资本管理	5	5	4.48
11	华夏理财	3	3	2.69
12	北京市基础设施投资	10	10	8.97
13	北京熙诚资本控股	5	5	4.48
14	国新资本	10	10	8.97
15	中信证券投资	3	3	2.69
16	泰康人寿保险	2	2	1.79
17	中金浦成投资	2	2	1.79
合计		111.5	111.5	100

资本金从传闻中的300亿元缩水至111.5亿元,是从侧面证明发起人的"理性"吗

背靠国有大型银行,国民养老保险成立注册资本金高达111.5亿元,在全部保险公司中可排到第12名。

不过,这一注册资本与此前媒体报道的尚有一定出入。最早,有媒体称其注册资本金将高达300亿元。很显然,与300亿元相比,国民养老111.5亿元的注册资本金实际上已经严重缩水。

有业内人士分析认为,如若消息属实,这或许从某一个侧面说明发起企业整体对该公司持谨慎态度,并没有出现预想中的"狂热"。

两项新增业务,"商业养老计划管理业务""兼业保险代理"说明了什么

根据《公告》,国民养老经营范围包括以下业务类型:商业养老计划管理业务;受托管理委托人委托的以养老保障为目的的人民币、外币资金;团体养老保险及年金业务;个人养老保险及年金业务;短期健康险业务;意外伤害保险业务;团体人寿保险业务;团体长期健康险业务;个人长期健康险业务;上述保险业务的再保险业务;国家法律、法规允许的保险资金运用业务;与上述业务有关的咨询服务业务;保险兼业代理;经中国银保监会及国家相关部门批准的其他业务。

对比其他几家专业养老保险公司经营范围,发现国民养老的绝大部分业务类型,其他养老保险公司也有经营,但以下两项是例外的:一是"商业养老计划管理业务";二是"保险兼业代理"。

"保险兼业代理"尚容易理解,意味着其或许可以兼业经营其他类型的保险产品,但"商业养老计划管理业务"却使业内人士百思不得其解。从其他公司的经营范围可以推测,这既不是团体养老保险或年金业务,也非个人养老保险或年金业务。

国民养老,是否会对保险公司的养老保险以及年金业务产生颠覆性影响

随着人口老龄化的加剧,加快养老"第三支柱"改革的呼声越发高涨,各种市场传闻甚嚣尘上,这其中,有关部门将设立专门养老金机构、设计专属养老金产品的传闻更引发保险业界高度关注。毕竟,面对养老金这一天量市场,保险公司可不想缺位。

2020年底,在第十届中国社科院社会保障论坛上,时任银保监会首席风险官兼新闻发言人肖远企发表演讲时也提及,"很有必要在当前阶段建立专门的机构经营管理个人养老金融",以及"开发和推出标准化的养老金融产品"等,更进一步提升了人们对此事的关注度。

"很有必要在当前阶段建立专门的机构经营管理个人养老金融,以便培育和引导公众长期投资和养老投资的意识和文化,以便在较短时间内能够聚集较大规模的商业养老资金,也有利于在

短期内能够开发和推出标准化的养老金融产品，给予市场一个示范和带动，在条件成熟后，在积累经验后，再大力推广。而且，一定要有能够进行长期投资、价值投资、长期回报，以及有长远眼光的股东来做商业养老金融公司的股东。"

国民养老是否就是传说的中的经营管理个人养老金融的专门机构尚未可知，但可以确定的是，其性质就是一家养老保险公司，也需要与其他养老保险公司一样接受同样的监管，并没有凌驾于其他养老保险公司之上。

当然，就目前的业务范围而言，国民养老相较于其他养老保险公司多出了一项商业养老计划管理业务，但也不能就此推断其他养老保险公司将来不能申请该项业务资质。

从这一点来看，未来国民养老有可能依托股东优势迅速占据重要市场地位，但谈对保险业的颠覆性影响为时尚早。

国民养老背后，究竟是一盘什么样的棋局

近年来，保险业一直积极谋求在"第三支柱"养老保障发展方面有所作为。2018年，税延养老险的试点曾给业界人士带来巨大的想象空间，然而受制于试点范围小、税优力度小和运营体验不佳等因素，税延养老险并没有出现预想中的暴发，甚至后续没有进一步扩大试点范围。

2021年5月，银保监会发布《关于开展专属商业养老保险试点的通知》，同时配发《专属商业养老保险业务方案》，决定从2021年6月1日起，在浙江省（含宁波市）和重庆市开展专属商业养老保险试点，试点期限暂定一年，人保寿险、中国人寿、太平人寿、太保寿险、泰康人寿、新华保险6家保险公司参与试点。这是商业保险公司从产品革新的角度出发，对于"第三支柱"的又一次有组织的"进军"。

除商业保险公司的努力外，实际上，一项更宏大的制度设计正在推进。2021年2月26日，人力资源和社会保障部有关领导称养老保险第三层次制度已经形成初步思路，将建立以账户制度为基础、个人自愿参加、国家财政从税收上给予支持、资金形成市场化投资运营的个人养老金制度。

而据媒体报道，所谓个人养老金账户制度就是为每一个加入第三支柱的人可以根据自己的资产状况、风险承受能力以及养老金积累目标等，来选择适合自己的投资产品，构建自己的养老金投资组合，可投资的产品包括银行理财、商业养老保险和基金等金融产品。在账户制度下，税收政策享有主体是账户持有人，而非某一具体的产品，购买所有符合条件的金融产品都可以享受相应的税收优惠。

"国民养老"将来是否会在"个人养老金账户制度"建设中承担重要职能尚未可知，但可以确定的是，第三支柱养老保障体系建设本身，已经远远超过"养老保险"的字面意义。

2020年10月，银保监会主席郭树清在参加当年的金融街论坛时曾对发展第三支柱养老保障的重要性做了详细阐述：

"大力发展第三支柱养老保障，可以有效

缓解我国养老保险支出压力，满足人民群众多样化养老需求。同时，也可集中长期稳定资金，探索跨周期投资模式，成为资本市场长期投资和价值投资的重要力量，从根本上促进资本市场健康发展，满足基础建设和科技创新的资金需要。当前，我国居民金融总资产达到160万亿元，其中90多万亿元为银行存款，而且绝大多数低于一年期限。可转换为终身养老财务资源的金融资产，规模十分庞大，优势非常明显。"

"集中长期稳定资金""成为资本市场长期投资和价值投资的重要力量""满足基础建设和科技创新的资金需要"……可以看到，第三支柱养老保障从来都不仅仅是商业保险公司的一项业务，其不仅事关人民的养老生活，更事关资本市场建设、基础建设和科技创新等国家战略，乃至社会的长治久安。这是一盘真正的大棋，无论是国民养老、其他保险公司，还是个人养老金账户制度，都要服从这一战略安排。

72年养老政策演变全梳理，从"企业社会养老"到"养老靠投资"，保险公司应把握五大趋势

◎李容海 | 2021年4月22日

编者按

社会各界对于以下"养老金"问题的关注度与日俱增，银保监会也视养老问题为最重要的工作之一。

对于保险业而言，养老问题带来挑战的同时，也带来大量的机会。从狭义角度看，根据中国社科院的《中国养老产业发展白皮书》，预计到2030年我国养老产业市场可达13万亿元。具体到人身险领域，根据相关机构的测算，个人养老险能够为行业带来千亿元规模的保费收入，保险公司大有可为。

但面对新的个人养老金制度发展形势，保险公司应该如何把握趋势？不妨先从梳理国内养老保险制度的发展历程开始。

探寻养老保险政策逻辑：三个群体，四大阶段，宏观经济、社会人口状况成关键因素

我国基本养老保险的政策演进基本可以概括为"三个群体，四个阶段"。我国过去长期的经济社会发展中，形成了城乡二元体制，因此天然地存在农村和城市两个养老群体，而在城市中，又分为机关事业单位群体和城镇职工群体。

随着我国改革开放进程的不断加快，养老保险大致能够分为四个阶段，即1949—1978年计划经济阶段、1978—1992年探索阶段、1992—2015

年"双轨制"阶段、2015至今"并轨"阶段。

需要说明的是,因涉及不同群体、不同阶段的社会保险制度,且这些制度演进过程是持续的,所以更多只能根据标志性事件划分不同阶段,但某些改革的进程可能是贯穿多个阶段的。

1949—1978年计划经济阶段:城市从摇篮到坟墓、农村养儿防老。

此阶段经济社会的特点是"城乡二元+高度计划经济",同时,新中国成立后的第一、第二次人口生育高峰均出现在此阶段。

此阶段的城市群体,基本是按照摇篮到坟墓的制度进行设计的(但是实际的保障水平并不高),人口基本上被限制在户籍所在地区,城乡之间缺乏人口流动,因此理论上城市群体除极少数人外,均被纳入政府系统或国有企业系统,由对应的政府和企业负责相关养老问题。

而农村地区,事实上养老保险制度处于缺失状态,基本靠养儿防老。

由于计划经济体制、保障负担较低(广大的农民群体事实上没有纳入)、两轮人口生育高峰的接力支撑,所以整体养老负担不重。

1978—1992年探索阶段:农村和城镇职工开始养老改革探索。

此阶段的社会经济特点是从计划经济逐渐过渡到市场经济,社会主义市场经济体制基本确立,城乡二元体制开始出现瓦解,城市和区域间的人口流动开始增强,政府和国有企业员工开始离开体制,新中国成立后第三次人口出生高峰到来。

养老保险开始进入探索阶段,主要改革的对象是农村群体和城镇职工群体。

1986年,我国在"七五计划"中提出要"探索研究建立农村社会养老保险制度"。这是我国首次提出要建立农村社会养老保险制度。1992年民政部发布《县级农村社会养老保险基本方案》,"老农保"架构基本形成。

国务院在1986年颁发实施了《国营企业实行劳动合同制度暂行规定》,其中明确要求国营企业的养老保险由企业和职工共同缴纳,同时对具体的缴费额度及退休后的养老金待遇进行了规定。之后各地纷纷进行城镇职工基本养老保险制度的改革试点。

1991年6月,国务院在对各地养老保险改革探索经验的总结后,作出了《关于城镇企业职工养老保险制度改革的决定》,规定"要逐步在全国建立起基本养老保险制度、企业补充养老保险和职工个人储蓄性养老保险相结合的制度"。

从改革进程看,此阶段在面对计划经济逐步向市场经济过渡的过程中,通过多次试点的方式,探索了农村、城镇职工基本养老保险体制。

从养老负担看,此阶段是我国人口结构最为健康的阶段(第三次人口生育高峰结束);"老农保"以个人缴费为主,整体保障水平仍然比较低,养老压力处于最小的阶段。

此阶段留下的遗憾是,没有将机关事业单位人员以及城市居民(非体制内人群)纳入养老改革中(虽然也有试点和相关文件,但整体成效不大),也为下一阶段的"双轨制"埋下了伏笔。

1992—2015年"双轨制"阶段：各种矛盾开始暴露，代际偿还，时间换空间。

此阶段的社会经济特点是，社会主义市场经济制度基本确立，中国经济进入快速发展阶段，国内和国外之间、城市之间、城乡之间出现大量人口流动，同时大量人员从体制内流出，新经济形态和生产关系导致很多新的社会阶层出现，人口出生率开始下降。

此阶段养老保险改革的重点是开始将机关事业单位人员和城镇居民纳入基本社会保险体系。

1994年，我国在云南、江苏、福建等地的部分机关、事业单位开始进行养老保险制度改革，后逐步在全国推广。到1997年，全国共有28个省、自治区、直辖市的1700个地、市、县进行了机关事业单位养老保险制度试点改革，参保人数超过1000万人，这个数字大约占机关事业单位总人数的30%。

1999年，机关事业单位养老保险改革开始在中央单位开展。

2005年通过的《中华人民共和国公务员法》第七十七条规定，"国家建立公务员保险制度"；第七十九条规定，"公务员工资、福利、保险、退休金及录用、培训、奖励、辞退等所需经费，应当列入财政预算，予以保障"。这一规定说明了国家法律的形式确立了公务员与企业职工差异化的基本养老保险制度，从而在法律上确认了我国的基本养老保险"双轨制"的模式。

在过去的计划经济阶段，城市居民基本采取"统包统分"的模式，即城市居民由国家分配工作，那么就自然纳入了城镇职工社会保险体系。但随着城乡之间、体制内外大量人口的流动，导致城市居民中存在相当数量的人口不能由城镇职工养老保险进行覆盖（比如农民工、个体户、自由职业者等），因此此阶段将该部分人群也纳入了养老保险体系。

1997年，国务院发布《关于建立统一的企业职工基本养老保险制度的决定》，将城镇个体劳动者纳入企业职工基本养老保险范围内。

2005年，国务院发布的《关于完善企业职工基本养老保险制度的决定》，进一步对城镇个体工商户、灵活就业人员的参保缴费进行了规定。

2011年6月，国务院发布《关于开展城镇居民社会养老保险试点的指导意见》，对非企业城镇居民的养老保险进行制度设计。

农村农民群体的社会保险改革也在此阶段取得进展。2006年，中共中央、国务院发布的《关于推进社会主义新农村建设的若干意见》中指出，要探索建立与农村经济发展水平相适应、与其他保障措施相配套的农村社会养老保险制度。2009年9月，国务院发布了《关于开展新型农村社会养老保险试点的指导意见》，决定从2009年开始在农村开展新型农村化会养老保险试点改革工作。从"新农保"时代开始，标志着农村农民群体真正意义上的社会保险开始运转。

在此期间，机关事业单位群体与城镇职工群体在养老金领取上存在巨大的差异，影响到基本的社会公平，引起了广泛的争议。2015年，国家决定对机关事业单位工作人员实施社会统筹与个人账户相结合的基本养老保险制度，结束"双轨制"模式。至此，覆盖全体成员的"统账结合"的基本养老保险制度全面确立。

此阶段养老保险改革的主要特点是，随着我国经济社会发展的日益深化，各种社会经济关系越来越复杂，各个社会群体之间的利益关系越来越尖锐，养老保险的改革进入深水区，尤其是涉及主要既得利益群体的养老问题，因此事实上实行了一段时间的"双轨制"。

从人口增速看，此阶段是人口结构开始老龄化的起点阶段，本应该是改革的最佳时间点，但由于种种原因，错过了改革最佳时机。

此外，在涉及机关事业单位群体以及部分国有企业职工群体的养老制度转化过程中，大量"视同缴纳"造成养老金亏空，财政并没有真正对缺口进行专项补贴，而是通过代际缴纳进行补偿（统筹账户支付，个人账户空转），用时间换空间。大量存在的"缴的少拿的多"的群体，为下一阶段养老压力迫在眉睫埋下了"天坑"。

此阶段的另一个特点是，房地产、股市等投资领域的高速发展，这些行业吸纳了大量的社会资源，事实上形成了"以房养老""以股养老"等养老保险体系外的养老途径。同时，从社会总资源的角度看，分散了社会养老资源的统筹使用。

从另一个角度看，这个阶段"统筹支付、个人账户空转"的统筹方式，以及体制内外养老金支付和代际之间的不公平，削弱了公众对于此阶段养老金体系的信心，成为推动公众从其他渠道解决养老问题的原因之一。

从2015年至今：多支柱发展推进，但整体推进缓慢，养老压力迫在眉睫。

此阶段的社会经济特点是，随着我国快速进入老龄化，经济目前难以维持高增速的状态，结婚率、人口出生率开始快速下降。为了进一步提高养老金的健康可持续发展，在参考国外经验的基础上，多支柱发展成为主要思路。

2016年12月，人力资源与社会保障部发布《企业年金管理办法》（之前也有年金相关文件和试点）标志企业年金制度正式落地。

2018年4月，经过近10年的试点（从2009年上海试点算起），税收递延型商业养老保险算是基本落地。2017年7月开始全面推广商业健康保险个人所得税税前扣除政策。

这些都标志着多支柱的发展思路成为未来养老保险的方向。但从效果看，整体推进较慢。无论是企业年金还是养老型商业保险的推进效果都差强人意。

同时，如上文所述，养老金问题的核心是亏空问题，即大量"缴的少拿的多"群体的存在，造成养老金健康可持续发展受到挑战。老龄化只是加剧了这一过程，导致代际缴纳的方式难以为继，而非根本原因。

虽然经过几十年的改革，但是机关事业单位群体与城镇普通职工群体养老金待遇存在较大的差距，更不要提与最广大的农村农民群体的差距了。

根本上看，多支柱发展是"增量"思路，即拿出更多的社会资源解决养老问题。但如何能够

有效地引导公众投入增量资源以及提升存量资源的使用效率,仍然存在很多挑战。

决战"大养老":保险公司投资能力成关键,养老运营能力成为长期竞争优势

上文简单回顾了过去几十年"三个群体、四个阶段"的社会保险机制的演进,从中可以发现以下几个政策演进的思路:

一是宏观经济、社会人口状况是影响相关养老保险制度的重要因素。

二是新的生产关系和社会阶层的出现导致发展思路上经历了"企业社会养老""养老靠社会"到"养老靠投资"的转变。

三是民众观念经历了养儿防老到社会化养老的转变。

这些逻辑也决定了保险公司在"养老"领域的破局之道。

保障属性决定保险业必然能从养老产业分一杯羹,而投资能力决定了这杯羹的大小。

养老问题体制、思路的变化,受经济、人口、社会多个因素影响,面临养老金压力不得已而为之的结果,这在海外多个国家也是同样的情景。养老问题的核心短期内仍然是养老金的支付,目前养老金问题已经由存量时代进入增量时代,除了中央企业资产划拨等增量,最大的增量来源是民众的钱包。

而经过多年资本市场以及房地产市场的洗礼后,民众对于投资回报形成了基本预期。因此,要想引导民众拿出更多的资金,还要发挥保险业独一无二的保障功能,提供更好的保障服务,利用"大数定理",分散风险,形成社会资源的养老统筹使用。更为重要的是投资能力的考验,这才是保险业能够与房地产、股市、理财等竞争的根本。

保险业对于资金流动性、安全性的要求必然导致保险投资收益不可能走高风险、高回报的路线,但如何在监管要求范围内,加强投资能力,提高收益率,为产品定价的费率争取更多的空间,是决定未来保险业能够从养老中分多大一杯羹的关键。

积极准备与个人账户对接,是未来产品和渠道发展的方向。

坐实个人账户是鼓励社会增量资源投入保险的关键保障手段之一。目前缺乏统一的个人账户,导致个人权益分散在三个支柱中,个人对于自己账户中的养老资源缺乏支配权,因此养老存量资源难免成为"唐僧肉"。

未来,统一的个人账户结合更大的个人支配权是趋势之一。因此,一方面保险公司在产品设计和渠道发展时,应该考虑与个人账户的对接问题;另一方面,一旦个人账户统一,产品不再是单一养老需求的满足(例如疾病、护理等),而是按照全方位、全生命周期提供客户的养老需求。养老规划师模式也会应运而生。这对于保险公司的数据分析、产品设计、渠道发展均会形成新的机会和挑战。

大事件·小趋势

养老问题可能加速行业的分化，产品解耦后，互联网和中介渠道存在优势。

从渠道发展看，养老问题可能会加速目前行业的分化，针对不同群体、不同阶段的养老需求会分化出更多的细分产品。目前，一个产品打天下的模式可能会面临产品解耦的压力，分化出更多的专业化保险公司。同时，产品结构，意味着单个产品结构更加简单，更便于公众理解。这将更有利于互联网或保险中介渠道的发展，传统代理人队伍面临更大的分化压力。

年金、癌症、护理等更加细分险种存在暴发空间。

从具体产品看，依据国外经验，年金、癌症、护理等险种存在暴发空间。此三种产品从本质看针对的都是长寿化趋势，即保证长寿命周期里有足够的钱支撑养老（年金），应对长寿带来的某些疾病概率的显著升高（癌症是典型的随年龄增加发病率显著提高的疾病），保证长寿时有人照料。

此外，针对护理险，存在一个特殊的问题就是，目前护理险的赔付是以货币赔付为主，未来，随着护理需求的增加，护理实物资源目前难以支撑，未来持有护理的实物资源会形成一定的优势。

养老运营能力成为长期竞争优势。

以上四点基本上是围绕保险本身进行讨论的。未来，从整个养老产业来看，保险资金具有的长期稳定属性决定其必然能够在养老产业中找到更多的机会。目前，基本的"保险+养老"的模式基本上是将养老服务（养老公寓、养老配套医疗健康服务等）作为辅助保险销售的手段。因此，多数保险公司更多是以投资者的身份提供资金，具体的养老运营服务多数进行委外。

从目前的政策导向看，资金并不是养老问题最为迫切的需要，而养老服务的社会化经营能力是非常稀缺的。保险公司应该考虑，是否在现有模式下发展独立的健康、护理、养老等产业的经营能力，形成长期差异化的竞争优势。

纠偏养老险公司！银保监会引导剥离保险资管、个人养老保障业务，半年内须报送转型方案

2021年12月24日

2021年12月24日，银保监会面向养老保险机构发布了《中国银保监会办公厅关于规范和促进养老保险机构发展的通知》（以下简称《通知》），《通知》的核心内容是引导养老保险机构聚焦主业，剥离相关度较差的业务，同时在不同业务间构筑风险防火墙等。

银保监会新规引导养老保险机构聚焦养老主业

批设专业保险公司的初衷是更专业的从事某一类型的保险业务，比如专业健康险公司、专业养老保险公司、专业信用保证保险公司等，无一不是如此。但现实中，不同类型的专业保险公司聚焦主业的情况并不相同。

例如健康险公司，由于受到经营范围的限制，其只能发展各类健康险。相对而言，养老险公司，由于主业是面向企事业单位开展企业年金、职业年金的受托、投管等业务，与投资、理财、团险等天然距离较近，出于提振业绩、集团业务分工等方面的考量，其业务逐渐走向多元化。而《通知》的出台，表明监管正有意引导养老险公司重新聚焦主业。

《通知》针对养老保险机构作出两项原则性的禁止：不得经营保险资产管理业务，持续压降清理现有个人养老保障管理产品，并针对相关业务的剥离、压降清理等划定了时间线。

《通知》中规定："七、养老保险机构原则上不得经营保险资产管理业务,包括受托管理保险资金和开展保险资产管理产品业务等。现有经营保险资产管理业务的养老保险公司，原则上应于2022年底前依法合规完成终止经营或剥离相关业务等整改工作。

"八、养老保险机构应当按照平稳有序、维护客户合法权益的基本原则，持续压降清理现有个人养老保障管理产品。2022年6月30日前，适时停止相关产品新增客户，原则上于2023年底前完成存量业务清理。支持符合条件的养老保险机构开展个人养老保障管理业务转型与产品创新。"

《通知》在要求剥离、压降清理某些业务的同时，也为养老保险机构的发展方向作出了引导，提出应当坚持专业性养老保险经营机构的发展定位，聚焦商业养老保险、企业（职业）年金基金管理、养老保障管理等具备养老属性的业务领域；发展安全性高、保障性强、满足长期或终身领取需求的商业养老年金保险以及其他具有一定长期积累养老金功能的商业保险；创新养老保障管理业务的产品形态、经营模式，以及提出支持符合条件的养老保险公司参与专属商业养老保险试点。

《通知》中规定："一、养老保险机构应当坚持专业性养老保险经营机构的发展定位，聚焦商业养老保险、企业（职业）年金基金管理、养老保障管理等具备养老属性的业务领域，积极参与第三支柱养老保险建设，着力满足人民群众多样化养老保障需求，成为推动养老金融市场持续健康发展的重要力量。

"二、养老保险机构应当以实现高质量发展为目标，积极探索适合我国国情的养老金融发展模式。持续扩大并改善养老金融产品供给，优化养老财务规划、资金管理和风险保障等服务，提升长期服务能力。建立健全与养老金融业务特点和发展要求相适应的内部管理机制制度，强化投资管理和风险管控能力。

"三、鼓励养老保险公司发展安全性高、保障性强、满足长期或终身领取需求的商业养老年金保险以及其他具有一定长期积累养老金功能的商业保险。支持符合条件的养老保险公司参与专属商业养老保险试点。

"四、支持养老保险机构在守住风险底线的前提下，围绕强化长期养老功能，体现生命周期管理要求，创新养老保障管理业务的产品形态、经营模式，规范营销管理，稳步推动其发展成为真正具有长期养老规划和管理功能，满足差异化养老需求的养老金融工具。

"五、养老保险机构应当坚持市场化、法治化原则，依法合规开展企业（职业）年金基金管理等业务，加强业务管理和风险管控，严格按照合同约定认真履行管理责任。

"六、养老保险机构应当按照独立运作、风险隔离的基本原则，健全公司治理和组织架构，合理设置人员岗位，加强信息系统建设，在所经营的不同类业务间建立有效的风险防火墙，切实防范各类风险在不同类业务间传递。"

《通知》中大多数是原则性的规定，对于保险公司并没有明确的强制性措施，但其也指出，对于符合要求的保险公司，将在多个方面予以支持，而对于偏离主业且调整不到位的保险公司，则将采取监管约谈、责令整改等措施，并不再支持其开展相关的养老金融业务创新。

此外，《通知》中还要求各养老保险机构应当于2022年6月30日前向银保监会报送公司定位、转型和业务规划方案，持续推进公司高质量发展。

《通知》中规定："九、银保监会将建立健全养老保险机构监管制度体系，加强机构监管，推动各机构着力完善公司治理，改进内控管理，提升风险管控，夯实健康规范发展基础。对于养老主业突出、业务发展规范、内部管理机制制度

健全的养老保险机构，将对其探索开展经营管理模式创新、产品和服务创新，以及分支机构准入等给予政策支持。对于存在偏离养老主业、业务压降清理不到位、未能建立有效的风险隔离机制制度等问题的养老保险机构，将采取监管约谈、责令整改等措施，并不再支持其开展相关养老金融业务创新。同时，与相关部门密切沟通协作，进一步增强监管合力。"

养老险公司业务多元有其历史原因，部分业务剥离或致机构受冲击

养老保险公司多元化的业务格局背后，是多年发展积累的结果。

2004年5月，《企业年金试行办法》正式施行，企业年金从无到有，逐渐做大，也是在这一阶段，数家专业养老险公司相继成立。

平安养老2004年12月在上海成立，是我国首家专业养老险公司，紧随其后的是太平养老；国寿养老、泰康养老、长江养老均成立于2007年；这之后，专业养老险公司的批设陷入停滞状态，一直到2014年，第六家专业养老险公司大家养老方才获批开业（前身为安邦养老），此后，新华养老（2016年）、人保养老（2017年）又陆续获批。进入2021年，步伐又有所加快，一是首家合资养老险公司恒安标准养老获批开业，二是银行理财子公司系的国民养老获批开业。

截至目前，我国已经开设10家专业养老险公司，不过由于恒安标准养老、国民养老成立的时间较短，业界对其业务情况了解有限。

据悉，专业养老险公司成立的初衷是承接第二支柱业务，但由于第二支柱业务竞争激烈，且部分业务类型盈利有限（受托），为了提振业绩，更好地服务企业客户、发挥自己的投资能力，专业养老险公司逐步扩展业务范围。

最典型的是平安养老，其成立之初，以企业年金和与企业年金相配套的临时性商业补充养老保险为主，2006年底，经彼时的保监会批准进行重组，平安人寿团险业务全部平移至平安养老，业务范围大为扩展。

根据平安养老官网公布的信息：2020年，平安养老险短期险业务和长期险业务规模分别为245.69亿元和120.3亿元。

截至2020年12月底，其管理的企业年金、职业年金、养老保障及其他委托管理资产共计12955亿元。其中，企业年金受托期末管理资产3457亿元，企业年金投资期末管理资产2814亿元；职业年金受托期末管理资产1588亿元，职业年金投资期末管理资产754亿元；养老保障及其他委托管理业务期末管理资产4341亿元。

可以看到，养老保障及其他委托管理业务已经占据相当的比例。

其他专业养老险公司的主营业务中，除企业年金、职业年金等的受托、投管业务外，很多也包括长期险（健康险、年金险），短期险（政保类业务中常见的大病保险、长护险）等业务，也包括此次文件中所提及的个人养老保障业务。

以国寿养老为例，包括基本养老保险基金投资管理，企业年金、职业年金基金管理，养老保障委托资金管理，个税递延养老保险销售和投资

大事件·小趋势

管理，受托管理第三方资金，基础设施债权投资计划等方面的业务。

据了解，一旦个人养老保障业务（类似于基金、银行理财的一类业务）、保险资产管理业务被叫停，平安养老、国寿养老、长江养老等多家养老险公司都将受到一定的影响。

面对新规，养老险公司的人士普遍表示忧虑：

一是保险资产管理业务、个人养老保障业务在部分机构占比较高，剥离该类业务意味着公司业务结构将发生巨大变化。

二是，无论是保险资产管理业务还是个人养老保障业务都属于盈利性较好的业务，剥离这部分业务后，如果仅依靠透明度高的企业年金、职业年金业务，公司将面临如何盈利的难题。更重要的是，这一业务领域并非只有养老险公司，还同时充斥着银行、基金、信托等竞争对手，面对这些对手，养老险公司并没有优势。

三是，一些机构并没有像很多寿险公司那样经营养老保险、年金险的经验，如何转型也是个问题。

热衷中高端的商业保险,如何迎接普惠养老大时代

◎李容海 | 2021年12月2日

2021年11月18日,中共中央、国务院通过了《关于加强新时代老龄工作的意见》(以下简称《意见》)。在《意见》的开头,明确了养老问题的"三个事关",即事关国家发展全局,事关亿万百姓福祉,事关社会和谐稳定。"三个事关",将养老问题提升到了前所未有的高度,凸显了中央政府对养老问题的重视。

《意见》从服务体系、支撑体系、老年社会参与、老年友好社会、银发经济等几个方面,对外来养老工作、老年社会的发展方向做了进一步明确的规划和要求。对于保险公司来说,《意见》涉及的内容并不多,主要集中在以下几个方面:

一是"三支柱"相关。加快全国统筹、健全待遇和保障基本生活(第一支柱);大力发展企业/职业年金(第二支柱);促进和规范发展第三支柱。

二是长期护理险相关。稳妥推进长期护理保险制度试点,积极探索建立适合我国国情的长期护理保险制度。

三是老年健康险产品相关。商业险机构在风险可控和商业可持续的前提下,开发老年人健康保险产品。

从具体内容看,护理险未来可能成为一个方向,甚至有望成为与医保并驾齐驱的险种,但目前仍然属于试点阶段。老年健康险由于赔付风险较大,开展的前提是"风险可控和商业可持续",因此以上两点近期空间并不大。而在多支柱体系内,对于商业险公司也是一句带过。商业险公司到底怎么了?

《意见》对于社区养老、居家养老和农村养老等传统商业险公司涉猎很少的领域反而提及很多;突出党的领导、政府对于资源的统筹使用也提到了很高的高度。

读完全文,最深刻的感受就是:保险的普惠时代可能来了。

保险公司为什么做不好养老三支柱:社会资源分配不合理,保险公司聚焦"少数人"的经营逻辑无法应对普罗大众需求

为什么提到商业险公司不多?一个重要的原

因就是，在过去的10余年中，商业险公司在养老问题上表现并不尽如人意。

在新的历史阶段，发展多支柱的养老保险体系一直是解决养老问题的重要组成，是未来的重要方向之一。在过去10年间，无论是从政策导向，还是各种区域和保险公司的试点实践，商业险公司在发展多支柱社会保险体系方面（第二、第三支柱）都是被寄予厚望的。

但实际的情况却不尽如人意。在第二支柱中，企业年金市场广大，但截至2020年底，仅10.5万家企业建立企业年金计划，占全国企业数量比例不足1%，同时由于企业年金的出现，对于传统的团体保险还形成了冲击。

另一个被寄予很大希望的税收递延型商业养老产品经历了数年试点后，整体销售情况可以用惨淡来形容，截至2020年底仅4.88万人参保。从更广泛的维度看，商业险公司在养老公寓、相关健康和医疗产业的发展方面，并没有显著地早于房地产、互联网等行业的企业。投资的态度和力度恐怕也难以称得上积极。

为什么商业险行业在本应发挥作用的养老行业做得看起来不够好？我们认为既有目前社会保险体系的原因，也有更深层的社会资源分配的使用的原因，同时还有保险业自身的问题。

目前社会保障体制对于保险开展养老相关销售存在若干不利因素。

养老相关保险产品，本质上提供的是养老相关的保障服务，因此与社会保险体系关系非常密切。总的来看，两者是互为补充的关系。从目前我国的经济发展水平以及社会保险体制看，商业保险与社会保险主要表现出互补性，因此在三个支柱中均存在一些因素，导致养老的相关保险产品销售不力。

第一支柱，"高养老金替代率+社会分层"影响商业养老险的购买动力。

从养老金的国际比较看，根据OECD的数据，我国整体的养老金替代率是比较高的（养老金替代率是指社会平均养老金占退休前最后一月社会工资比例，养老金替代率越高，代表养老金对于退休后的生活保障程度越高）。

我国养老金替代率较高的原因，一方面是我国社会经济发展的结果；另一方面，这个数据反映的是我国平均社会工资水平仍然比较低（6亿人月收入不足1000元）以及养老金覆盖程度局限（数据只反映有养老金群体，而对于没有养老金群体则没有进行统计）。我国高养老金替代率实际是被无养老金群体以及低收入群体"平均"的结果。

基于前文的政策以及养老保险体制梳理，从养老金实际发放看，领取绝对养老金较高的群体，是机关事业单位群体以及部分国有企业职工群体。这部分群体恰好也是保险销售的目标群体。

这就意味着，本来具有保险购买能力的群体在退休后，社会保险能够提供较高的保障能力，因此没有太大动机提前购买商业险对退休后的生活进行提前准备。

而从人数上大得多的农村群体、收入较低的企业员工，养老金绝对水平并不高，具有购买商

业养老保险产品的动机,但由于收入水平低,限制了其购买能力。

以上分析中反映的实际是我国的社会分层问题。从前文的政策梳理中,我们也可以看出,社会保险制度在不同社会群体中的发放实际并不是公平的,这种不公平进一步限制了商业养老保险的销售。

第二支柱,"企业成本高企+贫富不均+缺乏真正意义上的个人账户",使得企业年金推广不如预期。

对标海外市场,尤其是美国保险市场的情况,第二支柱的企业/职业年金是一块巨大的蛋糕。但我国的实践却大相径庭。根本原因在于,目前企业/职业年金落地主要在操作层面存在以下问题:

一是年金的设立、运行、监管等给企业事实上造成了比较大的负担。企业在人力成本很高的今天,需要安排专门的人力、物力才能兴办企业/职业年金。

二是年金目前事实上加剧了贫富不均。目前,真正有能力设立年金并设立企业福利性质的年金,往往集中在机关企事业单位、大型国有企业、少数盈利能力较强的民营企业。这些企业并不是吸纳劳动力的主体,而且这些机构的人员并不是最需要养老支持的群体。因此,目前企业/职业年金的运转并没有解决"事关亿万百姓福祉"的问题,反而成为少数人的福利来源。

三是目前的年金账户依托于企业,而不是真正意义上的个人账户,难以实现真正的个人养老账户。为了避免成为"唐僧肉",理性的选择恐怕是自行投资或者购买银行理财等,因此难以激发客户的购买欲望。

第三支柱,税收优惠被税改冲淡,客观上降低了寿险养老产品的吸引力。

第三支柱产品在过去10余年里,多次试点,但规模始终没有做大,其中一个重要的原因就是最初设计的参考海外经验的税收优惠,在税改后优势被冲淡,随着起征点的提升以及减税降费的大趋势,使得进一步增加第三支柱税收优惠的空间变得更小。

从深层次看,资源在不同社会部门分配不合理导致养老相关保险销售不力。

养老问题对于世界各国来说,都是难题。本质上的问题是如何分配社会总盘子中的资源。理性的选择是哪个部门更有效率,就将资源投入哪个部门解决养老问题最经济,但现实中还要兼顾其他考量,比如部门利益等。目前,从社会资源分布看,存在一些因素影响商业险在养老问题上的发展。

一是减税。公共部门或私人部门。是否以减税的方式,促进商业养老保险的发展,本质上考量的内容是:到底是将资源统筹到政府手中(税收)解决养老问题效率更高,还是将资源集中到保险公司效率更高?境外的经济体制决定了必然的选择是减税促进养老。但我国考量的可能是集中力量办大事的优势与保险公司市场化的优势比较,结果是不言自明的。同时,由于部门利益的问题,大幅度的降税促进保险需要最高层的设计才有可能实现。

CHAPTER 7 | 大事件·小趋势

二是个人账户。统筹或自筹。统筹和自筹本质上仍然是效率的考量，即究竟是将资源统筹使用还是个体自由支配？从本次《意见》内容看，一直呼声很高的个人账户问题没有提及，但第一支柱的全国统筹被提及。

三是资本市场。以股/房/理财养老或以险养老。到底靠什么养老，资本市场是效率的试金石。股市、楼市和银行理财等，均是老百姓最容易触及的投资渠道。到底谁的收益高，谁就是更优的养老解决渠道。过去10年，高涨的楼市让以房养老成为事实上的选择，美国事实上形成了以股市养老（天量养老金在股市中）的格局。商业险的收益率虽然从2.5%放松到3.5%，一度最高达到4.025%，但从横向比较看，并不具有优势。

保险业的基本属性和既有的发展逻辑与养老问题存在根本上的矛盾。

从保险的本质看，是为潜在风险提供保障服务，基本的一个原则是"赔偿给付与缴纳相等"，这其中暗含的假设就是"有价值"才有投保的可能。从改革开放以来的发展看，保险业过去几十年发展的一条基本逻辑，即"属于少数人、非必需品"与养老问题涉及最广泛的群体与普惠之间存在的根本性的矛盾。

《意见》中花费大量篇幅描述通过统筹资源（量力而行），解决社区、居家和农村养老的问题，解决基本生存和兜底的问题，这也验证了我们前期的分析，即"兜底"一直是"十四五"期间的一个重要方向。在新工业革命引导的新需求来临之前，保险也恐怕不得不与普惠性业务打交道。

保险助力老龄工作亟待转变发展思路：深刻理解强政府周期逻辑，重心下移、资源下沉

难道商业险在养老问题上，真的就没有空间吗？答案当然不是。未来的重点可能在于商业险对于经营逻辑、产品设计、市场空间、增量模式和投资收益等作出必要的调整，就一定能从养老这个巨大市场中分一杯羹。

经营逻辑：强政府周期中，从我要做什么到我们能做什么。

当下正处于强政府周期的顶点，养老在"三个事关"的高度，由政府统筹将成为必然。针对养老问题，保险业可能需要考虑更多是，在目前养老的顶层设计中，我能做什么，而不是过去我要做什么。如何与政府配合，解决更广大人民的养老问题，而不是过去聚焦"少数人"，是未来保险业在养老上的根本逻辑。"多数人"可能不像"少数人"收入水平高、风险低，但《意见》也说得很清楚，一切"以控制风险和商业可持续"为前提，也就是"量力而行"。

产品设计：发挥保险保障功能，兼顾普惠性。

我们的研究发现，过去几十年驱动保险业发展，根本上是"利差逻辑"，在2015年到达顶

297

峰。随着投资驱动型模式的陨落,回归保障成为必然。

从横向比较看,与股票、地产和理财等产品比较,保险产品最大的优势就是大数定理下的风险分散。打造保障型产品是保险业与以上渠道竞争的基础。

同时,从政策层面看,专属养老产品试点、普惠型保险等文件的不断出台,也肯定了保险业在未来的定位,即发挥保障功能,提供更为广泛的服务。因此,保障和普惠恐怕是未来养老问题上,保险产品的两个关键词。

市场空间:重心下移、资源下沉。

养老市场的空间在哪里?从目前的实践看,养老资源事实上更多地向高端人员聚集。本次《意见》则更多强调的是"亿万百姓的福祉""社会和谐稳定"。富人的市场当然更好做一些,但是百姓市场中未必没有机会。居家、社区这些过去养老行业不愿意涉及的领域,未来蕴含着大量的机会。新的场景必然会激发新的需求,居家和社区的照护、康复和精神生活等,都会挖掘出以往代理人、银保和代理等渠道无法触及的需求,结合科技的力量降低部分成本(专属保险产品线上销售不受试点限制),未必不能实现富人市场的利润和收入。

增量模式:医康养结合。

《意见》在解决养老问题上,提及了医养、康养结合等内容。发挥医康养结合,已经成为很多保险公司的战略选择。在这里不多赘述。本次《意见》提及了"住房政策支持",不知道困扰民营资本进入医康养最核心的土地问题能否得到推动和解决。

低利率时代的根本:拼投资。

保险业近期进入了比较萧条的时期,根本原因是低利率时代整个金融业都不好受。解题的途径恐怕只能等待新工业革命,新动能激发的新需求了。但在此之前,低利率恐怕是个大概率的事情。

保险业如果想在养老上有所作为,除了前面的观念、产品和模式等转型,恐怕还是要"拼投资"。更为谨慎、符合发展潮流的投资是稳住自身经营的关键,同时更高的投资收益率能够为养老产业的投资提供更多的底气,才能"量力而行"。

"十四五"大视野中的保险业，怎么打出一手好牌

◎李容海 | 2021年3月29日

"十四五"规划是国家层面未来5年最为重要的规划，包含了目前中央政府对于未来发展大势的根本判断、对于内外部环境深刻变化的描述，是解决未来发展目标、思路和举措的几种解读。

站在"两个一百年"奋斗目标的交汇点上，作为开启全面建设社会主义现代化国家新征程的第一个五年，"十四五"必将在较长时间内对中国的发展产生深远的影响。从保险业的视角看，深入解读"十四五"规划也是十分有意义的。

发展环境发生深刻变化，外部环境越动荡，内部稳定需求越迫切，保险需求总量只会增加不会减少

未来5年是中国在经济总量、政治影响力上能否赶上并超过美国的关键时期。领先国家必然会通过对追赶国家制造更多的麻烦去延缓这一过程，中国的外部环境短期内难以改善。

在这种动荡中，实现保持定力、聚焦发展的基础之一，就是内部的稳定。对于保险业来说，其保障属性能够为社会发展提供基础保障、分散风险等维护稳定的功能，这也是"十四五"规划中对于保险业的根本要求。因此可以预见，从未来社会经济发展对于保险的需求看，总量上只会增加不会减少；结构上回归保障成为必然趋势。

"十四五"对新发展阶段提出新要求，必然给保险业带来新的机遇与挑战

"十四五"规划回顾了"十三五"时期的发展成就，包括发展目标胜利达成、多项指标超额完成、国民生产总值到100万亿元。这些均为"十四五"开局打下良好的基础。更为重要的是，我国发展进入了新的历史阶段，新的发展理念已经形成。

从国别与行业发展的经验看，人均GDP超过1万美元后（虽然存在汇率与通胀的问题，但仍然是一个有象征意义的门槛指标），一国的很多行业的发展可能会进入快车道，对于生产要素循环流转和生产、分配、流通、消费环节有机衔接必然提出更高的要求。加强内需与内循环不仅仅

是外部环境变化的被动选择,更多的是经济发展阶段和结构不断优化的必然结果(内循环事实上在中美贸易摩擦之前早已开始)。新的发展阶段必然对于发展方式、理念和战略的导向提出新的要求。

"十四五"规划坚持新的发展理念,切实转变发展方式:坚持系统观念,进一步放大体制优势;突出供给侧改革、扩大内需、推进改革、扩大开放、促进两个循环等战略导向。这些理念必然给保险业带来新的机遇与挑战。

例如,保险业作为产品高度同质化的行业,迫切需要供给侧改革,进一步开发和满足更为多样化的保险需求,我国保险业仍然是一个相对封闭和管制的行业,结合国家两个循环的打造,在激发和满足内需的同时,加快"走出去"的步伐,为"一带一路"等大国战略提供支持;保险资金具有长期稳定的属性,可以在促进资本市场健康有序发展、降低金融体系内空转、支持实体经济方面作出贡献;进军养老、健康和医疗等领域,不仅是支持公共服务的社会化供给,同样也能够为保险业带来大量机会。

总之,经济发展方式的转变,必然要求保险行业也随之作出改变,改变过程中机遇与挑战同行。

助力创新,兜住底层,分散特殊群体和行业风险是对保险保障要求的主要体现

"十四五"规划中,降低了经济指标的比重,也没有提出具体的增速要求(GDP增速保持在合理区间、全员劳动生产率高于GDP增速),但增加了创新驱动和民生福祉指标的比重,并且提出了具体的要求。因此,如何在支持创新驱动发展和提高民生福祉方面发挥作用,是未来保险行业发展的方向。

创新是"十四五"规划的核心要点之一。在文件中,无论是篇幅体量还是结构位置,均处于突出地位。创新驱动发展是决定经济发展模式能否切实转型、国家能否进入新的发展阶段、世界力量深刻变化能否实现的关键。

保险业对于创新的支持主要体现在通过市场化的机制,实现风险分担和转移,降低创新成本,营造敢于创新的氛围。

"十四五"规划中,对于保险业支持创新的具体内容包括"拓展优化首台(套)重大技术装备保险补偿和激励政策""鼓励金融机构发展知识产权质押、科技保险等科技金融产品,开展科技成果转化货款风险补偿试点""在重点领域推进安全生产责任保险全覆盖"等。

大国博弈越激烈,外部环境越动荡,越需要稳定内部基本盘。一个社会底层的稳定,往往决定了社会发展的根基。"十四五"规划中,对于最广泛人群的保障体现在"建成世界上规模最大的社会保障体系、基本医疗保险覆盖超过13亿人、基本养老保险覆盖近10亿人、多层次社会保障体系更加健全、基本养老保险参保率提高到95%、完善基本医疗门诊共济保障机制、健全重大疾病医疗保险和救助制度"等方面。

某些特殊的行业天然地会积聚风险或受风险

影响较大（比如农业），而这些行业往往又是国民经济的重要基础，对于社会经济发展有较大的影响，需要额外的保障服务。

同样，某些弱势群体（失业群体、残疾人群体等）以及特殊职业群体（例如军人），也有较大的保障需求。"十四五"规划中对于此类行业和群体也进行了针对性的保障支持。

同时，在推进这些基本保障服务的过程中，可能会更多地体现统筹属性——在中央的统一部署下进行。例如，养老保险属于"适当加强中央事权"范围，也是"明确国家标准并建立动态调整机制，推动标准水平城乡区域间衔接平衡"的内容之一。

商业与普惠共存、改革与发展同步是规划中行业发展的另一条主线

"十四五"规划中多次提及"普惠"，包括"健全具有高度适应性、竞争力和普惠性的现代金融体系""增强金融普惠性""大力发展普惠型养老服务"等，不只金融业，其他行业也是如此。一个困惑由此产生，普惠保险的发展会否挤占商业保险的发展空间？不可忽视的现实是，商业保险往往是在社会保险的基础上寻找发展空间。

事实上，尽管回归保障是保险业未来重要的发展趋势之一，但回归保障并不意味着完全普惠化、公益化。商业化是支撑保险公司的另一条腿，而改革和开放是促进这条腿走得更好的根本手段。

提供普惠之外更多样化的产品，开发更多业务渠道，挖掘更多保险需求，只能由商业属性完成，由市场化机制解决。

保险业的改革与开放，也是通过提高和优化行业的市场化程度，从根本上提高行业效率和竞争力，促进行业发展，这也是中国改革开放过程中根本经验之一。例如，"深化保险公司改革，提高商业保险保障能力""稳推进保险等金融领域开放""发展多层次、多支柱养老保险体系，提高企业年金覆盖率，规范发展第三支柱养老保险金"等。

在保险业改革与发展中，需要处理好"商业保险为非必需品"与兜底受众广阔等之间的关系。保险业过去几十年的发展，基本将中高收入阶层视为主要目标客户，（不包含法定的"强制保险"），而未来无论是普惠兜底乃至实现创新的分散风险等，均会与最广大的社会群体产生交集，过去的经营方式、产品结构能否满足未来的需求是值得考虑的一个问题。

同时，如何通过市场化机制，平衡好商业利益与利润之间的关系也值得关注。"十四五"规划中对于保障属性的突出是否会对保险业的利润形成冲击？毕竟具有兜底性质的业务不太可能产生很大的利润。这些均是行业改革中需要考虑的。

从"它在旁边'笑'"到"它在丛中'笑'"：支持创新大趋势下，保险业需积极融入产业革新浪潮

过去几十年保险业的发展，无论是寿险还

是财险，往往处于"它在旁边'笑'"的状态，即行业发展与具体支持的相关产业等发展关系并不密切，或者由于法律强制要求才出现保险需求，这导致产品高度同质化，缺乏客户需求导向的设计。

而未来对于创新的支持，必然要求保险业更深地融入企业发展、科技发展、其他行业发展中，寻找新的发展机会和新的需求空间，也就是要求保险业要从过去的"它在旁边'笑'"变为"它在丛中'笑'"。

那么过去的业务模式中，需求调研、产品开发、销售渠道、售后理赔等，是否能满足未来以需求为导向的市场？这是未来保险业需要回答的重要问题之一。

本轮新工业革命的发展催生了大量的新技术、新模式和新业态。对于这些新鲜事物的发展，无论是相关企业还是保险公司，均没有经验和数据的积累，那么保险公司如何在信息不完备的情况下制定精算假设、设计产品也是未来行业需要面对的问题之一。

技术带来的问题，答案可能同样来自技术。在新工业革命带来的行业机会中，一方面是技术本身带来的，人工智能、大数据等应用到保险领域，在提高代理人产能、增强风险控制、降低成本等方面，会催生一系列的、遍布行业上下游的大量机会，发展数字经济也是本次规划中的一个重点指标和发展内容。另一方面，是新技术催生出的新的商业模式和行业中存在巨大的保险需求。保险公司应该积极参与到新工业革命中，伴随着新技术、新企业和新行业的成长，发现新市场，满足新需求，提升自身竞争力，实现"它在丛中'笑'"。

大型市场主体更受益？在以需求为核心的行业发展导向下，细分领域将为中小保险公司提供弯道超车的机会

前面提到的养老健康医疗等公共服务领域和新技术、新行业领域中的机会，似乎对于大型保险公司更为有利，毕竟这些领域均需要较大的投入能力。但事实上，中小保险公司、混合所有制保险公司等在未来仍然会存在机会。

未来以需求为核心导向的保险业中，产品的同质化将会被打破，大量细分领域将会出现，专注于某些细分领域的专业保险公司将会出现。

一个产品系列包打天下的模式会受到挑战，互联网保险公司、中小型保险公司在某些细分领域会出现弯道超车的机会，保险技术开发公司、互联网流量持有者都能从中分一杯羹。

大视野下的2021年中央经济工作会议解读，保险业及监管政策走向的逻辑线索都在这里

◎布懂斯基 | 2021年12月15日

2021年12月8日至10日，中央经济工作会议举行。作为建党百年之际的会议，会议公报内容有很多新意，也有很大的含金量。有许多媒体和学者都对公报进行了深刻解读，为便于理解，本文尝试通俗地解读公报，特别是一些值得深思的新提法。

百年变局加速演进

公报指出，"百年变局加速演进"，什么是加速演进？中国一切的对外关系本质上都是中美关系，而现在美国对中国的经济战，已经从"单挑"演变成"群殴"。美国刚刚主办了"民主峰会"，虽然惨淡收场，但表明了美国的态度。

中国和美国的冲突不是偶然。地球上最适宜人类发展的地理位置，是温带地区，四大文明古国的位置都是在北温带，这是历史的规律。一个强国是需要广大土地和人口的，要有地理纵深、多样地貌、相对齐全的资源和充足的劳动力。

当前在温带地区拥有广大土地和人口的国家，只有中国和美国。

因此中美交锋，是历史的必然，也是历史的轮回。经济工作部署，出发点是应对"百年变局加速演进"。

需求收缩、供给冲击、预期转弱三重压力

"三重压力"是本次中央经济工作会议上的一个新提法，其体现在需求侧以及供给侧两端，既有对现状的描述，也有对未来的趋势判断。

需求收缩是第一重压力，国外疫情缓解导致的出口需求降低，我国消费疲弱消费需求降低，均是需求收缩的重要表现。而将"需求收缩"放在第一位，表明中央高度关注需求问题，要进行强力的需求侧管理。

供给冲击是第二重压力，国际大宗商品价格上涨对于制造业造成冲击、产业链与供应链的稳定性受到冲击、能耗双控下导致的拉闸限电等都是这一类压力的重要表现。

预期转弱是第三重压力,体现的则是在内外部不确定性因素增加下,市场对未来增长的预期普遍下降。

三重压力如实概括了当前经济的阶段性特征,也正是因为面临"三重压力",对于"稳"也就有了更多诉求。

适度超前开展基础设施投资

这也是公报的新提法之一。中国历史高速发展的重要支撑就是基础设施建设,很多研究中国的老外都对这一点十分推崇,顺便又抱怨一遍欧美地铁设施太差。

2016年希拉里为了表现亲民态度,亲自坐了一回纽约地铁,但是因为闸机刷卡设备老旧,读卡经常失败,在媒体聚光灯下,她刷了五次卡才顺利进地铁。

当然,我们的"适度超前开展基础设施投资"肯定不仅仅是地铁,这句话的背后含义,是为"双循环"创造战略纵深。

我国曾经以低廉的要素价格,争取到了全球的供应链。但是近年来随着工资上涨、要素提价,以及美国围堵,供应链有外移趋势,东南亚开始承接。

比如,三星在越南北部的北宁省安风工业区投建手机组装厂,这座巨大的工厂被当地人称为"三星城"。越南人力成本比我国西部还要低20%以上,这是实打实的成本优势。

如何遏制产业链外移趋势?不可能再靠低工资了,基建给出了答案。

用基建改造要素价格。

在四川省和云南省交界的金沙江附近,数百台翻斗车和重型挖掘机络绎不绝地从山路上赶来,建造世界第二大水电站白鹤滩水电站。该水电站预计在2022年完工,建成后每年发电量将超过600亿度,接近越南全国发电量的三分之一。

这只是巨大基建的代表之一,2022年以后,我国会包揽全球水电站的冠亚季军。与此同时,密密麻麻的交通网正在打通广袤的中西部,世界前100名高桥中有47座在贵州。

电价下降、交通成本下降,将代替低工资,成为产业链新的竞争力。以台积电为例,其一年的耗电量为130亿度,如果每度电便宜1毛钱,每年能节省2亿美元电费成本。

5G、电商、快递、短视频,底盘全都是基建,就连阿里在最风光的时候,也不得不承认:没有金融电子化的发展和支付清算体系的完善,支付宝无法"连接"各家银行。

基建加上"要素市场化配置改革",就是双循环的底气。

美国一个得天独厚的条件就是中部大平原,东西贯通非常方便,公路一马平川。而我国中西部的复杂地理环境让广大土地优势难以发挥,在地图上形成了一条"胡焕庸线",东南发展快,中西发展慢。要改变这一劣势,基建必不可少。

我国的广阔疆土,将在基建的支撑下发挥出蕴藏已久的潜力。

正确认识和把握初级产品供给保障

这也是会议新提法。特朗普老喊"让美国再次伟大",主要举措就是玩命催美国制造业回流,确保初级产品供给。

初级产品供给决定了经济韧性,在新冠肺炎疫情下,很多发达国家初级产品崩盘,都得靠中国出口。

但我国的初级产品供给也有不足,以稀土为例,与高科技产业密切相关,是极其重要的初级产品,号称"工业维生素""新材料之母"。什么汽车、手机、火箭,所有能想到的高科技产业,都离不开稀土。

我国稀土产量占世界三分之一,绝对是稀土大国,但我国稀土行业经常因为小散乱差、内部恶性竞争和低价出口被广为诟病。

我国并非不重视稀土,早在井冈山根据地时期,红军就非常重视铅锌矿、钨矿的开采和经营。1932年,时任中华苏维埃共和国银行行长的毛泽民,动员了500多名工人,成立公营铁山垅钨矿,这是中央革命根据地第一个公营钨矿,后来开办"中华钨砂公司",成为根据地重要的经济来源。

但稀土不是想卖高价就能卖高价的,以前日本控制着相关的提纯技术,所以很多利润被日本切走了。后来我们技术升级了,才开始扭转利润。而且稀土挖掘和提纯非常污染环境,必须要发展绿色技术,不然就是一次生产、十年整治。

从稀土的例子也能看到,公报所指的"初级产品",并不是采出来的原始材料,而是通过一定技术优势制造出来的产品,要提升中高端的初级产品供给。

而最近的一个大新闻,就是我国已经批准成立"中国稀土集团",被外媒称为"稀土航母"。未来稀土肯定是要整合全国资源,提升行业定价权,实行绿色开发,不能再做低价出口、损害自家环境的事情。

毫不动摇地巩固和发展公有制经济,毫不动摇地鼓励、支持、引导非公有制经济发展

结合上面稀土的案例,就能理解,要想整合和利用好我国资源,保持供应链稳定,公有制经济一定要发挥作用,有些事必须公有制来办。

之前有篇讲中国邮政的报道感动了很多人,中国邮政给西部偏远地区、给南海岛屿送信,是看作政治任务,不计成本的。要是交给私营企业,是不可能做到的。

比如特朗普上台搞了个监狱私营化,结果马上就出现了过度劳动、虐待犯人、司法有意多判和故意捕猎非法移民等各种弊端。

近期新成立了很多央企巨无霸,2021年4月中国卫星网络集团成立,5月中国中化控股有限责任公司成立,9月中国电气装备集团有限公司成立,12月中国物流集团有限公司成立。很明显要强化对重要资源的控制。

当然,非公有制经济也很重要,但如果放任自流,就会滑向买办和资本家的方向,资本家天生都喜欢囤积居奇,趁着供应链危机发横财。对

此，公报说得很清楚："要正确认识和把握资本的特性和行为规律"。

毫不动摇鼓励的非公有制经济，是那些提供就业、提高效率及回馈社会的企业，而不是只盯着老百姓兜里那几个钱的资本家。

正确认识和把握碳达峰碳中和

碳减排其实很大程度上是发达国家的武器，用环保的理由锁死发展中国家的追赶之路。

用一个笑话可以概括：前两年冰岛火山爆发，一下子就用尽了欧洲大部分碳排放额度。

但不管怎么说，碳减排是全球共识，也是我们的机遇，以"双碳"战略为指引，做好新能源赛道超车。更要在这方面体现大国担当。近二十年来，我国贡献了全球25%的绿叶面积增加量。

会议专门指出"传统能源逐步退出要建立在新能源安全可靠的替代基础上"，背后含义就是，不能被发达国家的环保言论所左右，要坚持走我们自己的绿色道路。这是持久战，"不可能毕其功于一役"。

扩大高水平对外开放

"开放"两个字，背后的艰辛远远超出一般人想象。

自新中国成立以来，西方国家对我国的封锁从来就没停过，以前有巴统组织，后来是瓦森纳协议，前者在1949年成立，后者在冷战结束之后签订，都重点对中国进行禁运封锁。

例如捷克曾准备向我们出口"无源雷达设备"，就被美国强迫施压而终止了这项交易。买乌克兰航母"瓦良格"号，前后几次波折，整整花了四年时间。现在我们想买台高精度光刻机，也是困难重重。

而每当中国自主制造出一项产品后，在瓦森纳协议的禁运名单中就会划去这个产品的名字，该项产品对我们的出口价格也会大降。

高水平对外开放的背后，是真正的独立自主。

稳字当头、稳中求进

很多解读指出，这次公报的关键字是"稳"，提到了25次。

"稳"和"跨周期、逆周期调节"，是一脉相承的。

近年来，中央反复在提"跨周期调节"，2021年中央经济工作会议再次提出"跨周期和逆周期宏观调控政策要有机结合"。为什么跨周期、逆周期调节如此重要？因为这是击败西方资本主义经济理论的根本一击。

马克思指出，资本主义必然会发生经济危机。而从根本上消除经济危机，就是建立社会主义制度。

改革开放四十余年来，虽然有过多次波动，但我国经济整体上没有经历大周期，一直保持7%以上的增速，实现了罕见的"奇迹增长"。

很多外国学者用各种西方经济学理论来解释中国增长，并且还有不少人屡次看空中国，但中国就是从一穷二白一路成为世界第二大经济体。

很多人认为这都是市场经济的功劳，但他们选择性地忽视了改革开放前的几十年，中国在解决吃饭问题、建立完整工业体系、消除我国文盲和改善卫生环境的巨大努力。

再对照下印度，新中国成立时，印度的GDP是中国的两倍，铁路总里程是中国的三倍。到了现在，我国GDP是印度的五倍，铁路总里程是印度的两倍以上。

社会主义制度，是腾飞的根基。所以公报指出，"社会主义市场经济是一个伟大创造"，"坚持和完善社会主义基本经济制度"。

而现在，似乎中国终于来到了周期面前，那个一直困扰西方国家的周期问题。增速跌破7%，"奇迹增长"不再，不知道有多少国家等着看我们的笑话，心里说着"原来你也跨不过去啊"。

在这样的历史环境下，跨周期、逆周期调节不仅仅是解决经济问题，更是理论之争、路线之争，要用铁一般的实践，打破资本主义周期律，捍卫马克思主义政治经济学。

这一切，都需要在社会主义制度上，灵活运用经济学理论，走出和西方"休克疗法"不同的道路，用"稳"字来度过周期，不急躁，不冒进。不再唯GDP增速，而是"质的稳步提升和量的合理增长"。

这是经济学的"论持久战"。

所以公报说："面临许多新的重大理论和实践问题"，还要求"领导干部要加强经济学知识、科技知识学习"。

可以大胆预测，随着中国跨周期调节的成功，马克思主义政治经济学将击败数百年来占据主流的西方经济学，成为主流经济学。

周期，不仅仅体现在经济方面。想当年，我们面临西方封锁，建立中苏联盟，在苏联援助下建成了完整的工业体系。现在再次面临美国封锁，又一次中俄结盟，发展新时代全面战略协作伙伴关系。

历史在轮回，历史也在演进，中国从追随者成为领导者，那个坚持高举社会主义大旗的国家，已经浴火重生、脱胎换骨。

实现共同富裕目标

公报指出，首先要通过全国人民共同奋斗把"蛋糕"做大做好，然后通过合理的制度安排把"蛋糕"切好分好。现在我国GDP已经是美国的75%，蛋糕做大的任务已经做得很好了，接下来就是要分好蛋糕了。

怎么分好？就是让那些拿走蛋糕大头又不回馈人民的人，把蛋糕让出来。代表举措之一就是要为资本设置"红绿灯"。

还有就是那些攫取了大量改革红利的企业，也是时候反馈社会了。公报提出："支持有意愿有能力的企业和社会群体积极参与公益慈善事业。"

"稳"——保险的使命

除了一句"推进基本养老保险全国统筹"，公报并没有明确提到"保险"二字。

但没提到不等于不重视,在这篇以"稳"作为关键字的公报里,保险作为公认的稳定器,是润物无声的。每一个对"稳"的要求,都有保险的题中之意。

比如产业链供应链稳定,就需要保险发挥更深的作用。这次新冠肺炎疫情,欧美保险业拒赔餐饮业营业中断险,甚至出现了餐饮业和保险业的"大面积诉讼",我国保险业就比欧美表现得好,快速推出了各种复工复产保险。但这也从侧面反映出,我国保险对供应链的覆盖并不够,未来如何全面覆盖供应链风险,以及如何应对类似于疫情的系统性风险,都是对保险经营能力的考验。

比如稳就业,帮助中小微企业减负纾困,中小微企业本来风险就很高,而购买力却很弱,如何开发适合中小微企业的产品,如何与政府的中小微扶持政策结合,都是保险要解决的现实问题。

比如稳民生,保险业如何参与多层次民生保障体系,助力解决老龄化、三胎政策和灵活就业等新问题,都是需要发力探索的领域。

比如公报要求"引导金融机构加大对实体经济特别是小微企业、科技创新、绿色发展的支持",科技保险、绿色保险一直是叫好不叫座,需要在契合社会需求和满足经营条件之间找到平衡。

2021年12月10日,银保监会召开了党委(扩大)会议,传达学习中央经济工作会议精神,会议提出五点要求,包括全力支持经济高质量发展、持之以恒防范化解金融风险、持续深化金融供给侧结构性改革、进一步加强监管能力建设以及推动全面从严治党向纵深发展。

中央经济工作会议"稳"字当头,让不少业内人士产生了监管政策未来导向的猜测,诚然,"稳"是审时度势的结果,但对于转型中的保险业而言,保持定力也至关重要。

银保监会在提及"全力支持经济高质量发展"时,明确提出"积极推出有利于经济稳定的金融监管政策",但这一项下都是要求银行保险业积极从各个角度出发支持经济发展。

提及"持续深化金融供给侧结构性改革"时,有关保险业的表述也只是"持续增强保险保障功能,规范发展第三支柱养老保险,巩固车险改革成果,推动巨灾保险试点和立法进度。加快推动商业健康保险发展,切实满足基本医疗保障以外的保障需求"。

总之,如果保险业还是只想着怎么把没营养的产品忽悠给大爷大妈,怎么在费改过程中多套点费用,怎么在招标会上多压点价,怎么能争取点份额保护,恐怕是很难好好贯彻中央工作会议精神的。

NEW ERA OF
INSURANCE
保险新时代
慧保天下 精选集

8

CHAPTER

大家谈·真洞察

行业大变局时代，更需要审时度势，把握当下，展望未来，高屋建瓴地构建新时代发展观。

以中国保险业发展史为纵轴，应该如何理解当下行业所处的发展阶段，如何应对解决当下行业所出现的问题，如何回答"你是谁，从哪里来，到哪里去"的终极命题？

以国际保险业发展历程为横轴，又该如何理解中国保险业的一般性与特殊性，在"人类命运共同体"的宏大叙事下，中国保险业又当如何锚定前行的方向？

这些事关行业前途命运的问题，都有待行业大家作答。

"基金型"还是"保险型"养老金?银保监会罗艳君称德国模式带来这些启示

◎ 罗艳君　|　2021年9月17日

注：本文系中国银保监会保险资金运用监管部副主任罗艳君在中国金融四十人论坛（CF40）近日主办的第四届金家岭财富管理论坛全体大会三"人口老龄化背景下养老金融体系建设"上的讲话，原题为《德国养老金体系改革的启示与思考》。

党的十八大以来，以习近平同志为核心的党中央把逐步实现全体人民共同富裕摆在更加重要的位置上。近日，中央财经委员会第十次会议在研究扎实推进共同富裕问题时明确提出，要坚持以人民为中心的发展思想，在高质量发展中促进共同富裕。要尽力而为，量力而行，建立科学的公共政策体系，形成人人享有的合理分配格局，同时统筹需要和可能，把保障和改善民生建立在经济发展和财力可持续的基础上，重点加强基础性、普惠性、兜底性民生保障建设。会议精神为我们研究养老金融体系建设进一步指明了方向，提供了根本遵循。

养老金问题是个世界性难题。人口老龄化的加速和预期寿命的延长给各国养老金体系带来巨大的挑战。

近几年我国关于养老金"三支柱"的研究很多。谈到国外模式时大家经常对比美国体制，比如IRA、401（k）、403（b）等词，几乎每次研讨都能听到。受《金融的谜题：德国金融体系比较研究》（张晓朴、朱鸿鸣等著）一书的启发，考虑到中国与德国在政府承担的责任、社会保障理念和经济金融体系等方面的相似性，我们对德国的养老金体系特别是近二十年的改革情况进行了重点研究。本文主要从"三支柱"的概念和各国模式、德国养老金改革和启示等方面，分享以下几个思考。

详解"三支柱"两大模式："基金型"、"养老型"

按照世界银行1994年提出的"三支柱"概念和各国的发展实践，第一支柱是指政府通过法律强制实施、采用现收现付制、体现社会共济性的社保（公共）养老金，主要强调政府的责任；

第二支柱是指企业和个人共同缴费、采用资金积累制、通常享受一定程度税收优惠的商业养老金计划，主要强调企业的责任；第三支柱是个人自主自愿开展的养老储蓄计划，主要强调个人的责任。

世界各国的养老金体系千差万别，我们认为主要有以下两种典型模式。

第一种是以英、美、加等国家为代表的自由市场国家建立的"基金型"养老金体系。其主要特点是，政府建立的第一支柱仅提供最低生活保障，民众对第二、第三支柱的需求较大，参与度较高，企业和个人在养老财务规划中承担了很多责任，积累的养老金规模巨大。这些国家的金融体系以市场为主导，资本市场高度发达，公募（共同）基金成为养老金投资的重要选择。

从第二、第三支柱的产品形态看，初期全部为确定收益型（Defined Benefit，即DB模式，提前约定领取金额），20世纪70年代利率下行以后转为推行确定缴费型（Defined Contribution，即DC模式，只约定缴费比例，退休时的领取金额视养老金账户投资积累情况而定）。结合我国的金融产品形态，可以将DB模式大致理解为保险年金，将DC模式大致理解为基金定投。

第二种是以德、法、意等国家为代表的欧洲传统福利国家建立的"保险型"养老金体系。其主要特点是，政府在社会保障体系中承担了大量责任，第一支柱的保障水平较高，对第二、第三支柱形成一定的挤出效应，企业和个人参与养老财务规划的意愿和程度相对较低。

这些国家的金融体系以银行为主导，间接融资占比较高，商业养老保险和年金保险成为民众养老的主要选择。与消费者对养老储备资产的安全性和保值增值要求相匹配，第二、第三支柱的产品形态一直以DB模式为主导，近几年才开始出现DC模式。养老金体系典型模式见图1。

基金型养老金体系		保险型养老金体系
美国、英国、加拿大	典型国家	德国、法国、意大利
提供最低保障	第一支柱	保障水平较高
发展较充分，投资型产品多	第二、三支柱	发展相对滞后，保险产品为主
企业和个人责任自担	责任承担主体	政府承担较多责任
资本市场发达直接融资占比较高	金融体系特点	以银行为主导间接融资占比较高

图1 养老金体系典型模式

从历史演进看，不同国家第一、第二、第三支柱的产生背景和功能定位有显著的差异，不宜简单参照。

以美国为例，第二支柱（企业年金和职业年金）的发展对美国养老金体系建设至关重要。

1875—1930年，由美国运通公司初创，银行、铁路、钢铁、石油和电信等企业跟进，一批大型公司为吸引和挽留人才，自主发起设立了企业年金计划，数量为200多个。

1921年《收入法案》首次引入税收递延政策，由此带动了企业年金的大发展。

经济大萧条以后，部分企业年金计划落空，失业率居高不下，社会动荡不安，美国政府于1935年通过了《职工退休收入保障法案》（ERISA）和《社会保障法》（SSA）。

一方面,美国政府将企业年金纳入政府监管,同时在联邦政府层面建立社保养老金体系,为低收入人群提供基本保障。

也就是说,美国的第一支柱比第二支柱在时间上晚半个世纪,甚至有人说,第一支柱是第二支柱的补充。

另一方面,第三支柱的发展也主要得益于第二支柱的成熟与壮大。

美国的个人养老金账户(IRA)于1974年建立,当时主要有两个目的:一是为没有企业年金的职工提供一个工具,以便参加税优养老金计划;二是为职工换工作或退休时带走企业年金提供一个载体,以便保持相关资产的税延资格。有研究指出,IRA账户中绝大部分资金来自于企业年金资产的转换,个人直接交费的占比非常小。

据美国社会保障管理局最新统计,2020年美国社会保障体系覆盖1.8亿名就业人员,其中68%开展了各种形式的养老储蓄,决定美国民众参与养老储蓄的核心因素是"所在单位提供养老金计划"。没参与企业年金和职业年金的就业人员中,仅有17%开展了个人养老储蓄。

总体来看,美国是典型的"大市场、小政府"国家。税收递延和个人养老金账户等措施是促进第二、第三支柱做大做强的催化剂和助推器,以市场为导向的体制和风险由个人自担的传统则是美国商业养老金规模庞大的深层次原因。新冠肺炎疫情暴发后,美国民众的责任自担和政府的有限作为也让我们进一步加深了这方面的认识。

与此同时,美国作为全球第一大经济体,强大的经济实力和持续的高素质移民为其第一支柱奠定了坚实的基础。2020年,美国政府向4600万名退休职工每月发放社保养老金合计715亿美元,平均每人每月1544美元。第一支柱成为美国多数老年人的主要收入来源。2017年,美国社保养老金覆盖90%的65岁以上老人,占老年人总收入的33%。其中,21%的老年夫妇和45%的单身老人90%以上的收入来源于社保养老金。

从保障水平看,美国社保体系建立之初替代率(社保养老金占退休前收入的比例)为20%~30%,1970年以后替代率大幅上升,近年来目标替代率为40%左右。

详解德国三层次养老金体系:直接补贴与税收递延并重,保险公司成里斯特养老金主力军

德国养老金体系的发展沿革:从"一枝独秀"到多支柱、多层次体系。

德国养老金制度于1889年俾斯麦时期建立,是世界上最早建立的现代社会保障体系。其设立初衷是让劳动者退休以后维持原来的生活水准,因此社保(公共)养老金保障水平很高。社保养老金一直是德国民众退休以后的主要收入来源(目前平均为940欧元/人/月)。

相比之下,德国的企业年金则占比较小。据Axel Börsch-Supan统计,1999年德国退休人员总收入的85%来自社保养老金,可谓第一支柱"一枝独秀"。

随着人口结构的变化和经济增长的放缓,现

收现付制的社保养老金体系越来越不堪重负。有测算显示，德国政府若保持1972年设定的替代率（70%），2035年社保养老金缴费率将达到职工工资总收入的40%，这将极大地增加在职人员的负担，遏制德国总体经济的发展。

为了应对这一问题，德国政府于2002年启动了养老金体系改革。一方面，逐步降低替代率（由70%逐步下调到2030年的43%），推迟养老金领取年龄（从60岁渐进式推迟到2030年的67岁），建立老年抚养比动态监测机制（在退休金计算公式中引入"可持续因子"，控制社保养老金缴费比例上涨幅度并力争在2030年前低于22%）。另一方面，为弥补第一支柱削减导致的养老金缺口，政府大力推动第二、第三支柱建设。其中，最核心的是建立以时任劳动和社会事务部部长里斯特命名的养老金制度，希望通过政府的财税补贴政策激励民众购买商业养老金产品，发挥代内跨期调节收入分配的作用，缓解老龄化对现收现付制社保养老金的冲击。

2004年，德国政府再次出台养老金改革措施，推出以经济学家吕鲁普命名、专门面向自由职业者、个人自愿购买及政府提供高比例大额税收优惠的养老金。由于积累的资金无法继承等原因，实施效果不及预期。

同年，德国将养老金体系由三支柱调整为三层次：第一层为享受税优的基本养老金，包括社保养老金（法定）和吕鲁普养老金（自愿）；第二层为享受税优的补充养老金，包括企业年金和里斯特养老金等；第三层为个人自愿建立的无税优的各种养老储备。

里斯特养老金的主要目标：协调代际公正，巩固养老制度，强调个人责任，拓宽保障渠道。

为确保政策的公平公正和产品的养老属性，德国政府设定了一整套严格的监管制度。

在目标人群方面，主要面向已参加社保养老金的企业职工和公务员。

在金融机构方面，符合条件的保险公司、商业银行、基金公司和建房互助社都可以开发里斯特产品，供参与人自由选择。

在产品准入方面，由专门的机构对相关金融产品进行认证，认证通过才能享受财税优惠政策。

在领取年龄方面，必须达到退休年龄方可领取，否则将面临大笔的扣款损失。

在领取方式方面，采用终身年金形式（按月）领取的资金不得低于70%，禁止一次性全额领取。

在领取金额方面，金融机构必须保证领取的金额不低于投入的本金与政府补贴之和，即确定收益型（Defined Benefit，DB模式）。

在销售费用方面，不得超过规定的费用上限，且分摊期必须超过5年（改革初期规定为10年）。

在透明度方面，必须向消费者如实披露产品销售费用和管理成本，每年披露当年的产品管理成本、资金运用、投资收益、产品累积金额和退休时预估总金额等信息。

在通俗化和可比性方面，必须向消费者提供"产品信息表"并简明扼要地列示产品关键信息。

在合同转换方面,必须允许消费者将积累的资金转换到其他产品。

值得一提的是,德国并没有专门的个人养老金账户,而是通过购买里斯特产品时建立的银行账户实现合同转换、接收补贴和退税等功能。总体而言,这些规定比常规的保险、银行和基金产品的要求更高、更严格。

里斯特养老金的财税激励政策:直接补贴与税收递延并重。

里斯特养老金分为企业版和个人版。由于企业版过于复杂烦琐,市场上实施的主要为个人版(家庭版),也因此里斯特产品经常被归为德国养老金市场的第三支柱。

为了尽可能地扩大里斯特养老金的覆盖面,德国政府在各国常用的税收递延政策上,特别推出了直接补贴政策,从而将未纳税的广大低收入群体也纳入了激励范围。

一是基础补贴。如果参与者将年收入的4%(但最高不超过2100欧元)用于购买符合里斯特产品,政府将给予每人每年175欧元的全额基础补贴;如果缴费比例不足4%,则补贴金额按比例相应减少。符合条件的配偶作为间接受益人,支付少量的费用也可以享受基础补贴。

二是子女补贴。对于25岁以下未参加工作的子女,每孩每年补贴185欧元(2008年以前出生)或300欧元(2008年以后出生)。假设某人年薪5万欧元,有3个2008年以后出生的孩子,如果他花费2000欧元(5万欧元×4%)购买里斯特产品,政府将补贴1075欧元(175欧元+300欧元×3),他自己实际支出为925欧元。

三是特别补贴。对于不满25岁新参加工作的年轻人,一次性给予200欧元补贴。

四是税收递延。用于购买里斯特产品的费用(包括政府给予的直接补贴),可以享受税前抵扣,但领取里斯特养老金时需要全额纳税。

德国养老金改革的成效与挑战。

经过20年的改革,德国养老金体系改变了过去第一支柱独大的局面,社保养老金的支付压力有所缓解;里斯特养老金作为第二层补充养老保险和第三支柱个人自愿交费的养老计划,已经覆盖三分之一的就业人口。

据德国联邦统计局发布的数据,2019年德国65岁以上老人的收入中,来自第一层(社保养老金)、第二层(享受税优的企业补充养老金和里斯特养老金等)和第三层(个人自愿储蓄性养老保险及其他收入)的占比分别为61%、22%和17%;若按三支柱划分,则第一、第二、第三支柱的占比分别为61%、8%和31%。

展望未来,随着老龄化和少子化的持续,社保养老金依然面临入不敷出的问题,更大的挑战则来自外部环境,即低利率甚至负利率的背景下,维持保底金额的压力越来越大,有的金融机构在提议改为确定交费型(Defined Contribution,DC模式)无果后,干脆退出了里斯特市场。

保险产品积极参与竞争，成为里斯特养老金的主力军。

为了充分鼓励竞争、丰富产品形态，里斯特养老金从设立之初就引入了四类金融机构，即保险公司、商业银行、基金公司和建房互助社。各机构分别开发产品，产品必须同时符合里斯特认证标准和各自行业的监管规定。

从历年统计数据看，保险一直是20年来规模最大的产品，目前占市场份额的三分之二；基金产品次之，市场份额为20.14%；银行储蓄产品占比较低；建房互助社产品只适用于特定消费者，对养老金体系的贡献比较有限。

为什么保险产品在里斯特养老金中占有主导地位？

一方面，与德国的国情、民族性格和历史环境有关。德国早在130年前就建立了全民社保制度，民众的保险意识较强，在投资方面比较保守，首选寿险和不动产投资。受两次世界大战和金融危机影响，德国人普遍求稳求安全，观念上认为买保险很安全，不轻易参与资本市场投资。

另一方面，与德国保险业的功能定位有关。一是养老保险是保险公司的传统业务，与之相关的年金和精算技术也是保险公司的专业优势。二是随着欧洲负利率时代的来临，各保险公司适时推出了"保险+投资"的混合型产品，将养老保障与投资管理有效结合，形成了行业独有的资金缓冲机制。三是养老金产品种类较多，条款复杂，还涉及税优和补贴，消费者购买前大多需要咨询，保险公司的销售渠道能够提供相关服务。

从其他产品的发展轨迹看，银行存款产品在高利率时期一度深受消费者欢迎，随着零利率的到来，产品逐渐失去吸引力；很多基金产品由于不愿意承担保底收入，也退出了市场。总的来说，保险成为里斯特养老金的主打产品是产品功能、客户选择和市场竞争的共同结果。

德国养老金体系相较更具借鉴意义：建议加强直接补贴，保险公司可充分发挥行业优势

加强顶层设计，科学构建中国特色的养老金发展格局。

从全球看，无论是"基金型"体系还是"保险型"体系，都是基于各国的国情和公共政策导向，经过漫长的发展演进才走到今天的，我们要全面客观地比较各种模式的利弊，更要分析探究其形成和演进的深层次逻辑，才能博采众长，寻找符合中国实际的最优解。

里斯特养老金是由德国政府强激励并强管控、个人自愿参加的第二层养老金制度，它之所以能在二十年间取得快速发展，得益于科学严谨的制度设计、循序渐进的操作执行和持续不断的修改完善。

我国正在向着全面建成社会主义现代化强国的第二个百年奋斗目标迈进，有基础也有优势加强顶层设计，统筹协调各方力量，构建更加公平、更可持续、具有中国特色的养老金发展格局。

金融机构作为养老金融产品和服务的提供者,要发挥各自的优势和特长,在产品开发和销售、养老保障、投资运营、账户管理等方面深耕能力,为不同群体提供差异化的养老金融服务和综合解决方案。

优化财税政策,进一步激发企业和个人参与养老金积累的积极性。

从金融的角度看,对流动性的偏好是消费者的普遍心理,产品期限越长流动性越低,不确定性越大。积累养老金的本质是在预期个人长寿的前提下牺牲流动性、让渡资金管理权以换取退休以后的安全、稳定的现金流,为退休生活提前做好规划。如果没有税收优惠和财政补贴政策,完全依靠自愿是很难发展壮大第二、第三支柱的,各国的发展路径均证明了这一点。

立足我国国情,从现实可行的角度出发,建议对现行的税收递延政策进行微调,鼓励第三支柱发展。

一是总结个人税收递延型商业养老保险的试点经验和存在问题,加快调整修订政策,运用科技手段简化业务流程,提高产品的吸引力。

二是按照规则统一、公平竞争的原则,引入更多符合税延养老要求的金融产品,丰富消费者的选择权,同时加强财税、社保和金融等部门的统筹协调,提高决策效率。

三是择机适时将企业年金的税收递延政策扩展到符合条件的个人,如未参加企业年金的职工和灵活就业人员。在账户管理和信息归集上,可以结合个人所得税专项附加扣除的实践和新冠肺炎疫情防控中各地的经验做法,借助互联网和手机APP,在客户端直接触达参保人,提高参保的便利性,后台由政府部门集中统一管理并打通财税、社保和金融等信息。

四是研究面向部分低收入人群发放直接补贴的可行性。Stolz和Rieckhoff研究发现,德国政府每补贴1欧元可以撬动2.2欧元的里斯特产品供款。实践表明,直接补贴比税收递延的激励效果更直观,也更有利于低收入家庭。我国纳税人口不足1亿人,直接补贴能够惠及广大低收入人群,同时发挥财政资金的杠杆效应,撬动更多资金参与养老资金积累,缓解政府未来财政支出的压力。

发挥保险业优势,全面参与养老金融体系建设。

我国保险业经过四十多年的发展改革,已经成为全球第二大保险市场。保险公司在组织经济补偿、资金融通和辅助社会管理的过程中,积累形成了独有的风险保障和投资管理能力,为全面参与养老金融体系建设打下了良好的基础。

第一,保险产品中的生存年金(annuity)和养老金(pension)的原理一样,都是先留存资金,等未来某个时点以后再按期(每月/每季/每年)领取的一种制度安排,通俗说就是防止"人活着,钱花完了"的风险。年金保险涉及的生命表、精算科学、均衡保费和强制储蓄等,都与养老金管理的核心要义如出一辙。

第二,部分保险机构探索实施"保险+医养服务",由被动的事后财务补偿到全方位提供医疗养老综合服务方案，打通客户全生命周期的养老筹资和服务消费，从根本上解决老无所养的后顾之忧，提升老年人及全体社会成员的获得感和幸福感，这在金融业各子行业中是独有的。

第三，从商业模式看，年金保险都是保底保收益的产品，符合我国现阶段多数老百姓的需求和风险偏好，也符合养老资金积累对安全性和稳健性的要求。年金产品内嵌的预定利率因子是保险公司向保单持有人的承诺，也是消费者实现长期、复利计算的保底收益的关键。

正所谓"一诺千金""一言九鼎"，在利率下行趋势下，即便保险公司承担利差损也是要保证给付的。这是保险监管的意义和职责所在，即确保保险公司在客户人生百年的时间维度里，始终保持充足的偿付能力。各国法律也都规定，经营寿险业务的保险公司不允许解散（公司分立、合并除外）。

第四，长期资金管理和绝对收益获取的能力是保险资管行业的看家本领。为实现资金的保值增值，保险机构作为资产所有人（Asset Owner），建立了一套长期稳健价值投资的方法论，从资产负债匹配、大类资产配置、资产再平衡到投资管理人评选、组合投资管理、业绩归因等，投资职责越来越细分，市场化专业化程度也越来越高。

我国保险资产管理业从2003年成立至今，经历了多次利率、信用和市场风险的考验，无论利率高低，也无论市场牛熊，每年皆实现了穿越周期的绝对正收益，有力地支持了对客户的承诺和保险金给付。而这一点，对于积累期长达二三十年、领取期伴随终生的养老金来说，至关重要。也正是基于稳健的投资风格和投资业绩，保险资产管理公司和养老保险公司赢得了我国企业年金客户的信任，受托管理的总资产占企业年金市场的55%，而且企业年金市场前三大投资管理人均为保险机构。

第五，从1992年引入个人保险代理人制度至今，我国保险业在长期产品的销售和体系搭建方面已经探索实践了30年，积累了丰富的经验，也有不少教训。行业销售队伍在持续不断的转型升级中，正朝着年轻化、专业化、职业化方向提升，越来越成为触达客户、服务百姓、连接家庭的基础桥梁和纽带。

长期资金的形成不是躺赢的，复杂且长期的金融产品都要靠"点对点"的服务与推动，在反复沟通中深度匹配客户需求，世界各国皆如此。

综上所述，保险业要立足自身特点，继续苦练内功，巩固提升长期产品开发与销售、长寿风险管理与服务、长期资金投资与管理等核心竞争力，同时努力在控制销售和运营成本、提高经营管理效率和透明度上下功夫，积极参与养老金三支柱体系建设，为经济转型升级和科技创新积累长期资金，持续提升服务实体经济质效，为助力全体人民共同富裕贡献保险力量。

大家保险罗胜：寿险新一轮大转型关口，不悲不惧坚定向前

◎ 罗胜 | 2021年9月15日

注：本文系大家保险集团总经理临时负责人罗胜在中国寿险行业转型发展峰会上的演讲内容；原题为《不悲不惧，坚定向前，积极推动寿险转型发展》。

编者按

本文是一篇限时讲话稿，或许最终也没有明确结论，或许有些观点也只是一家之言，但作者罗胜秉持深度思考诚意发声，从他一贯主张的保险商业模式底层逻辑的分析方法出发，加上一些国际视野的印证比较，进行了缜密的逻辑推演，为我们更深刻地认清当前寿险行业的形势和任务，提供了一种分析问题的思维框架。在他推论的基础上，作者所在机构根据自身资源禀赋，进行了一些转型探索实践，也可作为一个观察样本。

正如有人说：生活中的10%由发生在你身上的事情组成，而另外的90%则是由你对所发生的事情如何反应所决定。寿险转型确实遭遇"瓶颈"，但寿险基本面并未完全崩坏，哪些传统优势还存在，哪些增量空间待破局，需要深刻认识，冷静应对，不悲不惧地坚定向前。

大家下午好！很高兴也很荣幸能参加这样一个一年一度的行业盛会。认真聆听了前面政府领导的重要讲话、专家学者的深刻见解和行业翘楚的精彩发言，深受启发，收获很大。

大家保险是一个正在艰难求生、求变、求发展的新机构，更希望得到同业先进的引领和指导。大会的主题是转型，探求新格局下寿险行业的高质量发展之道，本人忝列其中，敬陪末座，谨为建言。

一段时间以来，我有这样一个感受，2021年以来寿险市场的大幅下滑，可以说是突如其来的。大家似乎都有点迷惘，不知道这个变化是趋势性的，还是周期性的，行业该怎么应对，什么时候结束。更进一步追问，还会有以前的高增长吗，保险还算是朝阳行业吗，未来的出路在哪里。作为局中之人，借此机会，谈一谈我对寿险转型内外部因素及转型方向的粗浅理解，不一定正确，诚惶诚恐，求教方家。

三重驱动内因：寿险业直面大资管时代跨界竞争，监管、互联网经济倒逼行业转型

本轮寿险业大转型的帷幕，如果大家能达成共识，应该是从几年前所谓资产驱动型业务模式被监管叫停拉开的。当时所谓资产驱动，就部分公司而言，其实质是寿险业务的全面"理财化"。监管因之提出回归保障的要求，转型成为监管压力之下的整改之路。其实放眼国内外，近十年来，寿险的经营基础和商业逻辑不断发生深刻变化，转型已势在必行。晚转不如早转，随着时间推移，转型的难度和复杂度都在增加。

第一，寿险被迫也必然要参与大理财的竞争。

随着金融的可及性提升和金融产品的进一步融合创新，民众的投资理财意识被激发，资产配置这样的专业概念飞入寻常百姓家。寿险作为一种财务风险管理和财富增值手段，被迫参与到大理财领域金融各业的同台竞争中。不用说理财型保险产品，就连所有带现金价值的传统寿险产品，也都从风险的叙事逻辑中拉拽出来，纳入范围更广的金融产品收益比价队列，按照理财的叙事逻辑重新进行价值评估。

众所周知，金融产品是价格敏感型产品，收益或利率就是敏感点，也是最主要的竞争点。虽然我们在保费缴纳和给付返还方面采取了许多消除价格敏感性的动作，但客户的觉醒走得比我们想象的更远，有的客户已经开始运用IRR等专业分析模型，评估每一款保险产品的实际价值，然后与其他金融竞品作比较，再决定购买行为。

在赚钱是硬道理的驱动下，长期稳健的故事和风险考量的劝说缺乏猛烈而直接的冲击力。这也正是前几年P2P泛滥，近年来基金热销的直接原因。

这两年你打开抖音，随时都能刷到基金销售的广告带货，有人甚至将2020年冠名为"基金元年"。仅仅一年时间，公募基金规模增长5万多亿元，增幅近35%。基金的概念植入也非常成功，从刚毕业的大学生，到退休在家的大爷大妈，都知道只有开展权益投资，才是实现人生财富目标的不二法门。

在金融产品边界日益模糊的大资管（从公司角度）、大理财（从客户角度）市场里，不管你穿什么牌照的"马甲"、贴什么金融标签，都需要考虑如何适应或迎合金融消费最直接的心理需求。徐敬惠先生在一次演讲中曾谈到，商业的本质不是销售商品，是提供生活解决方案，是为

客户提供价值,对此我深以为然。站在客户的角度,一款寿险产品它的价值和吸引力究竟在哪里,真的值得我们好好想一想。

第二,全球监管对利率风险的高度重视,利率承诺型产品资本损耗增加,逼迫寿险公司改变产品策略和经营战略。

在所有宏观经济要素中,利率可能是对寿险经营影响最大的指标。各国历史上几乎都出现过因长期利率定价偏差导致重大风险的案例。在偿付能力监管的制度演进中,大部分国家对有承诺利率的寿险产品采取高资本损耗的限制措施。近十年来,发达经济体基准利率持续下行,根本性地改变了寿险的经营基础。

在产品方面,寿险机构纷纷改变产品策略,向"资本效率型"(capital efficient products)产品方向聚集。一是财险化,即重点销售纯风险损失率定价产品,比如终身寿险、定期寿险、健康险等的产品。二是基金化,不承诺利率,投资收益风险由客户自担,如无收益担保的万能险、投连险等的产品。

我们比较这些年来部分发达市场的行业数据,或者跨国保险集团公开披露的报表,能明显看到这种变化,如图1、图2、图3所示。

在经营战略调整方面,春江水暖鸭先知,发达保险市场动作开始得比较早。比如,韩国近年来一直处在低利率环境中,酝酿多年即将发布的偿付能力监管新规也实行了更严格的利率风险资本要求。过去几年里,欧资保险公司几乎全部主动退出了韩国市场,退出过程可以说是壮士断腕,义无反顾。

比如安联人寿,十几年前收购韩国第一人寿,累计投入资本10多亿美元,4年前以倒贴6000万美元的方式,卖给了一家中资公司。脱手之后,安联集团股价应声大涨。

在英国等市场,由于传统的长期期交寿险保单几无新增,封闭式业务模式(closed book business)兴起。这些公司不再开展新业务,关闭销售,缩减运营,以极低成本运行,专注以存量资产投资获取收益。

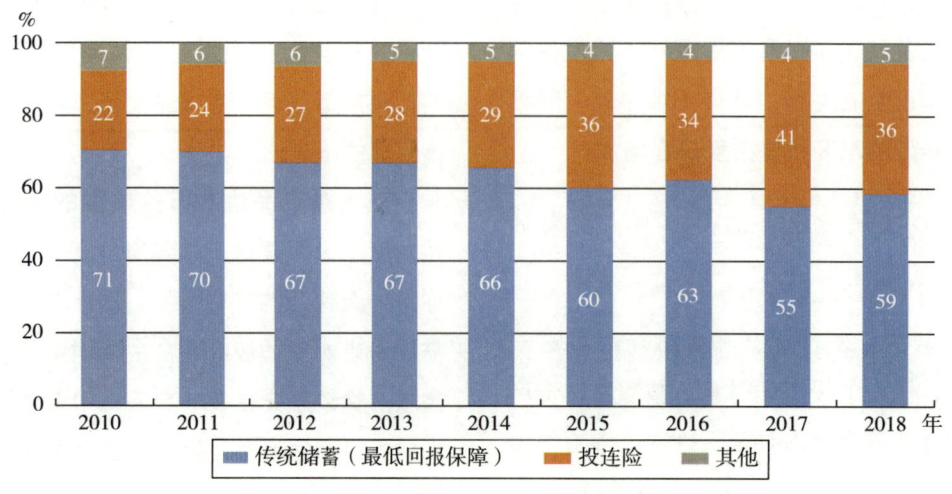

图1 2010—2018年意大利寿险保费结构变化

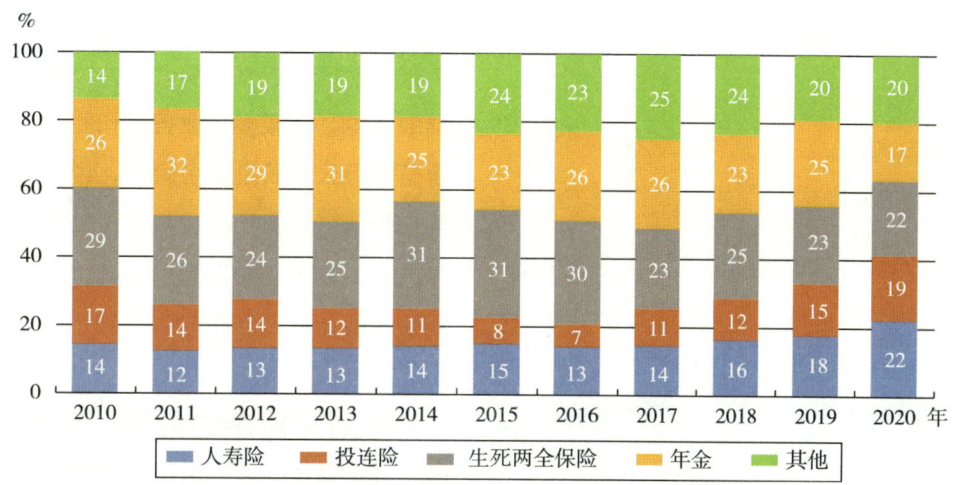

图2 2010—2020年西班牙寿险保费结构变化

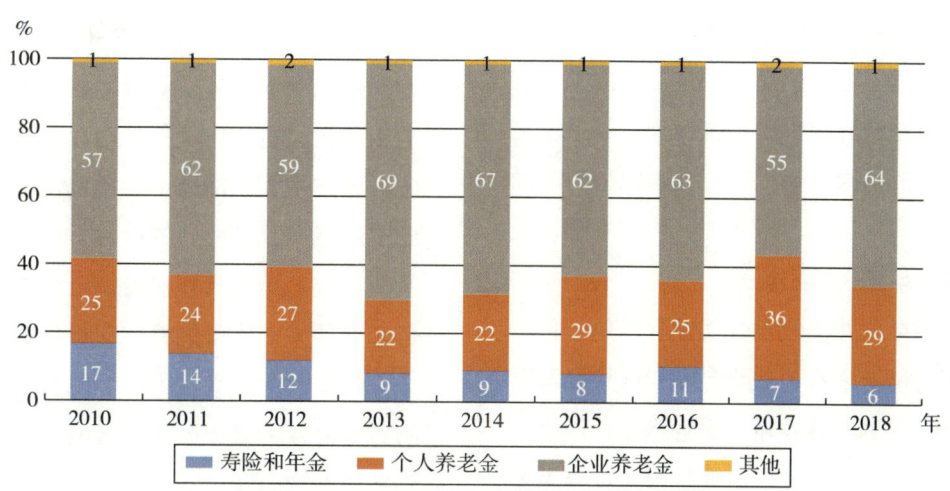

图3 2010—2018年英国寿险保费结构变化

这些都是首先感触趋势变化的市场和机构的应对之举。此外，长期期交寿险保单增长乏力，也对寿险公司内含价值的高估值模式有所冲击，导致寿险公司估值下行。从全球范围看，低利率市场中寿险公司估值很少有PB超过1的。

当然，利率下行有一个长期的过程，甚至会出现反复。不同国家也有其根深蒂固的金融消费传统。一些跨国保险集团，针对不同国家的消费习惯和利率环境，采取不同的产品策略，也照样"站着把钱挣了"。换句话说，传统的寿险经营模式还有一定的生存空间和时间窗口。但从长远来看，客户消费习惯的转变和利率趋势的变化正

在一点一点发生，我们应早做准备，未雨绸缪。

第三，互联网逻辑倒逼寿险产品简化，同一产品中保障和理财功能分离，产品复杂度降低，可能更受客户认可。

经过互联网经济的浸润和熏陶，客户越来越喜欢简单直白的产品。商业模式清晰简单的公司也更容易得到高估值，这也是近年来酒店等行业重资产和轻资产不断分离分化、轻资产模式受追捧的原因之一。

寿险产品的功能复合化和内容复杂化，有生命健康风险本身复杂的客观原因，但更多是销售策略等推动的。在其他金融产品越来越简约并直抵核心需求的情况下，产品复杂化导致需求面收窄，销售成本在跨界竞争中不占优势。需求流失和成本劣势同时对原本赖以建立竞争优势的劳动密集型个人代理人队伍形成冲击，传统的销售模式和触客模式都面临新的挑战。

产品的简单化并不代表公司经营的单一化。从发达市场的情况来看，保险产品和保险公司可以遵循各自不同的发展逻辑。保险产品，作为风险保障工具，做它该干的事。保险公司，作为金融机构，做它能干的事。

保障和理财的逻辑分离，可以扩大保障的杠杆效应，提高消费者的风险保障覆盖程度，让民众真正享受到保险。这也就是百万医疗、惠民保等在产品推出后，重疾险越来越卖不动的原因。先不论这些产品定价是否充分，单从保险发挥社会功能的角度看，群众购买的积极性有利于树立保险业良好的风险管理形象，是好事情。

在产品功能简约化的同时，保险公司则基于其不断增厚的整体基础能力，积极参与理财市场的竞争，形成多个业务线和利润中心。近期陆续有保险公司获批基金牌照，说明监管机构认可其投资理财能力可以在其他金融产品领域得到展现。从发达市场的监管策略和跨国保险集团的业务构成情况看，也基本都是这个发展进路。

深刻又复杂的外因：新概念、新方略、新格局不断涌现，生育率下降，预期寿命延长牵引行业转型

近年来，行业外部社会事态风起云涌，既深刻又复杂。双循环、双碳、科技断供、自主创新、数字化、智能化、平台垄断及共同富裕等新概念、新方略和新格局不断涌现，正在从根本层面上重新定义我们所处的社会，也蕴含了寿险行业从负债端、运营端和投资端全方位转型发展的外部牵引要素。这里的每一个概念都是一个大话题。人口老龄化是大会本环节的主题，也是影响寿险行业发展的最重大而直接的外部因素之一，我们就此专论。

随着"七普"数据的发布，人们对中国即将迈入深度老龄化有了更加真切的认识，如何养老成为社会热点话题。老龄化是一个人口结构的问题，主要由人口的出生率和预期寿命两方面决定。但不管从什么样的数据维度，无论以哪家机构的统计口径来看，中国都将加速迈入深度老龄化社会。

生育率下降是人类文明化一个坏的副产品。

CHAPTER 8 | 大家谈·真洞察

即便在一向被认为是高生育率传统的伊斯兰国家，也能观察到文明和富裕程度提升后生育率下降的现象。很多国家都出台过鼓励生育的政策，但效果都不明显。比如德国，政策力度很大，在欧洲是最有效的国家之一，但也只能将出生率从十年前的1.3提升到现在的1.5~1.6，达不到更替生育率水平。美国的人口增加，主要靠移民带动。

我国人均GDP已超过1万美元，2020年城镇化率为68.39%，并可能在2035年达到或接近发达国家80%左右的水平。未来中国人口的大幅度增加已不可能，有人甚至预估会在2023—2024年达到峰值，随后绝对人口数开始下降。如果大家去看携程的创始人、人口学家梁建章的文章，对中国的人口问题可能会有更深的忧虑。

预期寿命延长是人类文明化一个好的副产品。这主要应归功于科技的进步。此次新冠肺炎疫情，在各国疫苗研发的大竞赛中，mRNA技术崭露头角，被列为2021年全球十大突破性技术之一。其发明人卡里科被认为是2021年诺贝尔医学奖的最热门人选。伊隆·马斯克认为，mRNA代表医学的未来，可以用它"治愈一切"。目前，全球30多家公司上马了180多个管线的以这项技术为基础的药物研发项目，其中包括多种癌症药物。有科学家认为，未来十年，生物医学加上人工智能，将诞生最猛烈的一波科技革命。

总而言之，虽然像人类即将实现永生这类预言还不足信，但科技进步将使得人类预期寿命大幅度延长则已是不争之共识。"吃饭快快长大，吃药慢慢变老"将成为人类生活的常态。

不管我们怎么转变观念乐观对待，人口老龄化对社会经济发展肯定算不上是好消息，但也无须过度担忧。对社会来说，持续的老龄化将会极大地改变社会的投资结构和消费结构。对我们每一个终将老去的个体来说，做好财务安排，规避养老风险，避免出现"人还活着，钱花没了"的窘境，则是事关个人尊严福祉的重要问题。随着社会的进步，养老的品质要求不断提高，既加速催生新的养老消费业态，提升养老消费总量，也扩大了养老的财务保障需求，拓展养老金融的市场空间。

从这个角度来讲，老龄化对以生命和健康风险保障为己任的寿险行业来说，可以算是很好的发展机遇，有着广阔的市场前景。

问题随之而来，在这个泛养老金融的年代，在这个金融各业都想要分一杯羹的第三支柱市场里，保险业的竞争力在哪里？如果不能比收益，我们比什么？

近期银保监会罗艳君副主任在中国金融四十人论坛上有个精彩的发言。她认为，中国的第三支柱体系更应当借鉴德国模式，保险在第三支柱领域有深厚的传统和独特的优势，大有可为。

我非常赞同罗主任的观点，同时也认为，不管是德国模式、英美模式还是什么别的模式，如果拼收益不是保险的长项的话，就需要能讲出不一样的故事来。

转型的可行方向和路径：需要更加开放甚至大胆的思维，靠近实体经济，靠近原生需求

转型是行业和企业发展永恒不变的主题。保险起源于财险，以物为标的。在随后的发展过程中，开始以生命表为基础，将人本身纳入保险标的范畴，管理人的生存和死亡风险，并让保单具备现金价值，由此产生了寿险行业，这可以算是保险业的第一次重大转型。之后的一次次转型，使保险业呈现出更加丰富和复杂的样态。在寻求增量市场和突破性发展的转型尝试中，有成功也有失败，有的甚至带有悲壮色彩。

成功的例子很多。比如，新型寿险产品的创设、个人代理渠道的建立、银行保险的发展等方面，使我国寿险行业发生了一次又一次的跃迁，成长为世界第二大保险市场。

失败的例子也不少。比如，保险业在信用风险管理方面的几次尝试，几乎均以失败告终。从美国AIG大量销售CDS最后为2008年国际金融危机买单，到几年前我国部分财险公司的信用保证保险为P2P客户提供损失补偿，虽然吸收了社会风险，发挥了保障社会经济稳定的部分作用，但"我以我血荐轩辕"，部分公司终因失血过多而不得不寻求社会资本或政府资金的拯救。

转型分很多层面，当前全行业所重点关注的，是代理人渠道的改革，据说整个资本市场都在盯着平安的代理人改革。多家公司尝试独代模式，也是在为改革探路。

大家都知道，代理人模式发展至今，存在的问题并没有发生本质变化，改革的驱动因素也不是增加底层代理人收入的道德感召，而是基于前面分析的内外部因素，是市场发生了深刻变化。

改革到什么程度才算成功，时间才能给出答案。这里不展开分析，只举一个小例子，说明改革也许永无止境，甚至是自我革命。在荷兰，因为难以根除的销售误导，改革的最终结果是代理人模式整个退出寿险市场。现在留存的是少量所谓财务顾问（Financial Consultant），但FC只能基于其专业咨询服务向保单购买者收费，不能从保险公司获取任何费用。

几年前，安邦在荷兰收购的保险公司邀请其合作的FC到北京考察，费用全由FC自己支付。其间安邦赠送了每位客人一件风衣，因价格略微超标，在经过数年调查后，以监管部门罚款几十万欧元了事。当然，荷兰市场是比较极端的例子，这种做法在全世界也不多见，但从中也可以看出诸多端倪。

结合本节会议的主题，我认为在老龄化时代，需要我们用更加开放甚至更加大胆的思维，思考寿险行业如何转型的话题。如前所问，老故事讲不通的话，新故事在哪里？

我们知道，金融和保险都是次生需求，必须附着在诸如衣食住行等原生需求的基础上。在生态化年代，任何次生需求的开发，都需要与原生需求更加紧密地结合，才能占得先机。在供给充分的情况下，去哪里找到客户并唤醒需求就成为竞争的主战场。

换句话说，在生态经济和数字经济驱动下，金融业发展的逻辑变了，"更靠近实体经济，更靠近原生需求"可能成为未来发展战略中绕不过去的环节。这不单是培育"第二增长曲线"的问题，而是挖土筑地，为未来深耕厚植奠定基础，即所谓长坡、宽道、厚雪、"四位一体"的问题。

招商银行近年来不断在各类个人生活场景中为客户提供各种打折优惠或补贴，贴近客户的原生需求并建立高频互动，将其金融服务深深植根于客户的日常消费中，最终在大理财时代再次建立起领先优势。招商银行的战略获得了资本市场的青睐，目前其沪深股市值1.36万亿元，市净率达到2.11倍，市值在中国的银行中仅次于工商银行。

回到前面的问题，保险与其他行业在养老金融市场的竞争中，可以从哪里寻求突破？如果不能提高有竞争力的收益回报，我拿什么奉献给你，我的保险客户？答案也许就在于，保险需要多走一步，更深入地布局到原生需求领域。而与寿险最直接相关的原生需求，就是健康医疗和养老服务。

大家都知道凯撒医疗和联合健康的故事。从近十来年对大都会人寿与联合健康的市值对比来看，我们就知道市场对这种深度结合是认同的。十年前两家公司的市值相仿，十年来，联合健康增长了7倍多，达到3800多亿美元，P/B为5.8，而大都会人寿只增长了60%左右，520多亿美元，P/B仅为0.8。养老与保险的结合全球鲜有先例，但泰康在中国市场率先开始探索，目前也取得了社会的充分认可和业务发展上的成功。

当然，险养结合模式属于从金融向实体的深度渗透，在观念、政策、技术和风控等层面还存在诸多问题。其中一个核心问题是，险养结合如果被看作多元化经营，在政策层面该如何看待这种由客户需求驱动和时代变化推动的创新和突破？

历史上看，保险业的多元化，有以下几种动因：

第一种是投资冲动。这种模式是运用保险资金盲目开展控制性并购，缺乏内在的协同逻辑，单纯寻求资金话语权，专业能力和管理经验跟不上，基本上都是失败的案例，应当严令禁止。

第二种是混业金融。这属于金融供给的横向扩展，在监管和风控到位的情况下，有成功的可能。但从多次金融危机的教训看，混业经营往往导致风险跨业传递，需要谨慎对待。监管目前也持严格控制的态度。

第三种是生态经营。这是基于生态模式构建下的服务链纵向延伸，是产业发展到数字化和科技化阶段的产物，有其市场必然性和合理性，可以在有监管的前提下，逐步积累经验，有序开放和发展。

当然，对于这种产业链的纵向延伸，作为金融工具的保险业，应该有哪些风险隔离措施，应当具备哪些基础条件，财务上能否自圆其说，保险以什么方式切入这个领域更好，险养怎么结合，如何处理好主辅关系，医护和宜居哪个是这一模式的重点，需要哪些政策支持和监管覆盖等，目前全行业都还没有特别明确的答案。

但无论如何，这种转型是保险业新一轮的模式创新，也是环境逼迫下的又一次突围之旅，也许决定着保险业的未来走向，需要监管和行业

以既开放又审慎的态度，进行更扎实的探索和求证，共同寻找答案。

各位都知道大家保险的来龙去脉。三年多来，我们沿着"资产重组、管理重塑、业务重启"同步推进的康复之路，努力推动公司转型发展。时逢行业内外部形势的剧烈变化，挑战和难度可想而知。公司成立以来，何肖锋董事长提出了"CPC（Customer-Product-Channel）+SHI（Senior Housing Industry）"的业务战略。在渠道方面，目前我们正努力推进独代模式的试点，养老产业方面我们以城心养老和旅居养老为切入点，加速在全国布局。希望通过我们的努力，为保险业的健养生态建设贡献一个"大家样本"。

多年以前，梁启超在游历欧洲回国后，面对积弊重生的国政和愚昧落后的国民，用他一贯乐观坚韧的人生态度写道：可以忧患，不可以悲观！更多年以前，陶渊明面对人生的不如意曾经写到，纵浪大化中，不喜亦不惧，应尽便须尽，无复独多虑。今天，我们面对低迷的市场、严苛的环境，更需要这种冷静、达观和坚毅。只有更坚定不移地推动行业拥抱变化，不断向前，脚踏实地，大胆转型，寿险行业的未来发展才更值得期待。

寿险转型首要命题：保费是什么 | 追根溯源说保险

◎ 杨征 | 2021年9月4日

注：本文原题为《寿险经营基本概念之"保费"》，作者杨征，新华保险副总裁兼首席财务官。

保费是寿险公司经营中非常重要的基本概念之一。我国寿险行业经过了几十年的发展，其核心经营团队、各级管理人员、专业管理队伍以及广大从业者群体都已经过多年历练，金融市场也已经对寿险业务建立起较为广泛和专业的认知。

但是，仍然时常能听到对一些寿险基本概念的不解或混淆，往往导致经营方向的偏离和管理效率的降低。其中，首当其冲的就是保费概念。

"为什么有这么多保费口径？"

"这些看似差不多的保费名词都有什么意义？"

"为什么不能用一个口径管理公司？"

"为什么我们公司的保费口径跟人家的不可比？"

"为什么总公司报告上的保费数与分公司报上来的数不一样？"

……

这些问题估计大家在管理中经常会碰到，而且往往是领导发问。而基层经常也有以下质疑：

"为什么我们的规模任务都超预算了，而价值保费任务还差很多？"

"为什么总部下发的价保系数又变了？而且越变越小，是不是变相给基层加任务？"

……

日常工作中，对于这些问题，内行不屑于解释，外行又真不明白。而且，解释起来好像并不像问题这样简单、直白，往往充斥着晦涩的专业术语以及绕口令似的阐述逻辑。要真解释清楚各种"保费"应用的来龙去脉，还得加上一些行业发展史以及公司自身经营管理理念的演化历程。

由于保费概念是寿险原理的重要基础、管理的核心基础之一，并且界定了保费这一寿险经营的主要抓手，弄清这一概念对寿险公司经营管理人员非常重要。本文就从管理角度梳理一下常见的各种保费的含义及其管理作用，为寿险公司管理效率的提升打基础。

五花八门的保费概念背后，是时代的印记

大家常说的保费其实并不是一个严谨的管理

概念。其源于保险费概念,并且在经营管理中衍生诸多管理需要以及其代名词。

在《保险法》中,保险费有严谨的定义及解释。保险费概念是一个国家法律范畴界定的专业术语,其法律意义不是本文的重点,在此不赘述。

从管理上看,保险费是保险公司与投保人订立的保险合同中的交易对价,其表现的是保险公司与客户之间经济行为现象的一个重要部分。

在实际工作中,由于订立保险合同是保险经营的起点,即保险"先销售、后生产"的经营规律体现,保险公司经营的重点应当起于保费管理。从此,保险费的严谨法律概念就被保费所替代,意指销售行为的直接经济结果。

常见的关于保费有以下几种约定俗成的说法(可能具体用词因公司而异,但其背后的管理意义大概不过如此)。

规模保费。

从法律意义的保险费衍生出的第一个最近似的概念应该说是规模保费。

在我国商业保险恢复经营以后的相当长的一段时期,行业高速发展,保险公司业务暴发式增长,但以保险风险为核心的保险经济实质并没有研究得很透彻,其专业定义也没有界定得很清晰。

在"什么是保险"没有具体经济学定量界定的情况下,保险公司签订的业务合同就成为保险经济活动的实践性定义。显示保险公司业务总量的规模保费应运而生。

规模保费将保险公司签订的所有合同收入称为保费。对寿险公司而言,其中不仅包含传统险、分红险、意外险等保险合同收入,还包含了投连、万能业务的合同收入,甚至包括了保险公司不承担保险风险的服务合同,比如"团体医疗服务合同(基金型)"的基金总额。这一概念直观反映出保险公司的业务总规模。

在保险业恢复经营之初,许多公司从零起步,亟待有所作为,开展业务的速度和能力受到普遍重视。同时,在"见费出单"的监管要求下,如果不考虑正常应收、实收差额,规模保费基本上等于保险公司可掌控的业务现金流入情况。而现金流管理对于金融机构管理的重要性不言而喻。"业务规模+现金流"的双重性使得规模保费作为行业通行的管理指标恰逢其时。

在较长一段时期内,规模保费口径在行业中普遍采用。监管以其作为公司市场份额排名、业务发展速度乃至业务风险监控的基础,公司更是将其贯穿在各个层级的管理要求和绩效考核中。

与此同时,行业的大发展锻炼出我国保险业第一批管理精英和业务骨干,直观生动的规模保费概念也就随之深入人心。而且仍然体现在一定的监管统计范畴下,其行业认知度较高且实际应用较为广泛。

会计保费——旧准则保费。

伴随着我国会计准则体系的不断完善,在2010年"2号解释"出台前,会计制度体系内已经对保险公司从事业务中的保险风险有所要求。

当时我国会计准则约定了保费口径:"对于

非寿险原保险合同，应当根据原保险合同约定的保费总额确定。对于寿险原保险合同，分期收取保费的，应当根据当期应收取的保费确定；一次性收取保费的，应当根据一次性应收取的保费确定。"而原保险合同的判定是"在单项合同的基础上，根据合同条款判断保险人是否承担了保险风险"。

至此，会计准则规定的保费口径在规模保费的范畴内，初步引入了风险概念。对于没有进行风险转移的基金型业务只确认的其中的服务费部分作为公司收入，并按照会计准则的基本原则，将其基金部分计入资产负债相应科目。

会计保费——新准则保费。

2008年财政部出台的《企业会计准则解释第2号》以及其后的相关通知要求规定，境内外上市保险公司执行的会计政策原则上应基本一致。

保监会于2010年初发布《关于保险业做好〈企业会计准则解释第2号〉实施工作的通知》，进一步明确了重大风险测试、折现率等规定。

这一批专业政策文件被业内统称为"2号解释"，对保险业会计保费界定有着划时代的意义，即当前业内俗称的"新准则保费"，是现行会计准则范畴下的保费核算口径。

之所以称之为"新"准则，是"2号解释"后，相对于原会计准则（旧准则）而言的，即在2010年是新的会计准则要求。这是已经历时十年的称谓，其在当前，早已不是什么新的准则了。从此称谓足见历史沿革的影响和习惯思维之顽固。

当前会计准则对于保费的口径变化主要在于强调了保险风险的认定，将显性的非保险风险部分和合同保险风险不重大的合同排除在外，只有分拆的保险风险部分或者通过重大保险风险测试的保险合同对应的合同保费才认定为保费。

相较于旧准则，现行准则更加突出保险风险的识别与确认。其采用的方法是"先拆后测"原则。先将保险产品按照其大类形态进行拆分，即对投连、万能等产品先行拆分，只将其服务及风险拆分确认收入；而后将传统、分红等形态产品进行保险风险重要性水平进行测试，测试通过的才能全部计入保费收入。当前行业内传统、分红型产品基本都能通过测试。

现行准则其要求受会计准则约束，定义严谨，监管要求高，跨公司比较时一致性强，是反映公司整体业务状况的较为科学合理的指标口径。虽然实施已近十年时间，由于其植入专业的保险风险概念，与之前习惯有所不同，基层理解仍有难度；再加上原口径仍然在一定程度上对基层使用，广大基层对新准则的习惯也尚未全面养成。

当前在保险会计领域值得大家特别关注的是前不久财政部刚刚发布的《企业会计准则第25号——保险合同》（简称新保险合同准则）。这是借鉴之前刚刚完善的国际会计准则第17号（IFRS17）而形成的全新的保险会计核算要求，其中对保费概念又有与以往完全不同的界定。其概念的颠覆性和专业复杂程度都是前所未见的。业内对此已经有许多诠释，并且还在深入学习、

准备执行过程中，在此不再展开。

按照新保险准则要求，从2023年开始，保险业内又要多一套保费口径了。从历史经验看，新的口径很难在短时间内替代旧的口径，管理层必须做好有效应对多套数据口径长期并存的复杂局面。

实收保费。

如果说上述两个保费口径都遵循了会计原理中的权责发生制原则，实收保费口径则是采用现金收付制原理，直接统计业务端在某个时点的保费现金流入数据。该数据对基层业务单位非常直观，及时性强，可适用于基层销售管理。然而，实收到的是会计口径保费资金还是规模保费资金就要看公司自己的管理口径。

行业发展初期有公司用此口径考核基层，但由于保险产品大多有犹豫期，其间客户可以全额退回保费，有个别基层机构在关键考核节点利用此"时间差"冲任务，造成资金在短时间内大进大出。尽管极短期内冲任务的现象及其背后的原因多种多样，这一口径的使用也应加以斟酌。现在此口径多用于监控基层队伍的短期活动成效。

价值保费。

由于保险产品的长期性特点，其全生命周期为公司带来的整体盈利的折现值被称为产品的价值。长期产品在核算当期的价值释放即为其对公司当期损益的贡献。寿险公司经营的核心理念之一就是价值的持续积累和稳定释放。

在此理念的驱动下，寿险公司内含价值EV（Embedded Value）和一年新业务价值NBEV（New Business Embedded Value）概念成为行业通行的重要指标。该类指标需要基于大量精算模型，有其自身的基本框架以及计算逻辑，不完全是会计准则范畴的概念，也不受会计准则约束。

价值概念和指标虽然至关重要，但其计算需要复杂的精算假设，逻辑严谨，过程复杂且耗时较长，不易于及时的管理跟踪和反馈。

在公司管理实践中，常用的方式是将其以参数或比例形式"保费化"，即以经验值为重要依据，间或加以当前管理导向修正，给产品一个近似于价值的会计保费的比例值。这个实践做法较好地解决了价值追踪的实效性和向基层传导的便捷性。但是，价值保费概念的引入在一定程度上使基层人员误以为这也是一个保险合同收入的概念，而不能正确理解其"长期利润总和"的实质，从而扭曲了保险价值理念的传导效果。

另外，价值保费参数或比例值的确定受非精算专业因素的影响较大，其模拟价值的计算精确度难以保证。一旦这个参数与产品价值出现较大偏离，管理层就需要有意识和能力弥合对基层下达任务与对股东呈现价值结果之间的差异。

标准保费。

标准保费（简称标保）是由原保监会推出的兼顾规模管理并强调交费年期结构的一个管理口径。其以十年期交合同保费为100%而设定参数，对保费进行交费年期标准化转换，将不同交费期限的保费折算成标准保费数，即趸交保费以其1/10计标保，五年期交保费以其1/2计入标保，以此类推。

标保指标在一定程度上反映了保险公司长期合同积累的标准当量，适当平抑了趸交保费与期交保费的时序差给公司当期规模带来的贡献差异。需要特别注意的是，有公司内部推行一套管理标准并换算为"标准保费"。这不是行业意义上的标准保费，在实践中不要因为名称借用而混淆了其基本概念。

预算保费。

每家公司都有不同的战略导向以及管理诉求，并往往通过预算的体制向全公司系统传导。对于保费，管理层往往基于以上保费口径进行各种管理诉求的调整，统称为"预算保费"。此类调整一般只遵循管理意愿在公司内部的定义执行，可以与外部法规要求无直接关联。即通常所说的"内部管理口径"。

另外，随着互联网保险的兴起，月交保费的比重越来越大，行业内还有年化标准保费等概念。

有的放矢应用各种保费概念，可有效提升管理效率

在实践中，虽然都使用"保费"这个词汇，但其数据内涵以及管理意义可能有明显差异，如果理解不到位或使用不严谨，将会导致管理上的混乱甚至方向性错误。选择有效的保费指标体系是公司经营管理的起点。

科学设计的保费指标体系对于公司整体和基层单位应该有所区别，而不是一个指标从上用到下。这是因为公司每一层级、单位、条线的管理职责、权限、能力和关注点都不同，高效管理是抓住各个重点、突出主题地设计预算方案。

首先应当明确公司的战略目标以及整体经营结果的参考体系。保险公司可根据股东诉求、自身发展阶段、核心竞争力状况以及市场条件等因素明确公司战略目标并通过预算进行逐年落实。其中，上市公司由于要直接面对资本市场以及监管要求，应当选择符合会计准则的保费口径作为目标。初创公司重视现金流和规模扩张，可选规模保费为主。重视保险经营规律并立足长期发展的可以选择价值保费。关注当期资产积累的可以选择新单保费。

关于业务规模的诉求，可以通过规模保费、实收保费等指标来明确。对规模的诉求只有战略选择取向，并没有对错之分。但是在战略选择过程中，规模与质量的清醒认识和严密分析是前提。金融业在追求规模的过程中，如果不注重业务质量，随之而来的必定是金融风险的快速、巨量积累。

关于业务质量的诉求，可以用会计保费（新准则保费）、标准保费和价值保费等指标表达。当前，"回归保障"不仅仅是国家和行业的号召，更是保险公司注重核心规律、打造保险业务能力的根本。

由于新准则保费从会计角度强化了保险风险概念，在确认保险保障程度方面，新准则保费可以起到重要的指导作用。保险合同交费年期的差异也是业务质量、现金流特征以及其背后隐含的

业务价值规律的差异体现。因此,在管理中要认真对待年期在保费总量中的构成比例。

而保险业务对于公司股东的终极含金量是业务的价值,具体体现在当年业务量上是一年新业务价值指标。由于精算模型的复杂性和假设的不确定性,这一指标始终难以被基层广泛理解和接受。管理层应充分认识这个现实,尽量以基层能够有效执行的方式传递这一管理诉求。

有效利用预算保费口径,传递管理要求,激发基层活力,防范执行风险。对于大型公司来说,不同层级的基层单位、不同业务渠道或条线、不同销售单元的管理任务差异很大。公司整体经营结果与承担经营任务的基本单位管理目标差异很大。这就需要预算管理体系来协调此总分差异。

例如,为鼓励跨渠道交叉销售而将一笔业务收入在两个管理单元内同时计入预算保费,即"保费双算"。又如,为严格约束业务质量而根据业务退保情况扣减当期保费预算达成数。再如,为促进营销队伍给客户提供综合金融服务而将营销人员代理销售的其他金融产品折算成一定量的预算保费予以考核或奖励。

这种安排是落实公司管理战略意图或预算安排的有效手段,需要在公司内部严谨定义并明确宣导后执行。

更重要的是,管理层应当对这样的预算安排有清醒的认识和充分的预测,避免预算结果与财务报告结果出现较大程度的偏离。

标准统一的统计工作体系可以有力促进管理提升。现实工作中常见的问题是,上下级机构之间在分析、交流时引用的"保费"数据总是不一样,而管理任务是否能够达成就在数据的差异上。这往往是在数据统计时有意无意地将上述"保费"的口径混淆了。直接导致管理目的的偏离以及管理结果定性的偏差。明确保费统计口径是寿险公司统计指标体系工作的起点和基石。抓住了保费这个"纲",整个公司管理方方面面的"目"就可以科学有效地展开。其他管理要素都必须按照保费的口径、定义以及与之的因果关系相应界定。

会计准则视野下的寿险经营实质：以战略定位平衡把握风险保障与投资业务 | 追根溯源说保险

◎ 杨征 | 2021年10月14日

注：本文原题为《深耕风险管理，提供专业服务，从保险收入确认看寿险高质量发展方向》。作者杨征，新华保险党委委员、副总裁兼首席财务官。

在文章《寿险转型首要命题：保费是什么？| 追根溯源说保险》中，介绍了几种常见的保费概念，而其中最科学、最严谨、最全面和最有效的应当是《新保险合同准则》规定下的会计口径保费或者称为保险服务收入。如何充分利用新准则这一科学工具，从保险收入确认的角度辨识寿险高质量发展的方向呢？以下是一些学习心得与思考。

借助于社会生活的不断丰富、科学技术手段的日益完善以及经营模式的不断演化，当今世界有花样繁多的业务创新，许多以"跨界"之名出现，号称全新的商业/经营模式（所谓Business Model）。其实，以会计的基本逻辑分析，就能够看穿其经济实质并严谨、客观地加以区分和展现（即会计学最基本的确认与计量）。

许多所谓的创新业务模式，其实质是跨行政管理或行业监管之界、创传统行业模式之新，其在经济实质层面对于全社会、广大客户的服务并没有什么新意。

会计准则体系是在纷繁复杂的经济世界辨识业务行为的经济实质，从而成为更加清晰、透彻认识经营行为本质的有效工具。对于原本就复杂的寿险经营来说，《新保险合同准则》正是逐项辨识隐含于寿险产品之中的多种经济行为及其经营结果的制度性安排。使用此工具对寿险业务进行再认识、分析和管理，是一个庖丁解牛的过程，也有助于为行业高质量发展拨开迷雾，指明方向。

拆解复杂的寿险行业，会计准则严格区分保险合同中隐含的主要经济行为

寿险经营中原本就隐含着保险服务、投资服务和管理服务（多数情况下是企业员工福利专户管理、医疗理赔和支付等专业服务）等不同性质的经济事项及其经营风险。这几类服务都有各

自不同的经营规律、业务周期、管理链条以及盈利模式。而且，每一项业务都足够复杂，自成体系，且庞大到可以构成一个行业。寿险产品将其组合在一起，也就构成了更加独特而复杂的业务模式集群。要想看清楚、管明白，必须借助体系性的管理工具。

整个会计准则体系中，为某个行业出具准则加以阐述和规范的可谓寥寥无几。而国际会计准则理事会历经二十多年，为保险合同单独制定了一项会计准则（国际上简称IFRS17）；我国也制定了《新保险合同准则》。之所以为保险单独出具准则，主要是因为保险产品所隐含的经济事项众多且复杂，其中又以寿险为最。

《新保险合同准则》明确规定：

"符合分拆条件的嵌入衍生工具或可明确区分的投资成分（且不符合具有相机参与分红特征的），适用金融工具相关准则"；

"可明确区分的商品或非保险合同服务的承诺，适用收入准则"；

"保险合同经上述拆分后剩余部分，适用保险合同准则"。

用通常管理语言理解，以上准则规定对保险合同分拆、确认的过程将这些业务成分分别认定为投资业务、专业服务和保险业务三种不同的经营领域。

会计准则这样的专业处理，第一次从制度上严格区分了保险合同中隐含的主要经济行为，使公司管理层和外部信息使用者第一次有了一个原理清晰、逻辑严谨、量化明确和行业可比的管理工具体系。从而为保险公司科学化、精细化的高质量管理奠定了基础。

经营目的不同，管理要点不同，以公司战略定位平衡各种经营行为

虽然保险公司为一个经营整体，但其内部管理早已按照经济属性及其各自的经营专业形态形成了以下不同的业务链条：

以承保、理赔为核心的保险风险管理；

以投资为核心的资产管理业务板块；

支撑保险产品生命周期管理的运营服务体系，包括从前端销售到客户服务、从产品设计到财务精算，以及支撑运营的信息系统等职能。

对于保险公司的客户来说，保险公司提供了风险保障、投资管理以及相关服务。而从公司战略管理层面，要决定公司的核心盈利模式并相应分清楚自身盈利的来源、规律以及管理重点。

以风险保障为主要经营目的时的管理要点。

公司从产品设计开始，就应当注重保险风险保障成分。在管理能力上应着重构建客户风险辨识和管理、核保、保全、理赔及给付等核心功能和系统。而在绩效考核方面应注重保额积累、风险构成和盈利性分析。至于整体经营结果，应注重各项精算指标以及风险与利润来源的关系。

借助于会计确认所辨识出的保险风险业务，在产品设计时，对于为客户承担保险相关风险的当量应当显著且在产品更新换代时不断增长。这样，客户才能真正得到适当且充足的风险保障，例如，遭遇意外事故、患病及其治疗费用、养老

生存及护理等。

当前，市场上许多产品虽然已经覆盖了这些风险种类，但其覆盖深度不足，当量不够，往往到了出险时，客户才意识到，"险是保了，但就赔这么一点钱，根本不够……"

而构建公司内部的全链条风险管理体系，更是一个全面、复杂而专业的系统工程。从世界范围看，当前许多专业寿险公司已经运用大数据、AI等高科技手段在精准定价、自动核保、快速理赔和增值服务等方面作出了很有意义的尝试，并取得了可借鉴的经验。

由于保险风险的既定规律，承保业务及其承担的风险的规模与精算假设以及经营结果之间有着紧密且复杂的关系。

其中，用于承担保险合同履约风险的准备金的充足率水平是关系到保险公司生存与长期稳定发展的核心因素。

同时，考虑到保险公司的固定成本较大，特别是要建立全链条、全覆盖的客户服务网络，承保规模的积累对于保险公司较快达成精算假设前提条件，或者说是规模效应，也至关重要。当然，此处的规模是在符合精算假设前提下的有效规模。

当前市场上也有迹象表明，一些公司为了抢夺市场或吸收资金，在产品设计时将精算假设推向了合理性与可持续性的边缘。通俗来讲，就是精算假设严重偏离实际风险状况以及公司成本支出水平，形成了产品设计纸面上盈利而实际亏损、短期盈利而长期亏损以及低风险环境下盈利而稍有风吹草动就亏损的情况。这样的行为也反过来预示着其经营背离了为客户提供风险保障的模式。

以资产积累与长期投资为主要经营目的时的管理要点。

公司产品设计时应当注重产品中投资成分当量以及合同期限，还应特别注意其负债成本要素。在这一战略诉求下，对经济环境的认识、投资市场周期的清醒判断以及现金流的长期匹配管理就成为公司战略管理的核心。因此，实现金融资产所对应的负债在成本效益匹配、期限结构匹配和利率敏感性匹配就至关重要。在日常经营管理中尤其要关注负债总成本。

所谓负债总成本，不仅仅是合同载明的"保证利率""最低回报率"等，必须要加上销售成本、公司综合管理服务成本以及客户对于某些浮动收益性产品的预期回报因素。

在新保险合同准则要求的信息披露格式下，这一部分信息得到了前所未有的重视和清晰的披露。尽管有些综合管理和服务成本还没有包括在投资部分的披露中，新准则在投资负债成本与其收益的匹配上，已经前进了一大步。

此处应特别提醒的是，传统保险公司的销售成本水平与综合经营成本基础是按照保险服务逻辑建立的，其较常规投资性机构（比如基金公司、资产管理公司、或私募基金等）的管理成本高出许多。在此经营模式下，公司必须清醒地意识并明确定位公司架构与成本管理的逻辑与基础，避免因综合成本过高而丧失盈利能力。

现实中，由于种种因素共同作用，确有客户

对部分公司或产品产生了较明显的投资服务诉求以及投资回报预期,进而开始在广义的社会金融服务领域将保险公司给予的综合收益水平与单纯的投资机构进行比较。这就使得保险资金的综合成本明显高于产品的"保证利率"或明示的最低投资回报水平现象显性化。公司在管理过程中,必须明辨此实际情况,作出相应的投资收益安排。否则,公司很可能陷入"表面上投资赚钱,但公司整体亏损"的怪圈。

目前,在市场行为上,有的保险公司还呈现出以中短期投资和融资为主要经营目的的战略倾向。虽然这种经营目的有违保险公司的初衷,但其并没有违规违法,也可以算作一种有效的经营模式。

在这种战略选择下,以保险合同形式获得的资金的行为本质是公司的融资行为,而公司投资收益与融资的成本差异以及投融资现金流安排与久期的匹配就成为战略管理的核心。特别是在经济发展与金融市场波动剧烈、短期趋势反复逆转的环境下,这种战略选择风险加剧,且管理难度显著上升。

这种短期内匹配投融资现金流以及收益的操作蕴含着极大的金融风险,往往是业务端现金流入时,没有适当的投资项目予以匹配;或投资条件具备了,业务端又一时汇集不到适当的资金而造成资金链断裂。

风险保障与投资业务的平衡把握。

当然,传统保险公司都是以上单纯模式的组合体,几乎没有一家保险公司可以单一执行以上战略选择或经营模式,这也是保险公司,特别是寿险经营复杂之处。作为公司战略的选择和经营的执行者,公司管理层必须清醒地认识到其中每个独特模式的经营规律以及管理重点,而后作出综合判断。

实践中经常见到战略执行上逻辑错乱的经营决策。例如,战略上明确以提供风险保障为核心,而经营中忽视保险专业中后台服务能力的建设;战略上说的是长期投资,而销售的多是短期产品;战略上说要回归保险本源,提供风险保障服务,而执行中以资金规模的积累取代风险保障业务的积累;等等。

如此的经营决策偏差在短期内会导致公司战略意图传导迷失、管理链条安排不当以及资源使用效率降低。长此以往,就会使公司战略执行严重偏离初衷,使公司不断重新制定或修改战略,或者不断地进行"业务转型"以适应战略诉求。

公司经营管理层的核心职能就是科学有效地分析市场环境、经济周期、客户需求以及公司竞争能力,适时把握不同时期公司在这些基本经营模式中的平衡取舍,从而驾驭公司具体业务安排和绩效结果,达成公司资源使用的最高效率和经济效益最大化。

高质量发展要求下寿险经营实质:提供风险经营与专业服务,也不应轻视投资业务

当前行业中又兴起一股强劲的转型呼声,这是主动响应国家高质量发展的要求,也是被迫应

对行业面临困境的举措。百年未有之大变局要求公司的战略决策者和执行者重新审视寿险经营的基本原理及其价值、效益质量的根源，明确寿险高质量的经济实质、经营规律、管理方法以及绩效结果，才能带领公司高质量发展。

首先，保险公司作为风险保障的提供者，以风险经营为核心业务，为客户提供长期稳定的高质量风险管理服务，从风险经营中获得企业价值以及经济利益是根本。

从人类社会、生活的角度看，广义的风险无处不在，这并不意味着保险公司什么都可以经营，也不是说保险公司的所有经营业务都可以算成保险。在国家、社会治理体系中，《保险法》对保险风险有明确的阐述；而在经济管理领域，《新保险合同准则》又对保险风险给出了清晰的专业界定。

其中特别要提出的是，由于投资业务的经营规律、管理行为以及经济实质的独特性，此次新准则将投资成分的确认、计量和披露以前所未有的方式单独展现出来。这一安排反过来凸显出经济意义上的保险风险内涵以及其经营结果。

虽然投资成分及其相关风险仍是保险服务的有机组成部分，但是，将投资业务与保险业务分别展现，让公司以及各利益相关方更加清晰地看到保险公司经营的经济实质以及经营结果。因此，新保险合同准则的实施，可以更加有效地展现公司保险风险经营的业务当量、变化趋势以及质量效益，也更好地展现出保险公司进行的投资活动的效益及风险状况。

其次，保险公司是专业服务的提供者。在保险公司积累风险管理能力并提供风险缓释、管理工具的同时，保险公司也积累了相关的专业服务能力，比如以承保流程和核保专业为载体的对客户风险的预测能力、以理赔流程和核赔专业为载体的客户风险辨识能力、与长期特定风险匹配的投资服务能力以及账户管理等相关服务能力。有效运用这些专业能力，为政府或企业提供不承担保险风险的医疗基金管理服务、投资受托服务和账户管理服务等，不仅仅可以从服务活动中获取收入，而且可以适当获得客户资源，进一步加强核心专业能力。这些服务的收入，也是保险公司收入的有效组成部分。

再者，对于寿险公司，以往产品形态中提供的某些对于风险的资金补偿，可以考虑转换成服务补偿，即将此项业务的经济实质由投资返还转变为风险服务，从而可以作为收入进行确认。

养老年金类业务可以考虑此类业务模式转变。现在行业内已经出现了类似产品，将养老金的现金给付换成提供给被保险人特定的养老住房、医疗服务以及配套的生活服务。当前，这种业务模式往往被冠以创新、跨界的描述。其实，按照新保险合同揭示的经济实质，凡是保险风险的缓释、对冲、转移等管理以及相关服务成本的付出都属于保险收入确认的范畴。

由此看来，我国保险业向周边产业链的延伸程度以及保险产品和服务的深度和广度还有待进一步拓宽和深化。这种拓宽和深化的过程，也应该可以带来保险业发展的新契机并提升行业发展质量。

最后，不应因为将保险产品中的投资部分单

独列示而轻视或歧视投资业务在保险经营中的主要地位。

保险产品中的投资成分是保险经营中不可分割的有机组成部分。就当前行业发展状况估计，行业总资产中大部分应属于投资性成分。会计核算要求对其单独确认、计量和披露，是为了使财务报告读者更好地区分保险风险经营与投资业务经营结果。

公司以及外部信息使用者应该有效利用财务报告给出的详细信息，更好地理解保险公司的利益来源和盈利规律。新准则首次将保险资金的负债成本与收益放在一起平行列示，更加明确地提示信息使用者关注利差损益情况。据目前行业产品形态与经营模式估计，投资经营部分将会对保险公司的盈利性产生决定性影响。

在清晰辨别以上不同经济行为后，高质量发展的要求就可以更有针对性并加以细化。风险的合理定价、服务成本的计量、资产负债的有效匹配以及长期现金流的折现等专业技术处理就可以更科学地进行管理并清晰地披露。

CHAPTER 8 | 大家谈·真洞察

从业30年回溯，徐敬惠称保险业将经历矫正与重塑，任重道艰，未来可期

2021年5月19日

编者按

2021年5月18日，在以"回归与分化"为主题的"2021慧保天下保险大会暨第四届新浪金麒麟保险高峰论坛"上，大家保险集团总经理徐敬惠发表了题为"穿透保险经营逻辑，探寻发展进阶之道"的主题演讲。

以下内容是根据徐敬惠的演讲实录整理的。

路漫修远，上下求索，穿透保险经营逻辑，探寻发展进阶之道

非常高兴参加由新浪财经和『慧保天下』联合举办的保险大会。2021年大会的主题是"回归与分化"，这两个关键词准确地点出了保险业当下所处的情境和未来发展的趋势。

在回归与分化的背后，贯穿着"高质量发展"这条逻辑主线。保险业作为经营风险的行业，自身属性决定行业必须坚持健康、持续和稳健的发展，这正是保险业"高质量发展"的核心要义。所以说，"高质量发展"不仅是时代和国家对保险业提出的要求，更是保险业发展的内生需要。

"剧烈波动""野蛮扩张"本身也不符合保险的行业画像。找准"高质量发展"这条逻辑主线，就具备了谈好行业"回归与分化"这一话题的基础。

下面，我将通过穿透保险经营的核心逻辑，谈谈保险公司经营发展的进阶之道，希望对大家有所助益。

还原保险经营逻辑

首先,我们尝试还原保险经营的核心逻辑,描绘保险经营的逻辑框架。该框架具体包括四个层面:居于中心位置的是"一个点",也就是说,所有业务模式的打造应以客户需求为中心;围绕"一个点",持续打造由保险产品与服务生态构成的"一组圈",有效承接与覆盖客户需求;在此之下,算好"一本账",对于保险的利源和价值进行解构,保证经营可持续;最后,用活"一张图",利用好保险经营管理地图,辅助好经营管理决策。

下面,我从这四个层面分别介绍。

围绕"一个点":以客户需求为中心。

谈到"以客户需求为中心",这个话题可能相对笼统,但讲到商业逻辑的起点和落脚点,还要归结于客户的本源性需求。商业的本质不是销售商品,而是为人们提供生活解决方案,通过商业让人们的生活变得更美好。因此,企业的生存与发展,最终还是客户说了算。从保险的本源性需求来看,其核心是为个人、家庭和组织提供风险管理工具,削减生活工作中存在的不确定性,包括生命、健康、养老、财产、责任和资产传承等各个方面。

保险企业需要将客户需求这一核心点作为经营逻辑的起点和落脚点,在此基础上,做好客户需求的激发和转化,以及客户的深度经营。

打造"一组圈":保险产品与服务生态。

从一个人的生命周期维度,以及财富积累和需求变化维度,对保险产品与服务需求,进行了简单梳理。

可以看出,随着一个人年龄的增长,在不同生命阶段中对保险产品和服务的需求,也在不断地演进和丰富。如果对其中的产品和服务,按客户需求主题做进一步分类,就可以很清晰地看到以客户本源性需求为中心画出的一组生态圈,其包括养老生态、健康生态、教育生态和车生态等。相较于过去单点式的产品供给,产品与服务的深度融合,或者说以服务先导的模式,才是对于客户核心关切更深入的精准把握。

相信在未来,生态圈的营造,将会成为客户需求激发和转化,以及客户经营的核心模式和场景来源。

算好"一本账":保险利源与价值解构。

从保险集团公司总体价值的角度,对利源进行了解构,其涵盖了人身险、财险和资产管理三大主要的业务板块。

但从保险经营的角度来看,要时刻算好公司价值这本账。这是获取资本认同、支撑战略落地、优化资源配置、平衡投入产出(不可能三角)和确保持续经营的重要依据。

用活"一张图":保险经营与管理地图。

图1是保险经营与管理地图,目的是通过对

决策分析的维度和逻辑进行拆解后,尽可能全面地刻画出决策所需的输入和约束,使保险经营管理决策在可行的框架内不跑偏。

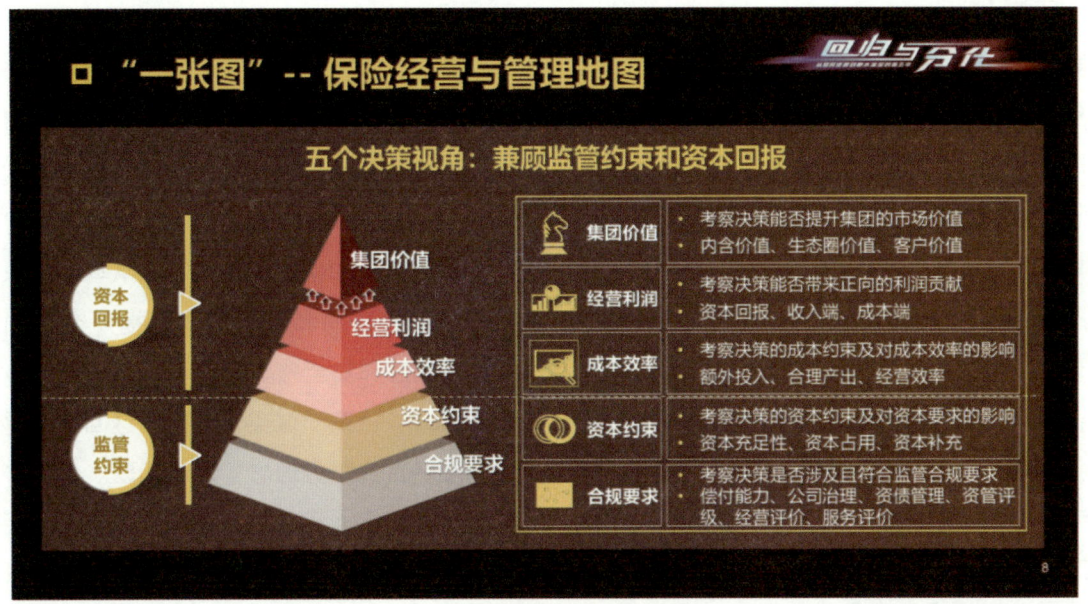

图1 保险经营与管理地图

总体来看,其包括监管约束和资本回报两大方面,具体分为五个决策视角。第一,从监管约束方面来看。首先需要满足合规的要求,包括偿付能力、公司治理、资债管理、经营和服务评价,以及2021年新施行的资管评级。这里既有对于经营底线的要求,同时,如果获得更高的监管评级,不仅可以节省资本占用,也会带来更大的发展空间。第二,需要满足资本约束的要求,平衡好业务结构、资产结构和资本要求之间的关系。从资本回报方面来看,包括对于成本和效率的考量,以及对于利润贡献的考量,最终的目标是权衡能否带来公司整体价值的提升。这五个决策视角既相对独立,又相互影响,共同构成完整的保险经营管理决策罗盘。

回归健康经营轨道

在对保险经营的核心逻辑进行穿透之后,我们可以进一步对行业"回归"之路作出细分和界定。我认为可以从以下三个层面来看:最顶层的是行业定位层面,包括回归"保险本源"、回归"服务实体"和回归"经营规律";中间层的是理念树立层面,包括回归"长期主义"、回归"客户至上"、回归"诚实守信"和回归"以人为本";最底层的是能力打造层面,包括回归"专业制胜"、回归"资债匹配"和回归"服务

本质"。希望通过对"十项回归"的拆解,可以帮助我们更准确地判断行业前行的姿态。

行业定位层面。

第一,回归"保险本源"。这回答的是"何为保险业的行业根基"这一问题。前面已提到,保险的本源性需求就是消减生活、工作中存在的不确定性,坚守风险管理和保障的基本属性。这不仅是保险业的立业之基,也是保险业的使命和担当。

第二,回归"服务实体"。这回答的是"何为保险业的产业角色"这一问题。保险业作为金融业的重要构成,服务实体经济是保险业的本分,当然这里所提的实体经济不仅包括狭义上的实体产业,也包括民生保障和社会管理等领域,保险需要发挥好经济"助推器"和社会"稳定器"的作用。

第三,回归"经营规律"。这回答的是"何为保险业的逻辑遵循"这一问题。以寿险为例,从负债端来看,保险需求贯穿于一个人从生到死的整个生命旅程,这就需要负债端必须"与客户全生命周期陪伴",通过持久的专业建议和贴心服务,建立起客户的尊重、信赖和认同,这将成为未来寿险市场竞争的制高点;从资产端来看,负债业务的长期性决定了资产端经营应强调"跨周期配置和长周期防御",通过获得稳定的回报,才能为客户提供持久的保障。

理念树立层面。

第一,回归"长期主义"。这回答的是"何为保险经营的价值理念"这一问题。保险作为风险管理工具,贯穿生命旅程,跨越经济周期,关乎民生保障,天然需要秉持健康、持续和稳健的长期主义发展理念。

第二,回归"客户至上"。这回答的是"何为保险经营的运营理念"这一问题。高质量发展的内在要求是"以客户为中心",从过去粗放式的要素驱动,转向"以客户为中心"的需求驱动、价值驱动和信任驱动,强调从客户需求出发去塑造产品形态和服务模式,提升客户的获得感、幸福感和安全感。

第三,回归"诚实守信"。这回答的是"何为保险经营的服务理念"这一问题。保险产品在形态上是一纸承诺,本质上是一份责任,无论长短,坚守诚信为本、责任兑现才是真,这可以从根本上改变社会对于保险的偏见和误解。

第四,回归"以人为本"。这回答的是"何为保险经营的管理理念"这一问题。销售的真谛是交易各方的信任与互利,是一门"共赢的艺术",以终为始,我们应当将"成己为人、成人达己"这一保险核心价值观深植在管理理念之中。

能力打造层面。

第一,回归"专业制胜"。这回答的是"保险公司的看家本领何来"这一问题。专业能力建设是亘古不变的话题,需要着眼未来,苦心修炼,而不应短视浮躁,过度依赖外力,"温水煮青蛙"式的忽视专业能力建设,将难以牢筑自身的"护城河"。

第二，回归"资债匹配"。这回答的是"保险公司的模式之争何去"这一问题。相较于是资产驱动还是负债驱动的模式之争，我们更应深入地理解和把握"三大匹配"，包括久期匹配、成本收益匹配和现金流匹配。通过建立主动的资债动态匹配机制，在资债两端找到"最大公约数"，真正让公司的发展行驶在健康持续的轨道上。

第三，回归"服务本质"。这回答的是"保险公司的服务属性变革"这一问题。自"新国十条"提出建设"现代保险服务业"的新理念以来，保险业的服务本质和属性一直未变，并且不断强化。从生态化服务的发展方向上就可以看出，服务先导才是优化客户体验、缓释销售压力的良方。

改变传统模式困局

在理解了保险经营的逻辑、清晰了行业回归的姿态的基础上，我们可以尝试给出改变传统模式困局的建议。

改变高管思维方式和行为习惯。

首先，需要准确把握监管思路和政策动向，这是顺势而为、借势用力的过程。其次，需要深刻洞悉客户需求和核心关切，这是谋定而动、精准发力的过程。最后，需要客观评估自身能力和环境生态，这是明辨笃行、积势蓄力的过程。总体来讲，需要坚持系统观点，将高质量发展理念统一合并到经营管理思维和行为习惯中，推动全方位高质量发展。

改变传统发展模式和路径依赖。

首先，需要把握经营基本规律。其次，需要遵循营销基本逻辑。这两点在前面的部分已提及，在此不做展开。我们从近年来的行业表现中可以看到，以要素驱动为特点的传统模式已经表现出严重的增长衰竭、后劲不足，单位价值产出的资源投入持续走高，难以为继。客户认知提升导致供需错配，粗放式人力发展模式和传统的触达客户方式已不能满足客户对服务获得感、对产品性价比的关切。

在最近的一些行业事件中，还暴露出"虚保、虚列、虚挂"等问题，极大困扰行业发展。这些乱象久治无效，根源在于脱离实际的增长压力、缺乏耐心的层层倒逼、不顾客户的自娱自乐和不重规律的急功近利，等等。走出发展困境、根除行业顽疾，需要转变行业发展动能，从根本上改变对传统发展模式和路径的依赖。

改变社会对保险偏见和资本短视。

首先，需要将客户触点由销售导向转向服务导向。一方面，用服务体验来改善客户对保险的认同、对产品的理解、对服务的依赖，从而增强客户黏性；另一方面，服务先行的模式可以更有效地解决信任问题和需求激发问题。

其次，需要将价值创造由公司自身转向共创共享。在信息化年代和消费觉醒时代，企业只关注于自身利益和价值，忽视与客户、与社会价值共创共享，将逐渐失去生存的基础和土壤。未来

十年,保险业和保险公司发展得如何,从普通老百姓来看并不重要,他们最关心、最在意的是谁能真正帮他解决社会保障的不足和养老、医疗服务的困扰。

最后,需要将资本诉求由贪大求快转向长期向善。保险是个长期朝阳行业,具有扶危济困的特征,绝非赚快钱、有暴利的行业。保险经营本身还具有很强的专业性和规律性要求,任何的违背都可能带来模式的异化和风险的积聚,行业近年来的多起风险处置事件,就是有力的证明。

近来,监管部门披露了三批重大违法违纪股东名单,这是对不良资本的整肃。2021年出台了银行保险机构绩效追索扣回机制,建立了符合长期经营要求的销售激励要求,这也是对不当激励的约束。

保险业高质量发展任重道艰,将经历一段矫正与重塑的过程,需要监管、资本、行业和社会共同努力,但前景大有可期。至2021年,我已从业整30年。我亲身经历了行业打破独家经营、分业经营、改制上市、集团化发展和转型升级的全部过程。凡事经历者知其难、晓其要、明其义、悟其道。我们大家作为保险人,有责任坚定地走好高质量发展之路,为加快构建新发展格局,实现"十四五"规划目标,贡献保险智慧和保险力量。

CHAPTER 8 | 大家谈·真洞察

营销队伍升级就像新城开发与旧城改造？保险六大转型难题，太平集团肖星一席话都说清楚了

2021年5月21日

> **编者按**
>
> 2021年5月18~19日，在以"回归与分化"为主题的"2021慧保天下保险大会暨第四届新浪金麒麟保险高峰论坛"上，太平集团副总经理肖星出席了活动，并发表了题为"在回归中保持高质量发展的战略定力"的主题演讲。
>
> 以下内容是根据肖星的演讲实录整理的。

很高兴与大家相聚在保险高峰论坛，这是一次难得的思想盛宴。保险业正处于转型升级的关键阶段，"大河有水小河满"的普涨时代渐渐远去，回归保障的前进道路熙熙攘攘，有人快，有人慢，分岔口越来越多，以人民为中心的高质量发展之路究竟如何走，大家都在积极探索过程中。

本届论坛以"回归与分化"为主题，无疑抓住了行业发展脉搏，具有很强的思想性、时代性。我本人长期在寿险和保险资管公司工作，2017年到集团总部，目前分管战略、业务管理和科技运营，应该说对于前中后台、境内境外都有些感悟。下面我重点从队伍、产品、服务、科技、投资和治理等几个小的切入点，谈谈对高质量发展的认识和体会。

把握新旧产能的科学转换，实现队伍高质量建设

目前内地保险代理人约900万人，占城镇人

口的比重在1.06%左右，低于中国台湾（1.98%）和日本（1.08%）等国家和地区，但已经明显高于欧美国家。考虑到我们的城镇化还在进行中，900万人不见得是极限，但增员越来越难是公认的事实。这支队伍成就了寿险行业的辉煌，同时也面临人员脱落率高、产能低和服务参差不齐等痛点。

据有关调查，中资保险公司在册代理人的平均服务年限不到1.6年，而美国超过6年，中美产能更是相差超过14倍。这些年，各家公司纷纷推进代理人渠道改革，或聚焦数字化，或整合大个险，或打造关键队伍，或试水独立代理人，技术路径有差异，但殊途同归，本质上都是想让寿险营销真正成为一个有吸引力的行当，把队伍稳定住，把产能提上去。而要提高吸引力，要么对组织利益进行再分配，要么加大资源投入，或者双管齐下。不管采取何种方式，短期内难免遭遇队伍波动、业绩滑坡等阵痛。渠道改革注定是一场"持久战"，更多考验的是各家公司的战略定力和执行力。

如果将营销渠道比作一座城，参考国家二十多年来的城市建设经验，现在大家公认的一些样板城市，无不是注重"新城开发"与"旧城改造"的统一规划、协调推进和稳步切换，这对寿险营销改革很有启发意义。

一方面，要把旧城打造成"新天地"，通过基本法升级、科技武装和生态赋能等，让存量队伍旧貌换新颜，更加适应保险消费升级的趋势；另一方面，把新城打造成"浦东新区"，搭建创业平台，把控增员标准，吸引更多高素质人才、青年人才加盟，建设寿险营销新军。新旧之间稳步切换，实现"腾笼换鸟"，以时间换空间，这是我们能做到的，也是能做好的。

突出针对性、差异性和普惠性，实现产品高质量供给

产品是架设公司与客户之间的第一桥梁和纽带。能不能与客户建立联系，关键是保险产品能不能契合客户的价值主张。中央提出，要努力"形成需求牵引供给、供给创造需求的更高水平动态平衡"，落实到保险业，就是要着力优化产品供给，让老百姓更愿意保、保的更多。

一是更加注重针对性。以前许多公司是一张生命表、一张保单"保全国"，风险保障"交叉补贴"现象突出，一定程度上牺牲了公平性。近年来，由监管部门和行业组织主导，车险属地化定价、重大疾病经验发生率表扩展大湾区病种、农业风险区划等陆续推出，期待未来能进一步扩展，让专属保险遍地开花，细分市场蓬勃发展。

二是更加注重多样性。现在保险产品在数量上已经极大丰富，比如，单单老年人产品就有2400多个，但同质化严重，主打产品一枝独秀，保险产品供给的广度、深度和新度都还不够。面向未来，保险产品的多样性应该更多体现在对不同客户群体、同一客户的不同生命旅程、不同销售渠道以及同一渠道不同队伍的适配性上，使每个家庭、每个人都有适合自己的好产品。

三是更加注重普惠性。保险是具有极强社

CHAPTER **8** | 大家谈·真洞察

会属性的一个行业，保险公司理应怀抱"家国情怀"，体现到保险产品上，就是要坚持保障为民，在追求商业可持续的前提下，更加注重普惠性，使保险功能不仅体现在保障倍数上，还体现在对优质稀缺资源的优化配置上。

2020年太平在业内率先推出"海南自贸港全球特药医疗保险"，将博鳌乐城国际医疗旅游先行区的优质医疗资源带到全国。接下来我们还将进一步对接海南医药新政，创新开发更多普惠型特药保险产品。

推动供需由交易关系向共生关系转变，实现服务高质量升级

保险公司销售的是产品，经营的是风险，本质上是服务。2021年的《政府工作报告》中提出，"提升保险保障和服务功能"，在国家层面将保险服务功能摆到与保障功能同等的地位，这还是首次，具有里程碑意义。

与其说是新变化，不如说是回归，即回归保险作为服务业的天然属性。只不过"服务"二字在今天有了新的内涵，背后反映的是保险企业与客户关系正在被重新定义。保险企业与客户的关系以往更多是交易关系、契约关系，现在逐渐转为共生关系、伙伴关系。前者对应的是运营层面的客户服务，重在效率，后者对应的则是价值层面的客户经营，强调企业与客户共创价值、共享价值。

比如理赔服务，应由快赔向科学优质理赔转变。保险企业一方面要做到应赔快赔，主动为客户寻找理赔的理由。在科技加持下，现在很多险种已经实现秒赔。另一方面，也要高度重视保险反欺诈、防骗赔，行业联手共同打击"理赔黑产"，这同样是行业高质量发展的应有之义。

比如健康服务，应由简单增值服务向全生命周期健康管理转变。通过健康管理，保险企业不仅可以管控医疗费用，还能增进客户健康质量，这是保险企业与客户共享健康价值商业模式的重要方向。此外，可以突破可保风险的边界，让原来不可保的变为可保，比如一些慢性病现在也能保了。

比如养老服务，应由单一养老保障向综合化养老解决方案转变。在国家公布的第七次人口普查报告中，60岁及以上人口占比为18.7%，老龄化程度进一步加深。实现老有所养，不仅要帮助老百姓管好"钱袋子"，还要能提供优质的养老设施、养老服务。现在各方纷纷发力养老地产，而保险企业无疑是最适合的。养老地产与保险相结合后，不再是简单的利润主体，而是能提供全方位、长周期和有温度的养老关怀的综合服务平台。

坚定数字化转型，实现科技高质量赋能

现在各家公司都很重视创新，都在实施自己的创新战略。同时，创新又很难，有的企业追求短平快，比拼流量而不是技术，拼流量说到底拼的是价格，体现的是"收割思维"。

拼技术，不是简单比核心系统的建设，更

重要的是推动数据资产的形成，以数据为核心要素，走向智能化、科技化，进而提升保险的全要素生产率，同时要规避大数据杀熟、算法歧视等"技术陷阱"。科技创新同样需要回归"以人为本"。

由此可见，高质量发展要靠科技创新，科技创新本身也要注重高质量，这里面可发力的点有很多。

比如敏态开发。天下武功，唯快不破，科技研发同样如此。太平正在打造平台化、敏捷化的新型数字化组织，推广"稳态+敏态"IT双模研发模式，目的就是要有效支持需求敏捷响应。

比如精准定价。传统定价是以经验数据推测未来，往往只能精准到某个社群团体，随着大数据、生命科学等新技术的引入，现在已经可以精准到个体。UBI车险就是一个典型例子。在20世纪末，美国前进保险公司（Progressive）就开始试点按里程付费保险，迄今已有20多年历史，但规模一直做不大。随着汽车物联网技术的蓬勃发展以及智能驾驶时代的来临，制约UBI普及的"瓶颈"正在被突破，未来UBI车险很有可能成为财险公司的主力型险种。

比如智能风控。根据国际保险监督官协会测算，全球每年保险赔款涉嫌欺诈的比重高达20%~30%，智能风控在保险业的应用前景十分广阔，而且投入产出都是实实在在看得见、摸得着的。

打造专业核心能力，实现保险资金高质量投资

以前人们所提的保险主业，主要指向负债端保险业务。但本质上，投资和保险是一个硬币的两面，保险公司天然就是一家投资公司。没有良好的投资收益，客户权益就难以保障，投资规模做不大，就没有市场话语权，更谈不上为国家战略做贡献了。

随着市场化改革和对外开放的全面加速，保险的"牌照红利"已经越来越薄，承保端盈利趋向于"紧平衡"，各公司对投资更加倚重。2020年很多财险公司盈利主要就是靠投资。

与此同时，保险投资的逻辑正在发生变化。随着经济增长中枢下移、利率长周期下行，传统以固收为主、赚取绝对收益的模式可腾挪的空间越来越有限，另类投资遭遇"优质项目荒"，权益投资波动加剧，叠加大资管竞争，这些变化都要求保险公司将投资端的高质量摆在更加突出的位置。高质量投资涉及方方面面，重点要把握好以下几个方面。

一是专业化队伍的打造。专业化说到底就是要让专业的人做专业的事。这不仅体现在资产配置上，还体现在对投资产业的深度理解、对投资企业的深度融合和对投资项目的深度管理上，依靠专业来创造价值，通过专业来获取收益。

二是市场化机制的建立。关键是明晰委托方和受托方的关系，建立收益共享、风险共担的市

场化激励机制，同时考核上也应两头并重，兼顾好长期、短期目标和绝对、相对收益。

三是智能化系统的建设。就是要把投资业务流程和操作规则建立在智能化系统上，借助科技的力量强化授权管理、投资审批和投后管理等，把握住投资风险。

四是第三方思维的确立。我们常说，甲方挣的是面子，乙方挣的才是里子。进入大资管时代，险资应该正视形势的变化，少些甲方思维，多些第三方思维，主动到市场上去比拼。

一方面，对外输出专业能力，积极开拓第三方资管、公募基金和养老金等"蓝海"业务。美国个人储蓄养老金计划（IRA）总资产11万亿美元，其中44%（约4.8万亿美元）投资于共同基金，对美国资本市场长期繁荣起到了重要促进作用。中国有更庞大的人口基数和日益壮大的中产阶层，人口老龄化程度不断加深，养老金资管大有可为。另一方面，主动接受市场检验，倒逼自身专业能力提升。未来，每家公司都应在第三方资管领域炼就自己的核心能力，打造自己的亮丽名片，开辟属于自己的一片广阔天地。

更加注重有效性，实现公司治理高质量运转

保险业近些年暴露出一些风险。例如，通过违规关联交易进行利益输送、挪用占用资金，个别甚至把公司当成"提款机"，乱象的背后无不是公司治理出现了问题。2020年，银保监会发布银行业保险业公司治理三年行动方案，力争通过三年努力，初步构建起中国特色银行业保险业公司治理机制。可以说，此举抓住了问题要害，成效正在显现。在监管的引导下，保险公司治理的制度体系已经越来越完善，从高质量要求出发，未来工作重心应该更多放到提升体系运转的有效性上。

一是股权管理上有"退出"。长期的、健康的资本可以让治理效率大大提升。在股权管理上，既要呵护社会投资保险的热情，也要有相应的退出安排，加快建立破产、并购等有关制度，让资本有进入、有退出和有重组，这也是市场走向成熟的内在要求。

二是治理主体间有"边界"。公司治理不应止步于"三会一层"架构的搭建，更重要的是明确治理主体之间的权责边界，做到无缝衔接，形成各司其职、各负其责、协调运转和有效制衡的公司治理机制。

三是治理理念重"绿色"。在国家提出的"碳达峰、碳中和"的背景下，建议将ESG标准融入公司治理改革范畴，突出绿色可持续发展，这本身也是治理有效性的重要体现。

何为保险公司的高质量发展，目前尚无统一标准。世界500强榜单可能是为数不多的可量化的一个参照系。2020年上榜企业中，保险公司有60家，其中中资保险企业占到10家。从历年榜单中，我们可以看到保险穿越历史周期的产业韧性，也能看到全球保险业东升西降的格局变迁。

放眼长远，IFRS17新会计准则实施在即，评判发展质量的指标体系也面临重塑，潮水退去，谁在裸泳，到时一看就知道，榜单的重新洗牌在

所难免。正所谓几家欢喜几家愁，在复杂分化的过程中，保险公司唯有保持战略定力，持续坚定地回归保障本源，在服务实体经济中，在促进民生保障中，在投身国家战略中，与经济社会发展同频共振，保险业的高质量发展之路才能越走越宽、越走越远。

作为一家保险央企，中国太平也在探索属于自己的高质量发展之路。我们将按照"央企情怀、客户至上、创新引领、价值导向"的战略要求，致力打造最具价值成长的国际化现代金融保险集团。展望未来，太平愿意与广大兄弟公司携手合作，在监管的正确引领下，深入践行以人民为中心的经营理念，共同开创行业高质量发展的新局面。

中国人寿詹忠的个险转型逻辑与方法论：亟待从过度营销向本质营销转变

2021年5月27日

> **编者按**
>
> 2021年5月18~19日，在以"回归与分化"为主题的"2021慧保天下保险大会暨第四届新浪金麒麟保险高峰论坛"上，中国人寿副总裁詹忠出席活动并发表主题演讲，深度分析了当前个险发展困境的根源，并初步给了解决问题的方案。
>
> 以下内容是根据詹忠的演讲实录整理的。

近年来，寿险行业业务增长、队伍发展遇阻，同时，新规不断，舆情也频发，行业面临重重挑战。行业主体都在进行转型探索，特别是在个险渠道，回归、升级、高质量发展都成为目前的热门话题。但从整体情况来看，行业转型成效并不是特别明显。

图1　2007—2020年保险代理人数的变化

图2　2007—2020年原保险保费收入的变化

统计显示，2015—2017年，无论是代理人总数，还是原保险保费收入都呈快速增长态势。进入2018—2020年，这两项增速却都呈放缓态势，见图1和图2。

例如代理人总数，截至2014年底，这一数据为325万人，到2017年底却已经达到807万人，增速最高的2015年，增速达到44.9%；2016年有所下滑，但依然高达39.5%；2017年继续下降，但仍保持了两位数的增长，增速为22.8%。但从2018年开始，增速就迅速下降至个位数，到2020年，更是出现了0.2%的负增长。

与之对应的是寿险公司的原保险保费收入，2014—2017年，始终保持了两位数的高增速，但2018年这一增速骤然降至-3%，2019年反弹至10%，但到2020年又降至5%。

个险渠道为什么难？高质量的诉求和粗放的发展供给平衡关系被打破

对于当下个险渠道面临的种种挑战，我们判断其背后的底层逻辑主要在于"历史形成的粗放式经营方式"与"高质量发展的诉求"不匹配。

从以下几个不同的视角出发，更能清晰地看到当下个险渠道所面临的挑战到底包括哪些方面。

视角一，从需求维度看。

一是客户需求，从无到有的普及阶段向从有到好的专业进程转化。

从客户需求的角度出发，我国寿险行业经历几十年的高速发展后，已经完成了从无到有的保险普及阶段，现在则进入了从有到好的专业进程。目前，民众当中没有任何保险的人已经很少了。

保险供给也早已突破了对单一代理人渠道的依赖，如今面临更多的是个人营销优势的再造，以及市场分化的专业匹配。

未来，客户的诉求更多体现为"从有到好"，即在已经拥有保险的情况下，怎样拥有更好的保障、更好的服务体验等。

过去，从无到有的普及过程相对是比较容易的，现在，从有到好的专业进程则比较困难。

二是市场分化，由单一粗放的市场演化为分层精细化的市场。

从客户端来看，市场本身已经出现分化。目前，我们可以根据客户收入将其划分为以下三个市场：

第一，大众市场。该市场以工薪阶层为主，他们收入不是太高，对风险比较担忧，对风险管理型产品比较敏感。他们也是对价格非常敏感的一个群体。大众市场的人数最多，所以，匹配这样一个市场，需要大量的保单件数和大量的代理人来进行驱动，即通常所说的规模驱动型。

第二，中端市场。中端市场的客户属于富裕阶层，收入相对较高，有一些投资需求，对代理人的专业性有一定的要求，对财富管理型产品比较感兴趣，同时，他们对风险管理型产品仍然比较敏感。对于这个群体的服务需要一定规模的代理人、保单件数来驱动，实施所谓的平衡驱动。

第三，高净值市场。该市场的客户属于高净值客户，他们的人数相对较少，个人财富拥有量较大，对于风险保障的需求相对较弱，对价格也不太敏感，但是对资产传承的需求比较大，对代理人的专业度要求也非常高。这类客户需要的是件均保费和人均保费的驱动，即产能驱动。

视角二，从供给维度看。

从供给维度来看，市场分化带来供给分化，传统商业模式的边际效应逐步递减。

为什么这两年大家都感觉特别难？因为传统商业模式的边际效益已经在递减了。

面对需求端的变化与挑战，个险传统模式如何突破？

保险公司之间更多尝试专业化分工，或选择综合经营，或选择深度介入某个专业领域；保险公司和中介代理公司之间，专业化分工也更趋明显；产品之间也开始出现细分化设计；队伍之间的分层化建设等也在逐步探索中。

由于目前分化还不够充分，供给侧的匹配远远赶不上需求端的要求。

视角三，从社会维度看。

从社会维度来看，社会资源的分化，使得个险渠道竞争优势承压，这种压力至少体现在以下两个方面：

一是个险渠道竞争优势逐渐弱化。随着互联网保险、城市定制型保险等方面的挤压，以及第三支柱个人养老金对年金险业务形成挤压，个险渠道的竞争优势逐步弱化，保险营销业态亟待创新。

二是个险从业人力供给遭遇挑战。传统营销机制是基于组织发展来推动业务发展的模式，但如今，组织发展在人力供给方面受到了一些挑战。以往的佣金模式在市场上也已经不具备优势，代理人收入水平也难言吸引力。

同时，劳动力成本的上升与其他劳动密集型产业的分流，对个险从业人员供给提出了新的挑战。

突破创新的关键问题：个人竞争力、组织竞争力、模式竞争力全面突破

客户层次的分化对供给与服务形成倒逼，寿险营销从劳动密集产业逐步向知识密集型产业转化，才能匹配客户多层次、多样化的需求。在这个过程中要实现以下三个突破：

一是个人竞争力的突破，要从过度营销向本质营销转变。我们的营销手段、营销方法应该是全世界领先的，称其为"过度营销"可能不是特别准确。但在某种程度上，我们的营销大于对寿险本质的认知，从这个角度出发，也确实有过度营销的特征，所以容易给客户造成一种压迫感。

应该通过个人竞争力的提升来满足客户高品质的服务诉求。我们已经经历了近30年的发展，千万级人员的普及，客户对保险产品和服务的高品质需求已经产生。销售是个人综合竞争力的体现，提高从业者的专业素养、提供精准服务一定是未来核心竞争力建设的方向。

同时,个人竞争力的体现要由过度营销回归到本质营销,做有温度的营销,真正帮助客户提供解决方案,要从合同外利益向合同内的保险解决方案转移。回归保险的意义与功用,少一些噱头,多一些本质,从过度营销向本质营销、诚信营销转变。

二是组织竞争力的突破,要从无差异化组织建设向有差异化组织建设转变。

从客户诉求来看。客户需求已经开始分化,如果供给不跟进,必将被淘汰。当前业务和队伍发展的根本问题是队伍和客户的匹配度问题。

从队伍结构来看。要解决与客户的匹配问题,队伍结构要作出适应性调整,队伍建设要从同质化向差异化转变。

从精准匹配角度来看。队伍和市场是长期沉淀和分化的结果,分化什么样的市场,就应培养什么样的队伍,甄选是匹配的基础。营销就是精准匹配的过程,未来市场的格局需要当下从人力驱动向人才驱动转化。

三是模式竞争力的突破,要从销售模式的短期技术属性向长期专业属性转变。

这意味着销售模式要实现由"术"向"道"的转变:第一,基于话术的提升向基于原理的深化,要证明保险是科学的。第二,基于销售的提升向基于顾问的深化,要帮助客户根据实际情况买对保险。第三,基于产品的提升向基于价值的深化,要帮助客户创造价值。第四,基于创新的提升向基于沉淀的深化,将创新沉淀为生产力。

支撑转型的关键力量:行业认知、科技支撑、真正的以客户为中心的发展理念、有活力的组织体系

转型不是一蹴而就的,其需要关键力量全方位的支撑。

首先是行业的认知。政策引领是转型的核心力量,我们也看到了,监管的指导方向已经通过不同的方式在进行传递。行业主体也不断地在研判、探索。

其次是科技支撑。转型需要充分搭建并享受新型数字化平台,引入区块链、互联网等技术,构建开放式敏态赋能平台和稳态运营平台。平台赋能队伍,队伍赋能平台,实现双向赋能,打造科技保险。

再就是真正践行以客户为中心的发展理念。目前大多数公司还是以公司管理为核心,真正为客户考虑得还不够。以管理为中心,供给侧改革就始终不会到位。

同时,打造有活力的组织体系也是一个关键的支撑。坚持规律的长期主义,设计活力组织架构,提高管理效率;建立专业分工机制,聚焦销售产能;构建敏捷组织机制,拥抱创新机遇。

当下,我们的确面临很多的困难,但重要的不是发生了什么,而是我们用什么样的心态和视角去看待和解决这些问题。中国保险业持续向好的基本面没有改变,需求依然巨大,但发展方式迫切需要升维,只要我们秉持以人民为中心的初心,服务国家战略,坚定发展信心,向善经营,一定能够续写保险业的新篇章。

CHAPTER **8** | 大家谈·真洞察

阳光人寿王润东：客户分层决定了哪些代理人更适合卖保险

2021年5月28日

> **编者按**
>
> 2021年5月18~19日，在以"回归与分化"为主题的"2021慧保天下保险大会暨第四届新浪金麒麟保险高峰论坛"上，阳光人寿总裁王润东出席活动并发表题为"寿险的非常态与新常态"主题演讲，给出多组数据，对当下个险发展面临的严峻形势进行了深入分析。
>
> 以下内容是根据王润东的演讲实录整理的。

很多内勤很焦虑，层级越高越焦虑，且已经焦虑很长时间了，是时候说一些真心话了。

寿险行业一夜撞墙为什么

寿险行业为什么会一夜撞墙？通过下面一组数据，或许就能找到答案。

从图1中可以看出，2021年个险期交的走势，1月、2月表现很好。其中，1月同比10%的期交保费增速得益于"开门红"启动时间大幅提前，但即便如此，也只实现了10%的同比增长。"开门红"期间的产品保障期间也越来越短。

进入2021年3月，新重疾定义生效，老重疾险的狂欢不再，"开门红"效应逐渐消失，结果就是个险期交保费数据大幅下滑。

当下，我国购买长期险的人数达到3亿人，被保险人数达到6亿人，30~60岁重疾保单数量达到3亿张，商业保险覆盖率达到43%，城乡居民大病保险覆盖面达到10亿人，近年来成功实现脱贫的人口为1亿人。

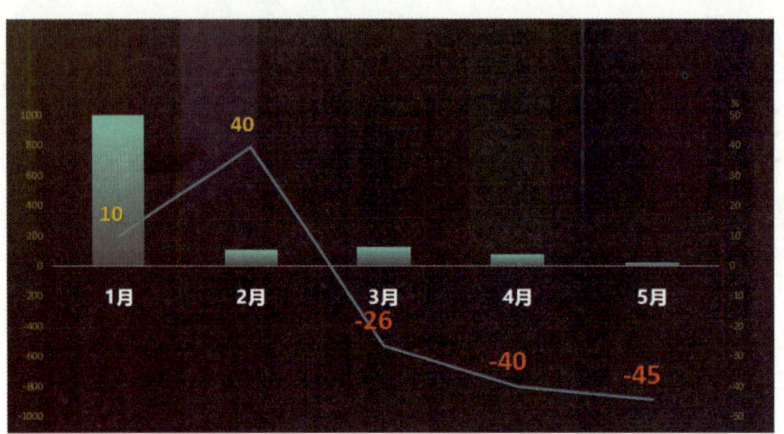

图1　2021年行业个险期交同比走势图

刚脱贫的人显然不是商业保险的目标人群。按照马斯洛需求层次理论分析,保险是安全需求以上的需求,对于刚脱贫的人来说,让他们去投保商业保险不合适,也不现实。

目前,整个行业已经拥有超过3亿张重疾保单,但其中70%是孤儿单,这都是在当年人力大发展、组织架构大提升下,代理人大量脱落导致的。

当市场从增量市场进入存量市场阶段,新加入保险公司的代理人,往往会发现缘故客户都早已投保过保险,其赖以留存的缘故保单都没有了,留存的难度进一步加大。

这意味着,大发展的逻辑在2020年至2021年大半年的时间内被彻底打破,且一去不复返。

我国有过保险从业经历的人实际上已达到7500万人,也就是说每11个人中就有1个人从事过或正在从事保险业。这意味着大规模增员已经很难。

全国城镇私营职工月均收入已经从2017年的3813元增长至2019年的4467元,同期,全国城镇非私营职工月均收入更是从2017年的6193元增长至2019年的7542元。相较之下,保险代理人收入长期在低位徘徊,已经难言吸引力。

更何况快递、外卖以及家政等人力密集型行业的兴起对保险业增员起到了巨大的分流作用。

看到以上这些数据,就不难理解个险渠道为何会"一夜撞墙"。寿险行业属于金融业,有其独特的规律,规律不可逆,逆规律而动就一定会"撞墙"。

很明显,这几年,我们并没有按照寿险规律做事,整个行业用了20年时间才好不容易将代理人队伍发展到300万人以上,结果自2015年取消代理人资格考试开始,我们仅仅用了不到5年时间,就将代理人队伍做到了900万人以上。

现在各类销售问题、退保纠纷纷至沓来。我认为,应该在所有渠道实施"双录",不要觉得这是给销售添麻烦,换个角度,"双录"让投保变得更有仪式感。如果连"双录"都做不到,就不要从事保险业务。

过低的行业准入门槛是一切问题的根源之一。高等教育在二线及以上城市已经逐渐普及,可以说,在这些城市,找一个高中生比找一个大专生要更加困难,但是我们的行业偏偏就"有能力"找来一批高中生,而不是去找那些更容易找到的人。

寿险行业属于金融业,卖的是长久期产品,一定是专业的人做专业的事。

洞悉新形势:年轻人涌向城市,客户分层加剧,整体发展前景依旧广阔

根据中国第七次人口普查,相较10年前,城镇人口增加了2.4亿人,增长了14%,更多年轻人来到城市,留在县域和乡镇的主要是两个年龄段人群——老人和孩子。

M_2(广义货币供应量)已经从2014年的123万亿元增长到今天的226万亿元,增加了将近一倍。而中国的财富分配并不均衡,10%的富人占有80%的社会财富。根据招行发布的私人财富报告,中国高净值客户300万人,占据可投资资产90万亿元,人均可投资资产达到3000万元。

如果300万名高净值客户每人拿100万元买保险意味着什么——3万亿元的保费收入。

2020年整个寿险行业的新单保费收入仅为1.64万亿元,原因在于,大量不专业的代理人把精力用在了开发低收入客群上。

虽然中国保险业发展迅速,但是中国保险的密度和深度,与美国、日本相比,依然有8~10倍的差距,这说明中国保险市场依旧潜力巨大。需要思考的是,我们该怎么做?做什么?做对了没有?是不是真这么想去做了?有没有说一套做一套?是不是做到了言行合一?

寿险行业何去何从?须打造三大生态——队伍、产品和科技,满足不同层次客户不同需求

看完以上数据,寿险行业何去何从?先思考以下几个问题:

一是"快与慢"。通过快速增员新人,从而带动保费迅速上量是否还适用?快速增员新人产生大量的自保件、互保件;当时我们培训新人用57天,现在只有2天;产品也只有两三个。

二是"大与优"。通过人海战术,低价展业的销售模式是否还能持续?以往平均13万元的重疾险保额无法解决罹患重疾之后的收入损失;现在的模式下,新人单一保,转正即脱落,不会有第二张保单,更谈不上晋升。

三是"广与精"。通过人海战术、通过铺设机构拉动业务规模增长是否还值得鼓励?我希望不仅不开新的分支机构,还要对现有机构进行一定的精简,甚至彻底裁撤县域乡镇机构,只保留适当的服务人员。

人的需求是分层次的,有些人的健康风险保障就应该通过发展普惠健康险去解决,诸如惠民保、百万医疗、大病医保等产品。普惠健康险通过政府背书、推广,销售成本可以做到很低。

但对于一家建设个人代理人队伍的保险公

司来说，培养队伍的成本是很高的。有高成本就必须有高产出，目标客户就应该定位于中高端客户，否则盈利模型就不成立。

湖南一家研究院，拥有200多名研究员，平均学历硕士以上，年平均收入48万元，但调研发现，200多个研究员竟然没有一张寿险保单。这说明市场还很广阔，我们的工作还远远没有做到位。

应对新趋势，寿险行业发展应该打造以下三个新生态：

一是队伍生态，包括个险、银保和中介。现在银保之所以发展好，归根结底是因为银行的理财专员队伍素质高、专业能力强，即便是我们行业最优秀的代理人队伍与某些银行的理财规划师队伍做对比，可能也要相形见绌。

二是大产品生态。不同层次的客户需求不同，需要保险公司提供差异化的产品和服务。例如，普通客户，需要的是便捷服务以及高性价比的产品；中端客户，需要挖掘其隐性需求，使其获得满足感，他们需要养老社区，真正的高客可以自己请数量足够多的保姆、护工等；高端客户，需要的是私人定制服务，重点是服务的稀缺性，比如全球最顶尖的医疗资源。

构建"产品+生态+服务"，我们需要清晰地洞察客户需求，虽然不一定能做到千人千面，但至少要清晰区分各个层次客户不同的需求是什么，再通过整合资源提供与之需求相匹配的队伍、产品、服务等。

所谓"大产品生态"则是指要为客户提供一揽子的综合金融资产配置服务。假设一个高端客户有1000万元用于投资金融资产，不可能全部用于买保险（保险只是金融资产的一部分，并不具备所有功能），在其1000万元的金融资产配置中，也许300万元用于投保终身寿险加信托，300万元购买资管产品，400万元投资基金，这其中权益类配置50%，固收类配置50%……能作出全面而专业的金融资产投资规划的代理人才是真正专业的代理人，才会真正地打动高端客户。

三是科技生态。通过科技洞察客户需求，实现产品建模，同时也让服务变得更加便捷。例如，如果能与医保数据进行对接，重疾险产品定价会更精准，也可以变得更便宜，同时保额也可以更高。阳光人寿就做到了，在四川，70%相对健康的客户，以同样的保费，保额可以增加25%，这是我们与科技公司合作的结果。

以上三大生态将构建保险公司的核心竞争力。

当前，行业的困境除新单保费下降外，更可怕的是继续率的崩塌，过去粗放式发展背后隐藏的很多问题都凸显出来。

在此呼吁大家，大家一起将事情做对做好，当作长久期事业来发展，就如同阳光文化中的"农民心态、工匠精神"一样，精心地去耕耘、去雕刻。保险业的发展前景依然广阔，我相信我们会迎来另一个发展的春天，而且这个春天会持续很久。

CHAPTER 8 | 大家谈·真洞察

银行系保险公司将是怎样的力量,工银安盛吴茜称,打破旧有销售逻辑才有真正的春天

2021年5月26日

> **编者按**
>
> 2021年5月18~19日,在以"回归与分化"为主题的"2021慧保天下保险大会暨第四届新浪金麒麟保险高峰论坛"上,工银安盛人寿总裁吴茜出席活动并发表题为"从迭代到进化——重构银行系保险公司的底层逻辑"的主题演讲。
>
> 吴茜作为银行系寿险公司代表,在演讲中,通过梳理银行系保险公司的过去、现在和未来,分享了她对银保转型的思考与判断。
>
> 以下内容是根据吴茜的演讲实录整理的。

过去:大银行小保险与"低价值三角"

2016年以前,特别是2014—2016年,是市场保险渠道以规模为核心的扩张时间段,也是银行系寿险公司初入行业的探索期。

2009年开始,以交通银行入股中保康联为标志,主流银行纷纷通过股权收购方式,拥有了自己的寿险公司。但银行的强势入股,其结果却不尽如人意。

明明在银保大发展时期进入行业,又在股东、渠道乃至客户资源上占尽优势,但论规模,各家公司的保费虽然较成立初期大幅增长,但多数排名在行业15~40名,整体保费收入只占行业总保费收入的7.5%,银保渠道总保费收入的17%;论增速,银行系寿险公司经过早期快速发

展以后,2015年、2016年的增速已经与行业增速趋同。彼时彼刻,一些激进型、资产驱动型的保险公司正借力银保渠道实现快速增长,甚至几年内挺进行业前十。对比之下,银行系寿险公司的增速就更显得不值一提。

"大银行、小保险","坐拥金山却发展缓慢",是银行系寿险公司一直被股东乃至同业诟病的一点。究其原因,则在于行业规模增长的时代,客户保险观念尚处于初级萌芽阶段。银行与保险各自的底层逻辑虽然大相径庭,但在规模扩张上却一拍即合,二者与客户形成了一个天然的"低价值三角"(见图1),不仅制约了银行系保险公司的发展,更导致整个银保渠道价值属性的缺乏。

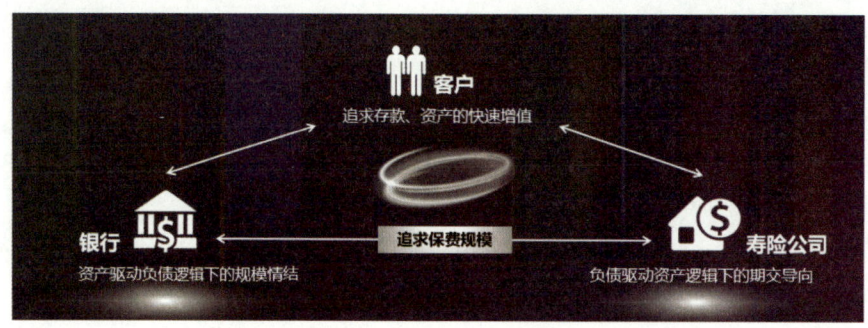

图1 大银行、小保险与"低价值三角"

客户:保险进程中暂时缺位的主角。

尽管银行拥有海量客户,但在很长的一段时间内,银行客户的主要需求仍然是存款、理财和资产的快速增值。通过保险来进行财富传承、解决个人养老、子女教育和医疗保障等保险理念,需要一个长期而缓慢的渗透过程。

商业银行:资产驱动负债逻辑下的规模情结。

银行人天生有一种规模情结,因为商业银行经营的核心逻辑,就是资产驱动负债,通过一手做贷款、一手吸存款,一手做资产、一手做负债,以利差为核心获取利润。不同银行之间只是利差大小的区别。由于利差一定存在,只要控制好风险,基本规模越大,盈利越多。

据此,银行渠道销售保险,天然追求的就是保费规模、中收规模的最大化,银行最喜欢的保险产品,一定是能够快速上规模的产品,即客户收益率高、手续费高的类理财型产品。

寿险公司:负债驱动资产逻辑下的价值导向。

与银行恰好相反,传统寿险呈现出负债驱动资产的典型特征。由于保险产品的复杂性,不同产品负债成本差异明显。那些负债成本低、资本耗用小的产品,往往都是复杂的期交保险产品,不符合大多数银行一线批量销售、规模销售的习惯;在银行最容易销售的趸交和理财型保险,负债成本又往往最高,价值普遍偏低。

对大多数寿险公司来说,发展银保渠道更多只是规模扩张的需要,一些激进型公司把银保作为获取客户或资金的手段,很多传统大型保险公司则从2013年前后逐步淡出银保渠道。

"低价值三角"的一个必然结果,就是客户收益率和渠道费用成为销售核心,保险公司在银保渠道上的成本不断上升,利润逐步收窄。

这也解释了过往银行系寿险公司为何发展受限:在资产端,由于股东对投资品种和风险控制有严格约束,注定做不出特别高收益的产品;在负债端,银行的产品供应商非常多,保险子公司和其他保险公司并无区别,都只是银行万亿元中收中一个小贡献者。产品做不到高收益,费用比不上激进型公司,注定了银行系保险公司无法成为银保渠道的主角。而由于依赖银行股东,银行系寿险公司往往只专注发展银保渠道,个险等自己的内生渠道建设严重不足,背靠金山挖不到宝藏也就成为必然。

迭代:从"低价值三角"到"高价值三角"

规模增长不如预期、集团贡献始终有限、自身地位与银行股东之间显著失衡,迫使银行系保险公司重新梳理自身的策略。

从2016年开始,银行系保险公司开始从规模快速增长向规模价值并重转型。从"低价值三角"转向"高价值三角"的第一次迭代期,也在2020年迎来了行业的春天。

2016年,工银安盛借鉴欧洲股东在银行保险上的经验,第一个在银行渠道引入复杂期交保险产品。事实证明,增额终身寿的长期限资产管理功能,恰恰与客户"保障做足、理财做长"的需求相匹配,也符合银行长期理财的销售习惯。当年,工银安盛的复杂期交保险产品销售翻倍,引发行业关注。

2017年、2018年,更多银行系保险公司乃至中小型保险公司,都看到这类产品在银保渠道的销售前景,开始纷纷跟进,增额终身寿险在银保渠道的销售逐步成熟。

其间,工银安盛又开始在银行渠道尝试销售重疾,经过2018年的酝酿试行、2019年的大力推动,2020年恰逢新冠肺炎疫情的影响,该公司银保渠道的重疾销售接近翻番,取得了超出预期的成长。

转型探索并不只属于工银安盛一家公司,2017年以后,各家银行系寿险公司都开始逐步发力。从数据上也可以看出,7家银行系寿险公司,近4年的期交保费收入年复合增长率平均达到23.28%,增速超过行业。

特别是2020年,全行业受疫情影响,期交保费收入增速下降5%,银行系保险公司的期交保费收入同比增长了13%,其中银保渠道的平均增速更是达到17%,实现了逆势增长,迎来了银保的春天。

春天的背后,是从"低价值三角"到"高价值三角"的迭代,是银行系保险公司不断深入的转型探索,更是客户、银行、保险三方的升级。

客户:从单一理财需求到综合资产管理。

过去几年,不同层级的客户需求都发生了显著变化。

一方面,大众客户的健康保障需求增长,保

险需求从被动需求转为主动寻求。当前全国人身险渗透度已达40%，近年来各地惠民保火爆，上海沪惠保上线10天投保人数就突破470万人，这些显示出旺盛的医疗保障需求。

另一方面，高净值客户的财富管理需求升级，并由单一理财向综合金融持续转变。中国的私人财富市场呈现出持续增长的态势，2006—2017年，私人财富市场规模10年增长5倍；高净值人群（资产净值在600万元以上）每年增加30万人。马太效应显现，私人财富增长，同样意味着综合性资产配置需求的增长。

银行：从规模情结到综合金融。

经济环境叠加客户变化，也给银行经营特别是零售经营带来新的要求。在世界经济进入下行通道，长期利率震荡下行、理财刚兑打破的背景下，传统的银行端产品更多陷入收益率的竞争，已经无法满足客户多元化的金融需求，复杂期交保险产品在长期限资产配置上的独特功能，也越来越受到银行的认可。

近年来，在银行渠道，特别是私银渠道，以"终身寿险+保险金信托"为客户规划家族财产的增值和传承，已经成为热门产品组合。

发现保险产品在规模收益之外的价值，恰恰是新时期银保渠道价值发展的基石。

保险公司：从价值中心向客户中心。

对保险公司来说，传统代理人模式的发展到了"瓶颈"，已经成为共识，大幅增员带来的费用成本居高不下，不增员又无法获取有效客户来源，两难下的长期转型必然带来短期阵痛。这种情况下，银保渠道庞大的客户资源开始凸显其价值，海量存量客户的再开发，就成为另一个发展"蓝海"。银行系保险公司由于长期专注银行渠道，"近水楼台先得月"，在银保渠道复杂期交的销售上先行半步，增长就成为必然。

进化：打破价值三角，融入金融生态

那么，是否可以说，银行、保险公司已经找到了通往量价齐升的道路，银保的春天真的来了？

可能并非如此。从"低价值三角"到"高价值三角"，只是销售产品的迭代升级，并没有改变客户、银行、保险公司三者关系的根本逻辑，保费的提升更多来自于对银行存量客户的深度开发。

随着时间推移，当银行、客户经理、客户自身都已经熟悉了复杂期交，当越来越多的保险公司重新发现银保渠道的价值，当曾经的竞争从当年的趸交替换成了现在的复杂期交，整个银保渠道又将面临新一轮的产品同质化、费用白热化，"高价值三角"有可能坍塌为"低价值三角"。

如同任何一个行业，迭代永远只是原有逻辑的升级，只是一种量变，其增量永远会遇到"瓶颈"，只有底层进化，才能真正改变行业生态，实现量变到质变，才能迎来真正可持续的春天。

质变，缘于新时代零售金融新格局。

当前时代最大的变化，就是中国正在进入超

CHAPTER 8 大家谈·真洞察

级老龄化和超级网络化社会，金融市场中原有的供需关系、产业经济都将彻底重塑，进而深度影响银行和保险公司合作的底层逻辑，推动整个进化的形成。

一是养老金融成为时代新风口。在超级老龄化社会的影响下，养老金融正成为最近一年来银行大零售板块最为关心的一个命题。其背后的原因在于，在养老金融迎来战略机遇期的当下，只有能够完整地回答"钱从哪里来""钱要怎么花"的问题，才能建立起一张覆盖从养老财富储备到消费的完整生态版图，而谁能够在此生态版图上抢先占据更多的制高点，谁就能在未来金融领域抢占先机。

银行虽然擅长解决"钱从哪里来"的问题，但过去很少关注"钱要怎么花"的问题。在新的时代，"钱要怎么花"，也就是说，健康养老消费产业链的建设，已经和"钱从哪里来"变得同样重要。深耕医养相关产业链的保险公司，也因此具有了更多与银行的深度合作、差异化合作，甚至是反过来，具有了为银行赋能的空间。

二是场景营销成为竞争关键。在超级网络时代，"场景"已经逐步替代原有的"渠道"，成为金融企业获客、活客和黏客的关键，这也给银行与保险的合作带来新的机遇。

对银行来说，在网络时代，过去依赖网点渠道的"坐商模式"已经走到尽头。虽然银行拥有多个行业、海量商户的资源，但怎样从做产品到做服务，在场景中提升用户体验，成为银行这几年来重点思考突破的问题。而在这方面，保险公司前期持续探索的"产品+服务"模式、健康养老产业链模式，正补足了银行在养老金融中医养服务场景的缺失，也一定会带来银行与保险之间合作的深化。未来的保险公司，将不仅仅是一个保险产品的供应商，更可能是一个与银行深度融合的合作伙伴。

质变，从博弈的价值三角到融合共赢的同心圆。

新的时代，养老金融、场景营销的新需求，正在从根本上改变银行、保险与客户间的关系，为银行与保险之间的深入合作提供了契机。在新的时代，从业者已经可以打破原来客户、银行、保险公司之间不断博弈的三角，形成一个围绕客户的同心圆。在这个同心圆里，银行和保险不再以费用、收益为博弈的核心，保险公司也不再只是银行保险产品的提供者，而是真正以客户为中心，通过构建"产品+服务"营销矩阵，探索"场景+金融"客户共拓，通过银行与保险之间更加平等、深入和融合的合作，实现优势互补、互利共赢。

一是围绕全生命周期金融供给，建立"产品+服务"营销矩阵。以客户需求的转变为核心，保险公司和银行的业务合作将从单纯的产品供给、费用竞争转向"产品+服务"整体解决方案。

一方面，保险公司与银行合作，为客户提供一揽子养老金融服务解决方案，将保险产品嵌入存款、理财、基金和综合服务的整体框架中，并通过专属培训、客户分析等，扮演好保险产品与服务的专家角色，凸显在银行与保险合作中的

价值。

另一方面，也是更重要的，通过为银行客户提供基于产品的快速理赔服务、财富解决方案和附加的健康医疗资源，保险公司可以构建出对银行客户的营销矩阵，塑造不同于其他保险公司的服务优势与品牌优势。

二是围绕多层次金融延伸服务，探索"场景+金融"生态建设。如同之前所论述的，在当今的互联网金融生态下，银行和保险都面临流量获客、新客户转化的难题。基于此，双方完全可以共同探索获客场景的构建。围绕"生老病死""衣食住行"等基础场景，未来银行和保险公司深入客户生态圈层面进行合作的前景尤为广泛，谁更能取得银行渠道的信任，谁更能提供互利共赢的场景化合作模式，谁就将在这一领域取得领先优势。

三是围绕最底层养老需求的基础，打造"银行+保险"产业合作。在上述场景建设外，"钱向哪里去"层面的合作，触碰的是居民最底层的消费需求，也将是银行与保险更加深层次合作的根基。在大零售金融服务的新赛场，能够深度整合健康养老资源链条的企业，无疑将更具有竞争力。在这个角度上，银行和保险公司之间，特别是对于中小型保险公司而言，重资产全资运营健康养老产业链显然并不实际，与银行合资合作，如能解决双方间的信任和利益摩擦等问题，则可能是更为互惠互利的一种模式。

银行系保险公司一路走来，从规模扩张受挫到期交转型迭代，其实也是监管回归保障、行业转型盘整、银行与保险公司之间合作深化的结果，是大时代下行业发展变化的一个缩影。而未来的进化之路，则是新时代新格局下整个零售金融格局重构的必然，是行业探索进化的一个组成部分。

当然，通往未来的进化之路一定不止一条，但所有这些模式，核心都将在于超越原有的"产品+费用"的二元竞争，进入商业模式制胜的新领域。这也是银保和个险在新时代、新红利、新格局下的共同挑战。

如同里尔克诗中所说：如果春天要来，大地将使它一点点地完成。在寿险行业进化前夕，每一条不同路线的探索，最终将汇聚成寿险行业的真正春天。

CHAPTER **8** | 大家谈·真洞察

直面"峡谷式竞争"后的五大现象,平安健康朱友刚称,健康险长期经营需夯实七大专业能力

2021年5月24日

> **编者按**
>
> 2021年5月18~19日,在以"回归与分化"为主题的"2021慧保天下保险大会暨第四届新浪金麒麟保险高峰论坛"上,平安健康董事长朱友刚出席活动,并发表了题为"健康险发展之根本"的主题演讲。
>
> 以下内容是根据朱友刚的演讲实录整理的。

我原来从事车险业务,现在从事健康险业务。有人问,二者有何不同。我的回答是,一个是修车,一个是修人,无论是车还是人,都是一个系统,都代表一个完整的生命,生命是科学,科学有科学的规律。我们要思考的是如何赋予这个生命更好的、可持续的、长久的活力。

首先介绍我观察到的一些健康险市场现象。

健康险市场五大现象:所有机构投身其中,忽视长期经营风险

现象一,公司众多。健康险从业主体犹如在"春秋战国"时期,市场完全进入"峡谷式竞争"。

几乎所有保险公司参与到健康险业务中,84家寿险/养老险公司在做,73家财险公司在做,7

家健康险公司也在做;几乎所有保险中介参与其中;几乎所有互联网平台也参与其中……以如火如荼的惠民保为例,据不完全统计,目前其已经在294个城市上线。

我感觉正置身于健康险的"春秋战国"时期,一个新的、从来没有想象过的、从来没有感觉过的一个时期。

现象二,经营风险。无知无畏,忽视长期经营风险。

健康事关人的一生,所以健康险业务一定是长期的,与人相生相伴,与生命息息相关。但从各保险公司官方披露的2020年短期健康险综合赔付率情况来看,19家保险公司的赔付率超过了65%,其中6家的赔付率甚至超过了100%,见图1。

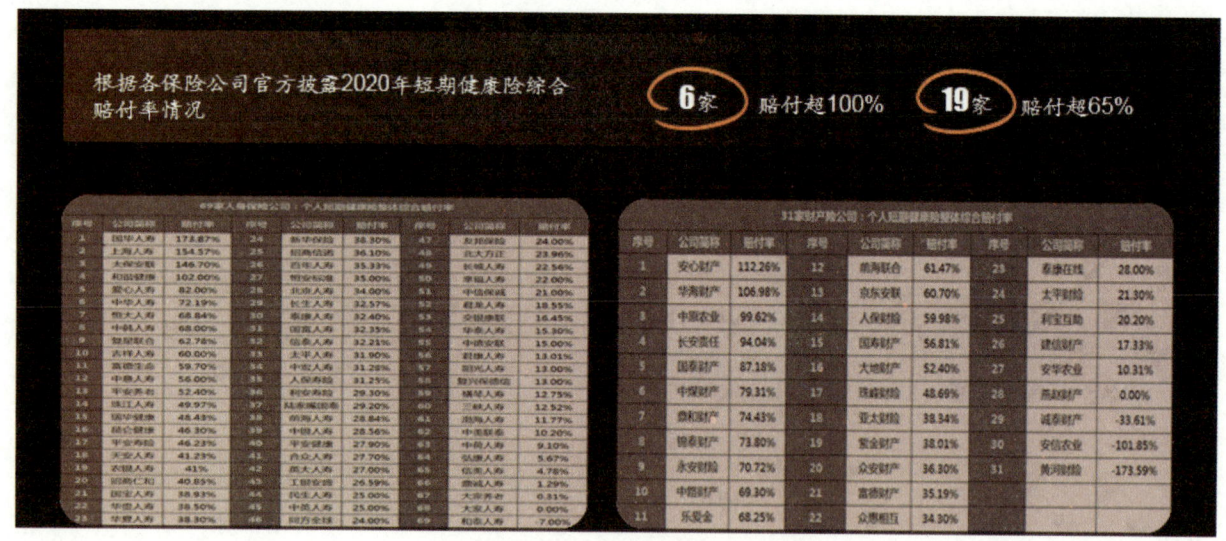

图1 2020年短期健康险综合赔付率

当然,由于这些短期医疗险上市时间长短不一致,各公司的短期健康险业务结构、统计口径也不一致,再保方式也不一致,很多产品实际赔付率远不止于此,长期经营的风险是显而易见的。

现象三,合规风险。销售误导,合规风险时有发生。

销售误导,合规风险仍时有发生,这导致了投诉量的上升。2020年第四季度人身险客户投诉共1.5万件。

近两年以来,银保监会加大消费者权益保护力度,对行业合规风险一而再、再而三地进行提醒和警示。就在最近,又针对短期健康险发布新规,规范其续保表述。

各家公司面对这些监管要求,如何坚定不移地、一以贯之地落地与执行,如何真正保护消费者权益,更好地服务消费者?这都是摆在我们面前永恒的主题。

现象四，纷纷跨界。人人跨界，无界限融合。

在健康险领域，每个机构似乎都在做跨界融合。传统保险公司向医疗健康管理切入；互联网平台向"健康管理+保险"切入；健康管理公司向健康险切入……所有机构都想到一起了。

现象五，他山之石。

100多年来，欧美健康险市场在监管、医疗网络和医疗管理上都采取专业化经营模式，实现对疾病风险、医疗风险以及费用精准管控，持续降低死亡螺旋风险。

然而放眼全球，综观欧美，却会发现，海外实施的是专业化的经营。欧美健康险市场发展100多年，寿险公司就是寿险公司，健康险公司就是健康险公司，财险公司就是财险公司，三者的监管规则、专业服务体系是完全不一样的，不同业务之间有严格的风险隔离。风险是否隔离决定了行业的系统风险会不会打穿及系统风险如何重塑的问题。

美国的联合健康、Oscar Health，以及欧美其他大型保险公司等，都是从医疗切入，或自行开设医疗机构控制医疗支出，或通过强掌控的区域化窄网络设计降低服务成本。

最重要的，无论是自建、非自建，还是强掌控、非强掌控，保险公司都全流程、深度参与过程管理，所以其核心是掌控支付，没有参与，没有支付。这或许正是海外健康险和健康医疗服务、健康管理服务能融为一体的基石。

总结。健康险行业看似无门槛，但死亡螺旋一直存在，"长期经营门槛"无比之高。

健康险这项业务看起来是无门槛的，似乎所有保险公司、所有保险中介、所有互联网平台都能做，甚至保险公司、非保险公司都能做。但是，如果从人类生命科学的角度来看，如果从健康险长期经营和系统管控的角度来看，如果从对人民群众幸福生活负责任的角度来看，其门槛无比之高，如图2所示。

即便如此，从海外情况来看，医疗险的死亡螺旋是一直存在的，谁都逃脱不了，这是发展医疗险的底层逻辑。

所以说，专业健康险和传统寿险是完全不一样的底层逻辑、经营规律，希望与所有同行一起都能突破死亡螺旋，走向长期，围绕着生命，围绕着健康，为中华民族一代又一代人去奋斗，而不是只考虑今天、考虑明天，不去考虑未来。

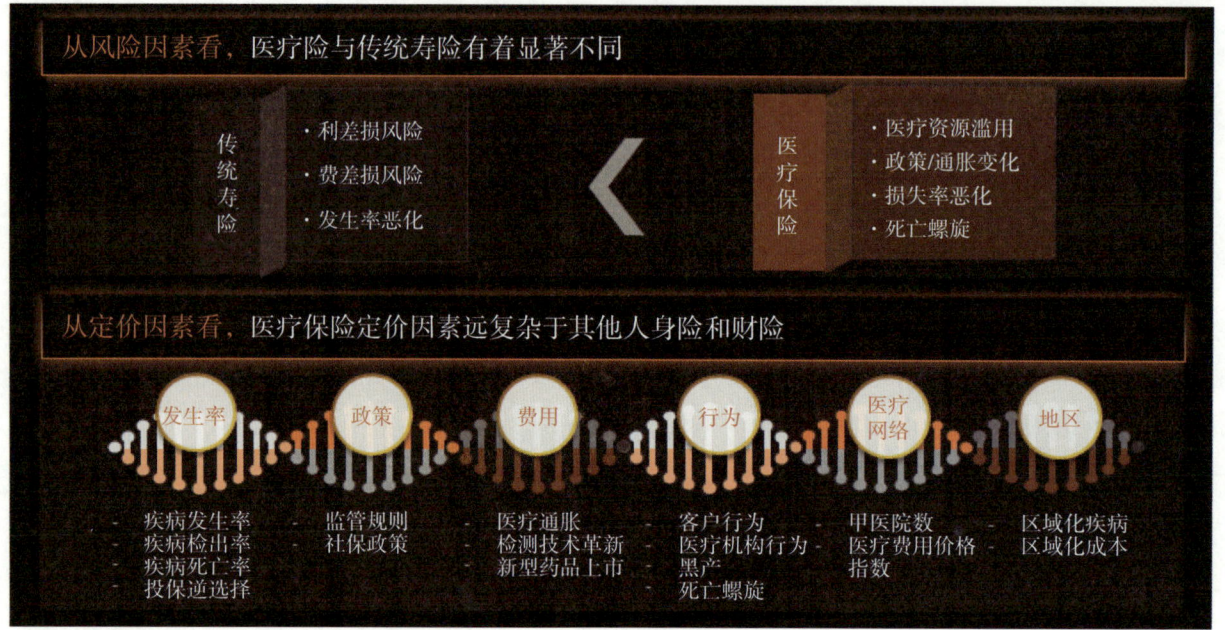

图2 健康险相较于传统寿险、人身险及财险的不同

健康险发展之根本在于"专业化"

在尊重行业、产业的底层逻辑和规律的情况下,健康险该怎么向前走?根本之路,还在于"专业化"之路。

一是根本之路。健康险长期经营发展,必须走"专业化"之路。在党的领导下和国家社保体系的总体框架下,无论是银保监会的要求,还是国家卫健委的要求和国家医保局的要求,对于健康保障体系的要求都是长期的、稳健的和高质量的。

从这个角度出发,我认为,从事健康保险,首先研究的是人的生命,而生命是一种科学,一种一直在研究但一直未被全部揭秘的科学,健康则是专业的科学,在这样一项专业的科学里,"专业化"是根本之路。

基于此,这需要我们去建设7大专业能力,包括专业人才、专业分群、专业定价、专业产品、专业医疗、专业理赔及专业服务。唯有如此,才能真正对得起生命,对得起科学,对得起规律。

二是专业人才。专业道路始于人才,打造"保险+医疗+科技"的专业队伍,推动健康险行业高质量发展。银保监会2019年发布的《健康保险管理办法》规定,从事健康险业务应配备具有健康险专业知识的精算人员、核保人员、核赔人员和医学教育背景的管理人员。

如果我们自己不懂健康,又如何懂健康险?在国外,专业健康险公司人员的配置是一整套的,涵盖了健康、医疗和药学等专业人才在内。而在我国,从事健康险业务的保险公司的人员配置，99%的人员都是传统保险人员。

从事健康保险业务，要有人，要有人才，而且必须是专业人才，首先是医疗、医药和健康管理等方面的专业人才；其次是科技、人工智能、大数据和互联网等方面的人才；最后是保险人才。有了这些人才，健康险才能走得更好、更远。平安健康险正在推动医疗、医药、科技和互联网人才结构重塑。

三是专业分群。基于客户特征、价值和需求等多维度构建动态分群，挖掘客户需求和偏好，匹配立体、全面的多层次产品。走专业化的路径，就需要根据不同人群的特征、根据不同人群的需求来建立不同的需求体系，而不是像现在这样，一款产品几乎面向所有人。

四是专业定价。大数据机器学习构建精准定价模型，实现不同地区、不同人群差异定价。实际上，我们定价的目标是要让老百姓买得起、买得好，把符合其需求，以及价格可以接受的产品卖给相应的消费者，而不是卖一个我们认为该卖给他的产品。

最重要的问题是，要把定价的底层逻辑，定价的成本、颗粒度，以及定价的风险等真正打透、打细，真正将定价的因素、因子考虑清楚。用机器学习、人工智能模型等功能可以进行更为精准的定价。

五是专业产品。智能产品工厂灵活组配，真正实现全民健康保障。要更灵活地、自动化地、智能化地来解决产品体系问题，让产品真正能解决人们的需求，并且与服务相匹配。

六是专业医疗。共建共享社商医疗大数据平台，搭建AI医疗知识图谱，实现更加标准、精准和高效的医疗诊断。保险公司应该整合各类专业医疗资源，把所有医疗机构、检验机构，以及健康管理机构等整合在一起，形成一整套解决方案，让客户的问题可以得到一次性解决。这就要求我们必须有完整的数据库和医疗知识图谱，实现精准的识别和精准的匹配。

七是专业理赔。聚合各类风控数据，打造智能理赔风控模型，打击社商保险欺诈，缓解社会"医疗通胀"。保险有欺诈、有黑产，如何自动拦截，如何自动识别？这需要大量专业化的工作来构建出费用模型、疾病药品福利管理模型、疾病诊断模型，以及客户预选择判断模型等。

八是专业服务。打造智慧运营，创造有温度的健康服务。

习近平总书记曾说，"健康是幸福生活最重要的指标"，我们要遵循生命科学与健康险发展的"底层逻辑"与"专业规律"，坚定走专业化道路。这是行业长期可持续和高质量发展的必然选择！

NEW ERA OF
INSURANCE

保险新时代

〖慧保天下〗精选集

2021

附 录
APPENDIX

2021年监管政策梳理

附表是『慧保天下』对2021年监管政策的汇总整理，资料来源于银保监会及其派出机构官网，以及媒体公开报道等。经统计，2021年，银保监系统累计发布各类政策119项，其中，公司治理方面的21项，人身险方面的31项，财险及再保险方面的20项，中介方面的11项，资管方面的11项，其他方面的25项。

附表 2021年政策分类表

日期	政策	主要内容
	公司治理	
2021年1月25日	《保险公司偿付能力管理规定》	新规吸收了"偿二代"实施以来的成果及经验,将偿付能力达标条件扩展至三项,并压实保险公司主体责任,不断提升偿付能力信息透明度。其中,保险公司需同时满足"核心偿付能力充足率不低于50%、综合偿付能力充足率不低于100%、风险综合评级在B类及以上"三项要求,才为偿付能力达标
2021年2月5日	《关于建立完善银行保险机构绩效薪酬追索扣回机制的指导意见》	要求银保机构应按规定建立并完善绩效薪酬追索扣回机制。其中,银保机构发生规定情形之一的,应当追索扣回高级管理人员和关键岗位人员的全部绩效薪酬
2021年2月18日	《银行保险机构声誉风险管理办法(试行)》	明确了银保机构声誉风险管理的"前瞻性、匹配性、全覆盖、有效性"四项重要原则,要求银保机构强化公司治理在声誉风险管理中的作用。其中提到,银行保险机构应设立或指定部门作为本机构声誉风险管理部门,并配备相应的管理资源,实现全流程管理,董事长或主要负责人为第一责任人
2021年3月19日	《中华人民共和国外资保险公司管理条例实施细则》	进一步明确外国保险集团公司和境外金融机构投资外资保险公司的准入标准,主要修改内容包括:明确外国保险集团和境外金融机构的准入条件;完善股东变更及准入要求
2021年4月	《关于做好2020年度保险公司经营评价工作数据报送工作的通知》	保险行业协会将组织开展2020年度保险公司法人机构经营评价工作
2021年4月	《金融控股公司董事、监事、高级管理人员任职备案管理暂行规定》	明确董事、监事、高级管理人员任职条件和备案程序,应具备与岗位相适应的技能、经验和知识,并加强任职管理,防控关键岗位人员风险,规范兼职、代为履职、公示人员信息等行为
2021年4月28日	《银保监会持续开展银行保险机构股权和关联交易专项整治 不断提升公司治理质效》	重点问题集中于股东通过隐藏实际控制人、隐瞒关联关系、股权代持等隐性行为规避监管,实施对银行保险机构的控制权和主导权,获取不当利益
2021年5月7日	《银行保险机构许可证管理办法》	将银行保险机构持有的许可证整合为金融许可证、保险许可证和保险中介许可证3类
2021年5月21日	《银行保险机构董事监事履职评价办法(试行)》	明确监事会对董事、监事履职评价工作承担最终责任;明确评价内容,强调差异化的履职要求,要求履职评价应当至少包括履行忠实义务、履行勤勉义务、履职专业性、履职独立性与道德水准、履职合规性五个维度,并列举了履职评价应当关注的重点内容
2021年6月9日	《银行保险机构恢复和处置计划实施暂行办法》	办法明确恢复和处置计划的概念,强调其是机构与监管部门在危机情景中的行动指引。以保险机构为例,并表口径下,上一年末(境内外)表内总资产达到2000亿元及以上的保险集团(控股)公司和保险公司应制定恢复和处置计划

续表

日期	政策	主要内容
2021年6月8日	《银行保险机构公司治理准则》	明确各治理主体的职责,强化治理机制运行的规范性,相关准则涉及股东、股东大会、董事、董事会、监事、监事会、高管层,以及风险管理、内部控制等方面
2021年6月8日	《关于开展银行业保险业"内控合规管理建设年"活动的通知》	要求各银保险机构要深入查找内控合规薄弱环节,加强股权管理、授信业务、影子银行和交叉金融、互联网业务等领域的内控合规建设,开展屡查屡犯问题的集中整治
2021年6月21日	《保险公司董事、监事和高级管理人员任职资格管理规定》	宣布保险公司部分基层管理者不再视为高管,其任职资格也不需要再审批,只要按规定报告即可
2021年7月13日	《关于银行业保险业常态化开展扫黑除恶斗争有关工作的通知》	各银保机构应加强催收业务管理,建立并完善催收机构准入和退出机制,严禁委托涉黑涉恶机构和个人催收
2021年7月16日	《银行保险机构消费者权益保护监管评价办法》	提出评价要素包括体制建设、机制与运行、操作与服务、教育宣传、纠纷化解5项基本要素和监督检查1项调减要素,5项基本要素总权重为100%,根据最终总体得分,消保监管评价结果分为4个等级,90分(含)以上为一级;75分(含)至90分为二级,60分(含)至75分为3级,60分以下为4级
2021年8月9日	《中国银行保险监督管理委员会派出机构监管职责规定》	明确派出机构监管职责的总则性规定,包括监管职责体系、派出机构履职原则;明确派出机构的主要监管职责,包括对机构、人员、业务等方面的监管
2021年10月14日	《银行保险机构大股东行为监管办法(试行)》	分别从持股行为、治理行为、交易行为、责任义务四个方面,进一步规范大股东行为,强化责任义务
2021年10月	《保险机构独立董事人才库管理办法》	明确了保险机构独立董事人才库由保险业协会建设及管理,是独立董事推荐选任、履职评价、奖惩声誉、信息披露、监督管理的平台
2021年11月30日	《保险集团公司监督管理办法》	保险集团公司及其子公司对境内非保险类金融企业重大股权投资的账面余额,合计不得超过集团上一年末合并净资产的30%。保险集团公司及其子公司投资同一金融行业中主营业务相同的企业,控股的数量原则上不得超过一家
2021年12月1日	《加快建设中国金融人才库,为中小机构高质量发展提供人才保障》	建设金融人才库主要为加强规范和统一管理,鼓励支持大型银保机构临近退休的专业人才,通过市场化双向选择,到中小银保机构担任董事长、高级管理人员、独立董事或外部监事等职务,补齐中小银行保险机构金融人才队伍建设短板
2021年12月9日	《银保监会精准开展监管履职监督问责》	2016年以来,银保监会系统就监管失职失责问题,共问责党组织24个,问责监管人员871名。其中,2016—2020年各年度分别问责监管人员29人次、104人次、109人次、74人次、171人次,2021年前10个月问责384人次

续表

日期	政策	主要内容
		人身险
2021年1月11日	《中国银保监会办公厅关于规范短期健康保险业务有关问题的通知》	对短期健康险业务（不含团体保险）进行全面规范，2021年5月1日起正式实施。文件主要内容包括：保险期间、保险责任、责任免除、理赔条件等关键信息必须准确描述；严禁混淆"保证续保"概念，要求明确表述为"不保证续保"条款；合理定价，报行一致，每半年披露一次综合赔付率；严禁保额虚高，不得设定严重背离理赔经验数据基础的、虚高的保险金额；规范停售行为，保险公司应当于每年3月31日前披露前三个年度个人短期健康险产品停售情况；严防核保"空心化"、理赔"核保化"
2021年1月12日	《中国银保监会关于印发人身保险公司监管主体职责改革方案的通知》	人身险公司正式进入属地监管新时代。92家人身险公司中的39家划归银保监会直接接管，分别为"老七家"、7家专业健康险公司、9家专业养老险公司、唯一一家外资独资寿险公司友邦人寿、唯一一家相互制保险公司信美相互，头部银行系保险公司中邮人寿和工银安盛，以及天安人寿、富德生命、华夏人寿、恒大人寿、前海人寿、君康人寿、渤海人寿、中法人寿、阳光人寿、大家人寿、中信保诚、国华人寿。其余52家寿险公司按注册地划归当地银保监局实行属地监管
2021年1月20日	《人身保险产品"负面清单"（2021版）》	从产品条款表述、产品责任设计、产品费率厘定及精算假设和产品报送管理四个方面，共列出人身险产品负面清单73条。从内容看，与2018版的52条相比，新版负面清单新增21条
2021年3月22日	《关于提供佣金制度有关材料的函》	调研主要集中于各人身险公司的营销队伍组织架构、营销员佣金分配机制、代理人渠道存在问题及公司的应对措施、佣金制度改革建议和需要关注的风险等内容，同时要求各人身险公司填报代理人渠道的相关数据和指标
2021年4月8日	《中国银保监会办公厅关于深入开展人身险市场乱象治理专项工作的通知》	拟围绕销售行为、人员管理、数据真实性、内部控制四个方面，开展人身险市场乱象整治工作，包括：销售行为中的误导消费者、异化产品等；人员管理中涉及的虚增人力、给予或承诺给予消费者保险合同约定以外的利益；数据真实性涉及的虚假承保、虚列费用、虚挂业务、虚挂人头套取资金，账外暗中支付手续费等违法违规行为
2021年4月	《关于调研人身保险销售管理有关情况的函》	在人身险销售行为管理中存在的监管制度交叉重叠、相互冲突、执行困难和监管空白等问题；当前行业在销售行为和管理方面出现的新情况、新问题等
2021年4月22日	《关于短期健康险续保表述备案事项的通知》	要求人身险公司对备案产品条款进行调整，并制定方案在已售保单保险期间届满后以表述规范的产品予以替换，对于主动停售的产品，严禁以监管规定为由对消费者进行虚假宣传
2021年5月	《关于开展人身险行业开展普惠保险情况调研的通知》	拟对人身险行业普惠保险情况进行调研，涉及险种范围主要包括：面向老年人、农民、低收入人群、残疾人等群体的人身险产品，面向老年人开发的各类商业健康险产品
2021年5月15日	《关于开展专属商业养老保险试点的通知》	自2021年6月1日起，在浙江省（含宁波市）和重庆市开展专属商业养老保险试点，试点期限暂定一年，人保寿险、中国人寿、太平人寿、太保寿险、泰康人寿、新华人寿6家公司获批开展试点业务

附　录

续表

日期	政策	主要内容
2021年5月17日	《关于做好短期健康保险业务客户服务工作的通知》	针对短期健康险产品条款中的续保表述明确提出6项要求
2021年5月21日	《保险公司城乡居民大病保险业务管理办法》	要求经营大病保险业务的保险公司建立健康险事业部,完善大病保险业务单独核算的要求;明确保险公司与政府开展大病保险项目清算的要求,要求保险公司建立内部问责机制;要有长期经营大病保险业务的安排
2021年5月28日	《关于规范保险公司参与长期护理保险制度试点服务的通知》	主要内容包括:一是对保险公司专业服务能力、项目投标管理、经营风险管控、信息系统建设、护理机构管理等方面提出明确要求。二是压实保险公司主体责任,加强业务和服务流程管理,强化内部监督与问责。三是加大日常监管,规范经营服务行为,明确重点查处和整治的问题
2021年6月	《关于将肿瘤全身断层显像纳入大病保险支付范围的通知》	从支付对象、支付范围、支付标准及支付监管四个方面对PET-CT检查纳入大病保险作出明确规定
2021年6月	《保险销售行为可回溯管理办法(征求意见稿)》	保险机构应明确牵头管理部门,对保险销售可回溯工作实行统一管理,并提出保险机构应使用专门的可回溯管理信息系统实施面对面销售同步录音录像、电话销售全程录音和互联网保险销售可回溯
2021年6月2日	《关于规范保险公司城市定制型商业医疗保险业务的通知》	重点查处十类问题,包括保障方案缺乏必要的数据基础;参与恶意压价竞争或承保价格低于成本;违规支付手续费、经纪费或其他费用;夸大宣传、虚假承诺、误导消费者;拖赔惜赔;冒用政府名义进行虚假宣传等
2021年7月5日	《关于加强规范管理促进人身保险公司年度业务平稳发展的通知》	平安人寿、人保健康、农银人寿等26家保险机构被点名,涉及问题包括存在激进发展模式、风险防控机制不健全、市场乱象多发等问题
2021年7月19日	《深圳独立个人保险代理人登记注册事项工作指引》	引导规范深圳独立代理人保险业务,促进行业高质量转型发展。其中,《指引》从业务许可和商事管理两方面进一步明确深圳独立个人保险代理人的属性定位、条件标准、注册流程、商事登记等规则,集中解决深圳发展独立代理人的痛点问题
2021年8月	《山东银保监局关于进一步加强人身保险销售行为可回溯管理的通知》	要求自保件必须实行"双录"制度,自2021年10月9日正式实施
2021年8月	《关于开展"保险+养老社区"业务模式调研的函》	开展"保险+养老社区"模式业务的基本情况,包括开展业务的背景、战略定位和发展规划、主要运作模式、相关业务流程等
2021年8月	《关于专项整治北京地区互联网保险营销宣传有关问题的通知》	全面叫停保险公司、保险专业中介机构在京发布存在过度营销、诱导消费问题的营销宣传广告,包括但不限于"首月1元""1元升级""免费赠险""实物抽奖""限时停售"等内容,以及存在广告标识不清晰、关闭按钮不显著、整屏诱导点击等问题的广告

续表

日期	政策	主要内容
2021年9月2日	《北京银保监局关于规范人身险销售人员自保件和互保件管理的通知》	禁止保险机构以购买保险产品作为销售人员转正或入司的条件，禁止强迫或者诱使销售人员为达成业务考核指标而购买保险，同时要求保险机构不得允许自保件和互保件参与任何形式的业绩考核和业务竞赛
2021年9月10日	《中国银保监会办公厅关于开展养老理财产品试点的通知》	内容显示，自2021年9月15日起，银保监会选择"4地4家机构"进行试点，即工银理财在武汉和成都、建信理财和招银理财在深圳、光大理财在青岛开展养老理财产品试点。试点期限暂定一年。试点阶段，单家试点机构养老理财产品募集资金总规模限制在100亿元以内
2021年9月23日	《中国保险业意外伤害经验发生率表（2021）》	首次编制了全应用场景的个人普通意外、学平少儿意外的身故发生率表及伤残系数表，并区分到性别与年龄，为风险细分及产品创新提供依据
2021年10月13日	《意外伤害保险业务监管办法》	建立意外险产品回溯及费率调节机制，将产品费率与赔付率等指标挂钩，逐步淘汰赔付率过低、定价明显不合理的产品；强化信息披露力度
2021年10月15日	《关于进一步丰富人身保险产品供给的指导意见》	丰富多领域人身险产品供给，加大普惠保险发展力度，面向老年人、农民、低收入人群、残疾人等群体积极开发投保门槛较低、核保简单、价格实惠、保障责任明确的产品；创新发展各类投保简单、交费灵活、收益稳健的养老保险产品，积极开发具备长期养老功能的专属养老保险产品；加大对特定人群的保障力度，充分考虑新产业、新业态从业人员和各种灵活就业人员的工作特点，加快开发适合的商业养老险产品和各类意外险产品
2021年10月22日	《关于进一步规范保险机构互联网人身保险业务有关事项的通知》	明确不同资质的保险公司经营互联网人身险产品范围将有所不同；对财险公司、人身险公司在业务准入、产品定价、监管机制等方面保持一致性监管；对保险公司和保险中介机构在宣传销售、运营服务、检查处罚方面保持一致性监管
2021年10月19日	《关于就〈万能型人身保险管理办法（征求意见稿）〉征求意见的通知》	万能险的保险期限不得低于5年。保险公司可以通过合理调整退保费用、部分领取费用、保单持续奖金等产品设计要素延长保单实际存续期限，进一步满足消费者长期保障需求。保单持续奖金发放时点不得早于第5个保单年度末
2021年10月	《重庆银保监局关于规范人身险销售人员自保件和互保件管理的通知》	要求保险机构应当严格自保件、互保件核保流程管控，确保销售人员按照实际保险需求和经济实力购买自保件和互保件，对销售人员的财务状况、缴费能力等进行必要的审核
2021年11月25日	《关于试运行互联网人身保险业务定价回溯机制的通知》	内容明确要求各保险公司每年定期对互联网人身险产品定价与实际情况进行回溯管理，并要求各保险公司根据实际情况相较于精算假设的偏差程度，主动采取予以关注、调整改进、主动报告及信息披露等举措，严防报行不一
2021年11月19日	《关于推进河南人身保险业高质量发展指导意见的通知》	加快营销体制改革，调整以往靠机构扩张、人力扩张驱动业务的粗放发展模式，从人海战向人才战转变，从注重增员数量向注重增员质量转变

续表

日期	政策	主要内容
2021年12月24日	《关于规范和促进养老保险机构发展的通知》	要求养老保险机构清理压降养老特点不明显的业务，终止或剥离与养老无关的保险资产管理业务，压降清理现有短期个人养老保障管理业务，同时支持符合条件的养老保险机构开展个人养老保障管理业务转型与产品创新

财产险&再保险

日期	政策	主要内容
2021年1月28日	《融资性信保业务监管提示函》	银保监会财险部向各财险公司下发监管提示函，通报前期展开的融资性信保业务风险排查结果。银保监会指出，根据排查发现部分财险公司存在制度不完善、管控不到位、有涉刑案件等问题
2021年2月	《关于落实总精算师制度有关事项的通知》	目前行业已基本满足全面实施总精算师制度的条件，因此不再给予公司过渡期。而对于已有合适人选但尚未报批的公司，应尽快完成总精算师任职资格核准和聘任工作；对于尚无合适人选的公司，应抓紧时间选聘
2021年3月	《关于做好2021年大数据反保险欺诈工作的通知》	以大数据技术为核心，针对车险、意健险、农险、保证保险等重点领域，以职业团伙跨区域、跨公司欺诈为打击重点，组织开展欺诈线索筛查、串并、移送
2021年3月	《关于进一步发挥出口信用保险作用 加快商务高质量发展的通知》	从六方面对加大出口信用保险精准有效支持内外贸企业提出具体要求，其中包括利用中长期出口信用保险等重点服务通信、新能源、船舶、轨道交通等行业
2021年6月	《农业保险承保理赔管理办法（征求意见稿）》	投保信息应当包括但不限于客户信息、保险标的信息等。其中，保险标的信息包括种植业保险标的数量、地块或村组位置，养殖业保险标的数量、地点和标的信息，森林保险林木属性等
2021年6月10日	《中华人民共和国安全生产法》	其中，第五十一条规定："国家鼓励生产经营单位投保安全生产责任保险；属于国家规定的高危行业、领域的生产经营单位，应当投保安全生产责任保险"
2021年6月30日	《关于扩大三大粮食作物完全成本保险和种植收入保险实施范围的通知》	决定扩大三大粮食作物完全成本保险和种植收入保险实施范围，增强农民抵御风险的能力。其中，补贴比例在省级财政补贴不低于25%的基础上，中央财政对中西部及东北地区补贴45%，对东部地区补贴35%
2021年7月12日	《网络安全产业高质量发展三年行动计划（2021—2023年）（征求意见稿）》	探索开展网络安全保险，面向电信和互联网、工业互联网、车联网等领域，开展网络安全保险服务试点，加快网络安全保险政策引导和标准制定
2021年7月29日	《再保险业务管理规定》	主要修订内容包括八个方面：一是加强再保险顶层战略管理；二是加强再保险业务安全性监管；三是加强再保险合同管理监管；四是加强直保公司开展分入业务管理；五是加强再保险经纪人监管；六是支持直保市场发展；七是消除与现有监管政策相冲突的内容；八是精简信息报送任务

续表

日期	政策	主要内容
2021年8月4日	《保险公司偿付能力监管规则——问题解答第1号：偿付能力监管等效框架协议过渡期内的香港地区再保险交易对手违约风险因子》	明确将过渡期内香港地区合格再保险机构分入内地直保公司业务时适用的再保险信用风险因子方案期限延长至2022年6月30日
2021年8月26日	《财产保险公司保险条款和保险费率管理办法》	明确了合规负责人、总精算师分别作为条款审查、费率审查的直接责任人，必须承担起相应的责任
2021年9月8日	《关于加强和改进互联网财产保险业务监管有关事项的通知（征求意见稿）》	保险公司开展互联网财产保险业务，应符合6个条件
2021年9月	《中国银保监会办公厅关于推动财产保险专业化、精细化、集约化发展的指导意见》	给财险行业发展树立了新的目标，即到2023年实现以下几个方面：一是行业经营成本明显下降，综合费用率较2020年底降低10个百分点以上；二是市场业务结构明显优化，非车险业务比重较2020年底提升10个百分点以上；三是行业经营效益明显改善，承保盈利公司覆盖面较2020年底提升10个百分点以上
2021年9月6日	《关于进一步做好安全生产责任保险工作的紧急通知》	要求依法依规做好安全生产责任保险实施工作；不得垄断经营，涉嫌垄断的要及时移送市场监管部门立案查处；不得作为安全许可证前置条件
2021年10月26日	《关于推进上海国际再保险中心建设的指导意见》	积极支持上海保险交易所建设立足上海、辐射全球的数字化再保险登记清结算服务体系和再保险区块链数据交互规范，对接受登记清结算体系风险监测的再保险人赋予相应的偿付能力信用风险因子
2021年10月27日	《保险公司非寿险业务准备金管理办法》	一是将非寿险准备金评估规则与会计准则、"偿二代"监管制度协调一致；二是总结提炼准备金监管的实践经验，将《试行办法》配套规范性文件中关于准备金监管的相关制度进行了梳理，集中体现在《办法》中；三是增加内控管理规定，督促保险公司完善准备金工作的相关制度；四是增加监督管理规定；五是增加法律责任规定，依据《保险法》对准备金相关违法违规行为进行明确；六是删除《试行办法》中的准备金报告章节，作为细则另行发布
2021年11月10日	《财产再保险比例及非比例合同范本（中文版）》	主要内容包括对重要的专业术语及合同分保范围、要求进行了定义，重点解决了目前存在的对分保内容和专业术语理解不一致的问题
2021年12月	《关于切实做好营运车辆保险承保工作的通知》	要求各财险公司坚决杜绝以任何形式拒保或拖延承保交强险，并提出将严厉打击营运车辆保险承保中的违法违规行为

续表

日期	政策	主要内容
2021年12月14日	《新能源汽车商业保险专属条款（试行）》《新能源汽车驾乘人员意外伤害保险示范条款（试行）》	备受关注的新能源汽车 "三电"（电池及储能系统、电机及驱动系统、其他控制系统）纳入保障范围，涵盖新能源汽车行驶、停放、充电及作业的使用场景
2021年12月14日	《新能源汽车商业保险基准纯风险保费表（试行）》	为行业新能源汽车保险产品定价提供了基准。新能源汽车在条款切换后投保车损险和三者险，保费整体略低于综改后的保费，其中79.3%的存量保单保费持平或有所下降；20.7%的保单保费则会出现一定程度的上浮；而25万元以下车价的新能源汽车投保车损险，保费一律不会上涨
保险中介		
2021年1月12日	《保险中介机构信息化工作监管办法》	从信息化治理、信息系统建设、信息安全机制、分支机构管理等方面对保险中介机构信息化提出要求。从内容看，《办法》主要从两个方面对中介机构提出了硬性要求，不得向关联企业泄露个人信息，并需具备业务、财务、人员等管理系统。办法自2021年2月1日起施行，过渡期一年，信息化工作不符合要求的中介机构，将不得经营保险中介业务
2021年1月	《保险销售指引（征求意见稿）》	从内容看，《保险销售指引（征求意见稿）》针对所有类型的销售机构和销售人员，从业务开展条件、业务管理规则、适当性管理和销售活动规则等方面入手，全面规范保险销售行为，旨在确保通过不同渠道购买保险产品的保险消费者合法权益得到同等程度的保护，实现销售行为全流程监管。其中，在"适当性管理"中，文件要求保险销售机构建立保险客户适当性制度，最终目的是将合适的保险产品和服务通过适当的保险销售渠道和保险销售人员销售给适当的客户
2021年4月	《保险专业中介机构合规管理暂行办法》	要求各机构要按"就紧不就松"的原则，确定合规管理工作机制，设置合规管理部门、岗位，配备专职或兼职的合规人员。该办法自2021年7月1日起实施
2021年8月	《中国银保监会办公厅关于开展互联网保险乱象专项整治工作的通知》	对互联网保险乱象专项整治工作进行全面部署。根据该通知的要求，此次专项检查将突出互联网保险投诉中的热点问题，包括重点整治销售误导、强制搭售、费用虚高、违规经营和用户信息泄露等
2021年9月2日	《关于北京保险机构销售人员处罚信息登记管理办法的通知》	建立了销售人员"灰名单"制度，明确保险机构对于销售人员处罚信息登记的主体责任，要求保险机构指定专门部门和人员负责处罚信息登记
2021年9月	《保险销售从业人员执业失信行为认定指引（征求意见稿）》	将保险销售从业人员的执业失信行为划分为六大类，并给出定义，包括越权行为类，不当销售类，不当人员招募类，不当经营活动类，组织、参与"代理退保"活动类以及其他类

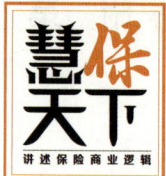

续表

日期	政策	主要内容
2021年11月5日	《保险中介行政许可及备案实施办法》	内容涉及经营保险代理业务许可、经营保险经纪业务许可、经营保险公估业务备案，以及保险专业代理、经纪机构高管任职资格核准4类，进一步明确了保险中介行政许可及备案事项的范围、办事条件、申请程序等
2021年11月17日	《关于规范人身险公司与保险中介机构合作方式的通知》	近期部分人身险公司与保险中介机构以"管理型总代理"的名义开展合作，即1家中介机构签订代理或经纪协议后，再由该中介机构统一与其他中介机构签署合作协议，继而与其他中介机构开展业务往来，该合作方式涉嫌虚挂保险中介业务，各人身险公司和保险中介机构不得以"管理型总代理"模式进行业务合作，双方合作必须直接签订保险业务代理或经纪协议
2021年12月	《湖北银保监局下发关于做好保险中介信息化建设审查工作的通知》	信息化建设总体情况，包括但不限于系统建设方式、系统开发单位基本情况、系统服务器及数据安全部署情况、业务财务人员系统内部互联情况、与保险公司系统对接情况等
2021年12月17日	《中国银保监会办公厅关于明确保险中介市场对外开放有关措施的通知》	《通知》共三条：第一条，大幅取消外资保险经纪公司的准入限制，不再要求股东经营年限、总资产等条件；第二条，进一步降低外资保险中介机构的准入门槛，允许外国保险集团公司、境内外资保险集团公司投资设立的保险中介机构经营相关保险中介业务；第三条，保险中介机构按照"放管服"改革要求，适用"先照后证"政策的相关规定
2021年12月23日	《关于加强分类指导推动北京地区保险专业中介机构高质量发展的实施意见》	对保险中介实施分级分类管理，根据保险专业中介机构的合规状况、专业能力、经营质效等，分类确定有能力头部企业、一般正常经营企业和不具备经营条件企业的三类中介机构的发展路径和监管重点，对于专业领先、管理规范的中介机构在政策允许的范围内支持试点创新，树立行业发展标杆；对内控管理缺失、不能依法依规落实监管要求的机构强化监管，直至市场退出，为高质量发展创造健康、规范、有序的市场环境。
保险资管		
2021年1月12日	《保险资产管理公司监管评级暂行办法》	从公司治理与内控、资产管理能力、全面风险管理、交易与运营保障以及信息披露五个维度入手，对保险资管公司进行打分评级。根据得分，保险资管公司将被划分为A、B、C、D四类机构。对于A类机构，监管在市场准入、业务范围、产品创新等方面给予适当支持
2021年7月	《保险公司投资管理能力信息披露自律管理准则（征求意见稿）》	正在行业内部征集意见。其中，要求保险机构应披露公司的组织架构设计、专业团队构成情况、制度体系建设情况、投资运作机制、风险控制体系、信息系统建设情况、风险责任人的资质及管理要求等
2021年9月28日	《关于资产支持计划和保险私募基金登记有关事项的通知》	将保险资产管理机构的资产支持计划和保险私募基金由注册制改为登记制
2021年11月19日	《关于保险公司发行无固定期限资本债券有关事项的通知（征求意见稿）》	对保险公司发行无固定期限资本债券进行规范，明确保险公司无固定期限资本债券的定义和发行、信息披露、登记托管的相关要求

续表

日期	政策	主要内容
2021年11月19日	《关于调整保险资金投资债券信用评级要求等有关事项的通知》	取消保险资金可投金融企业债券白名单要求以及外部信用评级要求
2021年11月17日	《关于保险资金投资公开募集基础设施证券投资基金有关事项的通知》	同意保险资金投资公开募集基础设施证券投资基金
2021年12月3日	《关于保险资金参与证券出借业务有关事项的通知》	规范保险资金参与境内外证券出借业务行为,有效防范业务风险
2021年12月3日	《关于促进衍生品业务规范发展的指导意见(征求意见稿)》	其中明确衍生品定义、基本特征和实质重于形式的认定原则,拟禁止银行保险机构通过柜台与个人客户直接开展衍生品交易
2021年12月10日	《保险资产管理公司管理规定(征求意见稿)》	该征求意见稿全面贯彻落实国务院金融委办公室对外发布的"取消境内保险公司合计持有保险资产管理公司的股份不得低于75%的规定,允许境外投资者持有股份超过25%"举措,不再限制外资保险公司持有保险资产管理公司股份的比例上限,同时设置境内外股东统一适用的股东资质条件,为外资保险资管提供了政策红利。据悉,截至2021年第三季度末,已有31家保险资产管理公司开业运营
2021年12月17日	《关于修改保险资金运用领域部分规范性文件的通知》	该通知主要内容包括:一是取消保险机构参与证券交易的服务券商和托管人数量限制,减少投资管理能力信息披露频率,进一步鼓励保险机构自主投资标准化产品。二是允许保险资金投资由非保险类金融机构实际控制的股权投资基金,取消保险资金投资单只创业投资基金的募集规模限制。三是允许保险私募基金的发起人及其关联保险机构根据投资策略自主选择投资比例,简化保险公司投资保险私募基金的决策流程,提升产品市场化运作水平。四是取消保险资产管理公司设立和管理债权投资计划和资产支持计划的外部信用评级要求,增强市场主体使用外部评级的自主性。五是取消保险资金开展内保外贷业务的事前评估要求,夯实机构主体责任,防范境外融资风险。六是在现行的保险大类资产比例监管政策中,增设投资于非标准化金融产品和不动产资产的比例限制,防范非标准化资产领域的投资风险

续表

日期	政策	主要内容
2021年12月24日	《关于精简保险资产管理公司监管报告事项的通知》	该通知对监管报告事项的取消、合并及整合报送时间进行了规定，进一步规范了保险资产管理公司的报送行为。一是取消21项监管报告。根据保险资管行业发展实际和市场形势变化，取消已通过监管信息系统报送的报告等事项，压实机构主体经营管理责任，提高机构监管和风险监管质效。二是将6项监管报告合并为3项。对同类事项进行合并，避免重复报送。三是整合3类报告的报送时间。突出机构监管，将股东大会、董事会和监事会决议等报送时间整合为按季度集中报送，减少报送次数，提高报告的系统性。四是进一步规范监管报告的报送行为。要求保险资产管理公司严格按照监管规定报送监管报告，杜绝迟报、错报、漏报等情形，切实提高报送质量
其他		
2021年1月	《关于深化银行业保险业"放管服"改革优化营商环境的通知》	其中提到要积极探索取消或下放行政许可事项，从2021年2月1日起，取消银行保险业董事、监事（保险业）和高级管理人员任职资格考试
2021年1月	《中国银保监会监管数据安全管理办法（试行）》	旨在建立健全监管数据安全协同管理体系。其中，在数据采集和使用方面，该办法明确监管数据的采集应按照安全、准确、完整和依法合规的原则进行，避免重复、过度采集
2021年2月	《关于征求企业会计准则指南修订意见的通知》	其中要求保险公司应梳理需要通过修订准则指南解决的实务中具有普遍性、代表性、紧迫性或重要性的准则实施问题
2021年2月5日	《关于在粤港澳大湾区开展"跨境理财通"业务试点的谅解备忘录》	同意在各自职责范围内对粤港澳大湾区"跨境理财通"业务试点进行监管并相互配合。其中，备忘录内容涉及监管信息交流、执法合作、投资者保护、联络协商机制等方面
2021年2月24日	《关于再次延长保险公司跨京津冀区域经营备案管理试点有效期的通知》	将保险公司跨京津冀区域经营备案管理试点有效期延长至2022年2月1日
2021年3月30日	《关于银行保险机构切实解决老年人运用智能技术困难的通知》	进一步解决老年人在银行保险服务领域运用智能技术方面遇到的困难，让老年人更好地共享金融业信息化发展成果
2021年4月9日	《关于2021年银行业保险业高质量服务乡村振兴的通知》	其中提到，要构建层次分明、优势互补的服务体系，鼓励开发适合乡村振兴的商业保险产品；政策性保险要积极争取财政支持政策

续表

日期	政策	主要内容
2021年4月9日	《关于金融支持海南全面深化改革开放的意见》	扩大保险业对外开放。就海南与港澳地区保险市场深度合作加强研究。借鉴国际经验和通行做法，探索制定适合再保险离岸业务的偿付能力监管政策
2021年4月25日	《关于2021年进一步推动小微企业金融服务高质量发展的通知》	要求丰富普惠保险产品业务，更好地为小微企业提供融资增信和保障服务，对科技型小微企业针对性地开发金融产品和服务模式
2021年5月	《关于金融支持新型农业经营主体发展的意见》	探索构建涵盖财政补贴基本险、商业险和附加险等的农业保险产品体系，满足新型农业经营主体多层次、多元化风险保障需求
2021年6月	《中国保险业服务碳达峰、碳中和目标倡议书》	要充分发挥保险业优势，为服务碳达峰、碳中和的重大项目提供全方位的风险保障
2021年6月23日	《关于换发新版许可证的通知》	自2021年7月1日起，银保监会及其派出机构将为银行保险法人机构及其分支机构换发新版许可证，换发工作为期1年，新版许可证分为金融许可证、保险许可证和保险中介许可证3类
2021年6月28日	《关于清理规章规范性文件的决定》	废止、宣告失效了一批保险业规章和规范性文件，同时修订了与民法典不一致的规章、规范性文件。其中，该决定宣布作废3部规章、115份规范性文件；14件规范性文件宣布失效，此外，还对4部规章、7件规范性文件与民法典不一致的条款予以修订
2021年6月30日	《关于金融支持巩固拓展脱贫攻坚成果 全面推进乡村振兴的意见》	支持具备条件的地区开展商业防止返贫保险，逐步健全针对脱贫人口和农村低收入人口的保险产品体系，鼓励保险公司加大产品创新力度，医疗保险产品可在定价、赔付条件、保障范围等方面对脱贫人口适当优惠
2021年9月13日	《关于印发保险公司分支机构市场准入管理办法的通知》	保险公司注册资本为2亿元的，在其住所地以外每申请设立一家省级分公司，应当增加不少于2000万元的注册资本；注册资本在5亿元以上的可不再增加；保险公司在住所地所在省域以外设立分支机构的，应当开业满2年
2021年9月27日	《关于境内保险公司在香港市场发行巨灾债券有关事项的通知》	明确巨灾债券的适用范围为转移地震、台风、洪水等自然灾害事件或突发公共卫生事件带来的巨灾风险损失
2021年9月17日	《保险业健康管理标准体系建设指南》	对保险业健康管理服务标准体系进行了总体规划。内容涵盖了保险业健康管理业务发展的要素，具体包括健康管理服务分类的标准化、健康管理服务平台和系统建设、健康管理服务产品设置、健康管理服务商的遴选、健康管理服务质量的评价、市场上的健康管理服务应用项目，以及关键疾病管理技术等方面

续表

日期	政策	主要内容
2021年10月	《关于服务煤电行业正常生产和商品市场有序流通 保障经济平稳运行有关事项的通知》	严防银行保险资金影响商品市场正常秩序
2021年10月14日	《派出机构规范性文件备案审查办法》	主要对规范性文件备案审查工作原则、备案范围、审查标准、处理方式、报告与监督等方面作了规范,全面提升规范性文件备案审查的科学化、规范化、法治化水平
2021年10月21日	《关于防范保险诱导销售的风险提示》	一些网络场景中,时有"首月0元""零首付""免费保障""抽奖获取"等互联网保险产品广告页面出现,有的消费者在未清楚了解保险内容、保费交纳等情况下,便被"免费"诱导而投保。这种营销引流模式存在诱导营销、信息披露不当等问题,侵害消费者知情权和自主选择权,易引发消费纠纷或投诉。为此,银保监会发文提醒消费者,要清晰地认识到"免费"是诱导,极有可能暗藏陷阱和风险
2021年11月	《关于规范涉及保险理赔司法鉴定工作的通知》	旨在杜绝涉保司法鉴定中司法"黄牛"的暗箱操作
2021年11月19日	《保险公司非现场监管暂行办法(征求意见稿)》	总结了保险公司非现场监管的工作经验,明确了保险公司非现场监管的职责分工,规范保险公司非现场监管的工作流程
2021年11月18日	《保险公司客户服务中心基本要求》	对保险业客户服务中心的建设要求、服务规范、风险管控等内容进行规定
2021年12月	《关于银行业保险业支持高水平科技自立自强的指导意见》	要完善科技金融服务体系,强化科技保险保障作用,鼓励保险机构完善科技保险产品体系,形成覆盖科技企业研发、生产、销售等各环节的保险保障,依托再保险服务体系,为科技保险有效分散风险,鼓励保险经纪机构积极发展科技保险相关业务
2021年12月22日	《保险机构独立董事人才库》	独董人才库由在任独立董事信息和备选独立董事人才信息两部分构成。保险机构在独董人才库披露所有在任独立董事基本信息、参加董事会情况、年度履职评价等信息